전기이론
기출문제집

전기이론
기출문제집

| 초판 | 인쇄 | 2025년 01월 10일 |
| 개정1판 | 발행 | 2026년 01월 09일 |

편 저 자 | 공무원연구소
발 행 처 | 소정미디어㈜
등록번호 | 제313-2004-000114호
주　　소 | 경기도 고양시 일산서구 덕산로 88-45(가좌동)
교재주문 | 031-922-8965
팩　　스 | 031-922-8966

▷ 이 책은 저작권법에 따라 보호받는 저작물로 무단 전재, 복제, 전송 행위를 금지합니다.
▷ 내용의 전부 또는 일부를 사용하려면 저작권자와 소정미디어㈜의 서면 동의를 반드시 받아야 합니다.
▷ ISBN과 가격은 표지 뒷면에 있습니다.
▷ 파본은 구입하신 곳에서 교환해드립니다.

Preface

모든 시험에 앞서 가장 중요한 것은 출제되었던 문제를 풀어봄으로써 그 시험의 유형 및 출제경향, 난이도 등을 파악하는 데에 있다. 즉, 최소시간 내 최대의 학습효과를 거두기 위해서는 기출문제의 분석이 무엇보다도 중요하다는 것이다.

전기이론 기출문제집은 그동안 시행된 국가직, 지방직, 서울시 기출문제를 과목별로, 시행처와 시행연도별로 깔끔하게 정리하여 담고 문제마다 상세한 해설과 함께 관련 이론을 수록한 군더더기 없는 구성으로 기출문제집 본연의 의미를 살리고자 하였다.

수험생은 본서를 통해 변화하는 출제경향을 파악하고 학습의 방향을 잡아 단기간에 최대의 학습효과를 거둘 수 있을 것이다.

1%의 행운을 잡기 위한 99%의 노력! 본서가 수험생 여러분의 행운이 되어 합격을 향한 노력에 힘을 보탤 수 있기를 바란다.

Structure

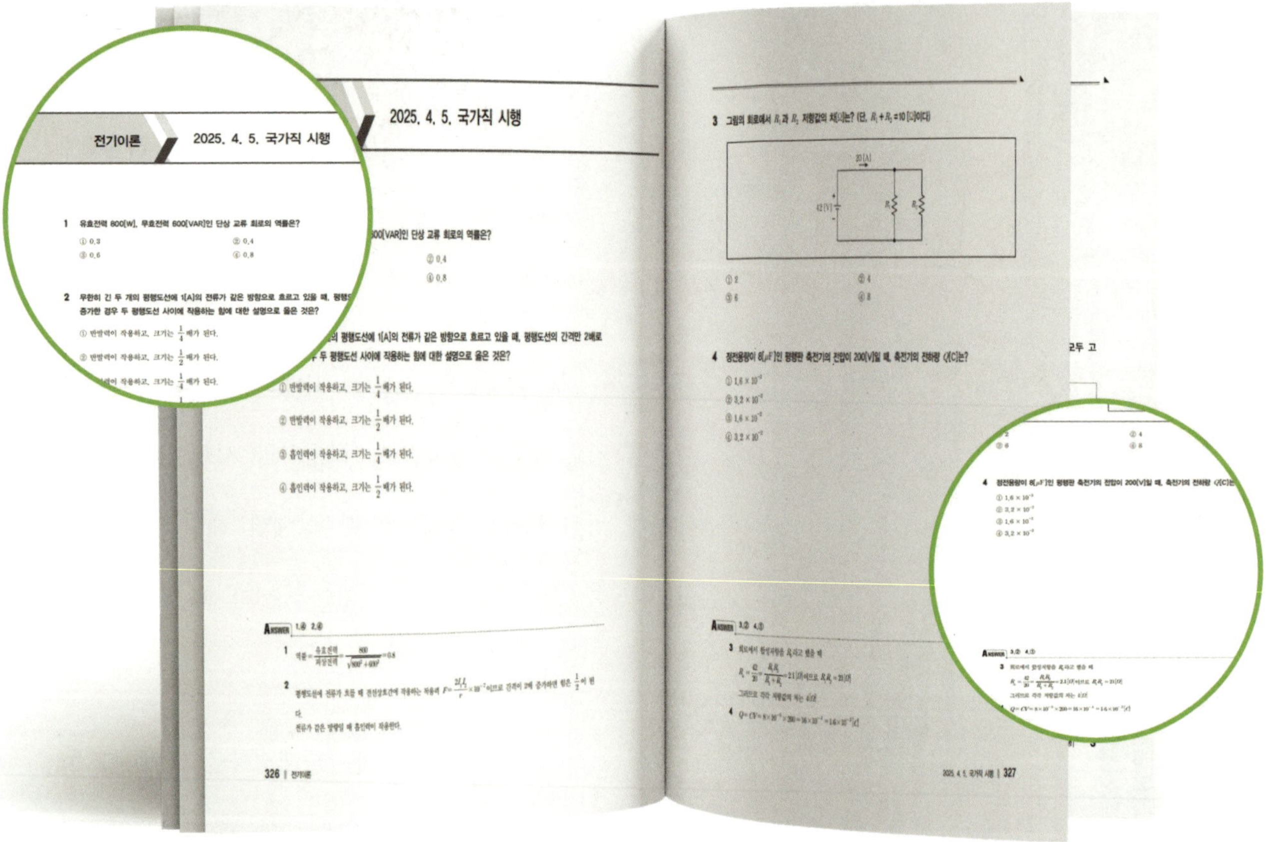

최신 기출문제분석

2025 최신 기출문제를 비롯한 최다 기출문제를 수록하여 모든 시험에서 가장 중요한 기출 동향을 파악하고, 학습한 이론을 정리할 수 있습니다. 기출문제들을 반복하여 풀어봄으로써 이전 학습에서 확실하게 깨닫지 못했던 세세한 부분까지 철저하게 파악, 대비하여 실전대비 최종 마무리를 완성하고, 스스로의 학습상태를 점검할 수 있습니다.

상세한 해설

상세한 해설을 통해 한 문제 한 문제에 대한 완전학습을 가능하도록 하였습니다. 정답을 맞힌 문제라도 꼼꼼한 해설을 통해 다시 한 번 내용을 확인할 수 있습니다. 틀린 문제를 체크하여 내가 취약한 부분을 파악할 수 있습니다.

Contents

전기이론

2018. 3. 24. 제1회 서울특별시 시행 ... 8	2022. 6. 18. 제1회 지방직 시행 ... 189
2018. 4. 7. 인사혁신처 시행 ... 17	2022. 6. 18. 제2회 서울특별시 시행 ... 204
2018. 5. 19. 제1회 지방직 시행 ... 29	2022. 6. 18. 제2회 서울특별시(보훈청 추천) 시행 ... 215
2018. 6. 23. 제2회 서울특별시 시행 ... 44	2023. 4. 8. 인사혁신처 시행 ... 225
2019. 4. 6. 인사혁신처 시행 ... 53	2023. 6. 10. 제1회 지방직 시행 ... 238
2019. 6. 15. 제1회 지방직 시행 ... 66	2023. 6. 10. 제1회 서울특별시(보훈청 추천) 시행 ... 248
2019. 6. 15. 제2회 서울특별시 시행 ... 80	2023. 6. 10. 제1회 서울특별시 시행 ... 262
2020. 6. 13. 제1회 지방직 / 제2회 서울특별시 시행 ... 92	2024. 3. 23. 인사혁신처 시행 ... 278
2020. 7. 11. 인사혁신처 시행 ... 106	2024. 6. 22. 제1회 지방직 시행 ... 292
2021. 4. 17. 인사혁신처 시행 ... 121	2024. 6. 22. 제2회 서울특별시 시행 ... 304
2021. 6. 5. 제1회 지방직 시행 ... 137	2024. 6. 22. 제2회 서울특별시(보훈청 추천) 시행 ... 316
2021. 6. 5. 제1회 서울특별시 시행 ... 152	2025. 4. 5. 국가직 시행 ... 326
2021. 6. 5. 제1회 서울특별시(보훈청 추천) 시행 ... 165	2025. 6. 21. 제1회 지방직 시행 ... 340
2022. 4. 2. 인사혁신처 시행 ... 175	2025. 6. 21. 제1회 서울특별시 시행 ... 356
	2025. 6. 21. 제1회 서울특별시(보훈청 추천) 시행 ... 370

전기이론

전기이론

2018. 3. 24. 제1회 서울특별시 시행

1 자장의 세기가 $\frac{10^4}{\pi}$[A/m]인 공기 중에서 50[cm]의 도체를 자장과 30°가 되도록 하고 60[m/s]의 속도로 이동시켰을 때의 유기기전력은?

① 20mV
② 30mV
③ 60mV
④ 80mV

2 어떤 전하가 100[V]의 전위차를 갖는 두 점 사이를 이동하면서 10[J]의 일을 할 수 있다면, 이 전하의 전하량은?

① 0.1C
② 1C
③ 10C
④ 100C

3 무한히 긴 직선 도선에 628[A]의 전류가 흐르고 있을 때 자장의 세기가 50[A/m]인 점이 도선으로부터 떨어진 거리는?

① 1m
② 2m
③ 4m
④ 5m

ANSWER 1.③ 2.① 3.②

1 유기기전력
$e = Blv\sin\theta = \mu_0 Hlv\sin\theta = 4\pi \times 10^{-7} \times \frac{10^4}{\pi} \times 0.5 \times 60 \times \sin 30° = 60[mV]$

2 $W = QV[J]$ 이므로 $Q = \frac{W}{V} = \frac{10}{100} = 0.1[C]$

3 무한장 직선도선에서
$H = \frac{I}{2\pi r} = \frac{628}{2\pi r} = 50[A/m]$ 에서 $r = 2[m]$

4 N회 감긴 환상코일의 단면적은 S[m²]이고 평균 길이가 l[m]이다. 이 코일의 권수와 단면적을 각각 두 배로 하였을 때 인덕턴스를 일정하게 하려면 길이를 몇 배로 하여야 하는가?

① 8배
② 4배
③ 2배
④ 16배

5 그림과 같은 RLC 병렬회로에서 $v = 80\sqrt{2}\sin(wt)$[V]인 교류를 a, b 단자에 가할 때, 전류 I의 실횻값이 10[A]라면, X_c의 값은?

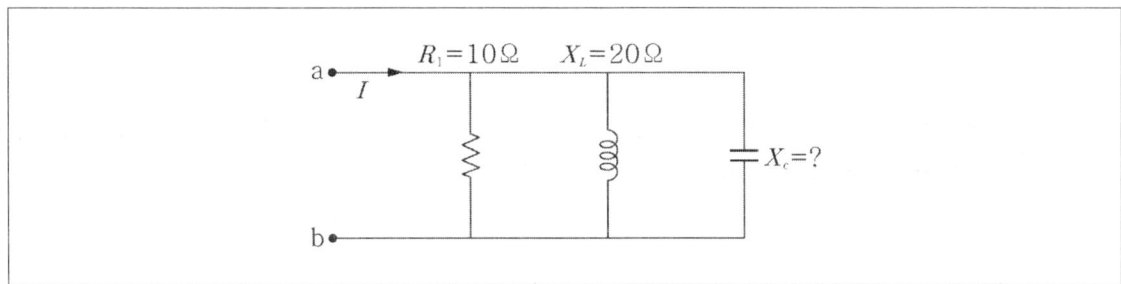

① 8Ω
② 10Ω
③ $10\sqrt{2}$ Ω
④ 20Ω

ANSWER 4.① 5.①

4 환상코일에서 인덕턴스

$L = \dfrac{N^2}{R} = \dfrac{\mu S N^2}{l}$[H] 권수와 단면적을 각각 2배로 하면 8배가 되므로 인덕턴스를 일정하게 하려면 길이를 8배로 하여야 한다.

5 전압 $v = 80\sqrt{2}\sin\omega t$[V]가 인가되었을 때 전류의 실횻값이 10[A]라면

$10 = \dfrac{80}{10} - j\dfrac{80}{20} + j\dfrac{80}{X_c} = 8 - j4 + j\dfrac{80}{X_c}$

$\sqrt{8^2 + (\dfrac{80}{X_c} - 4)^2} = 10$에서 $\dfrac{80}{X_c} - 4 = 6$, $X_c = 8$[Ω]

6 그림과 같은 회로의 합성저항은?

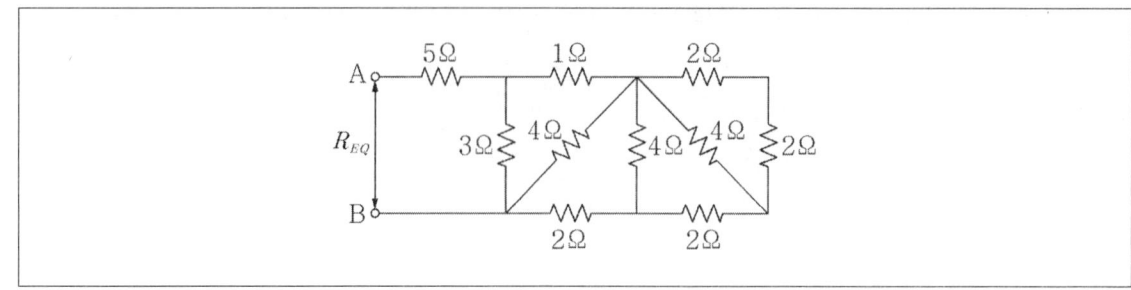

① 8Ω
② 6.5Ω
③ 5Ω
④ 3.5Ω

7 그림과 같이 전류원과 2개의 병렬저항으로 구성된 회로를 전압원과 1개의 직렬저항으로 변환할 때, 변환된 전압원의 전압과 직렬저항 값은?

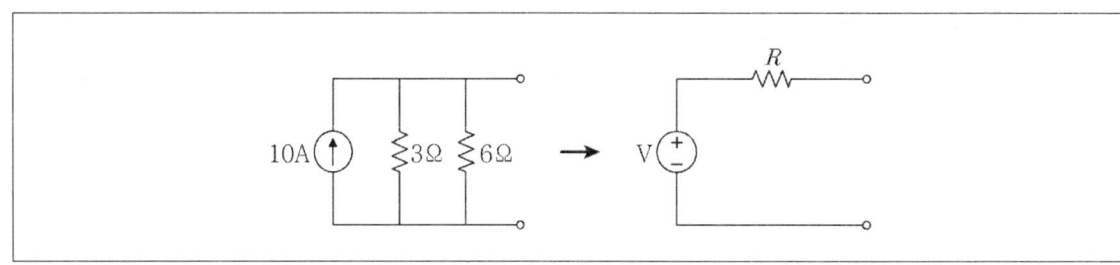

① 10V, 9Ω
② 10V, 2Ω
③ 20V, 2Ω
④ 90V, 9Ω

ANSWER 6.② 7.③

6 그림의 맨 오른쪽 끝 부분부터
ㄱ자 부분의 2[Ω]+2[Ω]=4[Ω], 그 4[Ω]과 병렬로 된 4[Ω]을 합성하면 2[Ω]
아래 2[Ω]과 직렬이므로 합성하면 4[Ω], 세로로 된 4[Ω]과 병렬이므로 합성하면 2[Ω]
그렇게 계속 합성을 해가면 합성저항은 6.5[Ω]이다.

7 노이만의 전류원 정리를 전압원 정리로 변환하는 문제이다.
3[Ω]과 6[Ω] 병렬 저항의 합성이 2[Ω]이므로 10[A]의 전류가 흐르면 오른편의 등가회로의 전압원은 20[V]가 된다.

8 저항 $R_1 = 1[\Omega]$과 $R_2 = 2[\Omega]$이 병렬로 연결된 회로에 100[V]의 전압을 가했을 때, R_1에서 소비되는 전력은 R_2에서 소비되는 전력의 몇 배인가?

① 0.5배
② 1배
③ 2배
④ 같다

9 그림과 같이 저항 $R = 24[\Omega]$, 유도성 리액턴스 $X_L = 20[\Omega]$, 용량성 리액턴스 $X_c = 10[\Omega]$인 직렬회로에 실효치 260[V]의 교류전압을 인가했을 경우 흐르는 전류의 실효치는?

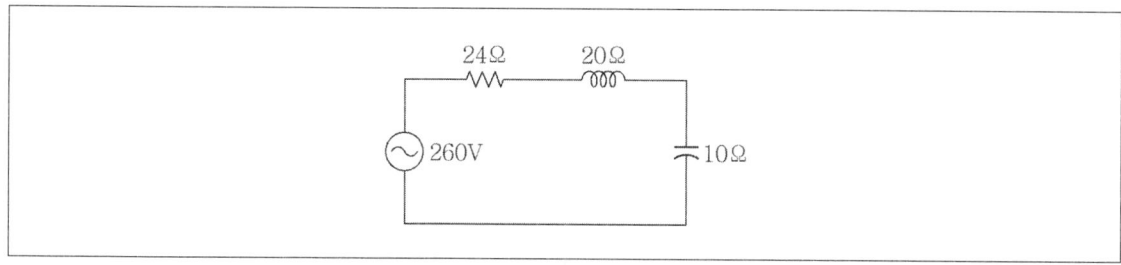

① 5A
② 10A
③ 15A
④ 20A

ANSWER 8.③ 9.②

8 병렬회로에서는 전압이 같으므로 전력은 저항비에 반비례한다.
$P = \dfrac{V^2}{R}[W]$, $P \propto \dfrac{1}{R}$ 따라서 R_1에서 소비되는 전력이 R_2에서 소비되는 전력보다 2배가 크다.

9 R-L-C 직렬회로
$i(t) = \dfrac{v(t)}{Z} = \dfrac{260}{24 + j20 - j10} = \dfrac{260}{24 + j10} = \dfrac{260}{\sqrt{24^2 + 10^2}} = 10[A]$

10 그림과 같은 회로에서 a, b 단자 사이에 60[V]의 전압을 가하여 4[A]의 전류를 흘리고 R_1, R_2에 흐르는 전류를 1 : 3으로 하고자 할 때 R_1의 저항값은?

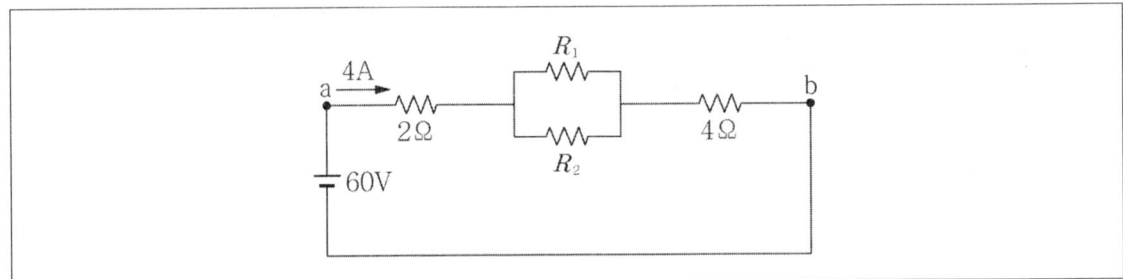

① 6Ω
② 12Ω
③ 18Ω
④ 36Ω

11 그림과 같은 브리지 회로에서 a, b 사이의 전압이 0일 때, R_4에서 소모되는 전력이 2[W]라면, c와 d 사이의 전압 V_{cd}는?

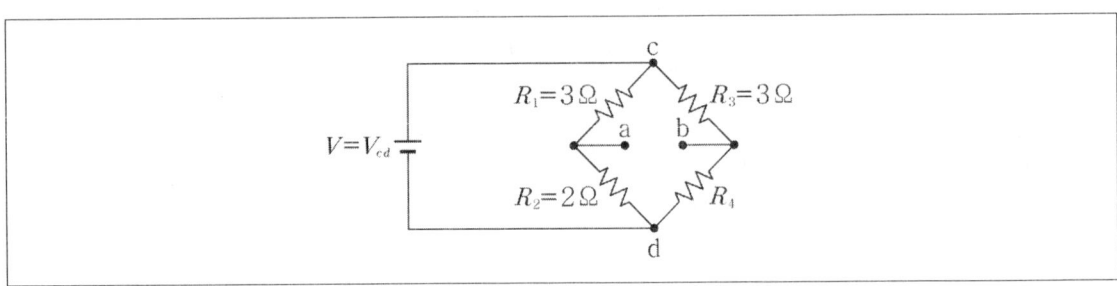

① 1V
② 2V
③ 5V
④ 10V

Answer 10.④ 11.③

10 60[V], 4[A]이므로 합성저항은 15[Ω], 직렬저항이 6[Ω]이므로 병렬 합성저항이 9[Ω], 전류를 1 : 3으로 하려면 저항의 크기는 3 : 1 이 된다.

$$\frac{R_1 R_2}{R_1 + R_2} = \frac{R_1 \frac{1}{3} R_1}{R_1 + \frac{1}{3} R_1} = \frac{1}{4} R_1 = 9, \quad R_1 = 36[\Omega]$$

11 a, b 사이의 전압이 0[V]이므로 브리지 평형이면 $R_4 = 2[\Omega]$, 소모되는 전력이 2[W]이므로 R_4에 흐르는 전류는 1[A]. 따라서 전원전압 $V = IR = 1 \times 5 = 5[V]$

12 10×10^{-6}[C]의 양전하와 6×10^{-7}[C]의 음전하를 갖는 대전체가 비유전율 3인 유체 속에서 1[m] 거리에 있을 때 두 전하 사이에 작용하는 힘은? (단, 비례상수 $k = \dfrac{1}{4\pi\epsilon_0} = 9 \times 10^9$이다.)

① -1.62×10^{-1}N
② 1.62×10^{-1}N
③ -1.8×10^{-2}N
④ 1.8×10^{-2}N

13 자체 인덕턴스가 각각 $L_1 = 10$[mH], $L_2 = 10$[mH]인 두 개의 코일이 있고, 두 코일 사이의 결합계수가 0.5일 때, L_1코일의 전류를 0.1[s] 동안 10[A] 변화시키면 L_2에 유도되는 기전력의 양(절댓값)은?

① 10mV
② 100mV
③ 50mV
④ 500mV

14 어떤 회로에 $v = 100\sqrt{2}\sin(120\pi t + \dfrac{\pi}{4})$[V]의 전압을 가했더니 $i = 10\sqrt{2}\sin(120\pi t - \dfrac{\pi}{4})$[A]의 전류가 흘렀다. 이 회로의 역률은?

① 0
② $\dfrac{1}{\sqrt{2}}$
③ 0.1
④ 1

ANSWER 12.③ 13.④ 14.①

12 두 전하에 작용하는 힘은 쿨롱의 법칙을 적용한다.
$$F = \dfrac{Q_1 Q_2}{4\pi\epsilon_0 \epsilon_s r^2} = 9 \times 10^9 \times \dfrac{10 \times 10^{-6} \times (-6) \times 10^{-7}}{3 \times 1^2} = -1.8 \times 10^{-2} [N]$$
양전하와 음전하는 당기는 힘이 작용하기 때문에 부호가 (-)가 된다.

13 상호인덕턴스 M을 구하면 $K = \dfrac{M}{\sqrt{L_1 L_2}} = 0.5$에서 M = 5[mH]
$$e_2 = M\dfrac{di_1}{dt} = 5 \times 10^{-3} \times \dfrac{10}{0.1} = 0.5[V] = 500[mV]$$

14 전압의 위상이 45° 앞서고, 전류의 위상이 45° 뒤지므로 위상차는 90°
전압이 앞서므로 순 유도성회로이다. 따라서 역률은 0이다.

15 그림과 같은 회로에서 전류 I의 값은?

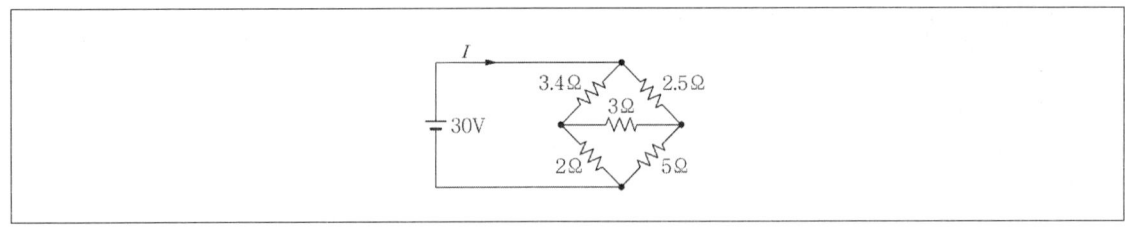

① 6A
② 8A
③ 10A
④ 12A

16 그림과 같은 그림에서 스위치가 $t=0$인 순간 2번 접점으로 이동하였을 경우 $t=0^+$인 시점과 $t=\infty$가 되었을 때, 저항 5[kΩ]에 걸리는 전압을 각각 구한 것은?

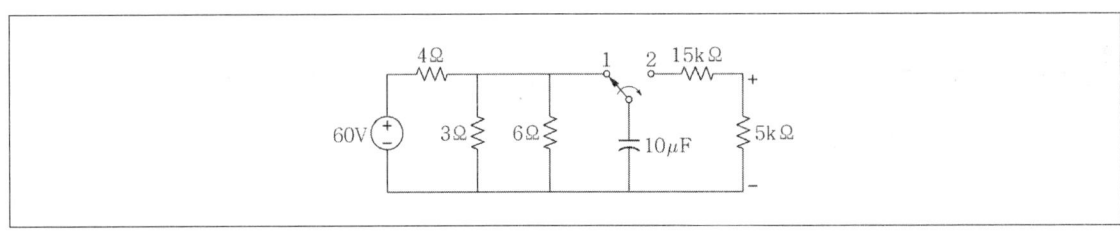

① 5V, 0V
② 7.5V, 1.5V
③ 10V, 0V
④ 12.5V, 3V

ANSWER 15.③ 16.①

15 합성저항을 계산하려면

$\frac{2\times 3}{2+3+5}=0.6[\Omega]$ $\frac{3\times 5}{2+3+5}=1.5[\Omega]$ $\frac{2\times 5}{2+3+5}=1[\Omega]$

$R_e=1+\dfrac{4\times 4}{1.5+2.5+3.4+0.6}=3[\Omega]$. 따라서 전류는 $I=\dfrac{E}{R_e}=\dfrac{30}{3}=10[A]$

16 스위치가 1에 있을 때 10[μF]의 콘덴서에 전압이 얼마큼 충전되어 있는지 보면 3[Ω], 6[Ω]과 C가 병렬로 되어 있다가 C가 충전이 되고 나면 개방이 되는 것이므로 전원 60[V]에서 3[Ω], 6[Ω]의 병렬저항의 합성은 2[Ω]. 따라서 전압60[V] 중에 콘덴서에는 20[V]의 전압이 충전되어 있다.

스위치가 2로 넘어가면 전압원은 제거되고 콘덴서의 충전된 전압으로 방전을 하게 된다. 따라서 처음 20[V]는 저항비에 의해서 5[KΩ]의 저항에 5[V]전압이 걸리고 방전전류가 점차로 작아짐에 따라 상당한 시간이 흐르면 전압은 0[V]가 된다.

17 그림과 같이 R, C 소자로 구성된 회로에서 전달함수를 $H = \dfrac{V_0}{V_i}$ 라고 할 때, 회로의 특성으로 옳은 것은?

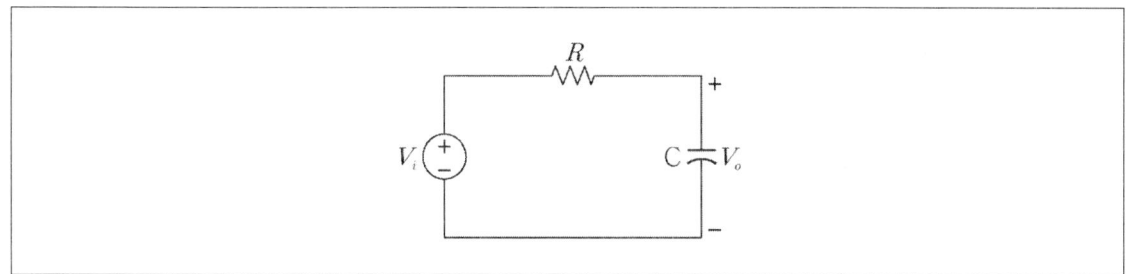

① 고역 통과 필터(High-pass Filter)
② 저역 통과 필터(Low-pass Filter)
③ 대역 통과 필터(Band-pass Filter)
④ 대역 차단 필터(Band-stop Filter)

18 진공 중 반지름이 a[m]인 원형도체판 2매를 사용하여 극판거리 d[m]인 콘덴서를 만들었다. 이 콘덴서의 극판거리를 3배로 하고 정전용량을 일정하게 하려면 이 도체판의 반지름은 a의 몇 배로 하면 되는가? (단, 도체판 사이의 전계는 모든 영역에서 균일하고 도체판에 수직이라고 가정한다.)

① $\dfrac{1}{3}$ 배
② $\dfrac{1}{\sqrt{3}}$ 배
③ 3배
④ $\sqrt{3}$ 배

Answer 17.② 18.④

17 입력전압과 C에 걸린 출력전압의 전달함수를 라플라스로 나타내면

$$H = \frac{V_o}{V_i} = \frac{\frac{1}{Cs}I(s)}{(R+\frac{1}{Cs})I(s)} = \frac{1}{RCs+1}$$

저역통과 필터는 차단주파수보다 낮은 주파수만 통과시키는 주파수 필터이다.
H식에서 주파수가 0일 때는 입력이 출력과 같다가 주파수($s = j\omega = j2\pi f$)가 증가하면 점차로 감소하여 어느 정도 이상이 되면 출력이 되지 않는다.

18 평행판 콘덴서

$C = \epsilon \dfrac{S}{d}$ [F] 극판거리를 3배로 하고 C를 일정하게 하려면 면적 S가 3배가 되면 된다.

$S = \pi a^2$ [m^2]이므로 S가 3배가 되려면 반지름 a는 $\sqrt{3}$ 배가 되어야 한다.

19 그림과 같이 전압원을 접속했을 때 흐르는 전류 I의 값은?

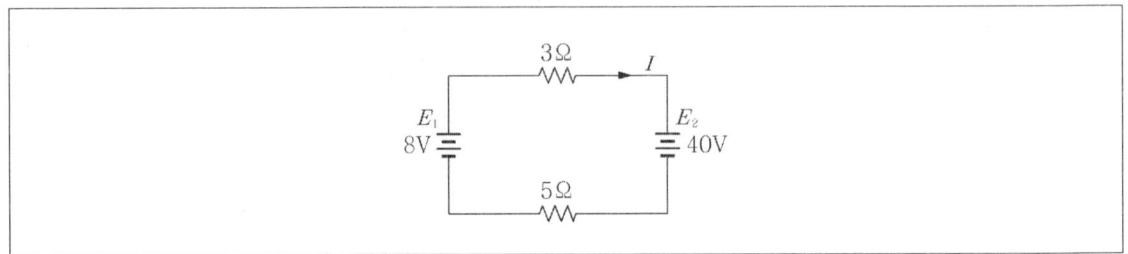

① 4A
② −4A
③ 6A
④ −6A

20 그림과 같은 회로에서 인덕터의 전압 v_L이 $t>0$ 이후에 0이 되는 시점은? (단, 전류원의 전류 $i=0$, $t<0$이고 $i=te^{-2t}$[A], $t≥0$이다.)

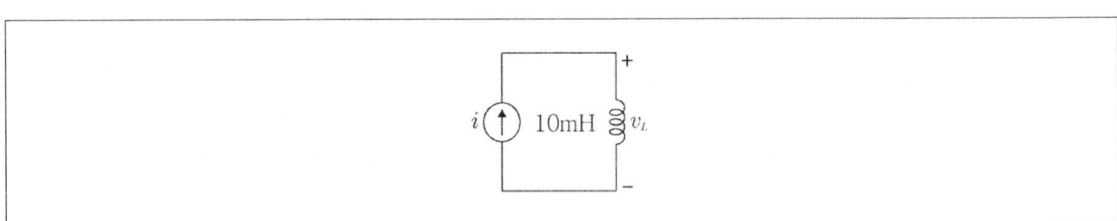

① $\frac{1}{2}$ s
② $\frac{1}{5}$ s
③ 2s
④ 5s

ANSWER 19.② 20.①

19 전압을 합성하면 $E = E_2 + E_1 = 40 - 8 = 32[V]$

따라서 전류는 $I = \frac{32}{3+5} = 4[A]$ 실제 전류의 방향이 문제에서 주어진 전류의 방향과 반대이므로 −4[A]가 답이다.

20 $V = L\frac{di}{dt} = L\frac{dte^{-2t}}{dt} = L[1 \times e^{-2t} + t(-2)e^{-2t}] = 0$ 으로부터 $([f(t)g(t)]' = f'(t)g(t) + f(t)g'(t)$ 적용하면) $1 - 2t = 0$

그러므로 V_L이 0[V]가 되는 시점은 $t = \frac{1}{2} = 0.5[\sec]$

전기이론 — 2018. 4. 7. 인사혁신처 시행

1 다음 그림은 내부가 빈 동심구 형태의 콘덴서이다. 내구와 외구의 반지름 a, b를 각각 2배 증가시키고 내부를 비유전율 $\epsilon_r = 2$인 유전체로 채웠을 때, 정전용량은 몇 배로 증가하는가?

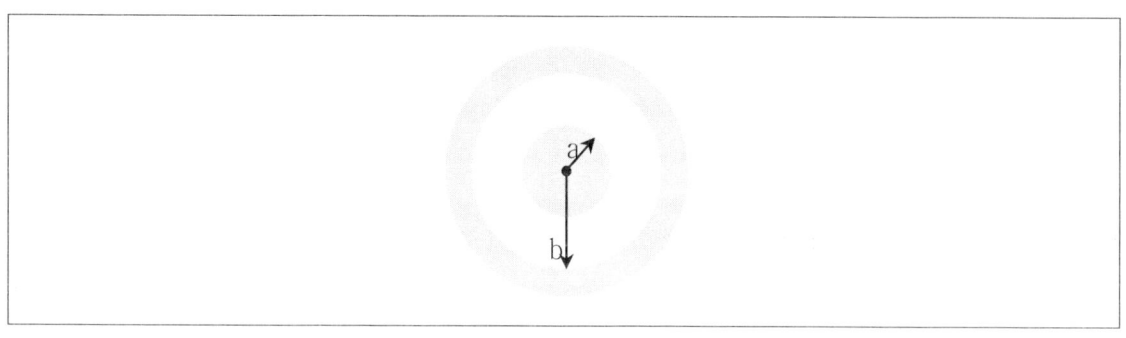

① 1
② 2
③ 3
④ 4

2 선간전압 300 [V]의 3상 대칭전원에 △ 결선 평형부하가 연결되어 역률이 0.8인 상태로 720 [W]가 공급될 때, 선전류[A]는?

① 1
② $\sqrt{2}$
③ $\sqrt{3}$
④ 2

ANSWER 1.④ 2.③

1 동심구에서의 정전용량 $C = \dfrac{4\pi\epsilon_0 \epsilon_s ab}{b-a}[F]$ 에서 내구와 외구의 반지름 a, b를 각각 2배 증가시키면 C는 2배가 되고, 비유전율 $\epsilon_s = 2[F/m]$의 유전체로 채우면 2배가 되므로 전체적으로 4배로 용량이 증가한다.

2 $P = \sqrt{3}\,VI\cos\theta\,[W]$에서 선전류 $I = \dfrac{P}{\sqrt{3}\,V\cos\theta} = \dfrac{720}{\sqrt{3}\times 300 \times 0.8} = \sqrt{3}\,[A]$

3 다음 회로에서 12[Ω] 저항의 전압 V[V]는?

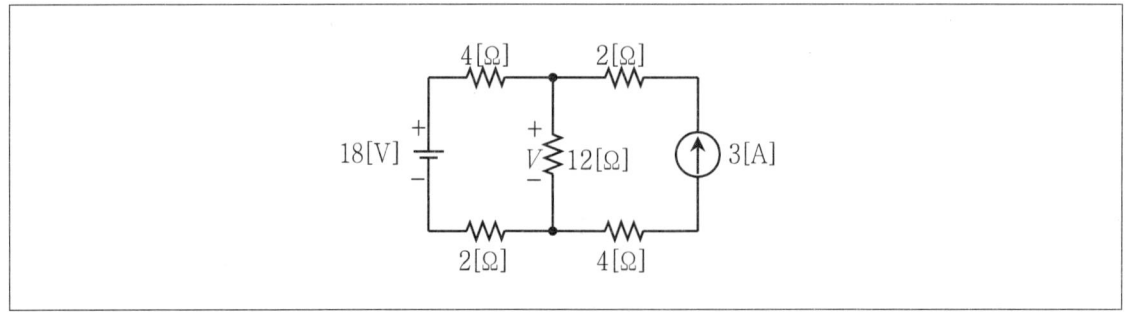

① 12
② 24
③ 36
④ 48

4 다음 회로에서 부하임피던스 Z_L에 최대전력이 전달되기 위한 Z_L[Ω]은?

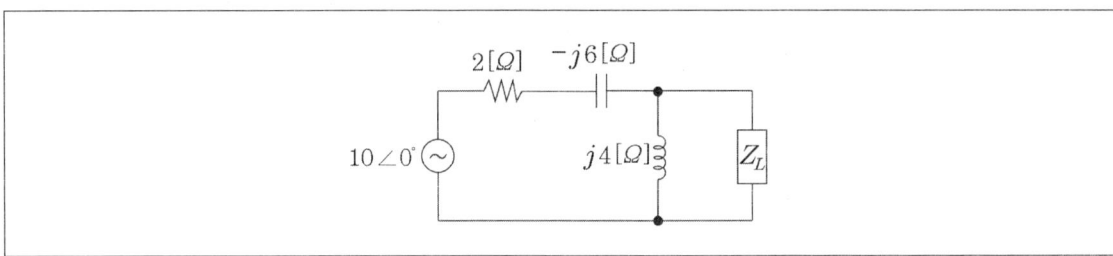

① $4\sqrt{5}$
② $4\sqrt{6}$
③ $5\sqrt{3}$
④ $6\sqrt{3}$

Answer 3.② 4.①

3 중첩의 정리

- 전압원만 있는 경우 전류원은 개방 : 12[Ω]에 흐르는 전류 $I = \dfrac{V}{R} = \dfrac{18}{4+12+2} = 1[A]$

- 전류원만 있는 경우 전압원은 단락 : 12[Ω]에 흐르는 전류 $I = \dfrac{6}{6+12} \times 3 = 1[A]$

그러므로 12[Ω]에 흐르는 전류의 합 $I = 2[A]$, 전압은 $V = IR = 2 \times 12 = 24[V]$

4 전원임피던스

$Z = \dfrac{(2-j6) \times j4}{2-j6+j4} = \dfrac{24+j8}{2-j2} = \dfrac{(24+j8)(2+j2)}{(2-j2)(2+j2)} = \dfrac{1}{8}(32+j64) = 4+j8[\Omega]$

그러므로 최대전력이 전달되기 위한 $Z_L = 4-j8 = \sqrt{4^2+8^2} = \sqrt{80} = 4\sqrt{5}[\Omega]$

5 부하에 인가되는 비정현파 전압 및 전류가 다음과 같을 때, 부하에서 소비되는 평균전력[W]은?

$$v(t) = 100 + 80\sin\omega t + 60\sin(3\omega t - 30°) + 40\sin(7\omega t + 60°) \text{ [V]}$$
$$i(t) = 40 + 30\cos(\omega t - 30°) + 20\cos(5\omega t + 60°) + 10\cos(7\omega t - 30°) \text{ [A]}$$

① 4,700
② 4,800
③ 4,900
④ 5,000

6 다음 회로에서 오랜 시간 닫혀있던 스위치 S가 t = 0에서 개방된 직후에 인덕터의 초기전류 $i_L(0^+)$[A]는?

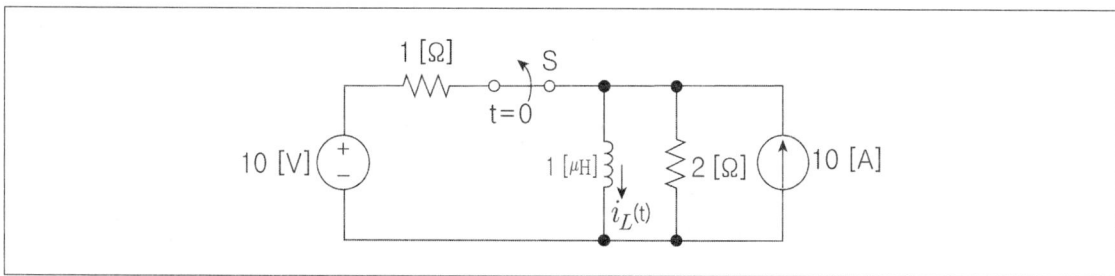

① 5
② 10
③ 20
④ 30

ANSWER 5.② 6.③

5 비정현파의 전력

$$P = VI\cos\theta = 100 \times 40 + \frac{80}{\sqrt{2}}\frac{30}{\sqrt{2}}\cos 60° + \frac{40}{\sqrt{2}}\frac{10}{\sqrt{2}}\cos 0° \text{ [W]}$$
$$P = 4000 + 600 + 200 = 4800 \text{ [W]}$$

6 스위치가 닫힌 경우 L에 흐르는 전류 L이 단락상태가 되는 것이므로
I_L = 전압원에 의한 전류 + 전류원에 의한 전류 = 10 + 10 = 20[A]
스위치를 개방시키면 L은 개방상태가 되므로 전류원에 의한 전류는 전부 2[Ω]의 저항으로 흐른다.
$$I_L(0^+) = 20e^{-\frac{R}{L}t} = 20[A]$$

7 다음 직류회로에서 전류 I_A [A]는?

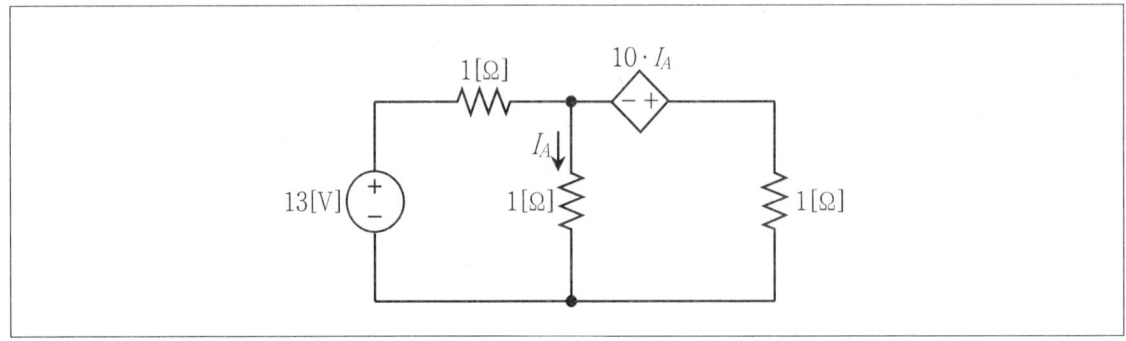

① 13
② $\frac{13}{2}$
③ $\frac{13}{7}$
④ 1

8 단면적이 1[cm²]인 링(Ring) 모양의 철심에 코일을 균일하게 500회 감고 600[mA]의 전류를 흘렸을 때 전체 자속이 0.2[μWb]이다. 같은 코일에 전류를 2.4[A]로 높일 경우 철심에서의 자속밀도[T]는? (단, 기자력(MMF)과 자속은 비례관계로 가정한다)

① 0.005
② 0.006
③ 0.007
④ 0.008

ANSWER 7.④ 8.④

7 전류제어 전압원을 단락시키면 $I_{A1} = \frac{1}{2} \times \frac{13}{1.5}[A]$

13[V] 전압원을 단락시키면 I_A 전류는 실제 전류가 흐르는 방향과 반대로 흐른다.

$I_{A2} = -\frac{1}{2} \times \frac{10 \cdot I_A}{1+0.5} = -\frac{10}{3}I_A[A]$

$I_A = I_{A1} + I_{A2} = \frac{13}{3} - \frac{10}{3}I_A$

$I_A = 1[A]$

8 $N\varnothing = LI$에서 $N\varnothing = 0.2 \times 10^{-6} = L \times 0.6 [wb]$

전류가 2.4[A]이면 $N\varnothing = \frac{0.2 \times 10^{-6}}{0.6} \times 2.4 = 0.8 \times 10^{-6}[wb]$

자속밀도는 $B = \frac{N\varnothing}{S} = \frac{0.8 \times 10^{-6}}{1 \times 10^{-4}} = 0.008[T]$

9 다음 평형(전원 및 부하 모두) 3상회로에서 상전류 I_AB [A]는? (단, $Z_P = 6 + j\,9\,[\Omega]$, $V_{an} = 900 \angle 0°$ [V]이다)

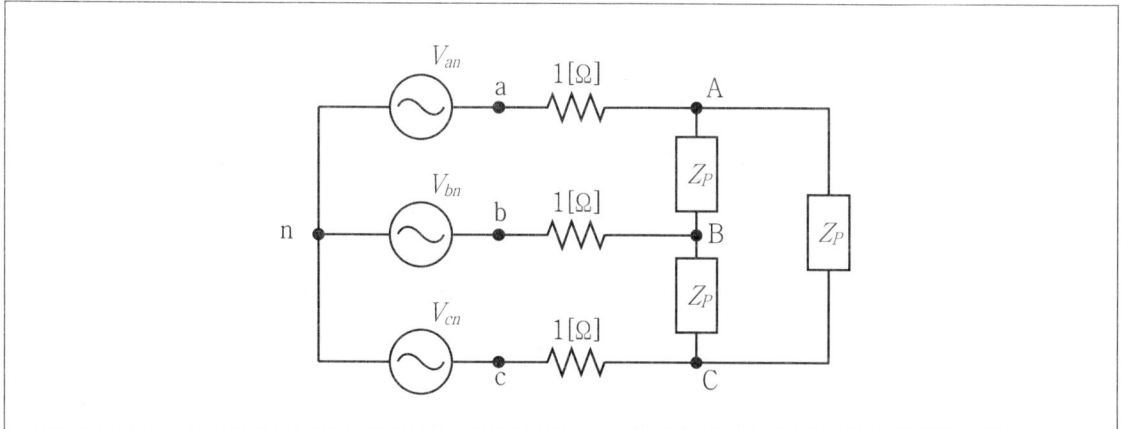

① $50\sqrt{2} \angle (-45°)$
② $50\sqrt{2} \angle (-15°)$
③ $50\sqrt{3} \angle (-45°)$
④ $50\sqrt{6} \angle (-15°)$

ANSWER 9.④

9 △부하를 Y로 변환을 하면 $Z = \dfrac{Z_p}{3} = \dfrac{6+j9}{3} = 2+j3\,[\Omega]$,

그러므로 상전류는 $I_A = \dfrac{V_{an}}{Z} = \dfrac{900 \angle 0°}{1+2+j3} = \dfrac{900 \angle 0°}{3\sqrt{2} \angle 45°} = 212.13 \angle (-45°)\,[A]$

이 상전류가 지금 그림으로 다시 전환하여 I_{AB}를 구하면

$I_{AB} = \dfrac{212.13}{\sqrt{3}} \angle (-45° + 30°) = 50\sqrt{6} \angle (-15°)\,[A]$

10 다음 그림과 같이 μ_r = 50인 선형모드로 작용하는 페라이트 자성체의 전체 자기저항은?

(단, 단면적 A = 1[m^2], 단면적 B = 0.5[m^2], 길이 a = 10[m], 길이 b = 2[m]이다)

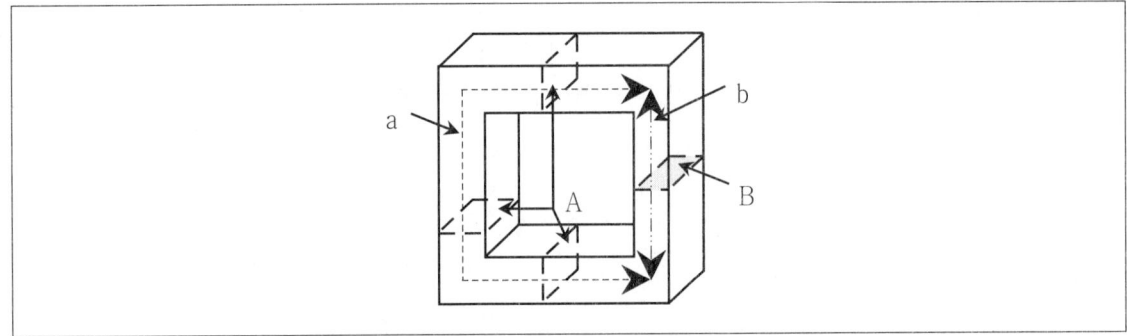

① $\dfrac{7}{25\mu_0}$ ② $\dfrac{7}{1000\mu_0}$

③ $\dfrac{7\mu_0}{25}$ ④ $\dfrac{7\mu_0}{1000}$

11 선간전압 20[kV], 상전류 6[A]의 3상 Y결선되어 발전하는 교류발전기를 △ 결선으로 변경하였을 때, 상전압 V$_P$[kV]와 선전류 I$_L$[A]은? (단, 3상 전원은 평형이며, 3상 부하는 동일하다)

	VP [kV]	IL [A]		VP [kV]	IL [A]
①	$\dfrac{20}{\sqrt{3}}$	$6\sqrt{3}$	②	20	$6\sqrt{3}$
③	$\dfrac{20}{\sqrt{3}}$	6	④	20	6

ANSWER 10.① 11.①

10 자기저항은 단면적이 다른 두 부분으로 되어 있다.

$R = \dfrac{l}{\mu A} = \dfrac{10}{50\mu_0 \times 1} + \dfrac{2}{50\mu_0 \times 0.5} = \dfrac{1}{5\mu_0} + \dfrac{2}{25\mu_0} = \dfrac{7}{25\mu_0}[AT/wb]$

11 교류발전기가 Y결선으로 된 경우 한상의 유효발전전압 $E = 4.44fN\emptyset_m[V]$, 선간전압(단자전압)은 $\sqrt{3}E = 20[KV]$가 된다.

이 발전기가 △결선으로 변경되었을 때 상전압은 선간전압과 같으며 $E = \dfrac{20}{\sqrt{3}}[KV]$가 된다.

Y결선에서 선전류와 상전류는 같으며 △결선으로 변경되었을 때 선전류는 상전류의 $\sqrt{3}$ 배의 전류가 흐르므로 $6\sqrt{3}[A]$의 전류가 흐른다.

12 전압이 10[V], 내부저항이 1[Ω]인 전지(E)를 두 단자에 n개 직렬 접속하여 R과 2R이 병렬 접속된 부하에 연결하였을 때, 전지에 흐르는 전류 I가 2[A]라면 저항 R[Ω]은?

① 3n
② 4n
③ 5n
④ 6n

13 다음 회로는 뒤진 역률이 0.8인 300[kW]의 부하가 걸려있는 송전선로이다. 수전단 전압 E_r = 5,000 [V]일 때, 전류 I[A]와 송전단 전압 E_s [V]는?

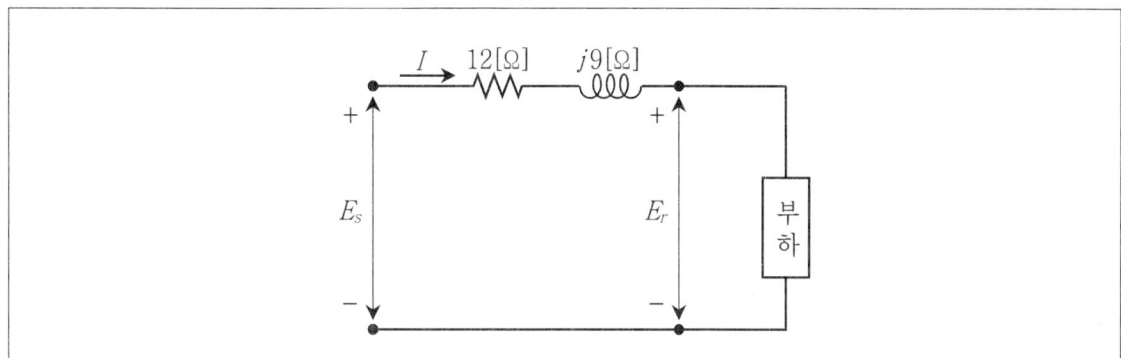

	I[A]	E_s [V]
①	50	6,125
②	50	6,250
③	75	6,125
④	75	6,250

ANSWER 12.④ 13.③

12 n개 직렬접속하면 전압은 10n[V], 내부저항은 n[Ω]이 된다.

부하는 $\frac{R \times 2R}{R+2R} = \frac{2}{3}R$ 이므로 전류 I = 2[A]이면 $\frac{10n}{\frac{2}{3}R+n} = 2$

$5n = \frac{2}{3}R+n$ 에서 $R = 6n[\Omega]$

13 송전단전압 $E_s = E_r + I(R\cos\theta + X\sin\theta) = E_r + \frac{P}{E_r}(R+\tan\theta) = 5,000 + \frac{300 \times 10^3}{5,000}(12+9 \times \frac{0.6}{0.8}) = 6,125[W]$

전류 $I = \frac{P}{E_r \cos\theta} = \frac{300 \times 10^3}{5,000 \times 0.8} = 75[A]$

14 다음 그림과 같은 이상적인 변압기 회로에서 200[Ω] 저항의 소비전력[W]은?

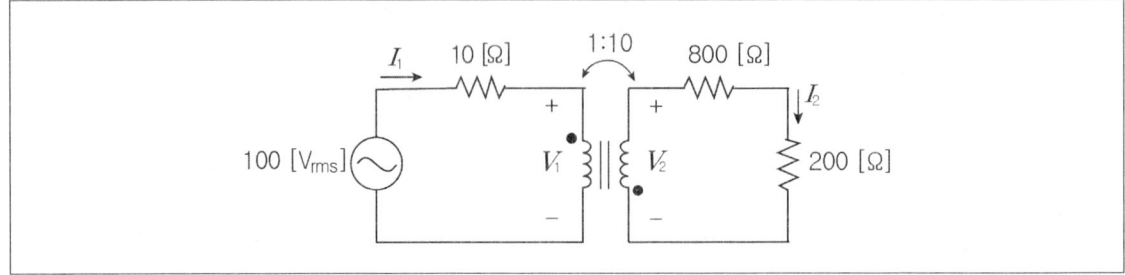

① 5
② 10
③ 50
④ 100

ANSWER 14.③

14
이상적인 변압기 $a = \dfrac{V_1}{V_2} = \dfrac{N_1}{N_2} = \dfrac{I_2}{I_1} = \sqrt{\dfrac{R_1}{R_2}} = \dfrac{1}{10}$ 에서

$100 = 10I_1 + V_1 = 10I_1 + 0.1V_2 = 10I_1 + 0.1(800+200)0.1I_1$

$100 = 20I_1$, $I_1 = 5[A]$

따라서 변압기 1차 전압 $V_1 = 50[V]$, 2차 전압 $V_2 = 500[V]$

변압기 2차 전류 $I_2 = 0.5[A]$

200[Ω] 저항의 소비전력은

$P = I_2^2 R_{200} = 0.5^2 \times 200 = 50[W]$

15 다음 회로에서 스위치 S가 충분히 오래 단자 a에 머물러 있다가 t = 0에서 스위치 S가 단자 a에서 단자 b로 이동하였다. t > 0일 때의 전류 $i_L(t)$ [A]는?

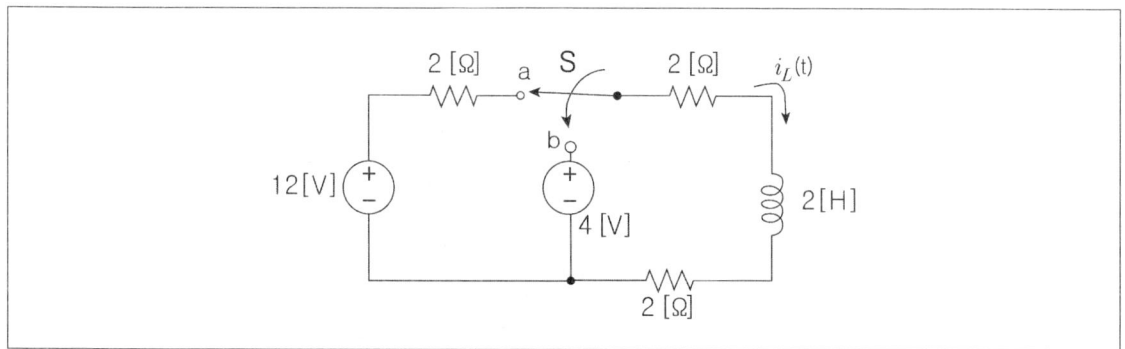

① $2 + e^{-3t}$
② $2 + e^{-2t}$
③ $1 + e^{-2t}$
④ $1 + e^{-3t}$

16 R-L 직렬회로에서 10[V]의 직류 전압을 가했더니 250[mA]의 전류가 측정되었고, 주파수 ω = 1000 [rad/sec], 10[V]의 교류 전압을 가했더니 200[mA]의 전류가 측정되었다. 이 코일의 인덕턴스[mH]는? (단, 전류는 정상상태에서 측정한다)

① 18
② 20
③ 25
④ 30

ANSWER 15.③ 16.④

15 t < 0에서 전류 $i_L = \dfrac{V}{R} = \dfrac{12}{2+2+2} = 2[A]$

t > 0이면 전류 $i_L = 2 - \dfrac{4}{4}(1 - e^{-\frac{4}{2}t}) = 1 + e^{-2t}[A]$

따라서 초기에 전류는 2[A]이었다가 스위칭 후에 안정되면 1[A]로 되는 식을 찾으면 된다.

16 직류전압을 가하면 저항만 적용되므로 $R = \dfrac{V}{I} = \dfrac{10}{250 \times 10^{-3}} = 40[\Omega]$

교류전압을 인가하면 $Z = \dfrac{V}{I} = \dfrac{10}{200 \times 10^{-3}} = 50[A]$

$Z = R + j\omega L = 40 + j1000L = 50[\Omega]$

$1000L = 30, \ L = 30[mH]$

17 다음 직류회로에서 전류 I[A]는?

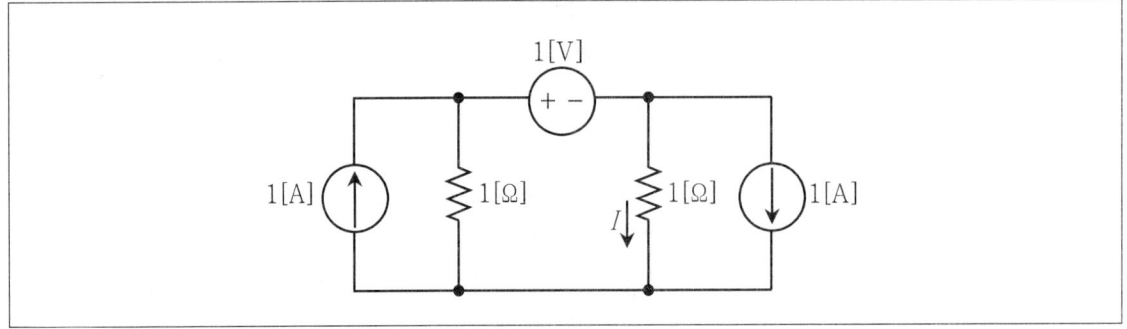

① -0.5
② 0.5
③ 1
④ -1

18 서로 다른 유전체의 경계면에서 발생되는 전기적 현상에 대한 설명으로 옳은 것은?

① 경계면에서 전계 세기의 접선 성분은 유전율의 차이로 달라진다.
② 경계면에서 전속밀도의 법선 성분은 유전율의 차이에 관계없이 같다.
③ 전속밀도는 유전율이 큰 영역에서 크기가 줄어든다.
④ 전계의 세기는 유전율이 작은 영역에서 크기가 줄어든다.

Answer 17.① 18.②

17 중첩의 정리를 적용한다.
　㉠ 왼쪽 전류원만 있는 회로 전압원 단락, 오른쪽 전류원 개방 : $I_1 = 0.5[A]$
　㉡ 전압원만 있고 전류원 2개 개방 : 전류방향이 그림과 반대이므로 -0.5[A]
　㉢ 오른쪽 전류원만 있고 전압원 단락, 왼쪽 전류원 개방 : 전류방향이 그림과 반대이므로 -0.5[A]
　따라서 전류를 모두 중첩하면 합성전류는 -0.5[A]

18 ㉠ 경계면에서 전속밀도의 법선 성분은 연속이다(유전율과 관계가 없다).
　　$D_1 \cos\theta_1 = D_2 \cos\theta_2$
　　두 유전체의 경계면에 전하가 있다면
　　$D_{1n} - D_{2n} = \rho$
　　경계면에 전하가 없다면 $D_{1n} = D_{2n}$이다.
　㉡ 경계면에서 전계의 접선 성분은 연속이다(전계는 유전율에 반비례한다).
　　$E_1 \sin\theta_1 = E_2 \sin\theta_2$
　　전계의 세기는 유전율이 작은 영역에서 커진다.

19 다음 회로에서 단자 a, b 간의 전압 $V_{ab}[V]$는?

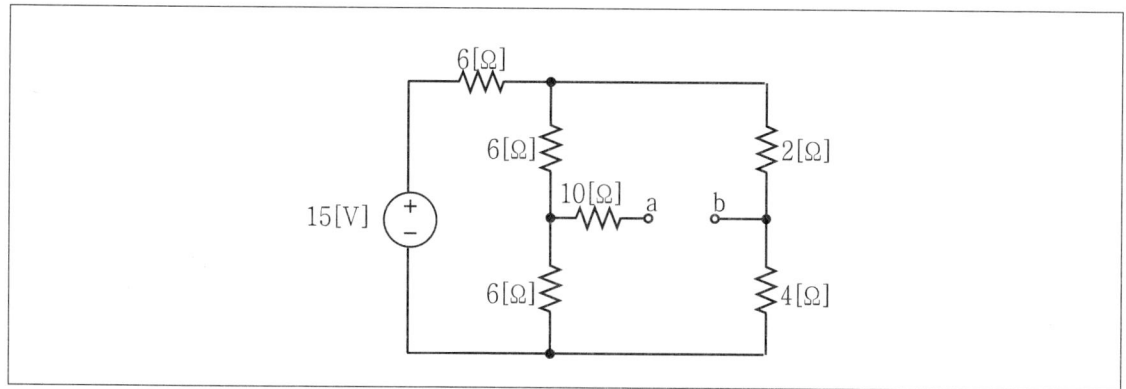

① 1
② -1
③ 2
④ -2

ANSWER 19.②

19 $10[\Omega]$을 제외하고 등가저항을 구하면

$R_e = 6 + \dfrac{12 \times 6}{12+6} = 10[\Omega]$

전류는 $I = \dfrac{15}{10} = 1.5[A]$

직렬 $6[\Omega]$의 저항에는 $6 \times 1.5 = 9[V]$ 전압이 걸린다.

브리지 $\dfrac{12 \times 6}{12+6} = 4[\Omega]$에는 $4 \times 1.5 = 6[V]$의 전압이 걸리게 되므로

전원전압과의 차 $V_{ab} = -1[V]$

20 다음 교류회로가 정상상태일 때, 전류 $i(t)$[A]는?

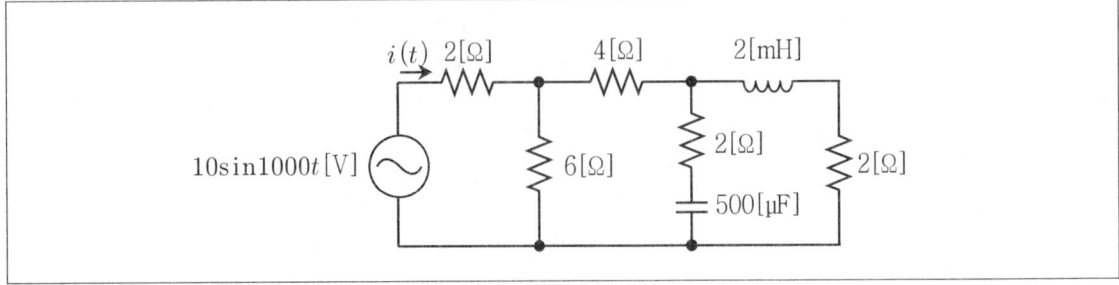

① $2\sin 1000t$
② $2\cos 1000t$
③ $10\cos(1000t - 60°)$
④ $10\sin(1000t - 60°)$

ANSWER 20.①

20 부분 임피던스가 정저항회로이므로
$R^2 = \dfrac{L}{C} = \dfrac{0.002}{0.0005} = 4$, $R = 2[\Omega]$
따라서 전체 합성임피던스는 5[Ω]
전류 $i(t) = \dfrac{V}{R} = \dfrac{10\sin 1000t}{5} = 2\sin 1000t\,[A]$

전기이론

2018. 5. 19. 제1회 지방직 시행

1 커패시터와 인덕터에서 순간적($\triangle t \rightarrow 0$)으로 변하지 않는 것은?

	커패시터	인덕터
①	전류	전류
②	전압	전압
③	전압	전류
④	전류	전압

ANSWER 1.③

1 커패시터의 식

$$v(t) = \frac{Q}{C} = \frac{1}{C}\int i(t)dt\,[V], \quad i(t) = C\frac{dv(t)}{dt}[A]$$ 에서

dt가 작아지면 전압이 많이 커져야 하므로 C에서는 전압이 변화하기 어렵다.

인덕터의 식

$v(t) = L\frac{di(t)}{dt}[V]$ 에서 전류가 짧은 시간에 변하게 되면 역시 전류가 많이 커져야 하므로 L에서는 전류가 변하기 어렵다.

2 그림과 같이 테브난의 정리를 이용하여 그림 (a)의 회로를 그림 (b)와 같은 등가회로로 만들었을 때, 저항 $R[\Omega]$은?

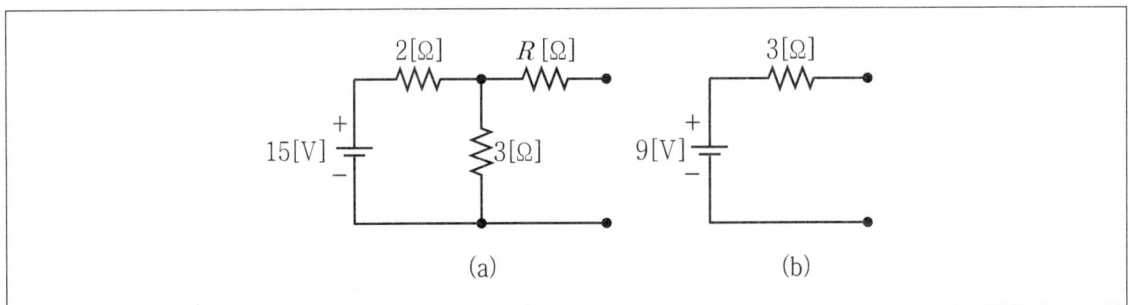

① 1.2
② 1.5
③ 1.8
④ 3.0

3 그림과 같이 평행한 두 개의 무한장 직선도선에 1[A], 9[A]인 전류가 각각 흐른다. 두 도선 사이의 자계 세기가 0 이 되는 지점 P의 위치를 나타낸 거리의 비 $\dfrac{a}{b}$ 는?

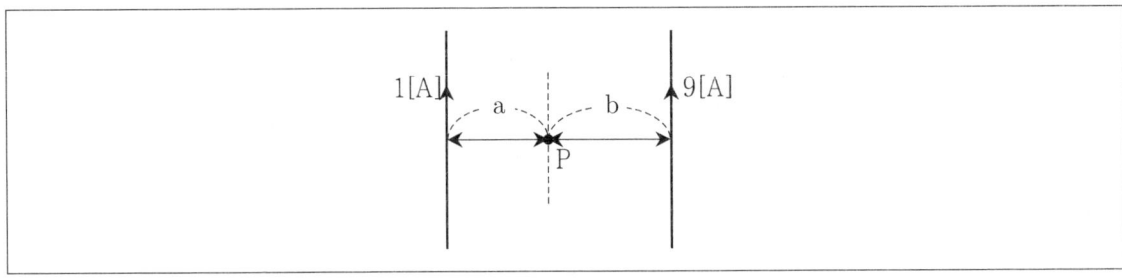

① $\dfrac{1}{9}$
② $\dfrac{1}{3}$
③ 3
④ 9

ANSWER 2.③ 3.①

2 등가저항은 전압원을 단락시키고 단자에서 본 저항이므로 $R_e = R + \dfrac{2 \times 3}{2+3} = 3[\Omega]$ 에서 $R = 1.8[\Omega]$

3 무한장 직선도선에서 H = 0 이면
$H_{1A} = H_{9A}$, $\dfrac{I_A}{2\pi a} = \dfrac{I_B}{2\pi b}$, $\dfrac{1}{2\pi a} = \dfrac{9}{2\pi b}$ 그러므로 $a : b = 1 : 9$

4 다음 회로에서 $v(t) = 100\sin(2 \times 10^4 t)$ [V]일 때, 공진되기 위한 $C\,[\mu F]$는?

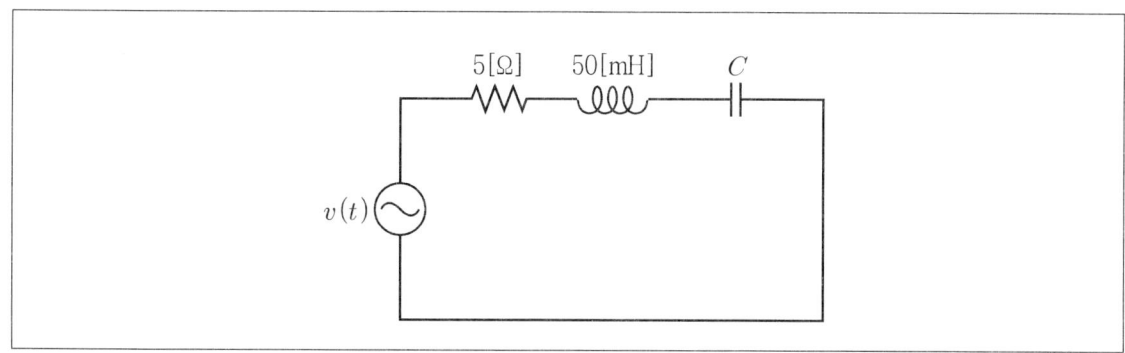

① 0.05
② 0.15
③ 0.20
④ 0.25

5 60 [Hz] 단상 교류발전기가 부하에 공급하는 전압, 전류의 최댓값이 각각 100 [V], 10 [A]일 때, 부하의 유효전력이 500 [W]이다. 이 발전기의 피상전력[VA]은? (단, 손실은 무시한다)

① 500
② $500\sqrt{2}$
③ 1000
④ $1000\sqrt{2}$

ANSWER 4.① 5.①

4 직렬공진이면 임피던스의 허수부가 0이고 임피던스가 작아져서 큰 전류가 흐른다.
허수부가 0이므로 $X_L = X_C$
$v(t) = V_m \sin\omega t = 100\sin(2 \times 10^4 t)\,[V]$ 에서 $\omega = 2 \times 10^4$
$\omega L = \dfrac{1}{\omega C}$, $C = \dfrac{1}{\omega^2 L} = \dfrac{1}{(2 \times 10^4)^2 \times 50 \times 10^{-3}} = \dfrac{1}{20 \times 10^6} = 0.05\,[\mu F]$

5 단상 교류 발전기 $I_m \cdot V_m = 10 \times 100 = 1000\,[VA]$, $P = 500\,[W]$
피상전력 $P_a = VI = \dfrac{V_m}{\sqrt{2}} \dfrac{I_m}{\sqrt{2}} = \dfrac{1}{2} \times 1000 = 500\,[VA]$
전력은 실횻값으로만 구한다.

6 다음 회로의 r_1, r_2에 흐르는 전류비 $I_1 : I_2 = 1 : 2$가 되기 위한 $r_1[\Omega]$과 $r_2[\Omega]$는? (단, 입력전류 $I = 5[A]$이다)

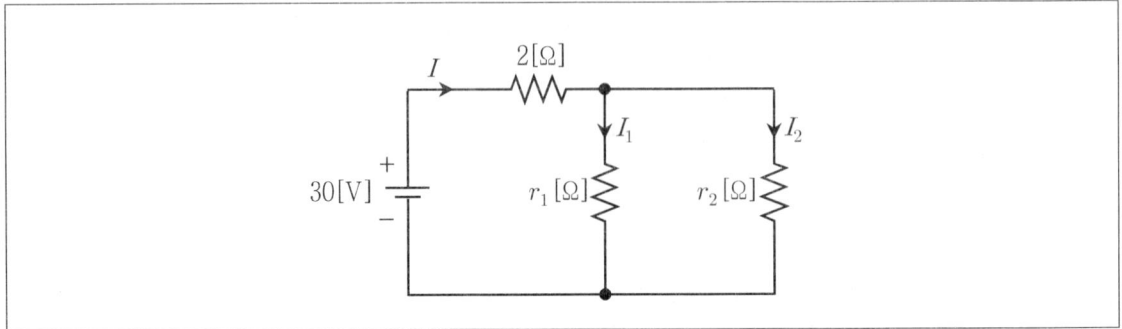

	r_1	r_2
①	3	6
②	6	3
③	6	12
④	12	6

ANSWER 6.④

6 입력전류가 5[A]이면 회로의 전체 합성저항은 $R_t = \dfrac{V}{I} = \dfrac{30}{5} = 6[\Omega]$

$\dfrac{r_1 r_2}{r_1 + r_2} = 4[\Omega]$

전류비 $I_1 : I_2 = 1 : 2$이면 저항비 $r_1 : r_2 = 2 : 1$이므로 $r_1 = 2r_2$

$\dfrac{r_1 r_2}{r_1 + r_2} = \dfrac{2r_2 r_2}{2r_2 + r_2} = \dfrac{2}{3} r_2 = 4[\Omega]$

$r_2 = 6[\Omega]$, $r_1 = 12[\Omega]$

7 다음 회로에서 (a) B 부하에 공급되는 평균전력[W], (b) 전원이 공급하는 피상전력[VA], (c) 합성(A부하 + B부하) 부하역률은?

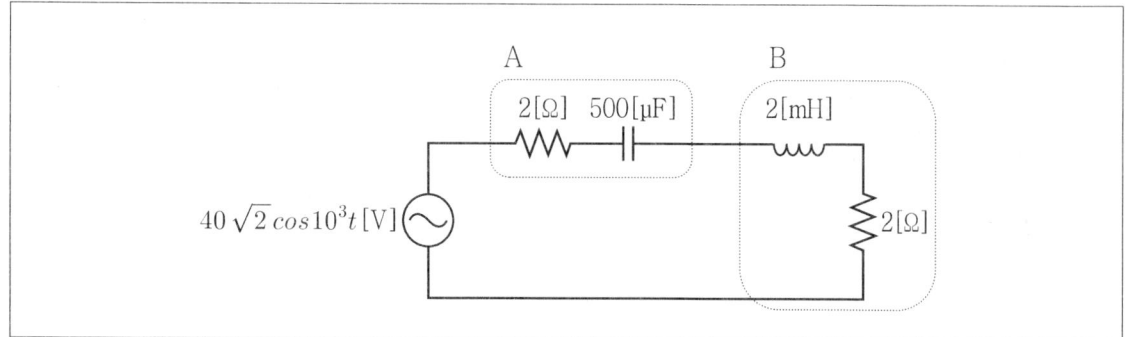

	(a)	(b)	(c)
①	200	200	0.5
②	400	200	0.5
③	200	400	1.0
④	400	400	1.0

ANSWER 7.③

7 $Z_A = R - jX_c$, $Z_B = R + jX_L$

$v(t) = V_m \sin\omega t = 40\sqrt{2}\cos 10^3 t\,[V]$ 에서 $\omega = 10^3$

$Z_A = R - j\dfrac{1}{\omega C} = 2 - j\dfrac{1}{10^3 \times 500 \times 10^{-6}} = 2 - j2\,[\Omega]$

$Z_B = R + j\omega L = 2 + j(10^3 \times 2 \times 10^{-3}) = 2 + j2\,[\Omega]$

전체 임피던스는 $Z = Z_A + Z_B = 2 - j2 + 2 + j2 = 4\,[\Omega]$

(a) B부하에 공급되는 평균전력

$P_a = I^2 R = (\dfrac{V}{R_e})^2 \times R = (\dfrac{40}{4})^2 \times 2 = 200\,[w]$

(b) 전원이 공급하는 피상전력

$P_a = \dfrac{V^2}{R_e} = \dfrac{40^2}{4} = 400\,[VA]$

(c) 합성부하는 등가임피던스가 저항뿐이므로 역률 1

8 전자기장에 대한 맥스웰 방정식으로 옳은 것은?

① $\oint_l \boldsymbol{E} \cdot dl = \dfrac{Q}{\epsilon_0}$

② $\oint_l \boldsymbol{B} \cdot dl = I$

③ $\oint_s \boldsymbol{E} \cdot ds = -\dfrac{d\phi}{dt}$

④ $\oint_s \boldsymbol{B} \cdot ds = 0$

ANSWER 8.④

8 맥스웰 방정식

㉠ $\oint_l E \cdot dl = -\dfrac{\partial \varnothing}{\partial t}$, 미분형은 $\nabla \times E = -\dfrac{\partial B}{\partial t}$

시변 자계에서 발생하는 기전력을 나타낸다.

㉡ $\oint_s B \cdot ds = 0$, 미분형은 $\nabla \cdot B = 0$

자극에서 발생하는 자속은 모두 N극에서 S극으로 들어가므로 연속적이다.

㉢ $\oint_s E \cdot ds = \dfrac{Q}{\epsilon_0}$ 가우스의 정리

9 다음 회로에서 저항 $R[\Omega]$은? (단, V = 3.5[V]이다)

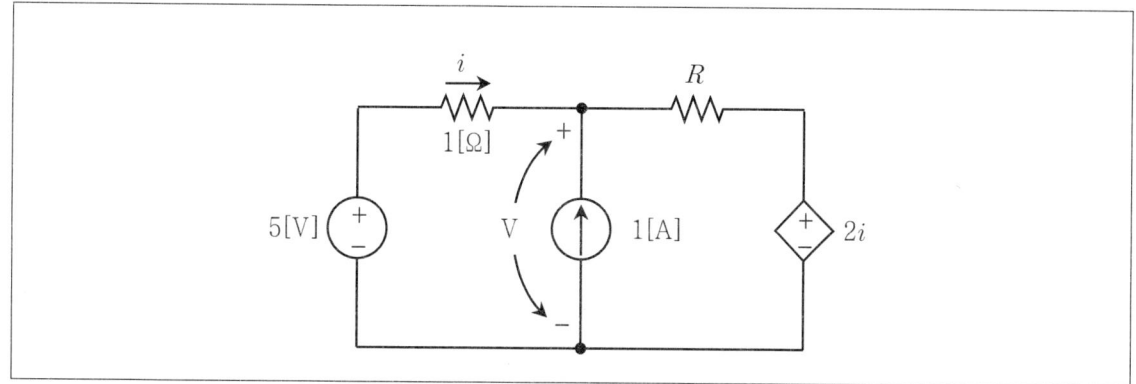

① 0.1 ② 0.2
③ 1.0 ④ 1.5

ANSWER 9.②

9 마디방정식으로 정리한다.
$1[\Omega]$과 $R[\Omega]$사이의 접속점을 A라고 하고 전류방정식을 세우면
$$i+1 = \frac{V(3.5[V])-2i}{R}$$
$$i = \frac{5[V]-V(3.5[V])}{1[\Omega]} = 1.5[A] \text{를 대입하면}$$
$$1.5+1 = \frac{3.5-2\times 1.5}{R}$$
$$R = 0.2[\Omega]$$

10 그림과 같은 폐회로 abcd를 통과하는 쇄교자속 $\lambda = \lambda_m \sin 10t$ [Wb]일 때, 저항 10 [Ω]에 걸리는 전압 V_1의 실횻값[V]은? (단, 회로의 자기 인덕턴스는 무시한다)

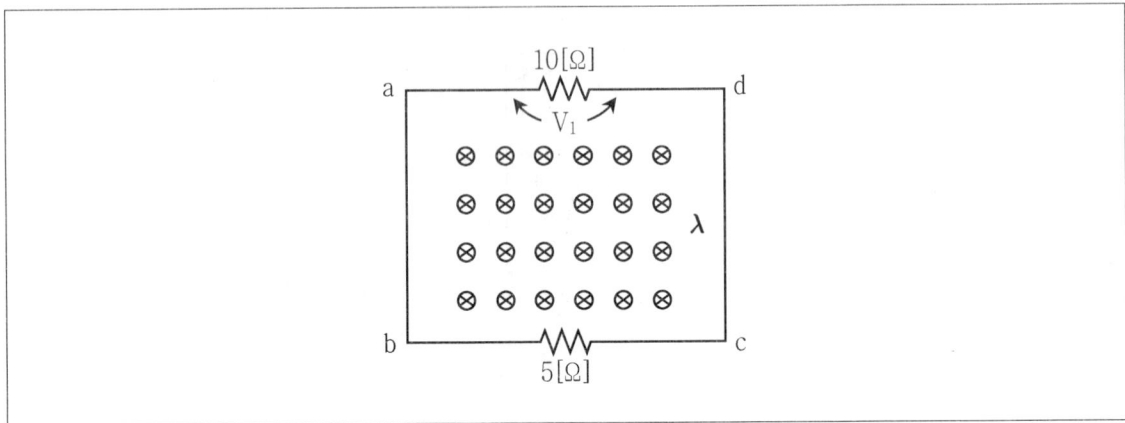

① $\dfrac{10\lambda_m}{3}$ ② $\dfrac{20\lambda_m}{3}$

③ $\dfrac{10\lambda_m}{3\sqrt{2}}$ ④ $\dfrac{20\lambda_m}{3\sqrt{2}}$

ANSWER 10.④

10 쇄교자속에 의한 유도기전력

$$e(t) = -\frac{\partial \varnothing}{\partial t} = -\frac{\partial \lambda_m \sin 10t}{\partial t} = -10\lambda_m \cos 10t \,[V]$$

유도기전력의 실횻값은 $e = \dfrac{10\lambda_m}{\sqrt{2}}[V]$, 유도기전력이 폐로에 걸리게 되므로

저항 10[Ω]에 걸리는 전압은 전체전압의 $\dfrac{2}{3}$이다.

따라서 $V_1 = \dfrac{10\lambda_m}{\sqrt{2}} \cdot \dfrac{2}{3} = \dfrac{20\lambda_m}{3\sqrt{2}}[V]$

11 교류전압 $v = 400\sqrt{2}\sin\omega t + 30\sqrt{2}\sin3\omega t + 40\sqrt{2}\sin5\omega t$ [V]의 왜형률[%]은? (단, ω는 기본 각주파수이다)

① 8
② 12.5
③ 25.5
④ 50

12 그림과 같은 이상적인 변압기 회로에서 최대전력전송을 위한 변압기 권선비는?

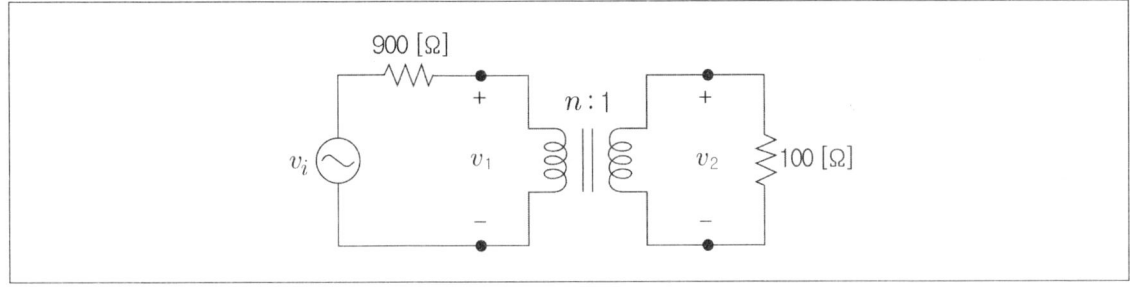

① 1 : 1
② 3 : 1
③ 6 : 1
④ 9 : 1

ANSWER 11.② 12.②

11 비정현파 교류에서 왜형률: 고조파에 의해서 파형이 일그러진 정도를 나타낸다.
$$D = \frac{\text{고조파의 실횻값}}{\text{기본파의 실횻값}} \times 100 = \frac{\sqrt{30^2 + 40^2}}{400} \times 100 = 12.5[\%]$$

12 이상적인 변압기의 권선비
$$a = \frac{V_1}{V_2} = \frac{N_1}{N_2} = \sqrt{\frac{R_1}{R_2}}$$
$$\frac{N_1}{N_2} = \sqrt{\frac{R_1}{R_2}} = \sqrt{\frac{900}{100}} = \frac{3}{1}$$

13 그림과 같이 간격 d = 4[cm]인 평판 커패시터의 두 극판 사이에 두께와 면적이 같은 비유전율 ϵ_{s1} = 6, ϵ_{s2} = 9인 두 유전체를 삽입하고 단자 ab에 200[V]의 전압을 인가할 때, 비유전율 ϵ_{s2}인 유전체에 걸리는 전압[V]과 전계의 세기[kV/m]는?

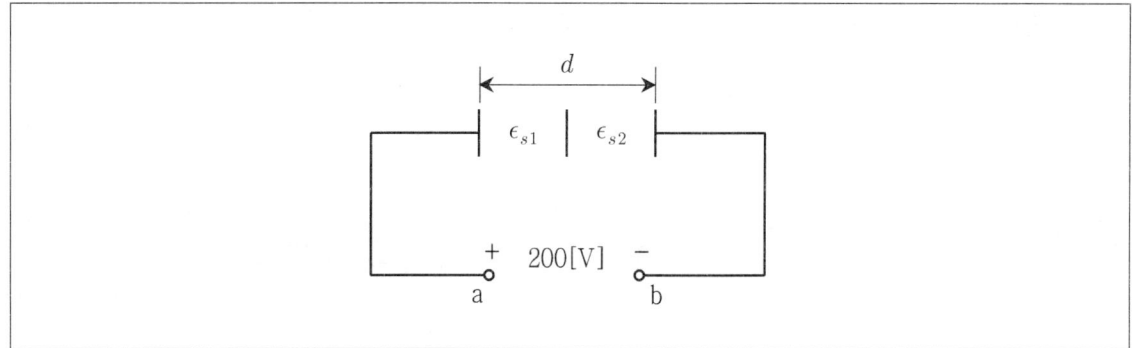

	전압	전계의 세기
①	80	2
②	120	2
③	80	4
④	120	4

ANSWER 13.③

13 커패시터는 직렬접속과 같고, 유전율은 정전용량과 비례하며 직렬로 된 정전용량은 전압과는 반비례하므로 전압은 유전율의 크기와 반비례하게 걸린다.
200[V]의 전원이 분압이 되면

$$V_{\epsilon s2} = \frac{\epsilon_{s1}}{\epsilon_{s1}+\epsilon_{s2}}V = \frac{6}{6+9} \times 200 = 80[V]$$

전계의 세기 $E_{\epsilon s2} = \frac{V}{d} = \frac{80}{2\times 10^{-2}} = 4\times 10^3 = 4[KV/m]$

14 다음 회로에서 정상상태 전류 I[A]는?

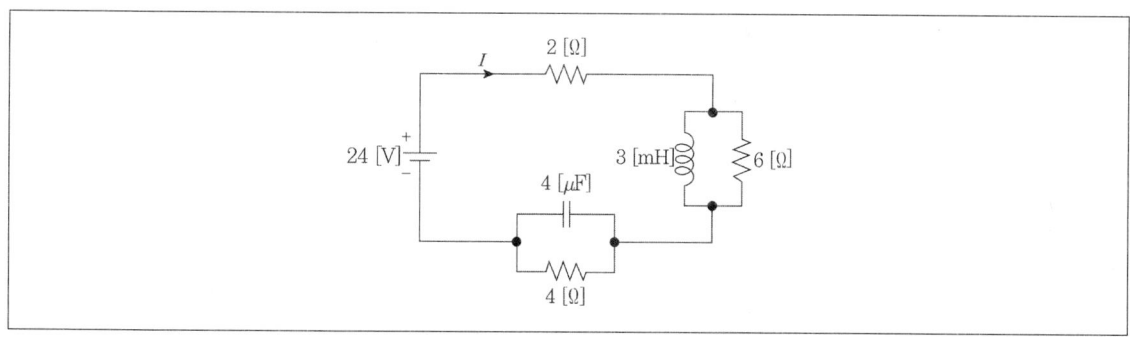

① 2
② 4
③ 6
④ 8

15 저항 10[Ω]과 인덕터 5[H]가 직렬로 연결된 교류회로에서 다음과 같이 교류전압 $v(t)$를 인가했을 때, 흐르는 전류가 $i(t)$이다. 교류전압의 각주파수 ω[rad/s]는?

- $v(t) = 200\sin\left(\omega t + \dfrac{\pi}{6}\right)$ [V]
- $i(t) = 10\sin\left(\omega t - \dfrac{\pi}{6}\right)$ [A]

① 2
② $2\sqrt{2}$
③ $2\sqrt{3}$
④ 3

ANSWER 14.② 15.③

14 회로의 정상상태란 직류전원 인가 시의 안정상태를 말한다. 그러므로 L은 단락상태, C는 개방상태이다.

회로의 합성저항 $R_c = 2+4 = 6[\Omega]$뿐이므로 정상상태 전류 $I = \dfrac{E}{R} = \dfrac{24}{6} = 4[A]$

15

R-L 회로에서 임피던스는 $Z = \dfrac{v(t)}{i(t)} = \dfrac{\dfrac{200}{\sqrt{2}} \angle \dfrac{\pi}{6}}{\dfrac{10}{\sqrt{2}} \angle -\dfrac{\pi}{6}} = 20 \angle \dfrac{\pi}{3} = 20(\cos\dfrac{\pi}{3} + j\sin\dfrac{\pi}{3}) = 10 + j10\sqrt{3}\,[\Omega]$

$X_L = \omega L = 10\sqrt{3}\,[\Omega]$

$\omega = \dfrac{10\sqrt{3}}{L} = \dfrac{10\sqrt{3}}{5} = 2\sqrt{3}\,[rad/s]$

16 그림과 같은 평형 3상 회로에서 전체 무효전력[Var]은? (단, 전원의 상전압 실횻값은 100[V]이고, 각 상의 부하임피던스 $\dot{Z} = 4 + j3\,[\Omega]$이다)

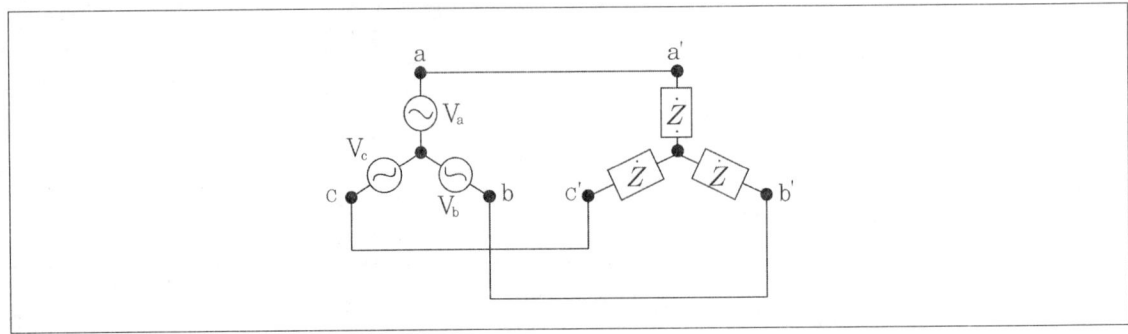

① 2400
② 3600
③ 4800
④ 6000

17 평형 3상 회로에서 부하는 Y 결선이고 a상 선전류는 $20\angle-90°$[A]이며 한 상의 임피던스 $\dot{Z} = 10\angle 60°$ [Ω]일 때, 선간전압 $\dot{V}_{ab}$[V]는? (단, 상순은 a, b, c 시계방향이다)

① $200\angle 0°$
② $200\angle -30°$
③ $200\sqrt{3}\angle 0°$
④ $200\sqrt{3}\angle -30°$

ANSWER 16.② 17.③

16 3상 Y결선이므로

피상전력 $P_a = 3I^2 Z = 3\dfrac{V_p^2 Z}{R^2 + X^2}[VA]$

무효전력 $P_r = 3I^2 X = 3\dfrac{V_p^2 X}{R^2 + X^2} = 3 \times \dfrac{100^2 \times 3}{4^2 + 3^2} = 3600[Var]$

17 3상 Y결선이므로
상전압은 $V_p = ZI_p = 10\angle 60° \times 20\angle -90° = 200\angle -30°[V]$
선간전압은 크기는 상전압보다 $\sqrt{3}$ 배, 위상은 $30°$ 앞서게 되므로
$V_l = 200\sqrt{3}\angle 0°$

18 그림과 같은 직류회로에서 오랜 시간 개방되어 있던 스위치가 닫힌 직후의 스위치 전류 $i_{sw}(0^+)$[A]는?

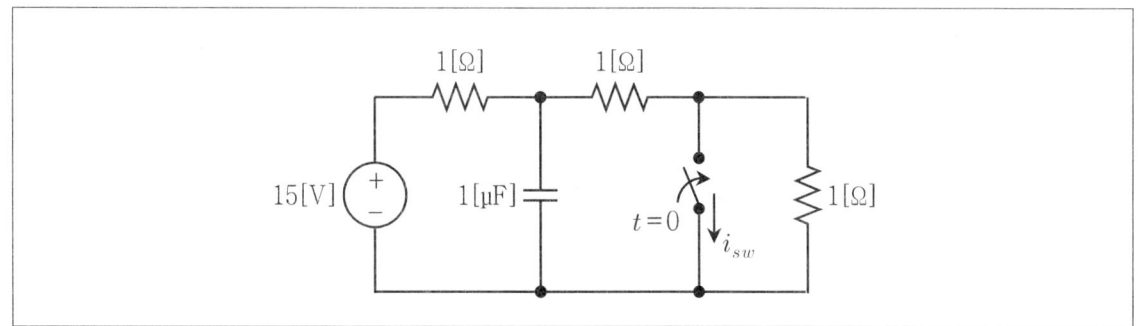

① $\dfrac{15}{2}$

② $\dfrac{15}{3}$

③ 10

④ 15

Answer 18.③

18 회로가 정상상태일 때, 저항 각 1[Ω]마다 5[V]가 분압되어 있고 1[μF] 콘덴서에는 10[V]가 충전되어 있다. 스위치를 닫으면 그림의 맨 오른쪽 1[Ω]의 저항은 단락이 되었으므로 전류가 흐르지 않는다. 따라서 스위치에 흐르는 전류는 가운데 위치한 1[Ω]으로 흐르는 전류이므로

$i_{sw} = \dfrac{V_c}{1[\Omega]} = \dfrac{10}{1} = 10[A]$

19 그림과 같이 커패시터를 설치하여 역률을 개선하였다. 개선 후 전류 $\dot{I}$ [A]와 역률 $\cos\theta$는?

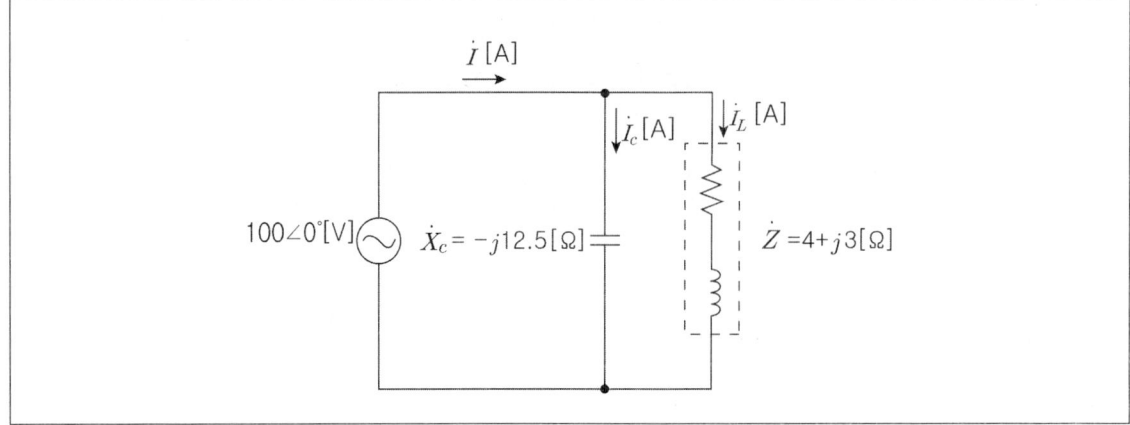

	$\dot{I}$	$\cos\theta$
①	$16 - j4$	$\dfrac{16}{\sqrt{272}}$
②	$16 - j4$	$-\dfrac{4}{\sqrt{272}}$
③	$16 + j4$	$\dfrac{16}{\sqrt{272}}$
④	$16 + j4$	$\dfrac{4}{\sqrt{272}}$

ANSWER 19.①

19 $I_L = \dfrac{100}{4+j3} = \dfrac{100(4-j3)}{(4+j3)(4-j3)} = 16 - j12 [A]$

$I_c = \dfrac{100}{-j12.5} = j8 [A]$

전전류 $I = I_L + I_c = 16 - j12 + j8 = 16 - j4 [A]$

역률 $\cos\theta = \dfrac{16}{\sqrt{16^2 + 4^2}} = \dfrac{16}{\sqrt{272}} = 0.97$

따라서 역률이 콘덴서를 달기 전 $\cos = \dfrac{4}{\sqrt{4^2 + 3^2}} = 0.8$에서 개선되었음을 알 수 있다.

20 RL 직렬회로에 전류 $i = 3\sqrt{2}\sin(5000t + 45°)$[A]가 흐를 때, 180[W]의 전력이 소비되고 역률은 0.8이었다. $R[\Omega]$과 L[mH]은?

	R	L
①	$\dfrac{20}{\sqrt{2}}$	$\dfrac{3}{\sqrt{2}}$
②	$\dfrac{20}{\sqrt{2}}$	3
③	20	$\dfrac{3}{\sqrt{2}}$
④	20	3

ANSWER 20.④

20 R-L직렬회로

소비전력 $P = I^2 R = 180[w]$에서 전류의 실횻값이 3[A]이므로 $R = 20[\Omega]$

역률이 0.8이므로 $\cos\theta = \dfrac{R}{\sqrt{R^2 + X_L^2}} = \dfrac{20}{\sqrt{20^2 + X_L^2}} = 0.8$

$X_L = 15[\Omega]$, 전류 순시값에서 $\omega = 5000$

$X_L = \omega L = 5000L = 15[\Omega]$

$L = 3[mH]$

전기이론

2018. 6. 23. 제2회 서울특별시 시행

1 개방 단자 전압이 12[V]인 자동차 배터리가 있다. 자동차 시동을 걸 때 배터리가 0.5[Ω]의 부하에 전류를 공급하면서 배터리 단자 전압이 10[V]로 낮아졌다면 배터리의 내부 저항값[Ω]은?

① 0.1
② 0.15
③ 0.2
④ 0.25

2 특이함수(스위칭함수)에 대한 설명으로 옳은 것을 〈보기〉에서 모두 고른 것은?

〈보기〉
㉠ 특이함수는 그 함수가 불연속이거나 그 도함수가 불연속인 함수이다.
㉡ 단위계단함수 $u(t)$는 t가 음수일 때 −1, t가 양수일 때 1의 값을 갖는다.
㉢ 단위임펄스함수 $\delta(t)$는 $t=0$ 외에는 모두 0이다.
㉣ 단위램프함수 $r(t)$는 t의 값에 상관없이 단위 기울기를 갖는다.

① ㉠, ㉡
② ㉠, ㉢
③ ㉡, ㉢
④ ㉢, ㉣

ANSWER 1.① 2.②

1 개방단자전압 E = 12[V]
0.5[Ω]의 부하에 전류를 공급하면서 단자전압이 10[V]가 되었다면
부하에 흐르는 전류는 $I = \dfrac{V}{R} = \dfrac{10}{0.5} = 20[A]$, 내부저항에서의 전압강하는 2[V]
내부저항 $r = \dfrac{2[V]}{20[A]} = 0.1[\Omega]$

2 ㉡ 단위계단함수 $u(t)$는 t가 0보다 작을 때 0, t가 0보다 크면 1인 함수이다.
㉣ 단위램프함수 $r(t)$는 t가 0보다 작을 때 0, t가 0보다 크면 t인 함수이다.

3 공장의 어떤 부하가 단상 220V/60Hz 전력선으로부터 0.5의 지상 역률로 22kW를 소비하고 있다. 이때 공장으로 유입되는 전류의 실횻값[A]은?

① 50
② 100
③ 150
④ 200

4 그림과 같은 필터 회로에 대한 설명으로 가장 옳은 것은?

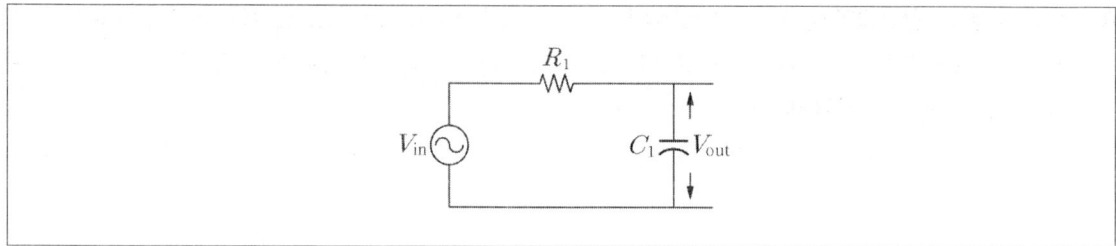

① 입력전압 V_{in}의 주파수가 0일 때 출력전압 V_{out}은 0이다.
② 입력전압 V_{in}의 주파수가 무한대이면 출력전압 V_{out}은 V_{in}과 같다.
③ 필터회로의 차단주파수는 $f_c = \dfrac{1}{2\pi\sqrt{R_1C_1}}$[Hz]이다.
④ 차단주파수에서 출력전압은 입력전압보다 위상이 45° 뒤진다.

ANSWER 3.④ 4.④

3 유입되는 전류 $I = \dfrac{P}{V\cos\theta} = \dfrac{22 \times 10^3}{220 \times 0.5} = 200[A]$

4 보기의 전달함수

$G(s) = \dfrac{\dfrac{1}{Cs}}{R + \dfrac{1}{Cs}} = \dfrac{1}{RCs+1}$ 이므로

주파수(s)가 0이면 $G(s) = 1$, $V_{in} = V_{out}$
주파수(s)가 ∞이면 $G(\infty) = 0$, $V_{out} = 0$
차단주파수는 전달함수의 크기가 0주파수레벨에서 3[dB]이하로 떨어지는 주파수를 말한다.
따라서 $|G(j\omega)| = \dfrac{1}{\sqrt{(\omega RC)^2+1}} = \dfrac{1}{\sqrt{2}}$ 되는 주파수이다.
차단주파수에서 $R = \dfrac{1}{\omega C}$ 이므로 위상은 45°, 출력전압이 입력전압보다 늦은 적분기이다.

5 반경이 a, $b(b>a)$인 두 개의 동심도체 구껍질(spherical shell)로 구성된 구 커패시터의 정전용량은?

① $\dfrac{2\pi\epsilon}{a-b}$

② $\dfrac{4\pi\epsilon}{a-b}$

③ $\dfrac{2\pi\epsilon}{\dfrac{1}{a}-\dfrac{1}{b}}$

④ $\dfrac{4\pi\epsilon}{\dfrac{1}{a}-\dfrac{1}{b}}$

6 다음과 같이 평균길이가 10cm, 단면적이 20cm², 비투자율이 1,000인 철심에 도선이 100회 감겨있고, 60Hz의 교류전류 $2A$ (실효치)가 흐르고 있을 때, 전압 V의 실효치[V]는? (단, 도선의 저항은 무시하며, μ_0는 진공의 투자율이다.)

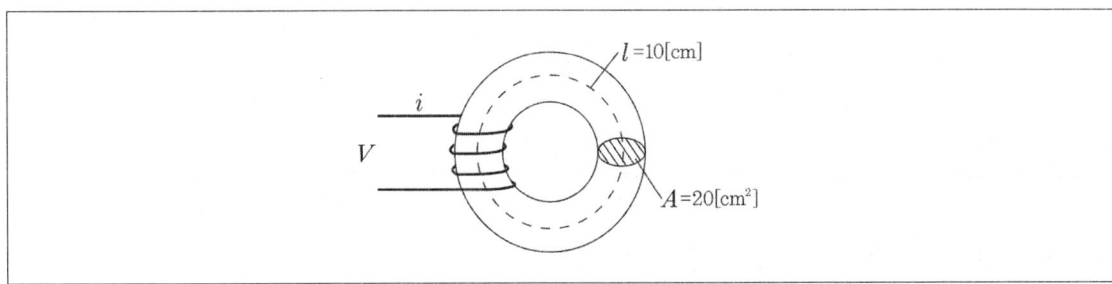

① $12\pi \times 10^6 \mu_0$

② $24\pi \times 10^6 \mu_0$

③ $36\pi \times 10^6 \mu_0$

④ $48\pi \times 10^6 \mu_0$

ANSWER 5.④ 6.④

5 동심도체구의 전위 $V=\dfrac{Q}{4\pi\epsilon}\left(\dfrac{1}{a}-\dfrac{1}{b}\right)[V]$, Q=CV[C]에서

정전용량 $C=\dfrac{4\pi\epsilon}{\dfrac{1}{a}-\dfrac{1}{b}}=\dfrac{4\pi\epsilon ab}{b-a}[F]$

6 솔레노이드에서 자속

$\varnothing=\dfrac{NI}{R}=\dfrac{NI}{\dfrac{l}{\mu S}}=\dfrac{\mu SNI}{l}=\dfrac{1000\mu_0 \times 20\times 10^{-4} \times 100 \times 2}{10\times 10^{-2}}=4000\mu_0\,[wb]$

전압 $V=2\pi fN\varnothing=2\pi\times 60\times 100\times 4000\mu_0=48\pi\times 10^6\mu_0$

7 다음과 같이 종속전압원을 갖는 회로에서 V_2 전압[V]은?

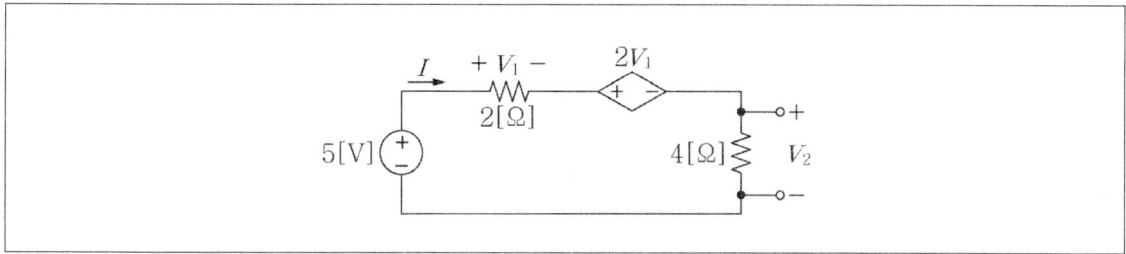

① 1
② 1.5
③ 2
④ 3

8 자유공간에 놓여 있는 1cm 두께의 합성수지판 표면에 수직방향(법선방향)으로 외부에서 전계 E_0[V/m]를 가하였을 경우에 대한 설명으로 가장 옳지 않은 것은? (단, 합성수지판의 비유전율은 $\epsilon_r = 2.5$이며, ϵ_0는 자유공간의 유전율이다.)

① 합성수지판 내부의 전속밀도는 $\epsilon_0 E_0$[C/m²]이다.
② 합성수지판 내부의 전계의 세기는 $0.4 E_0$[V/m]이다.
③ 합성수지판 내부의 분극 세기는 $0.5\epsilon_0 E_0$[C/m²]이다.
④ 합성수지판 외부에서 분극 세기는 0이다.

ANSWER 7.③ 8.③

7 독립전원과 종속전원을 가진 회로이므로

V_2를 단락시키면 $I_s = \dfrac{5 - 2V_1}{2}[A]$의 단락전류가 흐르고

V_2를 개방시키면 $5 - V_1 - 2V_1 - V_2 = 0$, 저항비에 따라 $V_2 = 2V_1$를 대입하면

$V_1 = 1[V]$ 따라서 $V_2 = 2[V]$

8 ㉠ 내부 전속밀도 $D = \epsilon_0 E_0 [C/m^2]$ 전계를 수직으로 가했으므로 전속밀도의 변화는 없다.

㉡ 내부 전계의 세기 $\dfrac{E_0}{\epsilon_r} = \dfrac{E_0}{2.5} = 0.4 E_0 [V/m]$

㉢ 분극의 세기 $P = \epsilon_0 (\epsilon_r - 1) E_0 = 1.5 \epsilon_0 E_0 [C/m^2]$

㉣ 외부에서 분극의 세기는 0이다.

9 15[F]의 정전용량을 가진 커패시터에 270[J]의 전기에너지를 저장할 때, 커패시터 전압[V]은?

① 3
② 6
③ 9
④ 12

10 자성체의 성질에 대한 설명으로 가장 옳지 않은 것은?

① 강자성체의 온도가 높아져서 상자성체와 같은 동작을 하게 되는 온도를 퀴리온도라 한다.
② 강자성체에 외부자계가 인가되면 자성체 내부의 자속밀도는 증가한다.
③ 발전기, 모터, 변압기 등에 사용되는 강자성체는 매우 작은 인가자계에도 큰 자화를 가져야 한다.
④ 페라이트는 매우 높은 도전율을 가지므로 고주파수 응용분야에 널리 사용된다.

11 다음과 같은 회로에서 스위치 S를 닫고 3초 후 커패시터에 나타나는 전압의 근삿값[V]은? (단, V_s = 50[V], R = 3[MΩ], C = 1[μF]이며, 스위치를 닫기 전 커패시터의 전압은 0이다.)

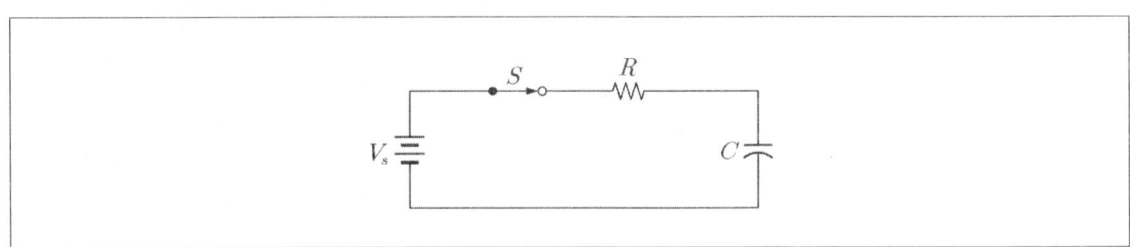

① 18.5
② 25.5
③ 31.5
④ 35.5

ANSWER 9.② 10.④ 11.③

9 커패시터에 저장되는 에너지 $W = \frac{1}{2}CV^2[J]$ 에서 V=6[V]

10 페라이트(ferrite)는 공업적으로 중요한 연자성 재료이다. 페라이트는 자성이 좋을 뿐 아니라 절연체이므로 비저항이 매우 크기 때문에 맴돌이 전류 손실이 매우 적다. 따라서 고주파용 기기에서는 없어서는 안 되는 중요한 재료이다.

11 과도현상 $V = V_s(1 - e^{-\frac{1}{RC}t}) = 50(1 - e^{-\frac{1}{3} \times 3}) = 0.63 \times 50 = 31.5[V]$, R-C회로의 시정수 $RC = 3 \times 10^6 \times 1 \times 10^{-6} = 3[\sec]$

12 $R-L-C$ 직렬회로에 공급되는 교류전압의 주파수가 $f = \dfrac{1}{2\pi\sqrt{LC}}$ [Hz]일 때, 〈보기〉의 설명 중 옳은 것을 모두 고른 것은?

〈보기〉
㉠ L 또는 C 양단에 가장 큰 전압이 걸리게 된다.
㉡ 회로의 임피던스는 가장 작은 값을 가지게 된다.
㉢ 회로에 흐른 전류는 공급전압보다 위상이 뒤진다.
㉣ L에 걸리는 전압과 C에 걸리는 전압의 위상은 서로 같다.

① ㉠, ㉡
② ㉡, ㉢
③ ㉠, ㉢, ㉣
④ ㉡, ㉢, ㉣

13 다음과 같은 회로에서 전압 V_x의 값[V]은?

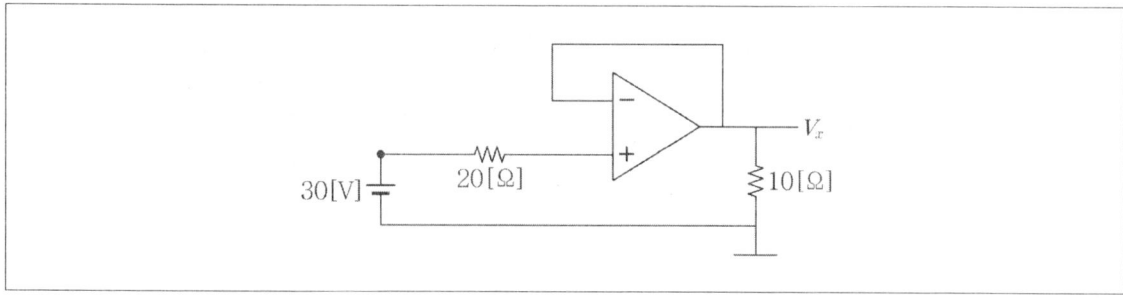

① 10
② 20
③ 30
④ 45

ANSWER 12.① 13.③

12 R-L-C직렬회로의 공진이므로 허수부는 0이 되고 임피던스가 작아서 전류가 크게 흐른다.
L과 C에는 공진전류에 의해서 큰 전압이 걸리고 공진이므로 전류와 전압의 위상은 같다.
L에 걸린 전압과 C에 걸린 전압의 위상은 180° 차이이다.
㉢과 ㉣이 틀렸다.

13 비반전회로 OP amp이다. 그림에서 피드백이 되는 전류가 접지선으로 흘러 0이 되므로 $V_x = 30[V]$ 입력전압이 그대로 걸린다.

14 다음과 같은 2포트 회로의 어드미턴스(Y) 파라미터를 모두 더한 값[℧]은?

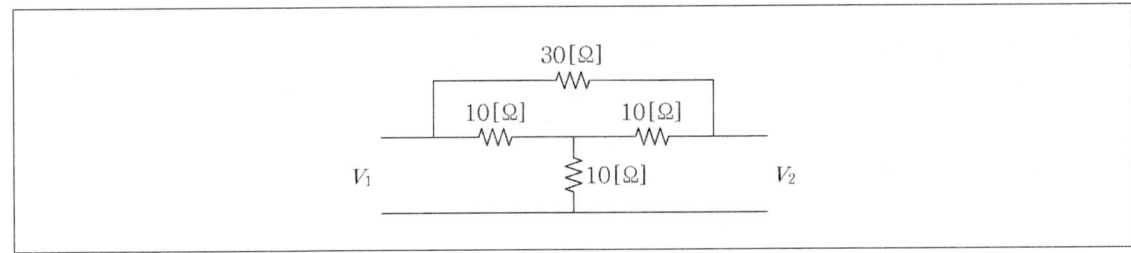

① 1/15
② 1/30
③ 15
④ 30

15 다음과 같은 RL 직렬회로에서 소비되는 전력[kW]은?

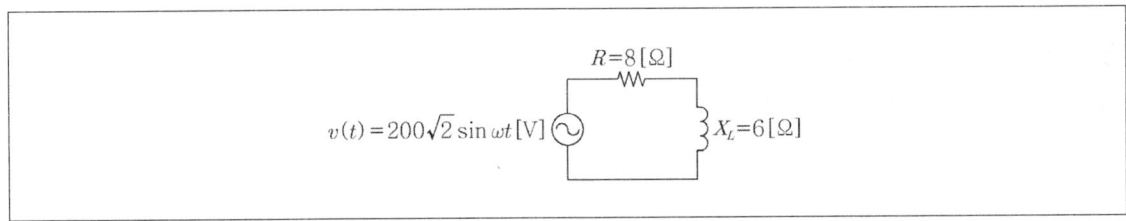

① 3.2
② 3.8
③ 4
④ 10

ANSWER 14.① 15.①

14 중간의 T형의 저항을 델타로 변환을 하면 3배가 되어 각각 $30[\Omega]$이 된다.
따라서 윗부분의 저항이 병렬로 되므로 그림과 같이 된다.
  1) Y 부분을 델타로 변환 2) 상단의 병렬저항을 합성 3) 임피던스를 어드미턴스로 하면 다음 그림과 같다.

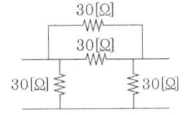 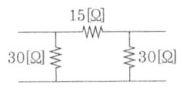

어드미턴스로 하면 $Y_{11} = \frac{1}{30} + \frac{1}{15}$, $Y_{12} = -\frac{1}{15}$, $Y_{21} = -\frac{1}{15}$, $Y_{22} = \frac{1}{30} + \frac{1}{15}$

그러므로 파라미터를 모두 더하면 $Y = Y_{11} + Y_{12} + Y_{21} + Y_{22} = \frac{1}{15}$

15 R-L 소비전력은 $P = I^2 R = (\frac{V}{Z})^2 R = \frac{200^2}{8^2 + 6^2} \times 8 = 3200 = 3.2[Kw]$

16 다음과 같은 회로에서 V_{ab}전압의 정상상태 값[V]은?

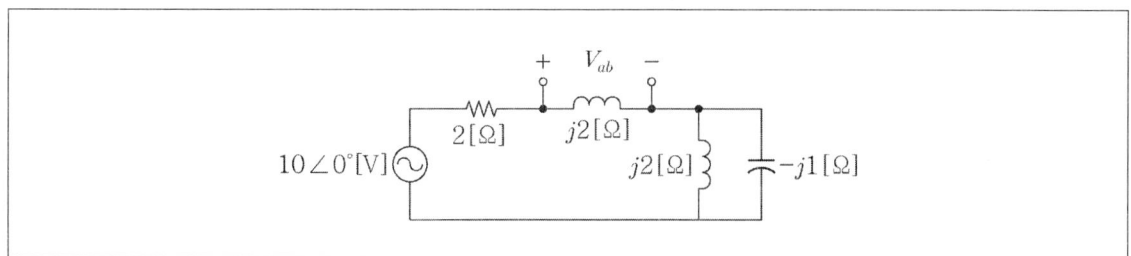

① $5+j10$
② $5+j5$
③ $j5$
④ $j10$

17 다음과 같은 회로에서 R_x에 최대 전력이 전달될 수 있도록 할 때, 저항 R_x에서 소모되는 전력[W]은?

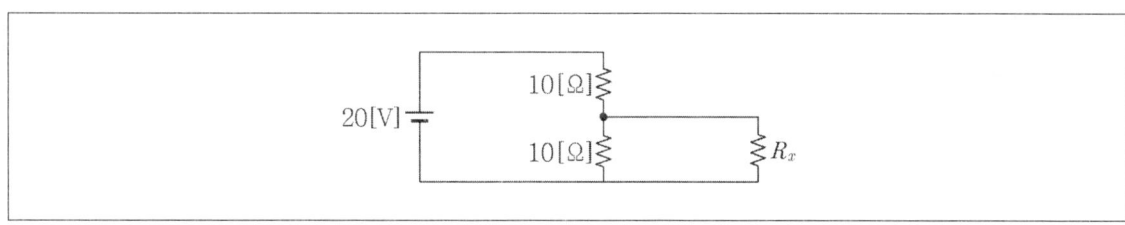

① 1
② 5
③ 10
④ 15

ANSWER 16.④ 17.②

16 합성임피던스 $Z = 2 + j2 + \dfrac{j2 \times (-j)}{j2 - j} = 2 + j2 - j2 = 2[\Omega]$

회로에 흐르는 전류 $i = \dfrac{10}{2} = 5[A]$

그러므로 $V_{ab} = j2 \times 5 = j10[V]$

17 테브난의 정리를 이용해서 등가전압과 등가저항을 구하면 $V_e = 10[V]$, $R_e = 5[\Omega]$ 최대전력이 전달되려면 $R_e = R_x$

따라서 R_x의 소모전력은 $P = I^2 R_x = (\dfrac{10}{5+5})^2 \times 5 = 5[W]$

18 비정현파 전류 $i(t) = 10\sin\omega t + 5\sin(3\omega t + 30°) + \sqrt{3}\sin(5\omega t + 60°)$일 때, 전류 $i(t)$의 실횻값[A]은?

① 6
② 8
③ 10
④ 12

19 라플라스 함수 $F(s) = \dfrac{s+1}{s^2 + 2s + 5}$의 역변환 $f(t)$는?

① $e^{-2t}\cos t$
② $e^{-2t}\sin t$
③ $e^{-t}\cos 2t$
④ $e^{-t}\sin 2t$

20 비투자율이 3,600, 비유전율이 1인 매질 내 주파수가 1[GHz]인 전자기파의 속도[m/s]는?

① 3×10^8
② 1.5×10^8
③ 5×10^7
④ 5×10^6

ANSWER 18.② 19.③ 20.④

18 전류의 실횻값
$$I = \sqrt{\left(\dfrac{10}{\sqrt{2}}\right)^2 + \left(\dfrac{5}{\sqrt{2}}\right)^2 + \left(\dfrac{\sqrt{3}}{\sqrt{2}}\right)^2} = \sqrt{50 + 12.5 + 1.5} = 8[A]$$

19 $\mathcal{L}^{-1}F(s) = \mathcal{L}^{-1}\dfrac{s+1}{s^2+2s+5}$

$\dfrac{s+1}{s^2+2s+5} = \dfrac{s+1}{(s+1)^2+4}$ 역변환하면 $f(t) = e^{-t}\cos 2t$

20 매질에서 전자기파의 속도
$$v = \dfrac{1}{\sqrt{\epsilon\mu}} = \dfrac{3\times 10^8}{\sqrt{\epsilon_s \mu_s}} = \dfrac{3\times 10^8}{\sqrt{1\times 3600}} = 5\times 10^6 [m/\sec]$$

전기이론

2019. 4. 6. 인사혁신처 시행

1 전압이 E[V], 내부저항이 r[Ω]인 전지의 단자 전압을 내부저항 25[Ω]의 전압계로 측정하니 50[V]이고, 75[Ω]의 전압계로 측정하니 75[V]이다. 전지의 전압 E[V]와 내부저항 r[Ω]은?

	E[V]	r[Ω]
①	100	25
②	100	50
③	200	25
④	200	50

ANSWER 1.①

1 내부저항 25[Ω]의 전압계로 측정을 한 경우 50[V]가 나왔다면

$$50 = \frac{25}{r+25} E [V]$$

내부저항 75[Ω]의 전압계로 측정을 한 경우 75[V]

$$75 = \frac{75}{r+75} E [V]$$

$$\frac{50}{75} = \frac{2}{3} = \frac{(r+75)}{3(r+25)}$$ 로부터 내부저항 $r = 25[\Omega]$

따라서 $E = 100[V]$

2 등전위면(equipotential surface)의 특징에 대한 설명으로 옳은 것만을 모두 고르면?

> ㉠ 등전위면과 전기력선은 수평으로 접한다.
> ㉡ 전위의 기울기가 없는 부분으로 평면을 이룬다.
> ㉢ 다른 전위의 등전위면은 서로 교차하지 않는다.
> ㉣ 전하의 밀도가 높은 등전위면은 전기장의 세기가 약하다.

① ㉠, ㉣
② ㉡, ㉢
③ ㉠, ㉡, ㉢
④ ㉡, ㉢, ㉣

3 코일에 직류 전압 200[V]를 인가했더니 평균전력 1,000[W]가 소비되었고, 교류 전압 300[V]를 인가했더니 평균전력 1,440[W]가 소비되었다. 코일의 저항[Ω]과 리액턴스[Ω]는?

	저항[Ω]	리액턴스[Ω]
①	30	30
②	30	40
③	40	30
④	40	40

ANSWER 2.② 3.③

2 전기력선의 전위가 같은 점을 연결하여 만들어진 면, 전계 속에서 발생하는 전기력선에 직각으로 교차하는 곡선 위의 점은 같은 전위이며, 이 곡선으로 만들어진 면은 등전위면이 된다. 전위가 다른 등전위면과는 교차하지 않는다. 전하의 밀도가 큰 것은 전기장의 세기가 강하다.

3 직류전압 200[V] 인가 : 저항만 적용이 된다.

$$R = \frac{V^2}{P} = \frac{200^2}{1000} = 40[\Omega]$$

교류전압 300[V] 인가 : R 과 X가 함께 작용을 한다.

$$P = \frac{V^2 R}{R^2 + X_L^2} = \frac{300^2 \times 40}{40^2 + X_L^2} = 1440[W] \text{ 에서 } X_L = 30[\Omega]$$

4 다음 회로에서 스위치 S가 단자 a에서 충분히 오랫동안 머물러 있다가 $t = 0$에서 단자 a에서 단자 b로 이동하였다. $t > 0$일 때의 전압 $v_c(t)$ [V]는?

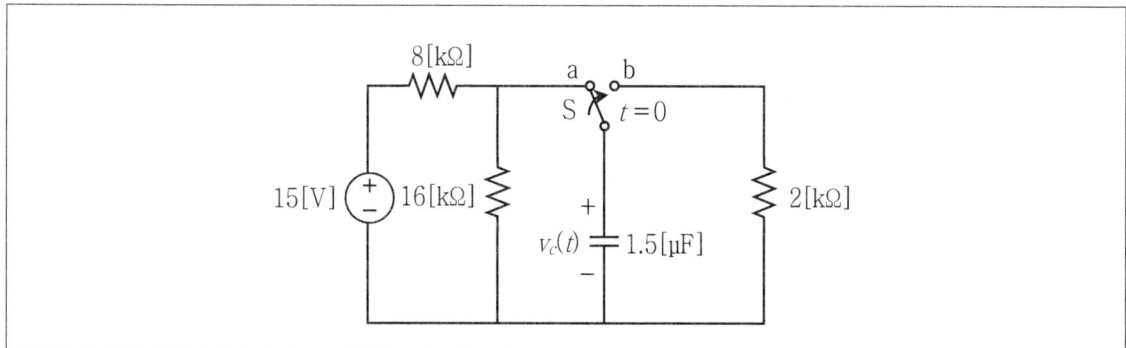

① $5e^{-\frac{t}{3 \times 10^{-2}}}$

② $5e^{-\frac{t}{3 \times 10^{-3}}}$

③ $10e^{-\frac{t}{3 \times 10^{-2}}}$

④ $10e^{-\frac{t}{3 \times 10^{-3}}}$

ANSWER 4.④

4 단자 a에서 b로 이동하면 전원이 제거되므로 전압은 콘덴서의 방전으로 감소하는 전압이 된다.

$v_c(t) = V_o e^{-\frac{1}{RC}t}$ [V]

t<0에서 16[$K\Omega$]에 걸리는 전압은 전원전압의 분압에 의해서 10[V]가 걸리고 콘덴서에는 10[V]가 충전되어 있다.

$V_o = v_c(0) = 10$ [V]

$v_c(t) = V_o e^{-\frac{1}{RC}t} = 10e^{-\frac{1}{2 \times 10^3 \times 1.5 \times 10^{-6}}t} = 10e^{-\frac{1}{3 \times 10^{-3}}t}$ [V]

5 독립전원과 종속전압원이 포함된 다음의 회로에서 저항 20[Ω]의 전압 V_a[V]는?

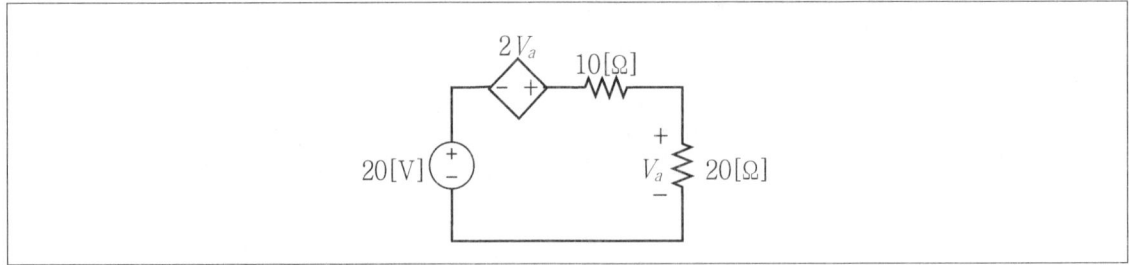

① -40
② -20
③ 20
④ 40

6 다음 자기회로에 대한 설명으로 옳지 않은 것은? (단, 손실이 없는 이상적인 회로이다)

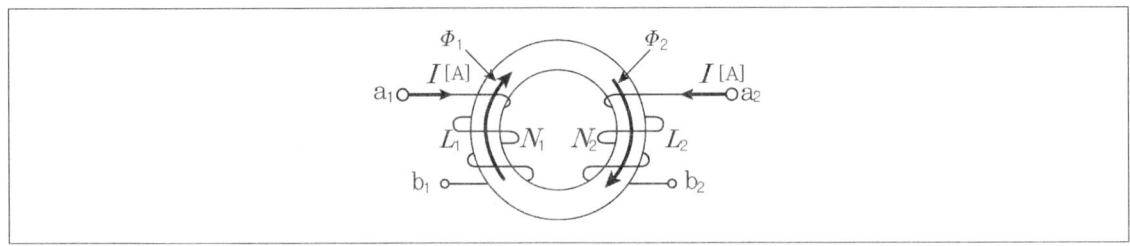

① b_1과 a_2를 연결한 합성 인덕턴스는 b_1과 b_2를 연결한 합성 인덕턴스보다 크다.
② 한 코일의 유도기전력은 상호 인덕턴스와 다른 코일의 전류 변화량에 비례한다.
③ 권선비가 $N_1 : N_2 = 2 : 1$일 때, 자기 인덕턴스 L_1은 자기 인덕턴스 L_2의 2배이다.
④ 교류 전압을 변성할 수 있고, 변압기 등에 응용될 수 있다.

Answer 5.① 6.③

5 중첩의 원리를 적용하여 전류를 구하면 $I = \dfrac{V}{R} = \dfrac{20}{30} + \dfrac{2V_a}{30}[A]$

20[Ω]에 걸리는 전압 $V_a = IR_{20} = (\dfrac{20}{30} + \dfrac{2V_a}{30}) \times 20$

$30V_a = 400 + 40V_a$ ∴ $V_a = -40[V]$

6 그림은 가극성결합의 회로이다.

권선비 $a = \dfrac{V_1}{V_2} = \dfrac{N_1}{N_2} = \sqrt{\dfrac{L_1}{L_2}}$

$N_1 : N_2 = 2 : 1$일 때, $L_1 : L_2 = 4 : 1$

7 전류 $i(t) = t^2 + 2t$ [A]가 1 [H] 인덕터에 흐르고 있다. $t = 1$일 때, 인덕터의 순시전력 [W]은?

① 12
② 16
③ 20
④ 24

8 다음 회로에서 40 [μF] 커패시터 양단의 전압 V_a [V]는?

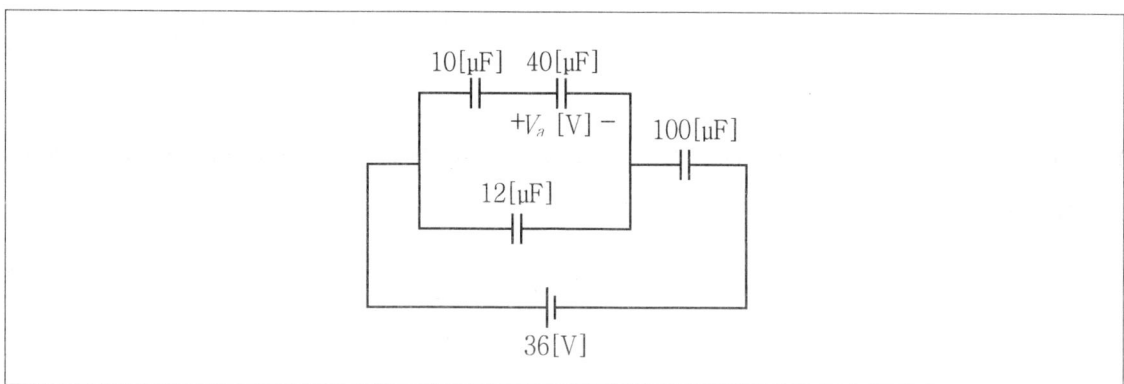

① 2
② 4
③ 6
④ 8

Answer 7.① 8.③

7 인덕터의 순시전력

$$P = V_{t=1}I_{t=1} = L\frac{d(t^2+2t)}{dt}(t^2+2t) = L(2t+2)_{t=1} \times (t^2+2t)_{t=1}$$

$P = 1 \times 4 \times 3 = 12[W]$

8 병렬 부분의 커패시터의 합 $C_1 = 12 + \frac{10 \times 40}{10+40} = 20[\mu F]$

C_1과 $100[\mu F]$의 비는 $1:5$이므로 전압비는 $5:1$

그러므로 C_1에는 30[V]의 전압이 걸린다.

$10[\mu F]$와 $40[\mu F]$에도 30[V]가 걸리고 커패시터 비가 $1:4$이므로 전압비는 $4:1$

그러므로 $V_{40} = 6[V]$

9 그림과 같은 주기적인 전압 파형에 포함되지 않은 고조파의 주파수 [Hz]는?

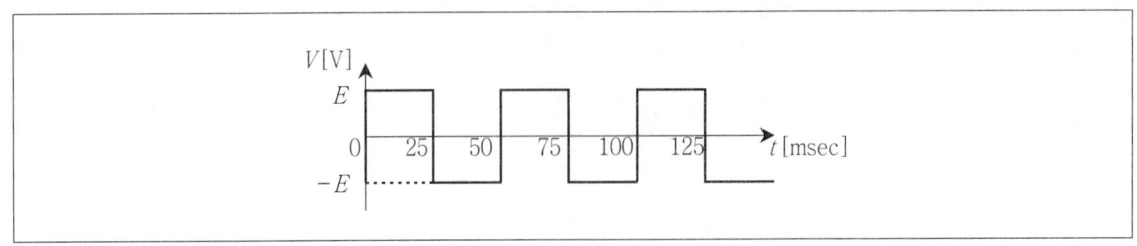

① 60
② 100
③ 120
④ 140

10 다음 Y-Y 결선 평형 3상 회로에서 부하 한 상에 공급되는 평균전력[W]은? (단, 극좌표의 크기는 실횻값이다)

① 110
② 220
③ 330
④ 440

ANSWER 9.③ 10.②

9 주기가 50[msec]이므로 주파수는 $f = \dfrac{1}{T} = \dfrac{1}{0.05} = 20[Hz]$

정현대칭이므로 기수파만 존재한다.
3고조파는 60[Hz], 5고조파는 100[Hz], 7고조파는 140[Hz]

10 Y결선에서 1상에 공급되는 평균전력 $P = \dfrac{V^2 R}{R^2 + X^2}[W]$

1상당 임피던스 $220\angle -60° + 110\angle 60° = 220(\cos 60° - j\sin 60°) + 110(\cos 60° + j\sin 60°)$
$= 110 - j110\sqrt{3} + 55 + j55\sqrt{3} = 165 - j95.26[\Omega]$

$P = \dfrac{V^2 R}{R^2 + X^2} = \dfrac{220^2 \times 165}{165^2 + 95.26^2} = 220[W]$

11 $R-L-C$ 직렬회로에 100 [V]의 교류 전원을 인가할 경우, 이 회로에 가장 큰 전류가 흐를 때의 교류 전원 주파수 f [Hz]와 전류 I[A]는? (단, R = 50 [Ω], L = 100 [mH], C = 1,000 [μF]이다)

	f [Hz]	I [A]
①	$\dfrac{50}{\pi}$	2
②	$\dfrac{50}{\pi}$	4
③	$\dfrac{100}{\pi}$	2
④	$\dfrac{100}{\pi}$	4

12 1대의 용량이 100 [kVA]인 단상 변압기 3대를 평형 3상 △ 결선으로 운전 중 변압기 1대에 장애가 발생하여 2대의 변압기를 V결선으로 이용할 때, 전체 출력용량 [kVA]은?

① $\dfrac{100}{\sqrt{3}}$ ② $\dfrac{173}{\sqrt{3}}$

③ $\dfrac{220}{\sqrt{3}}$ ④ $\dfrac{300}{\sqrt{3}}$

ANSWER 11.① 12.④

11 가장 큰 전류가 흐르면 공진상태이다. 전류는 $I = \dfrac{V}{R} = \dfrac{100}{50} = 2[A]$

임피던스는 $Z = R + jX_L - jX_C = R[\Omega]$

$X_L = X_C$, $2\pi f L = \dfrac{1}{2\pi f C}$

$f = \dfrac{1}{2\pi\sqrt{LC}} = \dfrac{1}{2\pi\sqrt{100 \times 10^{-3} \times 1000 \times 10^{-6}}} = \dfrac{100}{2\pi} = \dfrac{50}{\pi}[Hz]$

12 V결선의 출력은 $P_V = \sqrt{3}\,P_1 = \sqrt{3} \times 100 = \dfrac{300}{\sqrt{3}}[KVA]$

13 자속밀도 4[Wb/m²]의 평등자장 안에서 자속과 30° 기울어진 길이 0.5[m]의 도체에 전류 2[A]를 흘릴 때, 도체에 작용하는 힘 F[N]는?

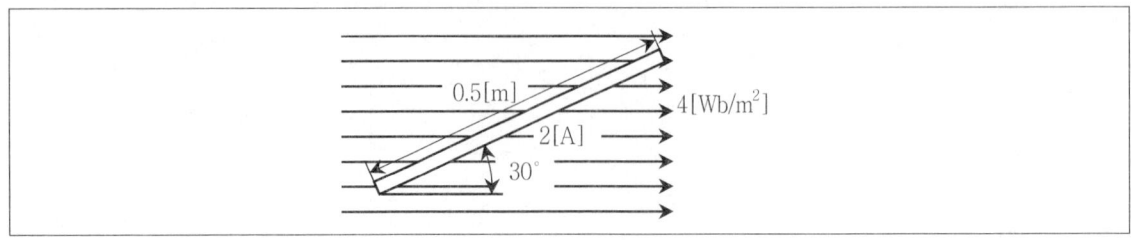

① 1　　　　　　　　　　　② 2
③ 3　　　　　　　　　　　④ 4

14 다음 $R-L$ 직렬회로에서 $t=0$에서 스위치 S를 닫았다. $t=3$에서 전류의 크기가 $i(3)=4(1-e^{-1})$ [A]일 때, 전압 E[V]와 인덕턴스 L[H]은?

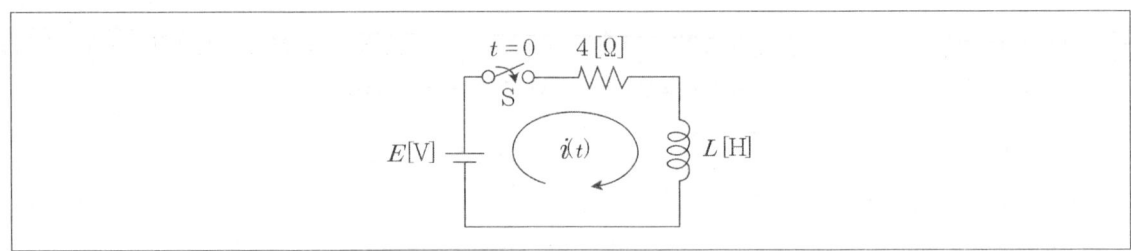

　　　E[V]　　　　L[H]
① 　　8　　　　　　6
② 　　8　　　　　　12
③ 　　16　　　　　　6
④ 　　16　　　　　　12

ANSWER 13.②　14.④

13 플레밍의 식에서 $F=l[I\times B]=lIB\sin\theta=0.5\times2\times4\times\sin30°=2[N]$

14 R-L 회로에서 $i(t)=\dfrac{V}{R}(1-e^{-\frac{R}{L}t})[A]$

3초에서 전류의 크기가 $i(3)=4(1-e^{-1})[A]$이라면 $t=3$이 시정수이므로 63[%]의 전류값이 4[A]가 된다는 의미이다.
식에서 저항이 4[Ω] 이므로 $E=16[V]$.

시정수는 $\dfrac{L}{R}=\dfrac{L}{4}=3[\text{sec}]$에서 $L=12[H]$

15 다음 회로의 역률이 0.8일 때, 전압 V_s [V]와 임피던스 X [Ω]는? (단, 전체 부하는 유도성 부하이다)

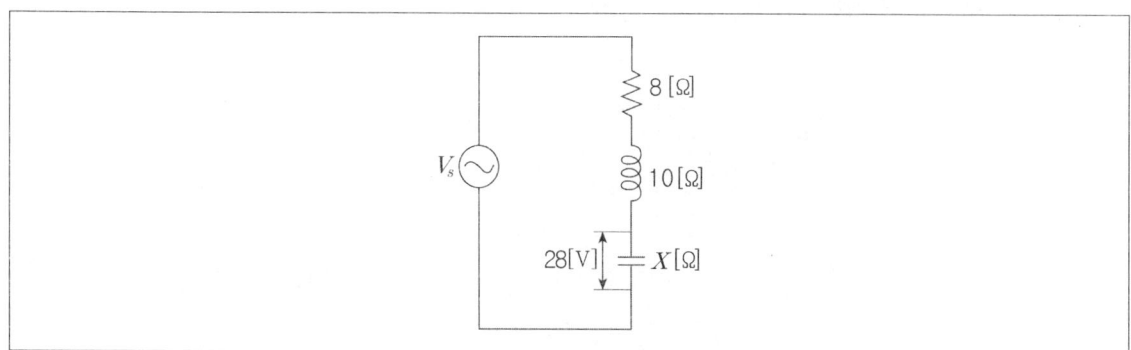

	V_s [V]	X [Ω]
①	70	2
②	70	4
③	80	2
④	80	4

16 $R-L$ 직렬회로에 직류 전압 100 [V]를 인가하면 정상상태 전류는 10 [A]이고, $R-C$ 직렬회로에 직류 전압 100 [V]를 인가하면 초기전류는 10 [A]이다. 이 두 회로의 설명으로 옳지 않은 것은? (단, C = 100 [μF], L = 1 [mH]이고, 각 회로에 직류 전압을 인가하기 전 초깃값은 0이다)

① $R-L$ 직렬회로의 시정수는 L이 10배 증가하면 10배 증가한다.
② $R-L$ 직렬회로의 시정수가 $R-C$ 직렬회로의 시정수보다 10배 크다.
③ $R-C$ 직렬회로의 시정수는 C가 10배 증가하면 10배 증가한다.
④ $R-L$ 직렬회로의 시정수는 0.1 [msec]다.

ANSWER 15.② 16.②

15 회로의 역률이 0.8이면, 지금 저항이 8[Ω]이므로 임피던스는 10[Ω], 합성리액턴스는 6[Ω]이 되어야 하므로 X=4[Ω], X[Ω]에 걸리는 전압이 28[V]이므로 전류는 7[A], 합성 임피던스가 10[Ω]이므로 전원전압은 70[V]가 된다.

16 R-L 직렬회로: 직류전압 100[V]에서 정상상태 전류가 10[A]이면 $R=\dfrac{V}{I}=\dfrac{100}{10}=10[\Omega]$

시정수는 $\dfrac{L}{R}=\dfrac{1\times10^{-3}}{10}=10^{-4}=0.1[ms]$, L이 10배 증가하면 시정수도 10배 증가한다.

R-C 직렬회로: 전류 $i(t)=10e^{-\frac{1}{RC}t}[A]$ 직류전압이 100[V]이므로 $R=10[\Omega]$

시정수 $RC=10\times100\times10^{-6}=10^{-3}=1[ms]$이므로 C가 10배 증가하면 시정수도 10배 증가한다.

R-C회로의 시정수가 R-L회로의 시정수보다 10배 크다.

17 다음 회로에서 전원 V_s [V]가 $R-L-C$로 구성된 부하에 인가되었을 때, 전체 부하의 합성 임피던스 Z [Ω] 및 전압 V_s와 전류 I의 위상차 θ [°]는?

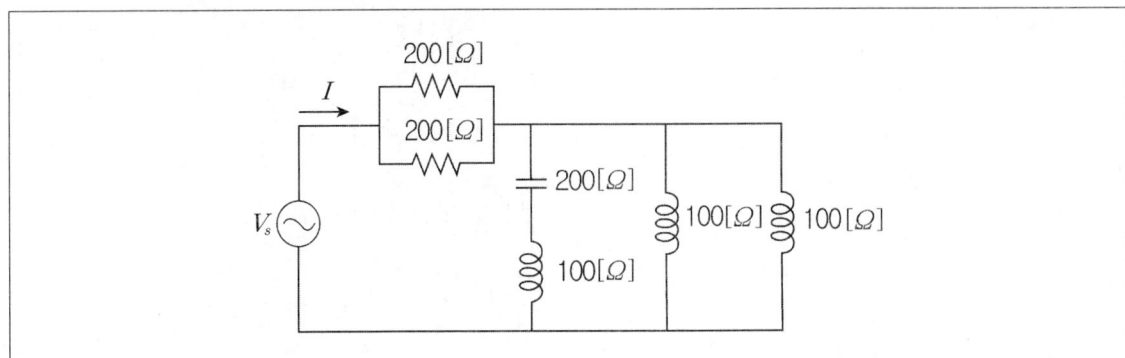

  $\underline{Z[\Omega]}$ $\underline{\theta[°]}$
① 100   45
② 100   60
③ $100\sqrt{2}$ 45
④ $100\sqrt{2}$ 60

ANSWER 17.③

17 합성 임피던스를 구하면
  저항의 병렬과 유도성 리액턴스의 병렬은 각각 2로 나누어 계산 후 식을 정리하면
  $Z_o = 100 + \dfrac{j50(-j200+j100)}{j50-j200+j100} = 100 + \dfrac{5000}{-j50} = 100 + j100 [\Omega]$
  $Z_o = 100\sqrt{2} \angle 45°$
  전압이 전류보다 $45°$ 앞선다.

18 다음 직류회로에서 4[Ω] 저항의 소비전력[W]은?

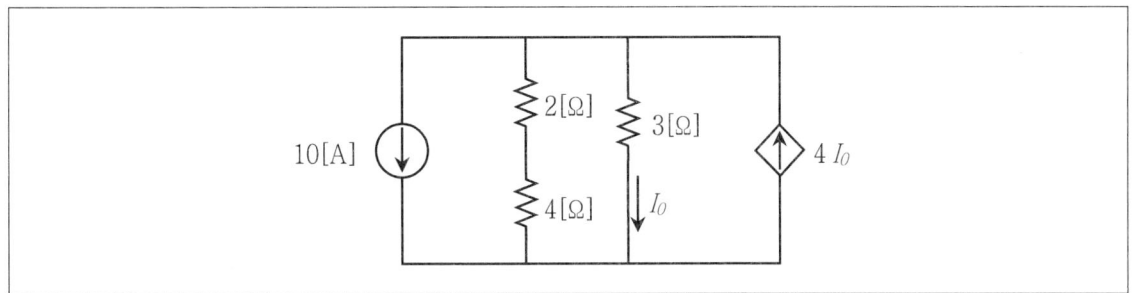

① 4
② 8
③ 12
④ 16

ANSWER 18.④

18 회로 상단의 전압을 V_1, 하단의 전압을 V_2라고 하면
2[Ω]과 4[Ω]에 흐르는 전류는
$$\frac{V_1 - V_2}{2[\Omega] + 4[\Omega]} = 3I_o - 10[A]$$
$V_1 - V_2 = 3I_o = 18I_o - 60$
$15I_o = 60$, $I_o = 4[A]$
그러므로 저항이 2배인 2[Ω]과 4[Ω]에는 2[A]전류가 흐른다.
4[Ω] 저항의 소비전력은
$P = I^2 R = 2^2 \times 4 = 16[W]$

19 다음 직·병렬 회로에서 전류 I[A]의 위상이 전압 V_s [V]의 위상과 같을 때, 저항 R [Ω]은?

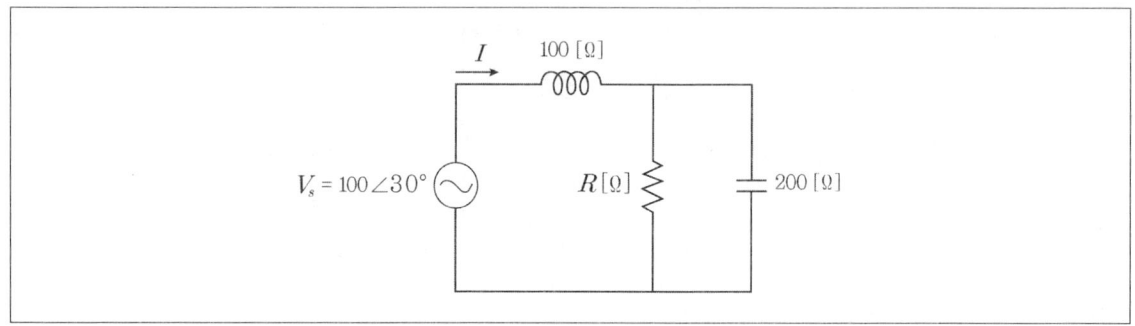

① 100
② 200
③ 300
④ 400

ANSWER 19.②

19 전압과 전류의 위상이 같으므로 역률이 1이다.
$$Z_c = j100 + \frac{R \times (-j200)}{R+(-j200)} = j100 + \frac{-j200R}{R-j200} = j100 + \frac{-j200R(R+j200)}{R^2+200^2}$$
$\cos\theta = 1$이므로 임피던스의 실수부와 전체 임피던스가 같다.
$$\frac{200^2 R}{R^2+200^2} = \frac{j100(R^2+200^2) - j200R(R+j200)}{R^2+200^2}$$
$200^2 R = j100R^2 + j100 \times 200^2 - j200R^2 + 200^2 R$
$j100R^2 = j100 \times 200^2$
$R = 200 [\Omega]$

20 그림과 같이 저항 $R_1 = R_2 = 10\,[\Omega]$, 자기 인덕턴스 $L_1 = 10\,[H]$, $L_2 = 100\,[H]$, 상호 인덕턴스 $M = 10\,[H]$로 구성된 회로의 임피던스 $Z_{ab}\,[\Omega]$는? (단, 전원 V_s의 각속도는 $\omega = 1\,[rad/s]$이고 $Z_L = 10 - j100\,[\Omega]$이다)

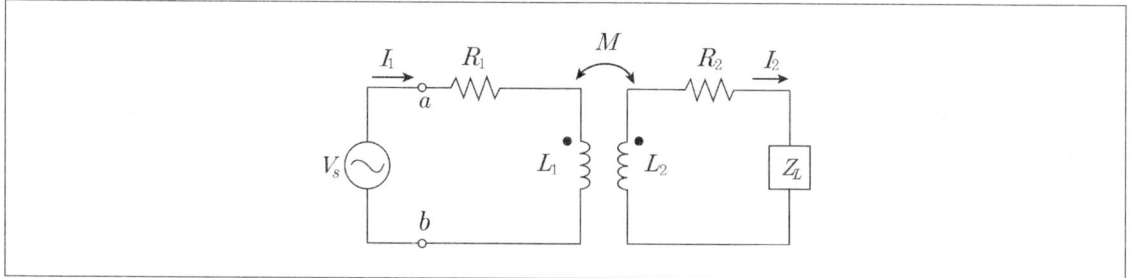

① $10 - j15$
② $10 + j15$
③ $15 - j10$
④ $15 + j10$

Answer 20.④

20 $V_s = (R_1 + j\omega L_1)I_1 - j\omega M I_2\,[V]$
$0 = -j\omega M I_1 + (R_2 + j\omega L_2 + Z_L)I_2\,[V]$
$I_2 = \dfrac{j\omega M I_1}{R_2 + j\omega L_2 + Z_L} = \dfrac{j10 I_1}{10 + j100 + 10 - j100} = j0.5 I_1$
$V_s = (R_1 + j\omega L_1)I_1 - j\omega M I_2 = (10 + j10)I_1 - j10 \times j0.5 I_1 = (10 + 5 + j10)I_1\,[V]$
따라서 $Z_{ab} = \dfrac{V_s}{I_1} = 15 + j10\,[\Omega]$

전기이론

2019. 6. 15. 제1회 지방직 시행

1 2개의 코일이 단일 철심에 감겨 있으며 결합계수가 0.5이다. 코일 1의 인덕턴스가 10 [μH]이고 코일 2의 인덕턴스가 40 [μH]일 때, 상호 인덕턴스[μH]는?

① 1
② 2
③ 4
④ 10

2 비사인파 교류 전압 $v(t) = 10 + 5\sqrt{2}\sin wt + 10\sqrt{2}\sin\left(3wt + \frac{\pi}{6}\right)$ [V]일 때, 전압의 실횻값[V]은?

① 5
② 10
③ 15
④ 20

ANSWER 1.④ 2.③

1 결합계수는 1차의 에너지가 2차에 얼마나 전달되는지를 나타낸다.
$k = \dfrac{M}{\sqrt{L_1 L_2}} = 0.5$
$k = \dfrac{M}{\sqrt{10 \times 40}} = 0.5$ 에서 $M = 10[\mu H]$

2 비사인파 교류전압에서 전압의 실횻값은 각각의 성분의 실횻값의 제곱의 합을 제곱근을 취하여 얻는다.
$v = \sqrt{10^2 + 5^2 + 10^2} = \sqrt{225} = 15[V]$

3 전압 $v(t) = 110\sqrt{2}\sin(120\pi t + \frac{2\pi}{3})$ [V]인 파형에서 실횻값[V], 주파수[Hz] 및 위상[rad]으로 옳은 것은?

	실횻값	주파수	위상
①	110	60	$\frac{2\pi}{3}$
②	110	60	$-\frac{2\pi}{3}$
③	$110\sqrt{2}$	120	$-\frac{2\pi}{3}$
④	$110\sqrt{2}$	120	$\frac{2\pi}{3}$

4 회로에서 임의의 두 점 사이를 5[C]의 전하가 이동하여 외부에 대하여 100[J]의 일을 하였을 때, 두 점 사이의 전위차[V]는?

① 20
② 40
③ 50
④ 500

ANSWER 3.① 4.①

3 $v(t) = 110\sqrt{2}sin(120\pi t + \frac{2\pi}{3})[V]$ 에서
최댓값 $v_m = 110\sqrt{2}[V]$
실횻값 $v = 110[V]$
주파수 $\omega = 2\pi f = 120\pi[rad/s]$ 에서 주파수는 60[Hz]
위상은 $\frac{2\pi}{3} = 240°$

4 일 $W = QV[J]$ 에서 5[C]의 전하가 100[J]의 일을 한 것이므로
$100 = 5 \times V$
V = 20[V]

5 그림의 회로에서 저항 $R[\Omega]$은?

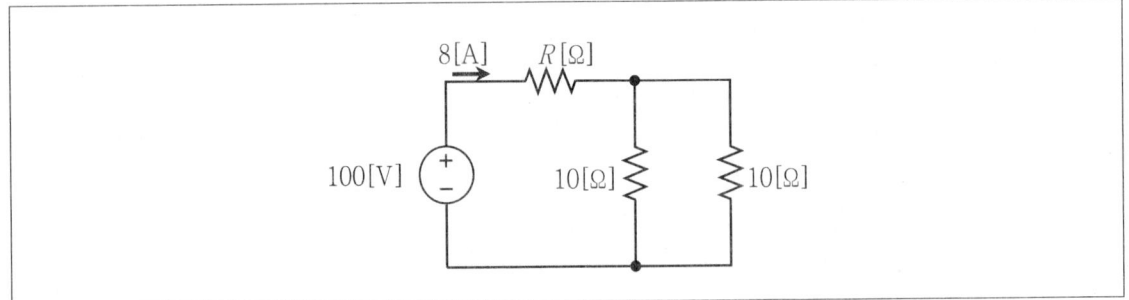

① 2.5
② 5.0
③ 7.5
④ 10.0

ANSWER 5.③

5 회로의 전체 등가저항은 $R_e = \dfrac{V}{I} = \dfrac{100}{8} = 12.5[\Omega]$

$10[\Omega]$의 저항이 병렬이고, 병렬 합성저항은 $\dfrac{10}{2} = 5[\Omega]$이므로 $R = 7.5[\Omega]$

6 그림의 회로에서 $N_1 : N_2 = 1 : 10$을 가지는 이상변압기(ideal transformer)를 적용하는 경우 $\dot{Z}_L$에 최대전력이 전달되기 위한 $\dot{Z}_S$는? (단, 전원의 각속도 w = 50 [rad/s]이다)

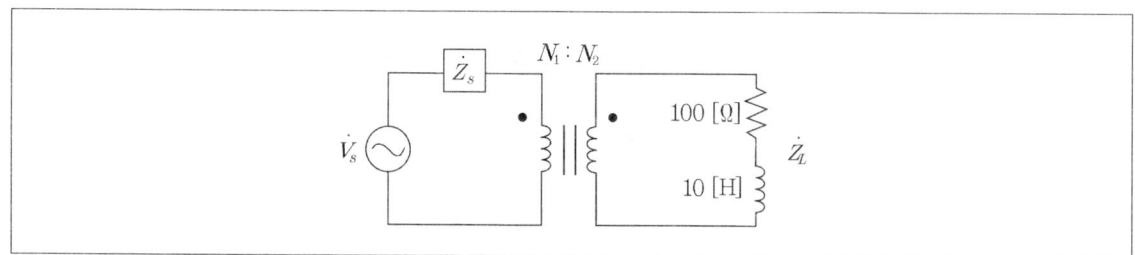

① 1 [Ω] 1 [H]
—WW—mm—

② 1 [Ω] 10[mH]
—WW—mm—

③ 1 [Ω] 4[mF]
—WW—| |—

④ 1 [Ω] 4[F]
—WW—| |—

ANSWER 6.③

6 최대전력 전달조건 $\dfrac{N_1}{N_2} = \sqrt{\dfrac{Z_s}{Z_L}} = \dfrac{1}{10}$ 이므로 $Z_s : Z_L = 1 : 100$

또한 $Z_L = R + jX[\Omega]$이면 최대전력을 위한 $Z_s = R - jX[\Omega]$이므로 $Z_L = 100 + j500[\Omega]$

1/100으로 하면 $Z_L = 1 + j5[\Omega]$

$Z_s = 1 - j5 = 1 - j\dfrac{1}{\omega C}[\Omega]$

$\omega C = \dfrac{1}{5}$, $C = \dfrac{1}{\omega 5} = \dfrac{1}{50 \times 5} = 0.004 = 4[mF]$

7 그림의 회로에서 $I_1 + I_2 - I_3$[A]는?

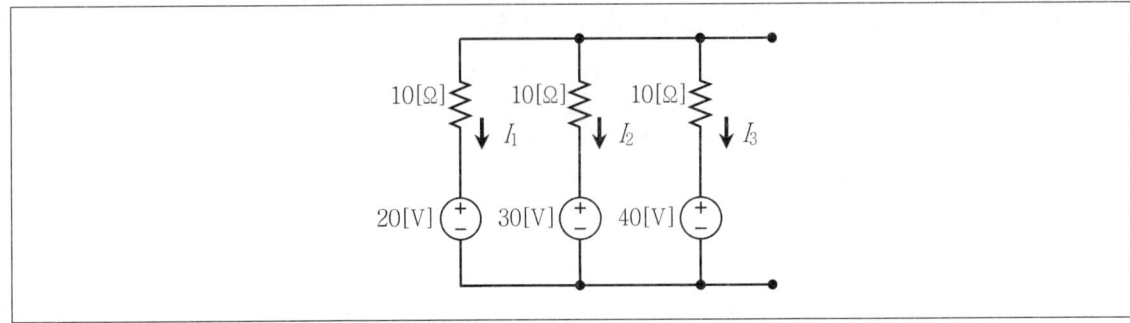

① 1
② 2
③ 3
④ 4

ANSWER 7.②

7 밀만의 정리에 의해서 중성점의 전위를 구하면

$$V_n = \frac{\frac{20}{10} + \frac{30}{10} + \frac{40}{10}}{\frac{1}{10} + \frac{1}{10} + \frac{1}{10}} = 30[V]$$

I_1 전류는 중성점 전위 30[V]와 20[V]와의 전위차 10[V]에 의해서 흐르는 전류

I_2 전류는 중성점 전위 30[V]와 30[V]가 전위차가 없으므로 전류가 흐르지 않는다.

I_3 전류는 중성점 전위 30[V]와 40[V]가 전위차가 -10[V]이므로 전류는 -1[A]

$I_1 = \frac{10}{10} = 1[A]$, $I_2 = \frac{0}{10} = 0$, $I_3 = \frac{-10}{10} = -1[A]$

그러므로 $I_1 + I_2 - I_3 = 2[A]$

8 그림의 회로에서 저항 20 [Ω]에 흐르는 전류 $I = 0$[A]가 되도록 하는 전류원 I_S[A]는?

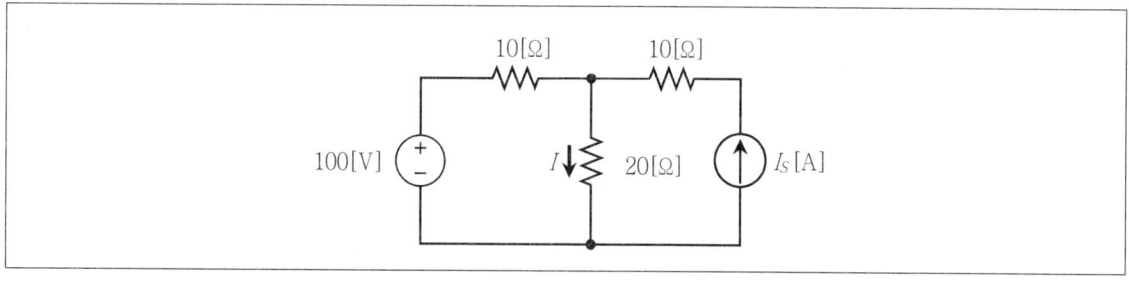

① 10
② 15
③ 20
④ 25

9 그림의 회로에서 $v_s(t) = 100\sin wt$[V]를 인가한 후, L[H]을 조절하여 $i_s(t)$[A]의 실횻값이 최소가 되기 위한 L[H]은?

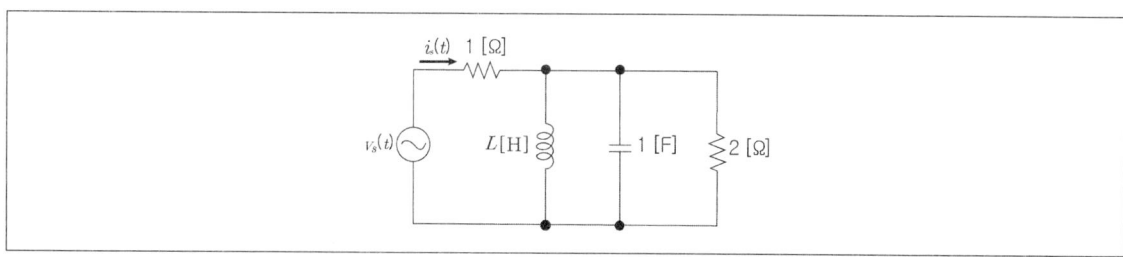

① $\dfrac{1}{\omega^2}$
② $\dfrac{1}{\omega}$
③ $\dfrac{1}{\omega\sqrt{2}}$
④ $\dfrac{\sqrt{2}}{\omega}$

ANSWER 8.① 9.①

8 중첩의 정리로 구한다.

전압원 100[V]만 있는 경우 전류원을 개방하면 $20[\Omega]$에 흐르는 전류는 $\dfrac{10}{3}[A]$

전류원만 있는 경우 전압원을 단락시키면 $20[\Omega]$에 흐르는 전류는 $\dfrac{10}{3}[A]$가 되어야 $I=0[A]$가 되는 것이므로

$\dfrac{10}{10+20}I_s = \dfrac{10}{3}[A]$, $I_s = 10[A]$

9 전류의 실횻값이 최소가 되려면 병렬공진이어야 한다. $\omega C = \dfrac{1}{\omega L}$에서 $L = \dfrac{1}{\omega^2 C} = \dfrac{1}{\omega^2}[H]$

10 그림의 회로에서 이상변압기(ideal transformer)의 권선비가 $N_1 : N_2 = 1 : 2$일 때, 전압 $\dot{V_o}$ [V]는?

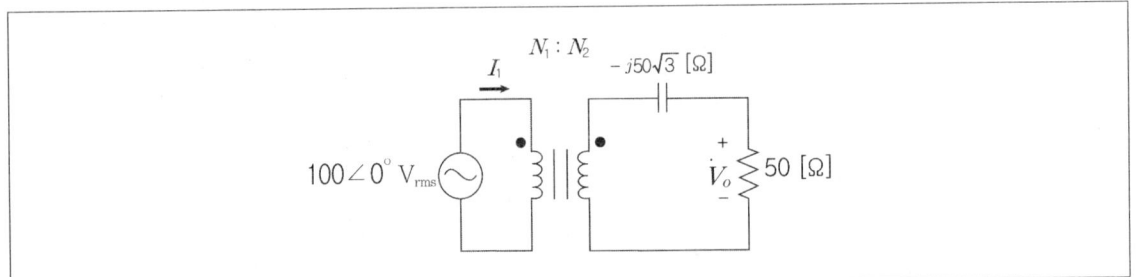

① $100\angle 30°$
② $100\angle 60°$
③ $200\angle 30°$
④ $200\angle 60°$

ANSWER 10.②

10 이상변압기의 권선비가 $\dfrac{V_1}{V_2} = \dfrac{N_1}{N_2} = \dfrac{1}{2}$ 에서

변압기 2차측의 전압은 $200\angle 0°\,[V]$

부하는 $R - jX_c = 50 - j50\sqrt{3} = 100\angle -60°$

2차측 전류는 $I_2 = \dfrac{200\angle 0°}{100\angle -60°} = 2\angle 60°\,[A]$

따라서 저항에는 $V_o = I_2 R = 50 \times 2\angle 60° = 100\angle 60°\,[V]$

11 전자유도(electromagnetic induction)에 대한 설명으로 옳은 것만을 모두 고르면?

> ㉠ 코일에 흐르는 시변 전류에 의해서 같은 코일에 유도기전력이 발생하는 현상을 자기유도(self induction)라 한다.
> ㉡ 자계의 방향과 도체의 운동 방향이 직각인 경우에 유도기전력의 방향은 플레밍(Fleming)의 오른손 법칙에 의하여 결정된다.
> ㉢ 도체의 운동 속도가 v[m/s], 자속밀도가 B[Wb/m²], 도체 길이가 l[m], 도체 운동의 방향이 자계의 방향과 각(θ)을 이루는 경우, 유도기전력의 크기 $e = Blv\sin\theta$[V]이다.
> ㉣ 전자유도에 의해 만들어지는 전류는 자속의 변화를 방해하는 방향으로 발생한다. 이를 렌츠(Lenz)의 법칙이라고 한다.

① ㉠, ㉡
② ㉢, ㉣
③ ㉠, ㉢, ㉣
④ ㉠, ㉡, ㉢, ㉣

ANSWER 11.④

11 ㉠ 자기유도: 전기 흐름의 변화를 저지하려고 하는 방향에 발생하는 전류를 말한다.
$e = L\dfrac{di}{dt}[V]$ 시변전류에 의하여 유기기전력이 발생한다.
㉡ 도체가 운동하여 기전력이 발생하는 발전기의 원리로 플레밍의 오른손 법칙이다.
㉢ 유도기전력 $e = l[v \times B] = Blv\sin\theta[V]$
㉣ 전자유도에 의하여 만들어지는 전류의 방향은 렌츠의 법칙이다.
예시 모두 옳다.

12 그림의 회로에 대한 설명으로 옳은 것은?

$$i(t) = 10\sqrt{2}\sin(wt+60°)[A]$$
$$v(t) = 200\sin(wt+30°)[V] \quad \dot{Z}$$

① 전압의 실횻값은 200 [V]이다.
② 순시전력은 항상 전원에서 부하로 공급된다.
③ 무효전력의 크기는 $500\sqrt{2}$ [Var]이다.
④ 전압의 위상이 전류의 위상보다 앞선다.

ANSWER 12.③

12 $v(t) = 200\sin(wt+30°)[V]$, $i(t) = 10\sqrt{2}\sin(wt+60°)[A]$이면

전압의 최댓값 200[V], 실횻값 $\dfrac{200}{\sqrt{2}} = 100\sqrt{2}\ [V]$

유효전력은 $P = VI\cos\theta = \dfrac{200}{\sqrt{2}} \times 10 \times \cos 30° = \dfrac{2000}{\sqrt{2}} \times \dfrac{\sqrt{3}}{2} = 1224.7[W]$

무효전력 $P_r = VI\sin\theta = \dfrac{200}{\sqrt{2}} \times 10 \times \sin 30° = 500\sqrt{2}\ [Var]$

전류의 위상이 전압의 위상보다 30° 앞서 있다.

13 어떤 부하에 단상 교류전압 $v(t) = \sqrt{2}\, V\sin wt$ [V]를 인가하여 부하에 공급되는 순시전력이 그림과 같이 변동할 때 부하의 종류는?

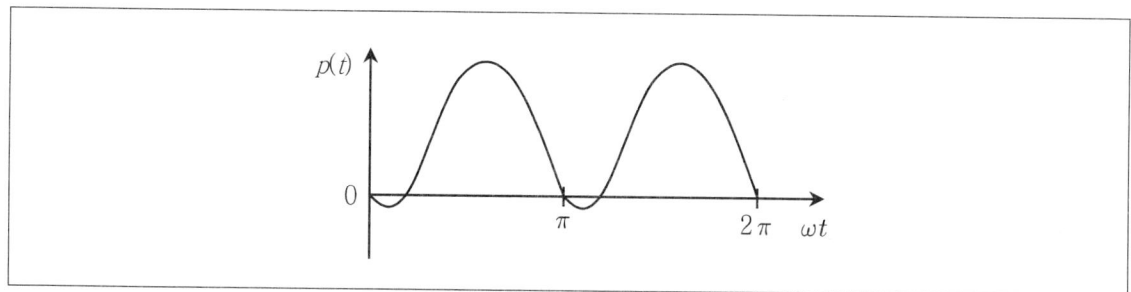

① R 부하
② $R-L$ 부하
③ $R-C$ 부하
④ $L-C$ 부하

14 0.3 [μF]과 0.4 [μF]의 커패시터를 직렬로 접속하고 그 양단에 전압을 인가하여 0.3 [μF]의 커패시터에 24 [μC]의 전하가 축적되었을 때, 인가한 전압[V]은?

① 120
② 140
③ 160
④ 180

ANSWER 13.② 14.②

13 그림에서 전력의 위상이 뒤지므로 유도성 회로이다. 주어진 전압의 위상에 대해서 전류의 위상이 늦다.
따라서 R-L 부하이다.

14 두 개의 콘덴서가 직렬연결이므로 각각에 충전되는 전하량은 동일하다.
$V_1 = \dfrac{Q}{C} = \dfrac{24}{0.3} = 80[V]$, $V_2 = \dfrac{Q}{C} = \dfrac{24}{0.4} = 60[V]$
따라서 직렬인가전압은 $V = V_1 + V_2 = 80 + 60 = 140[V]$

15 그림과 같이 평형 3상 회로에 임피던스 $\dot{Z}_\Delta = 3\sqrt{2} + j3\sqrt{2}\ [\Omega]$인 부하가 연결되어 있을 때, 선전류 I_L[A]은? (단, V_L = 120 [V])

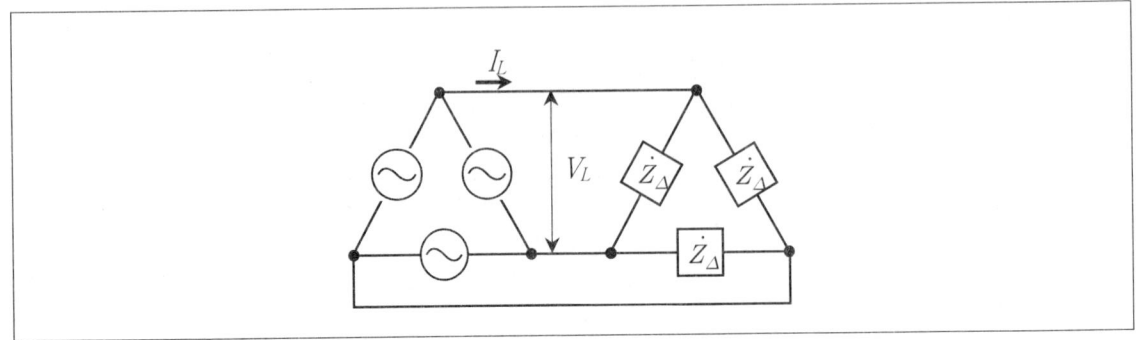

① 20
② $20\sqrt{3}$
③ 60
④ $60\sqrt{3}$

16 선간전압 V_s [V], 한 상의 부하 저항이 $R\ [\Omega]$인 평형 3상 △-△ 결선 회로의 유효전력은 P [W]이다. △결선된 부하를 Y결선으로 바꿨을 때, 동일한 유효전력 P [W]를 유지하기 위한 전원의 선간전압 [V]은?

① $\dfrac{V_s}{\sqrt{3}}$
② V_s
③ $\sqrt{3}\ V_s$
④ $3V_s$

ANSWER 15.② 16.③

15 상전류 $I_p = \dfrac{V_p}{Z_\Delta} = \dfrac{120}{3\sqrt{2} + j3\sqrt{2}} = \dfrac{120}{\sqrt{(3\sqrt{2})^2 + (3\sqrt{2})^2}} = 20[A]$

△회로이므로 선전류는 $I_l = \sqrt{3}\ I_p = 20\sqrt{3}\ [A]$

16 $P_\Delta = \sqrt{3}\ V_s I \cos\theta\ [W],\ V_s = V_p = V_l$

$P_Y = \sqrt{3}\ VI\cos\theta\ [W],\ V = \sqrt{3}\ V_p = \sqrt{3}\ V_s$

Y결선으로 바꿨을 때 동일한 유효전력이 되려면 Y결선 전원의 선간전압이 $\sqrt{3}\ V_s$가 되어야 한다.

17 그림의 회로에 $t=0$에서 직류전압 $V=50$ [V]를 인가할 때, 정상상태 전류 I[A]는? (단, 회로의 시정수는 2 [ms], 인덕터의 초기전류는 0 [A]이다)

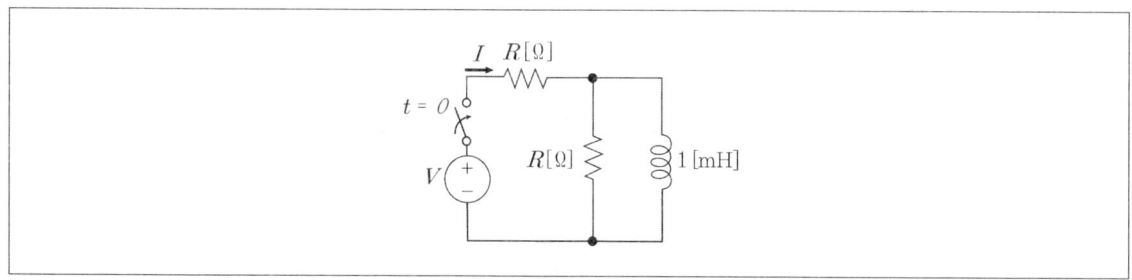

① 12.5
② 25
③ 35
④ 50

18 그림의 회로에서 단자 A와 B에서 바라본 등가저항이 12 [Ω]이 되도록 하는 상수 β는?

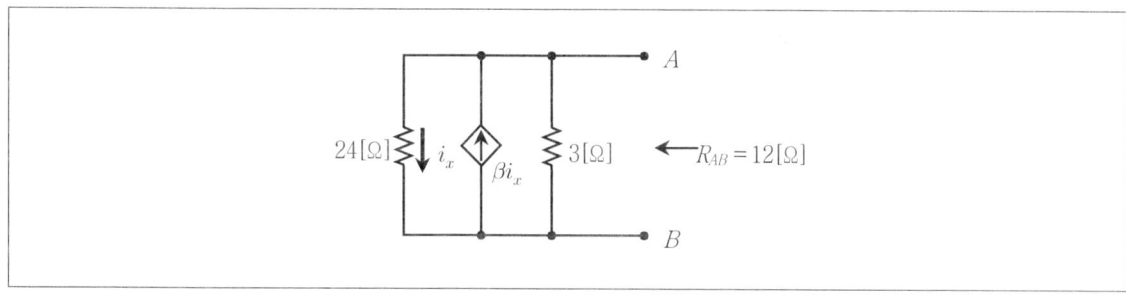

① 2
② 4
③ 5
④ 7

ANSWER 17.④ 18.④

17 정상상태 전류에서 인덕터는 단락이 되므로 $I=\dfrac{V}{R}=\dfrac{50}{R}[A]$

회로의 시정수는 $\dfrac{L}{R_e}=\dfrac{L}{\dfrac{R}{2}}=\dfrac{2L}{R}=\dfrac{2\times1\times10^{-3}}{R}=2\times10^{-3}$ 에서 $R=1[\Omega]$, 따라서 $I=\dfrac{V}{R}=\dfrac{50}{1}=50[A]$

18 단자 A,B에 1[V]의 전압원을 연결하면 $R_{AB}=12[\Omega]$이므로 $I_o=\dfrac{1}{12}[A]$

KCL을 적용하면 $\dfrac{1}{12}+\beta i_x=i_x+\dfrac{1}{3}$, $(\beta-1)i_x=\dfrac{1}{4}$, $1[V]=24[\Omega]\times i_x$

$\beta-1=\dfrac{24}{4}$, $\beta=7$

19 그림과 같은 회로에서 스위치를 B에 접속하여 오랜 시간이 경과한 후에 $t=0$에서 A로 전환하였다. $t=0^+$에서 커패시터에 흐르는 전류 $i(0^+)$[mA]와 $t=2$에서 커패시터와 직렬로 결합된 저항 양단의 전압 $v(2)$ [V]은?

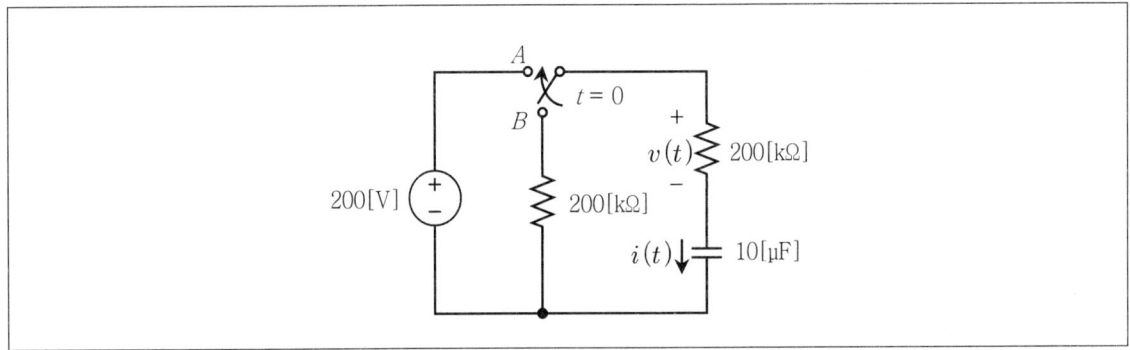

      $i(0^+)$ [mA] $v(2)$ [V]
①   0   약 74
②   0   약 126
③   1   약 74
④   1   약 126

Answer 19.③

19 t = 0에서 C에 충전된 전압은 0[V]

t = 0에서 $i(0) = \dfrac{V}{R} = \dfrac{200}{200 \times 10^3} = 1[mA]$

$i = \dfrac{V}{R}e^{-\frac{1}{RC}t}[A]$, t = 2에서

$i = \dfrac{200}{200 \times 10^3}e^{-1} = 0.37 \times 10^{-3}[A]$

그러므로 저항 양단의 전압 $v(2) = iR = 0.37 \times 10^{-3} \times 200 \times 10^3 = 74[V]$

20 $v_1(t) = 100\sin(30\pi t + 30°)$[V]와 $v_2(t) = V_m \sin(30\pi t + 60°)$[V]에서 $v_2(t)$의 실훗값은 $v_1(t)$의 최댓값의 $\sqrt{2}$ 배이다. $v_1(t)$ [V]와 $v_2(t)$ [V]의 위상차에 해당하는 시간[s]과 $v_2(t)$의 최댓값 V_m [V]은?

	시간	최댓값
①	$\frac{1}{180}$	200
②	$\frac{1}{360}$	200
③	$\frac{1}{180}$	$200\sqrt{2}$
④	$\frac{1}{360}$	$200\sqrt{2}$

Answer 20.①

20 $v_1(t) = 100\sin(30\pi t + 30°)[V]$

$v_2(t) = V_m \sin(30\pi t + 60°)[V]$

$V = 100\sqrt{2}[V]$이므로 $V_m = 200[V]$

위상차는 30°이므로 $\omega = 2\pi f = 30\pi$에서

주파수는 15[Hz], 주기는 $T = \frac{1}{15}[s]$이다

$360° : \frac{1}{15} = 30° : x$로 하여 위상차에 해당하는 시간을 구하면

$x = \frac{1}{15} \times \frac{1}{12} = \frac{1}{180}[\sec]$

전기이론 | 2019. 6. 15. 제2회 서울특별시 시행

1 그림의 회로에서 $i_1+i_2+i_3$의 값[A]은?

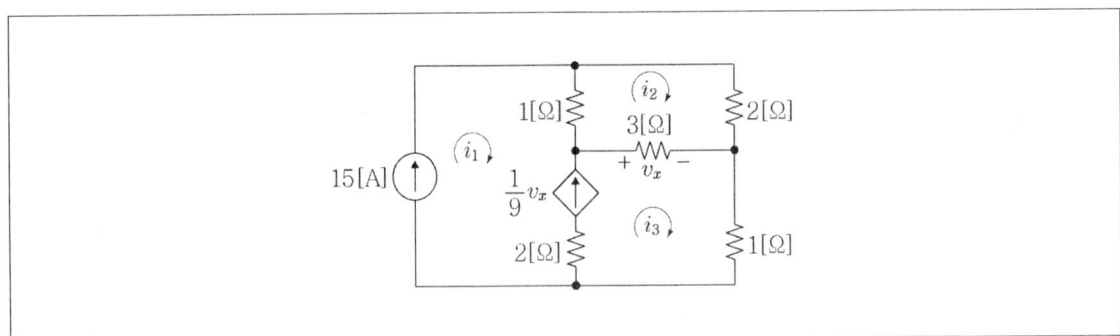

① 40[A]
② 41[A]
③ 42[A]
④ 43[A]

ANSWER 1.④

1
중첩의 원리를 이용한다면
15[A]전류원만 있는 경우의 전류의 흐름

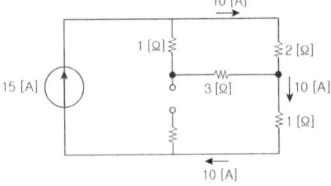

전압제어 전류원만 있는 경우 전류의 흐름

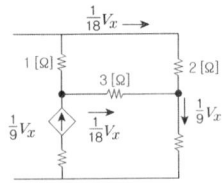

$i_1 = 15[A]$, $i_2 = 10 + \dfrac{1}{18}v_x[A]$, $i_3 = 15 + \dfrac{1}{9}v_x[A]$

$(5 + \dfrac{1}{18}v_x) \times 3 = v_x$ 따라서 $v_x = 18[V]$

$i_1 + i_2 + i_3 = 15 + 11 + 17 = 43[A]$

2 그림과 같이 한 접합점에 전류가 유입 또는 유출된다. $i_1(t) = 10\sqrt{2}\sin t$[A], $i_2(t) = 5\sqrt{2}\sin(t+\frac{\pi}{2})$[A], $i_3(t) = 5\sqrt{2}\sin(t-\frac{\pi}{2})$[A]일 때, 전류 i_4의 값[A]은?

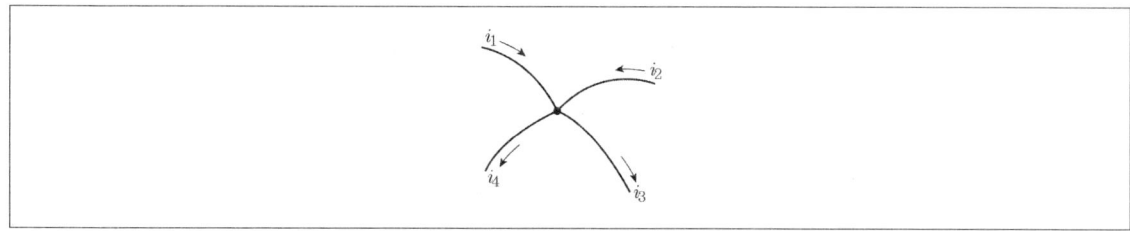

① $10\sin t$[A]

② $10\sqrt{2}\sin t$[A]

③ $20\sin(t+\frac{\pi}{4})$[A]

④ $20\sqrt{2}\sin(t+\frac{\pi}{4})$[A]

3 그림의 회로에서 $v(t=0) = V_0$일 때, 시간 t에서의 $v(t)$의 값[V]은?

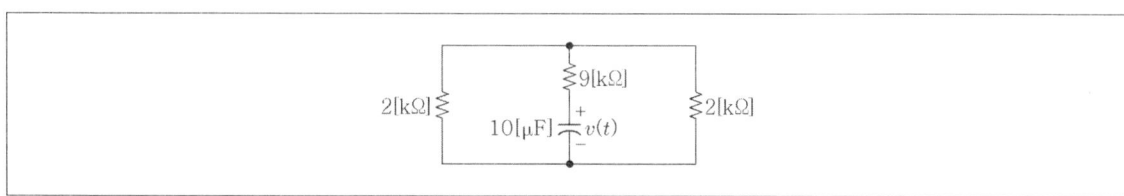

① $v(t) = V_0 e^{-10t}$[V]

② $v(t) = V_0 e^{0.1t}$[V]

③ $v(t) = V_0 e^{10t}$[V]

④ $v(t) = V_0 e^{-0.1t}$[V]

ANSWER 2.③ 3.①

2 키르히호프의 전류법칙에 의해서 유입전류의 합은 유출전류의 합과 같으므로 $i_1(t) + i_2(t) = i_3(t) + i_4(t)$

$10\sqrt{2}\sin t + 5\sqrt{2}\sin(t+\frac{\pi}{2}) = 5\sqrt{2}\sin(t-\frac{\pi}{2}) + i_4(t)$

$i_4(t) = 10\sqrt{2}\sin t + 5\sqrt{2}\sin(t+\frac{\pi}{2}) - 5\sqrt{2}\sin(t-\frac{\pi}{2}) = 10\sqrt{2}\sin t + 10\sqrt{2}\sin(t+\frac{\pi}{2}) = 20\sin(t+\frac{\pi}{4})$[A]

(참고) $5\sqrt{2}\sin(t+\frac{\pi}{2}) - 5\sqrt{2}\sin(t-\frac{\pi}{2}) = 10\sqrt{2}\sin(t+\frac{\pi}{2})$ 는 90도 반대방향의 두 개의 값을 뺀 것이므로 2배를 한 것이다.

3 그림의 회로는 콘덴서 충전전압이 방전되고 있는 것이다. 저항의 합성은 $10[K\Omega]$이 되므로

$v(t) = V_0 e^{-\frac{1}{RC}t} = V_0 e^{-\frac{1}{10\times 10^3 \times 10 \times 10^{-6}}t} = V_0 e^{-10t}[V]$

4 그림의 회로에서 $C=200[pF]$의 콘덴서가 연결되어 있을 때, 시정수 $\tau[p\sec]$와 단자 $a-b$ 왼쪽의 테브냉 등가전압 V_{Th}의 값[V]은?

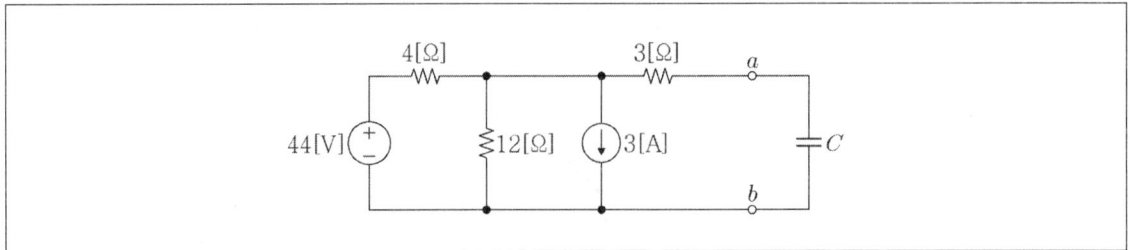

① $\tau=1200[p\sec]$, $V_{Th}=24[V]$

② $\tau=1200[p\sec]$, $V_{Th}=12[V]$

③ $\tau=600[p\sec]$, $V_{Th}=12[V]$

④ $\tau=600[p\sec]$, $V_{Th}=24[V]$

ANSWER 4.①

4 단자ab의 왼쪽의 회로에서 전류원을 제거하면 44[V]전압원에 의한 12[Ω]에 걸리는 전압은

$V_1 = \dfrac{12}{4+12} \times 44 = 33[V]$

전류원 3[A]에 의한 12[Ω]의 전압 $V_2 = 12 \times \dfrac{4}{4+12} \times 3 = 9[V]$

따라서 단자 ab의 왼쪽 회로의 등가 전압은 $V_e = 33 - 9 = 24[V]$

등가 임피던스는 전압원을 단락하고 전류원을 개방해서 구하면

$R_e = 3 + \dfrac{4 \times 12}{4+12} = 6[\Omega]$ 시정수는 $R_e C = 6 \times 200 = 1200[psec]$

5 그림과 같은 전압 파형이 100[mH] 인덕터에 인가되었다. $t=0$[sec]에서 인덕터 초기 전류가 0[A]라고 한다면, $t=14$[sec]일 때 인덕터 전류의 값[A]은?

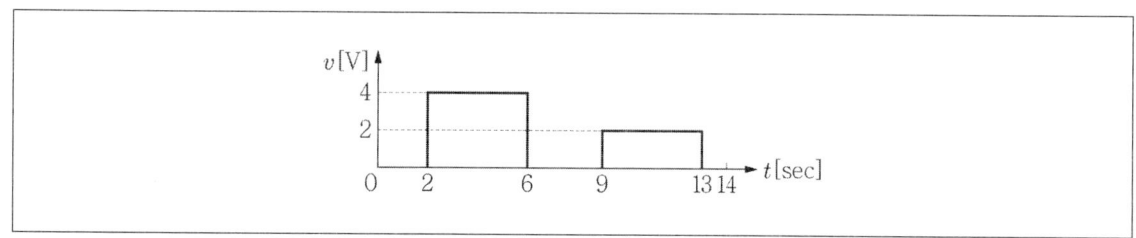

① 210[A]
② 220[A]
③ 230[A]
④ 240[A]

6 20[Ω]의 저항에 실효치 20[V]의 사인파가 걸릴 때 발생열은 직류 전압 10[V]가 걸릴 때 발생열의 몇 배인가?

① 1배
② 2배
③ 4배
④ 8배

ANSWER 5.④ 6.③

5 2초부터 6초까지 전류의 증가분: $e_1 = L\dfrac{di}{dt} = 100 \times 10^{-3} \times \dfrac{di}{6-2} = 4[V]$ 에서 전류는 160[A] 증가

9초부터 13초까지 전류의 증가분: $e_2 = 100 \times 10^{-3} \times \dfrac{di}{13-9} = 2[V]$ 에서 전류는 80[A]증가

그러므로 14초일 때 인덕터 전류는 $e_1 + e_2 = 240[A]$

6 20[V]의 사인파에서의 줄열 $I^2R = 1^2 \times 20[w]$
10[V]의 직류전압에서의 줄열 $I^2r = 0.5^2 \times 20 = 5[w]$

7 교류전원 $v_s(t)=2\cos 2t$[V]가 직렬 RL 회로에 연결되어 있다. $R=2[\Omega]$, $L=1$[H]일 때, 회로에 흐르는 전류 $i(t)$의 값[A]은?

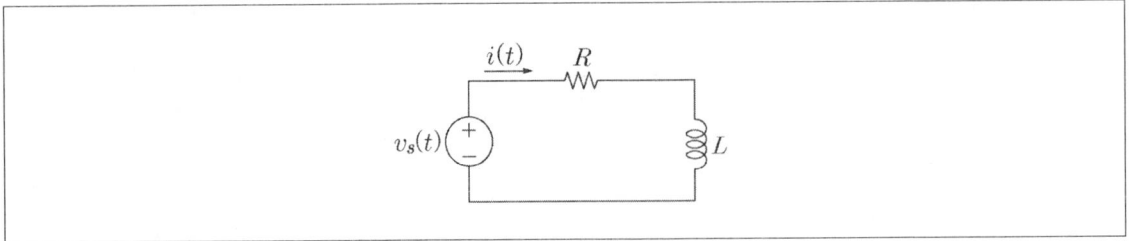

① $\sqrt{2}\cos(2t-\dfrac{\pi}{4})$[A] ② $\sqrt{2}\cos(2t+\dfrac{\pi}{4})$[A]

③ $\dfrac{1}{\sqrt{2}}\cos(2t+\dfrac{\pi}{4})$[A] ④ $\dfrac{1}{\sqrt{2}}\cos(2t-\dfrac{\pi}{4})$[A]

8 단면적은 A, 길이는 L인 어떤 도선의 저항의 크기가 $10[\Omega]$이다. 이 도선의 저항을 원래 저항의 $\dfrac{1}{2}$로 줄일 수 있는 방법으로 가장 옳지 않은 것은?

① 도선의 길이만 기존의 $\dfrac{1}{2}$로 줄인다.
② 도선의 단면적만 기존의 2배로 증가시킨다.
③ 도선의 도전율만 기존의 2배로 증가시킨다.
④ 도선의 저항률만 기존의 2배로 증가시킨다.

ANSWER 7.④ 8.④

7 $i(t)=\dfrac{v}{Z}=\dfrac{2\cos 2t}{2+j2}=\dfrac{2\cos 2t}{2\sqrt{2}\angle\dfrac{\pi}{4}}=\dfrac{1}{\sqrt{2}}\cos(2t-\dfrac{\pi}{4})[A]$

8 저항 $R=\rho\dfrac{l}{A}[\Omega]$이므로 저항을 절반으로 줄이려면 길이만 1/2로 줄이든지, 저항률 ρ를 1/2로 줄이면 된다. 단면적을 2배로 하면 저항이 1/2로 감소한다. 예시에서 저항률을 크게하는 것은 저항이 증가하게 되는 경우이다.

9 그림의 회로에서 1[Ω]에서의 소비전력이 4[W]라고 할 때, 이 회로의 전압원의 전압 V_s[V]의 값과 2[Ω] 저항에 흐르는 전류 I_2의 값[A]은?

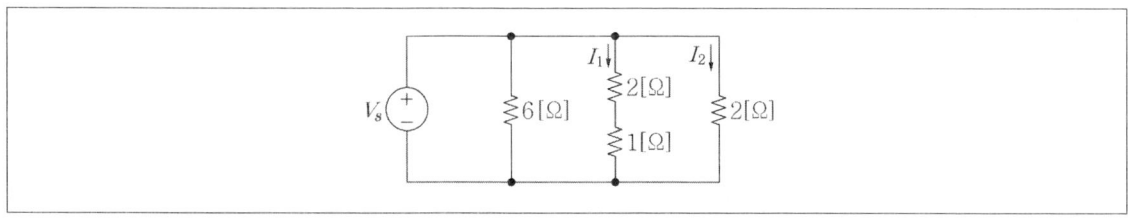

① $V_s=5$[V], $I_2=2$[A] ② $V_s=5$[V], $I_2=3$[A]

③ $V_s=6$[V], $I_2=2$[A] ④ $V_s=6$[V], $I_2=3$[A]

10 정전용량이 C_0[F]인 평행평판 공기콘덴서가 있다. 이 극판에 평행하게, 판 간격 d[m]의 $\frac{4}{5}$ 두께가 되는 비유전율 ϵ_s인 에보나이트 판으로 채우면, 이때의 정전용량의 값[F]은?

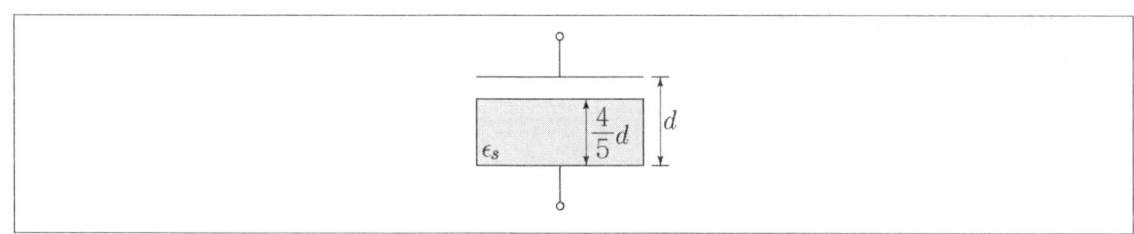

① $\dfrac{5\epsilon_s}{1+4\epsilon_s}C_0$[F] ② $\dfrac{5\epsilon_s}{4+\epsilon_s}C_0$[F]

③ $\dfrac{4+\epsilon_s}{5}C_0$[F] ④ $\dfrac{1+4\epsilon_s}{5}C_0$[F]

ANSWER 9.④ 10.②

9 1[Ω]에서 소비전력이 4[W]이면 전류가 2[A]인 것이므로 ($I^2R=4$[W]), 2[Ω]과 1[Ω]을 흐르는 전류가 2[A]이면 전압원은 6[V] 병렬회로이므로 2[Ω]의 저항에도 6[V]가 걸리고, 전류는 3[A]가 흐른다.

10 지금 정전용량은 직렬로 에보나이트를 넣은 것이다.

직렬회로에서 합성 정전용량식에 대입하면 $C = \dfrac{C_1 C_2}{C_1 + C_2} = \dfrac{\epsilon_0 \dfrac{S}{\frac{1}{5}d} \cdot \epsilon_0 \epsilon_s \dfrac{S}{\frac{4}{5}d}}{\epsilon_0 \dfrac{S}{\frac{1}{5}d} + \epsilon_0 \epsilon_s \dfrac{S}{\frac{4}{5}d}} = \dfrac{\epsilon_0 \epsilon_s \dfrac{S}{\frac{4}{5}d}}{1 + \epsilon_s \dfrac{1}{4}} = \dfrac{5\epsilon_s}{4+\epsilon_s}C_0$

11 그림의 회로에서 전류 i의 값[A]은?

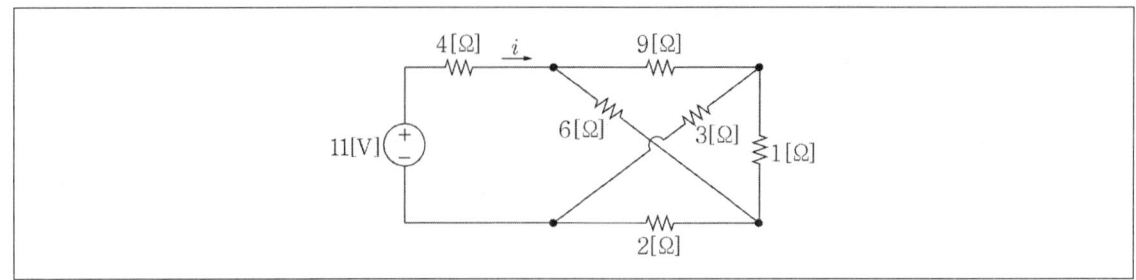

① $\frac{3}{4}$[A]
② $\frac{5}{4}$[A]
③ $\frac{7}{4}$[A]
④ $\frac{9}{4}$[A]

12 그림과 같이 전압원 V_s는 직류 1[V], $R_1=1[\Omega]$, $R_2=1[\Omega]$, $R_3=1[\Omega]$, $L_1=1[H]$, $L_2=1[H]$이며, $t=0$일 때, 스위치는 단자 1에서 단자 2로 이동했다. $t=\infty$일 때, i_1의 값[A]은?

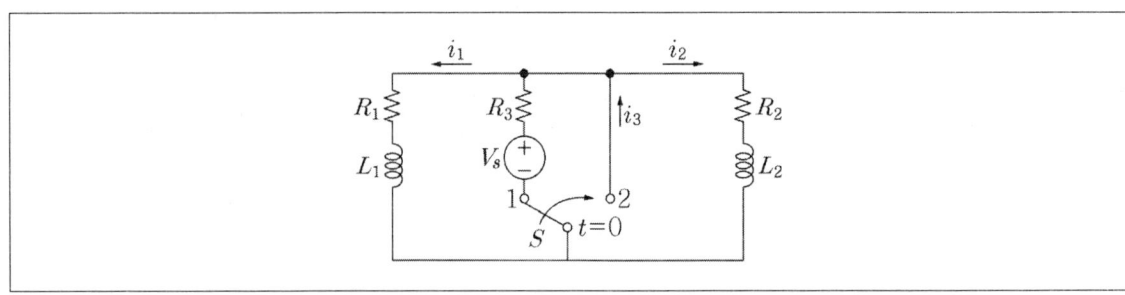

① 0[A]
② 0.5[A]
③ -0.5[A]
④ -1[A]

ANSWER 11.② 12.①

11 저항을 펴서 합성하면 브리지 저항의 대각선에 있는 저항의 곱이 같으므로 중간 1[Ω]에는 전류가 흐르지 않는다.
따라서 합성저항은 $R=4+\frac{12\times 8}{12+8}=8.8[\Omega]$, 전류는 $i=\frac{E}{R}=\frac{11}{8.8}=1.25=\frac{5}{4}[A]$

12 전원을 제거한 후 정상값을 구하는 문제이다.
전원을 제거하면 전류는 감소하여 0[A]가 된다.
1의 위치에 있을 때 $i_1=i_2=\frac{10}{1.5}[A]$
2로 옮기면 전압원이 제거되므로 $i_1=\frac{10}{1.5}e^{-2t}[A]$로 감소하여 0[A]가 된다.

13 그림과 같은 회로에서 단자 A, B 사이의 등가저항의 값[kΩ]은?

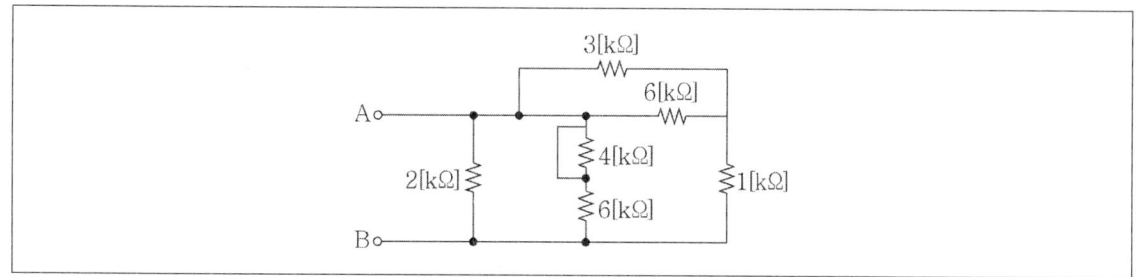

① 0.5[kΩ]
② 1.0[kΩ]
③ 1.5[kΩ]
④ 2.0[kΩ]

14 그림에서 (가)의 회로를 (나)와 같은 등가회로로 구성한다고 할 때, $x+y$의 값은?

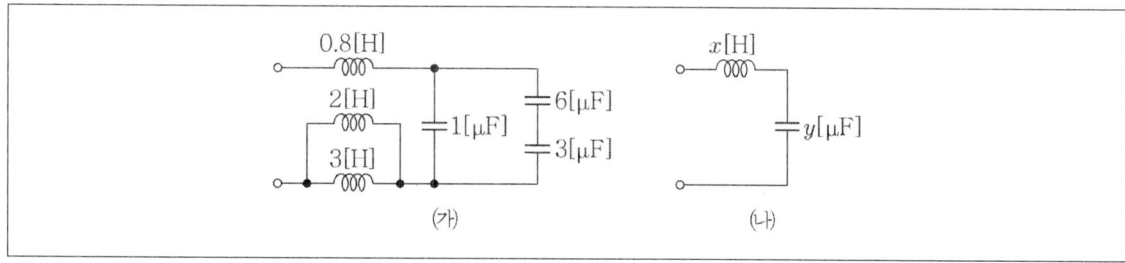

① 3
② 4
③ 5
④ 6

ANSWER 13.② 14.③

13 등가저항을 계산하면 우선 회로 그림의 맨 오른쪽 $R_{e1} = \frac{3 \times 6}{3+6} + 1 = 3[K\Omega]$, 왼쪽의 4[KΩ]은 단락된 상태이므로 고려하지 않는다. 그 아래 6[KΩ]과 병렬이므로 $R_{e2} = \frac{3 \times 6}{3+6} = 2[K\Omega]$, 마지막으로 맨 왼쪽의 저항 2[KΩ]과 병렬이므로 계산하면 전체 등가저항은 $R_e = 1[K\Omega]$

14 (가)회로의 임피던스를 계산하면

C 병렬의 합성은 직렬 콘덴서 $\frac{6 \times 3}{6+3} = 2[\mu F]$, 병렬합성하면 $3[\mu F]$

L 병렬의 합성은 $\frac{2 \times 3}{2+3} = 1.2[H]$

$Z = j0.8 - j3 \times 10^{-6} + j1.2 = j2 - j3 \times 10^{-6} [\Omega]$ 이므로 $x = 2[H]$, $y = 3[\mu F]$
$x + y = 2 + 3 = 5$

15 그림과 같은 자기회로에서 철심의 자기저항 R_c의 값[A · turns/Wb]은? (단, 자성체의 비투자율 μ_{r1}은 100이고, 공극 내 비투자율 μ_{r2}은 1이다. 자성체와 공극의 단면적은 4[m^2]이고, 공극을 포함한 자로의 전체 길이 L_c= 52[m]이며, 공극의 길이 L_g= 2[m]이다. 누설 자속은 무시한다.)

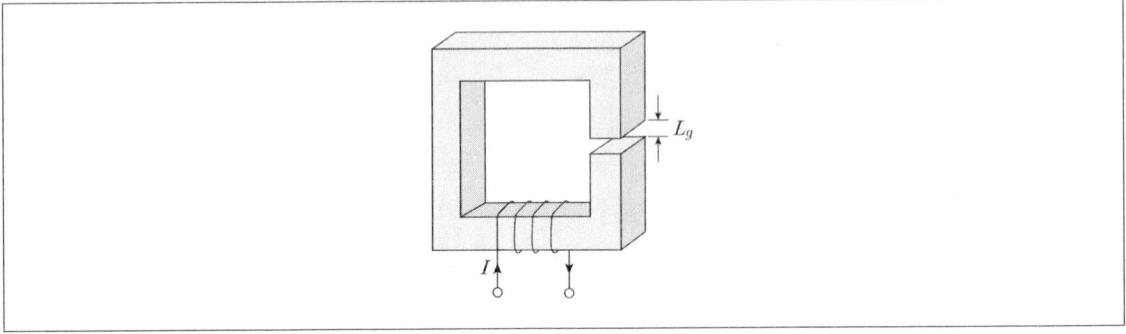

① $\dfrac{1}{32\pi} \times 10^7$[A · turns/Wb]

② $\dfrac{1}{16\pi} \times 10^7$[A · turns/Wb]

③ $\dfrac{1}{8\pi} \times 10^7$[A · turns/Wb]

④ $\dfrac{1}{4\pi} \times 10^7$[A · turns/Wb]

ANSWER 15.①

15 총 자기저항 $R = R_c + R_g = \dfrac{l}{\mu_0 \mu_{r1} S} + \dfrac{l_g}{\mu_0 S} = \dfrac{50}{4\pi \times 10^{-7} \times 100 \times 4} + \dfrac{2}{4\pi \times 10^{-7} \times 4}$

철심의 자기저항 $R_c = \dfrac{l}{\mu_0 \mu_{r1} S} = \dfrac{50}{4\pi \times 10^{-7} \times 100 \times 4} = \dfrac{1}{32\pi} \times 10^7 [A \cdot turns/wb]$

16 그림과 같은 전압 파형의 실횻값[V]은? (단, 해당 파형의 주기는 16[sec]이다.)

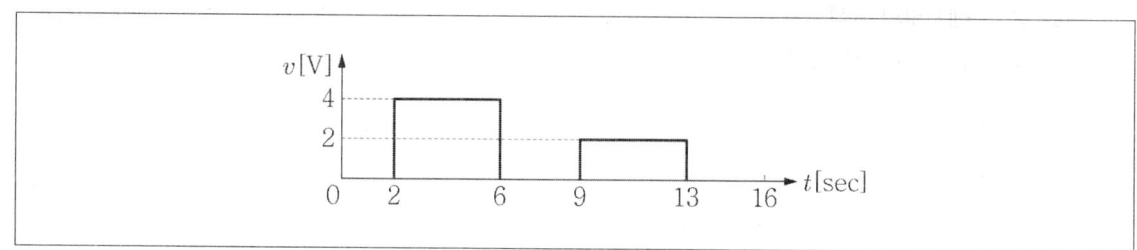

① $\sqrt{3}$ [V]
② 2[V]
③ $\sqrt{5}$ [V]
④ $\sqrt{6}$ [V]

17 시변 전계, 시변 자계와 관련한 Maxwell 방정식의 4가지 수식으로 가장 옳지 않은 것은?

① $\nabla \cdot \vec{D} = \rho_v$
② $\nabla \cdot \vec{E} = 0$
③ $\nabla \cdot \vec{B} = 0$
④ $\nabla \times \vec{H} = \vec{J} + \dfrac{\partial \vec{D}}{\partial t}$

ANSWER 16.③ 17.②

16 파형의 실횻값

$$v_0 = \sqrt{\dfrac{1}{T}\int v^2 dt} = \sqrt{\dfrac{1}{16}\left(\int_2^6 4^2 dt + \int_9^{13} 2^2 dt\right)}$$

$$v_0 = \sqrt{\dfrac{1}{16}\left([16t]_2^6 + [4t]_9^{13}\right)} = \sqrt{\dfrac{64+16}{16}} = \sqrt{5}$$

17 맥스웰 방정식에서

㉠ $\nabla \times \vec{H} = \vec{J} + \dfrac{\partial \vec{D}}{\partial t}$ 전도전류와 변위전류는 회전하는 자계를 만든다.

㉡ $\nabla \times \vec{E} = -\dfrac{\partial \vec{B}}{\partial t}$ 패러데이법칙의 미분형

예시 ①은 가우스법칙의 미분형, ②는 자속의 연속성을 각각 나타낸다.

18 무한히 먼 곳에서부터 A점까지 +3[C]의 전하를 이동시키는 데 60[J]의 에너지가 소비되었다. 또한 무한히 먼 곳에서부터 B점까지 +2[C]의 전하를 이동시키는 데 10[J]의 에너지가 생성되었다. A점을 기준으로 측정한 B점의 전압[V]은?

① -20[V]
② -25[V]
③ +20[V]
④ +25[V]

19 그림과 같은 연산증폭기 회로에서 v_1=1[V], v_2=2[V], R_1=1[Ω], R_2=4[Ω], R_3=1[Ω], R_4=4[Ω]일 때, 출력 전압 v_o의 값[V]은? (단, 연산증폭기는 이상적이라고 가정한다.)

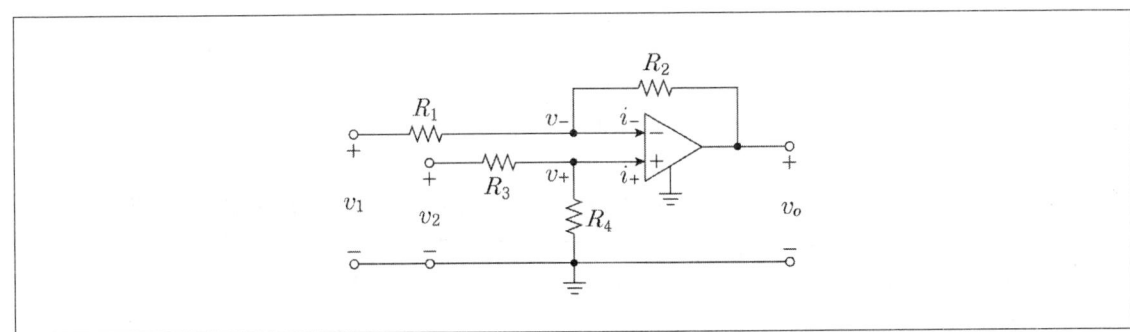

① 1[V]
② 2[V]
③ 3[V]
④ 4[V]

Answer 18.② 19.④

18 에너지 W=QV[J].
무한히 먼 곳에서 A점까지 3[C]의 전하를 이동시키는 데 60[J] 에너지가 소비된 것은 포텐셜 에너지가 감소한 것이므로 전위가 -20[V]된 것이다. 이번에는 무한히 먼 곳에서 B점까지 2[C]의 전하를 이동시켜서 에너지가 10[J]이 생성되었으므로 포텐셜 에너지가 증가한 것이고 전위는 5[V]이다. A점을 기준으로 하면 거리가 멀어진 것이므로 (-20)-5 = -25[V]

19 출력전압의 값

$$v_+ = \frac{R_4}{R_3+R_4}v_2 = \frac{4}{1+4}\times 2 = 1.6[V]$$

$$I_{R_2} = \frac{v_1 - v_-}{R_1} = \frac{v_1}{R_1} - \frac{1}{R_1}\frac{R_4}{R_3+R_4}v_2 \quad (v_+ = v_-)$$

$$v_{R_2} = -I_{R_2}\cdot R_2 = -\frac{v_1 R_2}{R_1} + \frac{R_2}{R_1}\frac{R_4 v_2}{R_3+R_4} = -4 + \frac{32}{5} = 2.4[V]$$

출력전압은 $V_o = v_+ + v_{R_2} = 1.6 + 2.4 = 4[V]$

차동증폭기의 다른 해석 $V_o = \frac{R_2}{R_1}(V_2 - V_1) = \frac{4}{1}(2-1) = 4[V]$

20 커패시터 양단에 인가되는 전압이 $v(t) = 5\sin(120\pi t - \frac{\pi}{3})$[V]일 때, 커패시터에 입력되는 전류는 $i(t) = 0.03\pi \cos(120\pi t - \frac{\pi}{3})$[A]이다. 이 커패시터의 커패시턴스의 값[$\mu$F]은?

① 40[μF]
② 45[μF]
③ 50[μF]
④ 55[μF]

Answer 20.③

20 전압을 정지벡터로 나타내면 $v(t) = \frac{5}{\sqrt{2}} \angle -\frac{\pi}{3}$

전류를 정지벡터로 나타내면 $i(t) = \frac{0.03\pi}{\sqrt{2}} \angle \frac{\pi}{6}$

용량성 리액턴스는 $X_c = \frac{v(t)}{i(t)} = \frac{\frac{5}{\sqrt{2}} \angle -\frac{\pi}{3}}{\frac{0.03\pi}{\sqrt{2}} \angle \frac{\pi}{6}} = 53.01 \angle -\frac{\pi}{2}$

$X_c = \frac{1}{\omega C} = 53.1[\Omega]$, 따라서 정전용량 $C = \frac{1}{53.1 \times 120\pi} = 50[\mu F]$

전기이론

2020. 6. 13. 제1회 지방직 / 제2회 서울특별시 시행

1 그림의 자기 히스테리시스 곡선에서 가로축(X)과 세로축(Y)에 해당하는 것은?

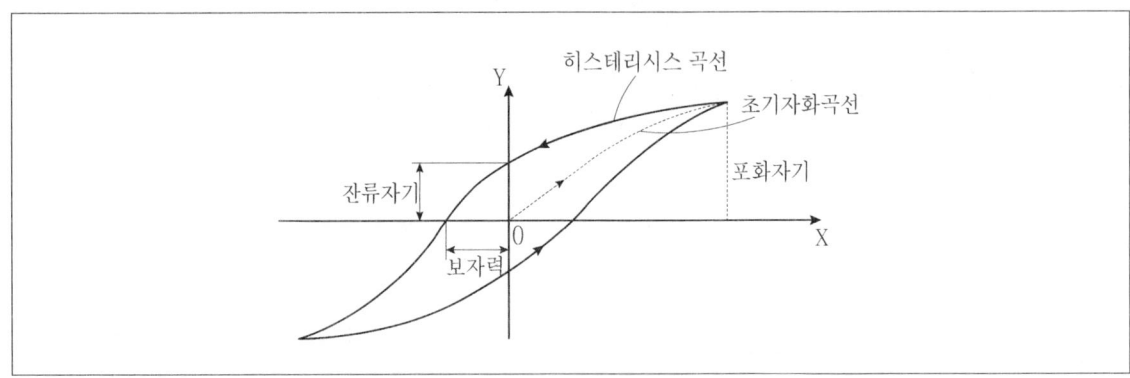

	X	Y
①	자속밀도	투자율
②	자속밀도	자기장의 세기
③	자기장의 세기	투자율
④	자기장의 세기	자속밀도

ANSWER 1.④

1 히스테리시스 곡선은 자기이력곡선이라고도 한다. 강자성체에서 외부자기장 방향과 세기에 따라 자기화가 변하는 곡선으로 외부자기장이 없을 때 물질에 남는 자기장을 잔류자속밀도라 하며 세로축에 표시가 되고, 보자력에서 잔류자속은 0이 된다.
④ 히스테리시스 곡선의 가로축(X)은 자기장의 세기, 세로축(Y)은 자속밀도이다.

2 그림의 회로에서 전류 I_1[A]은?

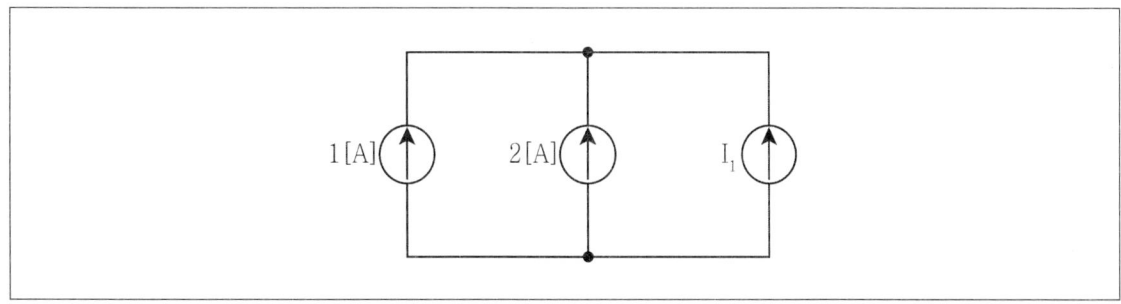

① -1
② 1
③ -3
④ 3

3 그림의 회로에서 공진주파수[Hz]는?

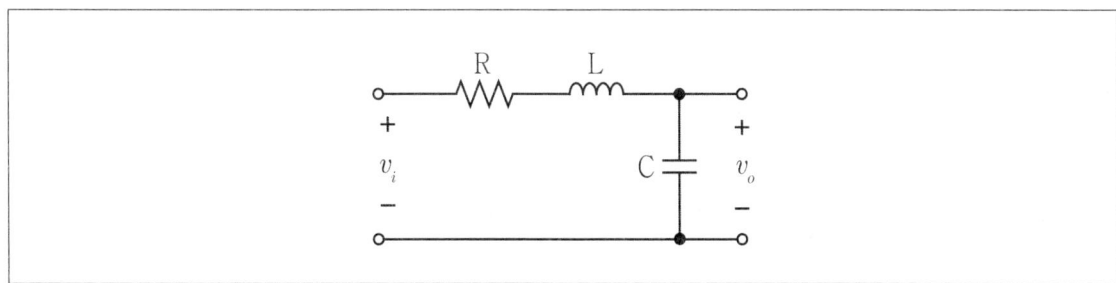

① $\dfrac{1}{\sqrt{LC}}$
② $\dfrac{1}{LC}$
③ $\dfrac{1}{2\pi LC}$
④ $\dfrac{1}{2\pi\sqrt{LC}}$

Answer 2.③ 3.④

2 $1[A] + 2[A] + I_1 = 0$ 이므로 $I_1 = -3[A]$

3 R-L-C직렬회로에서 공진이란 임피던스의 허수부가 0이 되어 최소가 되고 전류는 가장 크게 증가하는 현상이다. 이때 허수부는 유도성 리액턴스와 용량성 리액턴스가 같아지므로
$X_L = X_C$, 즉 $\omega L = \dfrac{1}{\omega C}$ 이므로 $2\pi f_0 L = \dfrac{1}{2\pi f_0 C}$. 따라서 공진주파수는 $f_0^2 = \dfrac{1}{(2\pi)^2 LC}$, $f_0 = \dfrac{1}{2\pi\sqrt{LC}}[Hz]$

4 그림의 Ch1 파형과 Ch2 파형에 대한 설명으로 옳은 것은?

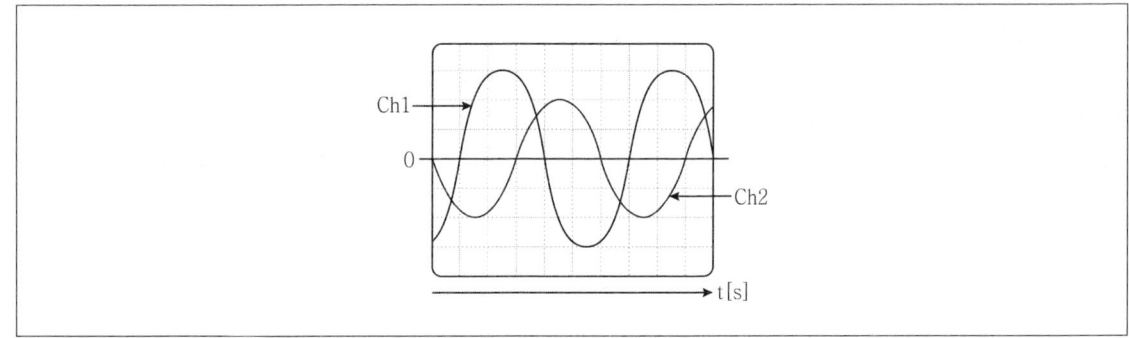

① Ch1 파형이 Ch2 파형보다 위상은 앞서고, 주파수는 높다.
② Ch1 파형이 Ch2 파형보다 위상은 앞서고, 주파수는 같다.
③ Ch1 파형이 Ch2 파형보다 위상은 뒤지고, 진폭은 크다.
④ Ch1 파형이 Ch2 파형보다 위상은 뒤지고, 진폭은 같다.

5 그림의 회로에서 t=0일 때, 스위치 SW를 닫았다. 시정수 τ[s]는?

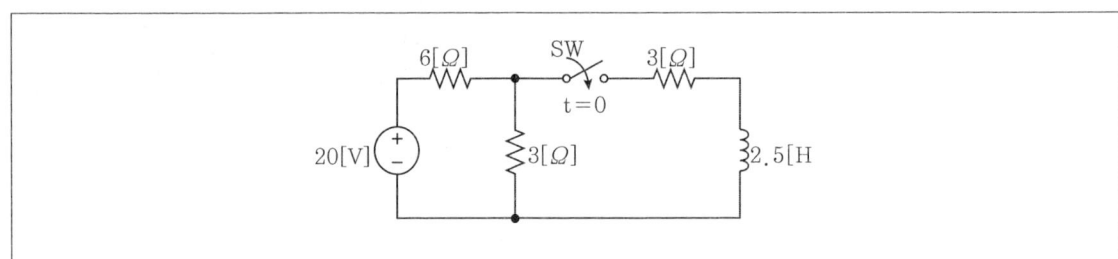

① $\dfrac{1}{2}$ ② $\dfrac{2}{3}$

③ 1 ④ 2

ANSWER 4.② 5.①

4 파형을 보고 바로 알 수 있는 것
　㉠ ch1 파형과 ch2 파형의 주기가 같으므로 주파수는 같다.
　㉡ ch1 파형이 ch2 파형보다 진폭이 크다.
　㉢ ch1 주기와 ch2 주기를 비교해 볼 때 위상은 ch1이 앞선다.

5 스위치SW를 닫으면 R-L회로이므로 시정수는 $\dfrac{L}{R}$[sec]에서 $R=\dfrac{6\times 3}{6+3}+3=5[\Omega]$, 시정수 $\tau=\dfrac{L}{R}=\dfrac{2.5}{5}=\dfrac{1}{2}$[sec]

6 0.8 지상 역률을 가진 20 [kVA] 단상 부하가 200 [Vrms] 전압원에 연결되어 있다. 이 부하에 병렬로 커패시터를 연결하여 역률을 1로 개선하였다. 역률 개선 전과 비교한 역률 개선 후의 실효치 전원 전류는?

① 변화 없음
② $\frac{2}{5}$로 감소
③ $\frac{3}{5}$으로 감소
④ $\frac{4}{5}$로 감소

7 그림의 회로에서 3[Ω]에 흐르는 전류 I[A]는?

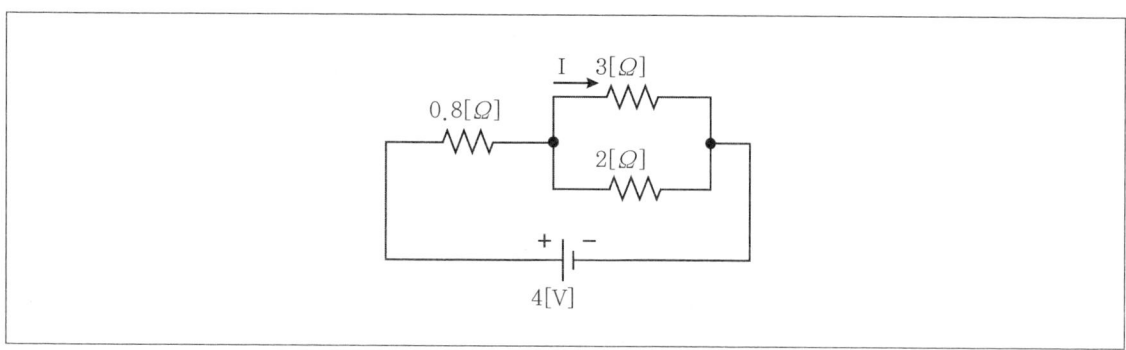

① 0.4
② 0.8
③ 1.2
④ 2

ANSWER 6.④ 7.②

6 역률 개선 전 전류 $I_1 = \frac{P}{V\cos\theta} = \frac{20\times10^3}{200\times0.8} = 125[A]$

역률 개선 후 전류 $I_2 = \frac{20\times10^3}{200} = 100[A]$

실효치 전류는 $\frac{I_2}{I_1} = \frac{100}{125} = \frac{4}{5}$로 감소한다.

※ 단위는 20[KVA]가 아니라 20[Kw]이 적절하다.

7 전체 합성저항 $R_e = \frac{3\times2}{3+2} + 0.8 = 2[\Omega]$

전체전류 $I_0 = \frac{V}{R} = \frac{4}{2} = 2[A]$

그러므로 3[Ω]에 흐르는 전류는 $I = \frac{2}{3+2}\times2 = 0.8[A]$

8 그림의 회로에서 30[Ω]의 양단전압 V_1[V]은?

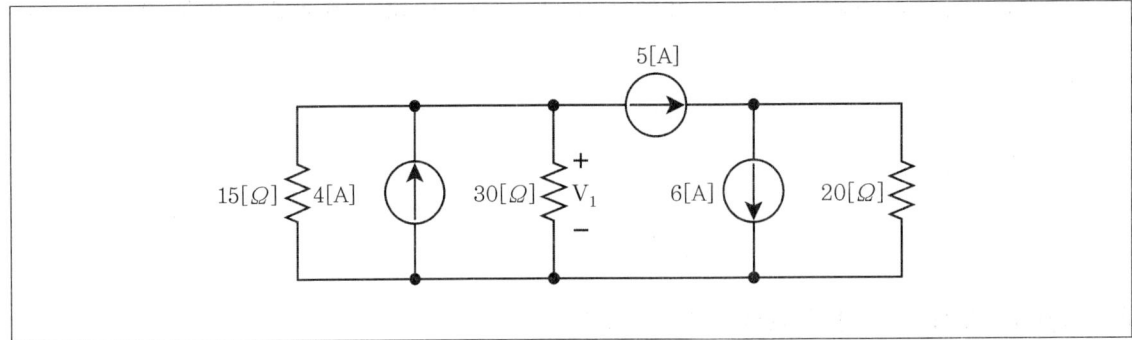

① -10
② 10
③ 20
④ -20

ANSWER 8.①

8 전류원만의 회로이므로 중첩의 원리를 이용하여 구한다.
㉠ 4[A]의 전류원만 있는 경우
30[Ω]의 저항을 개방시킨 경우 $V_{oc1} = 60[V]$
㉡ 5[A]의 전류원만 있는 경우
30[Ω]의 저항을 개방시킨 경우 $V_{oc2} = -75[V]$
따라서 $V_{oc} = -15[V]$
전류원을 모두 개방시키면 회로의 등가저항은 30[Ω]과 15[Ω]이므로
$V_1 = -10[V]$가 걸린다.

9 그림의 회로에서 $v = 200\sqrt{2}\sin(120\pi t)$ [V]의 전압을 인가하면 $i = 10\sqrt{2}\sin(120\pi t - \frac{\pi}{3})$ [A]의 전류가 흐른다. 회로에서 소비전력[kW]과 역률[%]은?

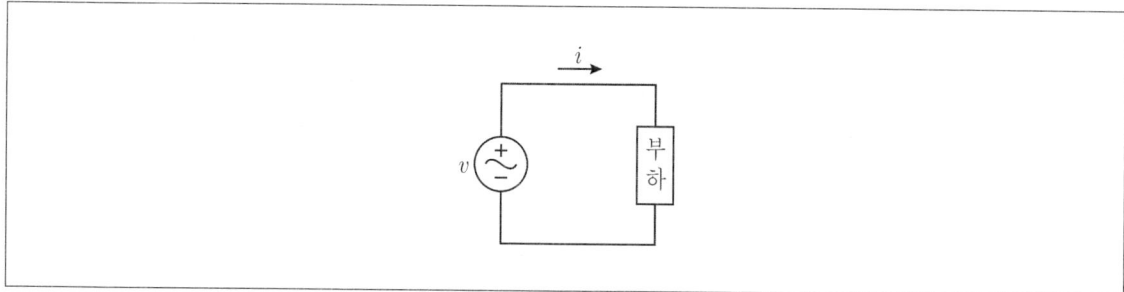

	소비전력	역률
①	4	86.6
②	1	86.6
③	4	50
④	1	50

ANSWER 9.④

9 $v = 200\sqrt{2}\sin 120\pi t\ [V]$, $i = 10\sqrt{2}\sin(120\pi t - \frac{\pi}{3})[A]$

소비전력 $P = VI\cos\theta = 200 \times 10 \times \cos\frac{\pi}{3} = 1000[W] = 1[kW]$

역률은 전압과 전류의 위상각차에 cos값이므로

$\cos\frac{\pi}{3} = 0.5$, 50%

10 그림의 회로에서 스위치 SW가 충분히 긴 시간 동안 접점 a에 연결되어 있다. t=0에서 접점 b로 이동한 직후의 인덕터와 커패시터에 저장된 에너지[mJ]는?

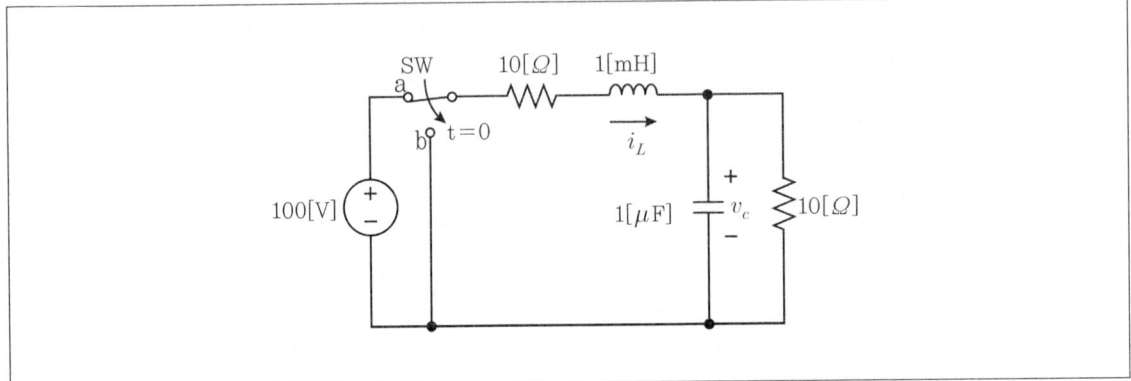

	인덕터	커패시터
①	12.5	1.25
②	1.25	12.5
③	12.5	1,250
④	1,250	12.5

ANSWER 10.①

10 t<0에서 L은 단락, C는 50[V]로 충전되어 개방되어 있다.

초기전류는 $I_o = \frac{100}{20} = 5[A]$ 이므로

㉠ 인덕터에 저장된 에너지 $W = \frac{1}{2}LI^2 = \frac{1}{2} \times 10^{-3} \times 5^2 = 12.5[mJ]$

㉡ 커패시터에 저장된 에너지 $W = \frac{1}{2}CV^2 = \frac{1}{2} \times 10^{-6} \times 50^2 = 1.25[mJ]$

11 선간전압 200 [V_{rms}]인 평형 3상 회로의 전체 무효전력이 3,000 [Var]이다. 회로의 선전류 실횻값[A]은? (단, 회로의 역률은 80 [%]이다)

① $25\sqrt{3}$
② $\dfrac{75}{4\sqrt{3}}$
③ $\dfrac{25}{\sqrt{3}}$
④ $300\sqrt{3}$

12 비정현파 전압 $v = 3 + 4\sqrt{2}\,sin\omega t$ [V]에 대한 설명으로 옳은 것은?

① 실횻값은 5 [V]이다.
② 직류성분은 7 [V]이다.
③ 기본파 성분의 최댓값은 4 [V]이다.
④ 기본파 성분의 실횻값은 0 [V]이다.

ANSWER 11.③ 12.①

11 전체 무효전력이 3,000[Var]이고 역률이 80[%]이므로 무효율 $sin\theta = \sqrt{1-\cos^2\theta} = \sqrt{1-0.8^2} = 0.6$
피상전력은 5,000[KVA]이다.
$P_a = \sqrt{3}\,VI = 5,000[VA]$이므로 전압이 200[V]이면 선전류는
$I = \dfrac{5,000}{\sqrt{3} \times 200} = \dfrac{25}{\sqrt{3}}[A]$

12 $v = 3 + 4\sqrt{2}\,sin\omega t\,[V]$에서
① 실횻값 $v_s = \sqrt{3^2 + 4^2} = 5[V]$이다.
② 직류성분은 3[V]이다.
③ 기본파 성분의 최댓값은 $4\sqrt{2}[V]$이다.
④ 기본파 성분의 실횻값은 4[V]이다.

13 어떤 코일에 0.2초 동안 전류가 2[A]에서 4[A]로 변화하였을 때 4[V]의 기전력이 유도되었다. 코일의 인덕턴스[H]는?

① 0.1
② 0.4
③ 1
④ 2.5

14 전자유도현상에 대한 설명이다. ㉠과 ㉡에 해당하는 것은?

> (㉠)은 전자유도에 의해 코일에 발생하는 유도기전력의 방향은 자속의 증가 또는 감소를 방해하는 방향으로 발생한다는 법칙이고, (㉡)은 전자유도에 의해 코일에 발생하는 유도기전력의 크기는 코일과 쇄교하는 자속의 변화율에 비례한다는 법칙이다.

	㉠	㉡
①	플레밍의 왼손 법칙	플레밍의 오른손 법칙
②	플레밍의 왼손 법칙	패러데이의 법칙
③	렌츠의 법칙	플레밍의 오른손 법칙
④	렌츠의 법칙	패러데이의 법칙

ANSWER 13.② 14.④

13 $e = L\dfrac{di}{dt} = L \times \dfrac{(4-2)}{0.2} = 4[V]$, $L = \dfrac{4}{10} = 0.4[H]$

14 ㉠ 렌츠의 법칙은 전자유도 작용에 의해 발생되는 유도기전력의 방향은 항상 유도작용을 일으키는 원인을 방해하려는 방향으로 발생한다는 법칙이다.
㉡ 패러데이 법칙은 전자유도에 의해 발생하는 유도기전력이 쇄교하는 자속의 변화율에 비례한다는 법칙이다.
$e = -\dfrac{\partial \varnothing}{\partial t}[V]$

15 그림의 회로에 200 [V$_{rms}$] 정현파 전압을 인가하였다. 저항에 흐르는 평균전류[A]는? (단, 회로는 이상적이다)

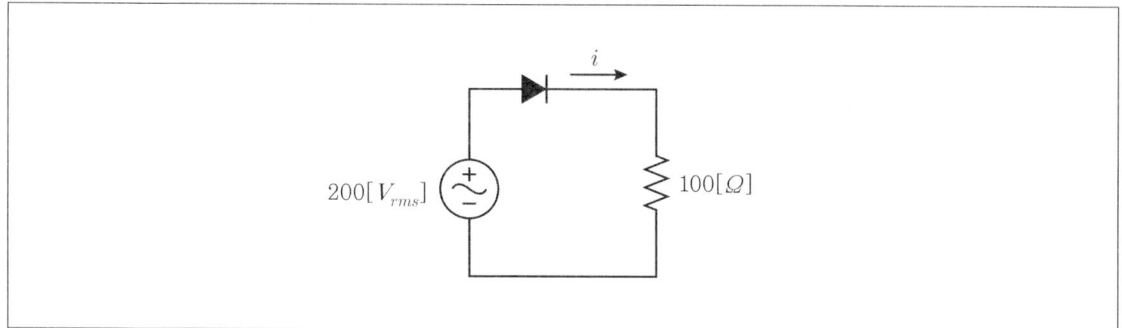

① $\dfrac{4\sqrt{2}}{\pi}$ ② $\dfrac{4}{\pi}$

③ $\dfrac{2\sqrt{2}}{\pi}$ ④ $\dfrac{2}{\pi}$

ANSWER 15.③

15 다이오드가 한 개 있는 반파정류이므로 $I_{av} = \dfrac{I_m}{\pi} = \dfrac{\sqrt{2}}{\pi} I = \dfrac{\sqrt{2}}{\pi} \cdot \dfrac{200}{100} = \dfrac{2\sqrt{2}}{\pi} [A]$

16 그림과 같이 3상 회로의 상전압을 직렬로 연결했을 때, 양단 전압 $\dot{V}$ [V]는?

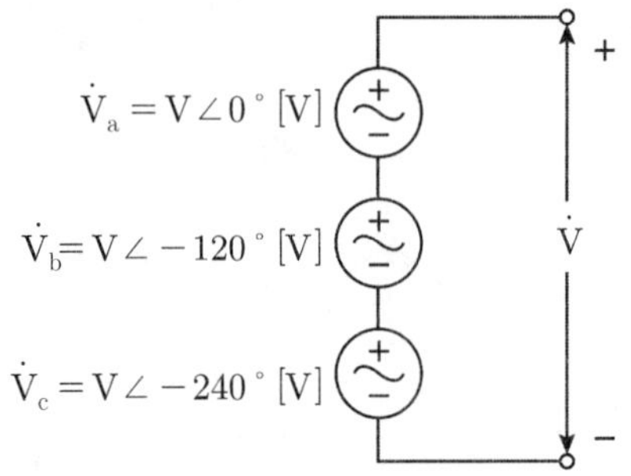

$$\dot{V}_a = V\angle 0°\ [V]$$
$$\dot{V}_b = V\angle -120°\ [V]$$
$$\dot{V}_c = V\angle -240°\ [V]$$

① $0\angle 0°$
② $V\angle 90°$
③ $\sqrt{2}\,V\angle 120°$
④ $\dfrac{1}{\sqrt{2}}V\angle 240°$

ANSWER 16.①

16 전압의 합성

$\dot{V}_a + \dot{V}_b + \dot{V}_c = V\angle 0° + V\angle -120° + V\angle -240°$

$V + V(-\dfrac{1}{2} + j\dfrac{\sqrt{3}}{2}) + V(-\dfrac{1}{2} - j\dfrac{\sqrt{3}}{2}) = 0\angle 0°$

17 그림 (a)회로에서 스위치 SW의 개폐에 따라 코일에 흐르는 전류 i_L이 그림 (b)와 같이 변화할 때 옳지 않은 것은?

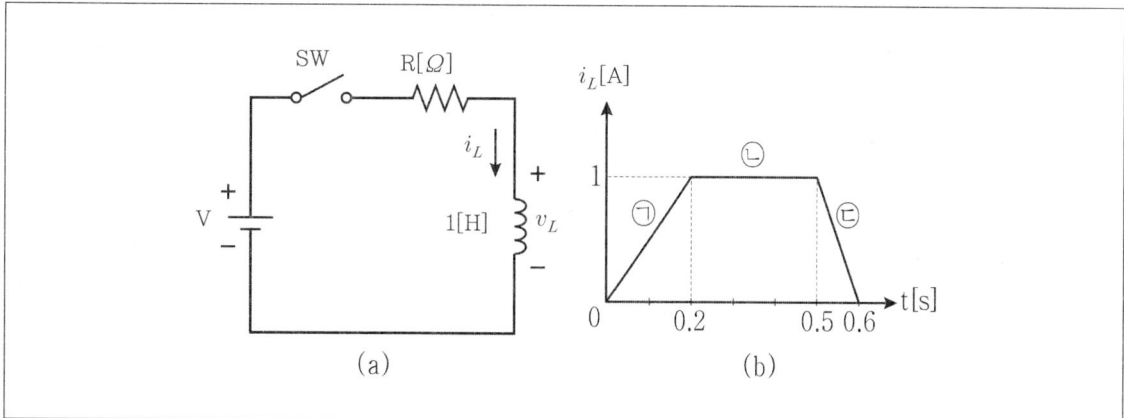

① ㉠구간에서 코일에서 발생하는 유도기전력 v_L은 5 [V]이다.

② ㉡구간에서 코일에서 발생하는 유도기전력 v_L은 0 [V]이다.

③ ㉢구간에서 코일에서 발생하는 유도기전력 v_L은 10 [V]이다.

④ ㉡구간에서 코일에 저장된 에너지는 0.5 [J]이다.

Answer 17.③

17 ① ㉠구간의 코일에서 발생하는 유도기전력 $V_L = L\dfrac{di}{dt} = \dfrac{1-0}{0.2} = 5[V]$이다.

② ㉡구간의 코일에서 발생하는 유도기전력은 전류의 변화가 없으므로 0[V]이다.

③ ㉢구간의 코일에서 발생하는 유도기전력은 $V_L = L\dfrac{di}{dt} = \dfrac{0-1}{0.1} = -10[V]$이다.

④ ㉡구간에서 코일에 저장된 에너지 $W = \dfrac{1}{2}LI^2 = \dfrac{1}{2} \times 1 \times 1^2 = \dfrac{1}{2}[J]$이다.

18 그림과 같이 유전체 절반이 제거된 두 전극판 사이의 정전용량[μF]은? (단, 두 전극판 사이에 비유전율 ϵ_r = 5인 유전체로 가득 채웠을 때 정전용량은 10[μF]이며 전극판 사이의 간격은 일정하게 유지된다)

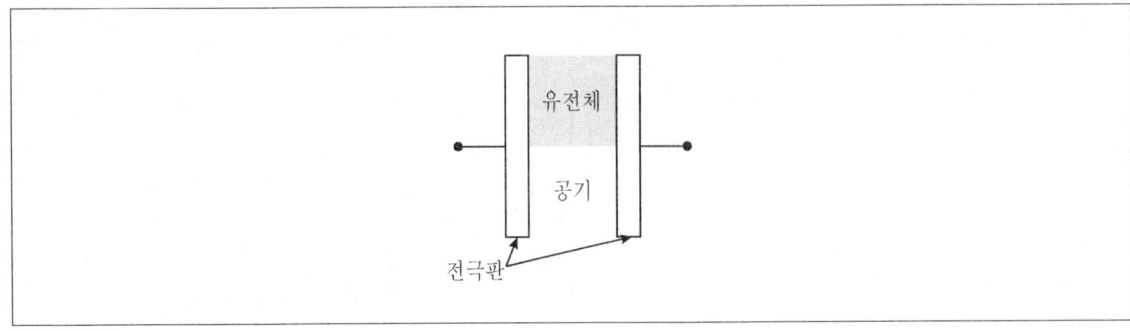

① 5　　　　　　　　　　　　　② 6
③ 9　　　　　　　　　　　　　④ 10

ANSWER 18.②

18 평행판에서 유전체 절반이 제거되었으므로 공기콘덴서와 유전체콘덴서가 병렬로 된 것이다.
$$C = \frac{1}{2}C_0 + \frac{1}{2}C = \frac{1}{2} \times 2 + \frac{1}{2} \times 10 = 6[\mu F]$$

19 그림의 회로에서 I_1에 흐르는 전류는 1.5 [A]이다. 회로의 합성저항[Ω]은?

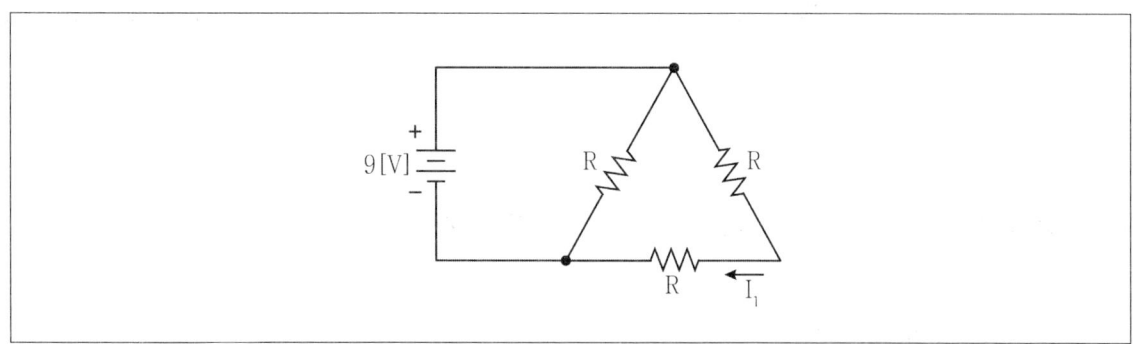

① 2
② 3
③ 6
④ 9

20 평형 3상 Y-Y 회로의 선간전압이 100 [V_{rms}]이고 한 상의 부하가 $Z_L = 3 + j4$ [Ω]일 때 3상 전체의 유효전력[kW]은?

① 0.4
② 0.7
③ 1.2
④ 2.1

ANSWER 19.① 20.③

19 합성저항 $R_c = \dfrac{2R \times R}{2R + R} = \dfrac{2}{3} R [\Omega]$

2R에 흐르는 전류는 $I = \dfrac{R}{2R+R} \cdot \dfrac{E}{R_c} = \dfrac{1}{3} \cdot \dfrac{9}{\dfrac{2}{3}R} = 1.5 [A]$

$R = 3 [\Omega]$ 따라서 합성저항 $R_c = \dfrac{2}{3} R = \dfrac{2}{3} \times 3 = 2 [\Omega]$

20 3상 회로의 유효전력

$P = 3I^2 R = 3 \left(\dfrac{V_p}{Z}\right)^2 R = 3 \dfrac{V_p^2}{R^2 + X_L^2} R = 3 \times \dfrac{\left(\dfrac{100}{\sqrt{3}}\right)^2}{3^2 + 4^2} \times 3 = 1,200 [W] = 1.2 [kW]$

전기이론

2020. 7. 11. 인사혁신처 시행

1 다음의 교류전압 $v_1(t)$과 $v_2(t)$에 대한 설명으로 옳은 것은?

> - $v_1(t) = 100\sin\left(120\pi t + \dfrac{\pi}{6}\right)[V]$
> - $v_2(t) = 100\sqrt{2}\sin\left(120\pi t + \dfrac{\pi}{3}\right)[V]$

① $v_1(t)$과 $v_2(t)$의 주기는 모두 $\dfrac{1}{60}[\sec]$이다.

② $v_1(t)$과 $v_2(t)$의 주파수는 모두 $120\pi[Hz]$이다.

③ $v_1(t)$과 $v_2(t)$는 동상이다.

④ $v_1(t)$과 $v_2(t)$의 실횻값은 각각 $100[V]$, $100\sqrt{2}[V]$이다.

ANSWER 1.①

1 ①② $\sin(120\pi t)$에서 $\sin\omega t = \sin 2\pi f t$이므로 주파수 $f = 60[Hz]$, 주기는 $T = \dfrac{1}{60}[\sec]$이다.

③ $v_1(t) = \dfrac{100}{\sqrt{2}} \angle \dfrac{\pi}{6}$, $v_2(t) = 100 \angle \dfrac{\pi}{3}$이므로 두 교류전압은 위상이 다르다.

④ $v_1(t) = \dfrac{100}{\sqrt{2}} \angle \dfrac{\pi}{6}$, $v_2(t) = 100 \angle \dfrac{\pi}{3}$으로 실횻값은 각각 $v_1(t) = \dfrac{100}{\sqrt{2}}$, $v_2(t) = 100$이다.

2 그림의 회로에서 1[Ω]에 흐르는 전류 I [A]는?

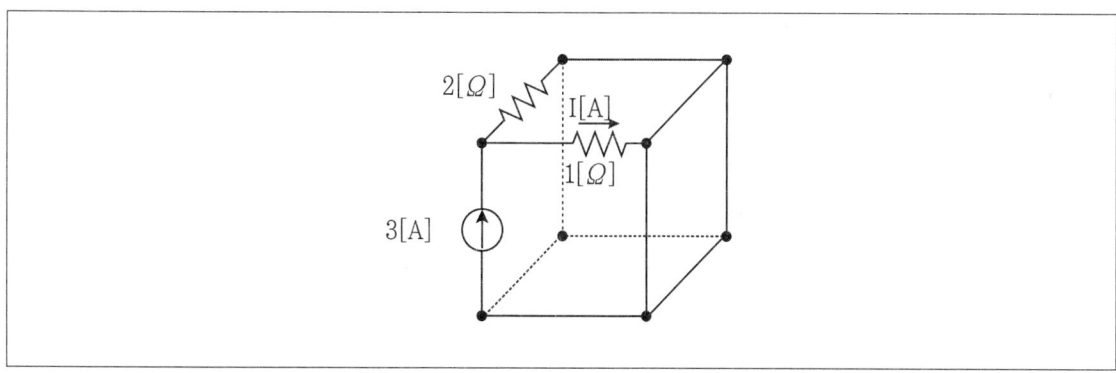

① 1
② 2
③ 3
④ 4

3 2Q[C]의 전하량을 갖는 전하 A에서 q[C]의 전하량을 떼어 내어 전하 A로부터 1[m] 거리에 q[C]를 위치시킨 경우, 두 전하 사이에 작용하는 전자기력이 최대가 되는 q[C]는? (단, 0 < q < 2Q이다)

① Q
② Q/2
③ Q/3
④ Q/4

ANSWER 2.② 3.①

2 전류는 저항에 반비례한다.
따라서 전류원이 3[A]이므로 2[Ω]에 흐르는 전류는 1[A],
1[Ω]에 흐르는 전류는 $I_{1\Omega} = \frac{2}{1+2} \times 3 = 2[A]$ 이다.

3 쿨롱의 법칙
$F = \frac{1}{4\pi\epsilon} \frac{(2Q-q) \cdot q}{1^2}[N]$
최대가 되려면
$\frac{d(2Q-q) \cdot q}{dq} = \frac{d(2Qq-q^2)}{dq} = 2Q - 2q = 0$ 에서
따라서 $Q = q$

4 그림과 같이 공극의 단면적 $S = 100 \times 10^{-4} [\text{m}^2]$인 전자석에 자속밀도 $B = 2[\text{Wb/m}^2]$인 자속이 발생할 때, 철편에 작용하는 힘[N]은? (단, $\mu_0 = 4\pi \times 10^{-7}$이다)

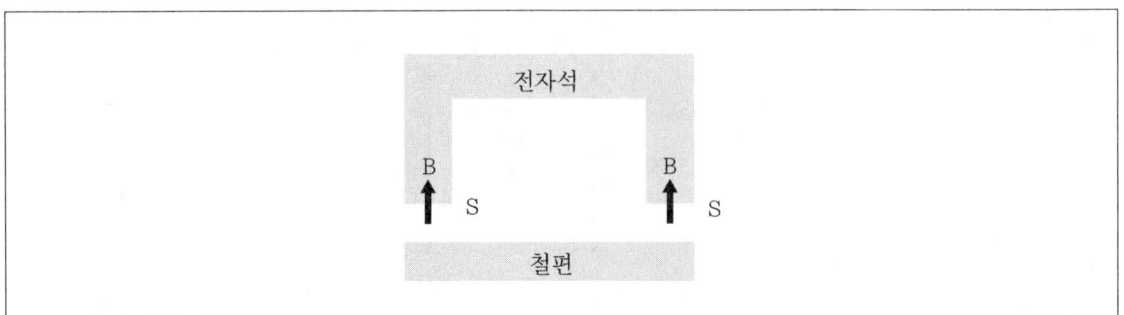

① $\dfrac{1}{\pi} \times 10^5$
② $\dfrac{1}{\pi} \times 10^{-5}$
③ $\dfrac{1}{2\pi} \times 10^5$
④ $\dfrac{1}{2\pi} \times 10^{-5}$

5 3상 평형 △결선 및 Y결선에서, 선간전압, 상전압, 선전류, 상전류에 대한 설명으로 옳은 것은?

① △결선에서 선간전압의 크기는 상전압 크기의 $\sqrt{3}$ 배이다.

② Y결선에서 선전류의 크기는 상전류 크기의 $\sqrt{3}$ 배이다.

③ △결선에서 선간전압의 위상은 상전압의 위상보다 $\dfrac{\pi}{6}[rad]$ 앞선다.

④ Y결선에서 선간전압의 위상은 상전압의 위상보다 $\dfrac{\pi}{6}[rad]$ 앞선다.

ANSWER 4.① 5.④

4 철편에 작용하는 힘 $f = \dfrac{1}{2}\dfrac{B^2}{\mu_o} \times 2S = \dfrac{2^2}{4\pi \times 10^{-7}} \times 100 \times 10^{-4} = \dfrac{1}{\pi} \times 10^5 [N]$

5 ① △결선에서 선간전압과 상전압의 크기는 같다. $V_l = V_p$
② Y결선에서 상전류와 선전류는 크기가 같다. $I_l = I_p$
③ △결선에서 선간전압과 상전압의 위상은 같다.

6 그림의 회로에서 전류 I[A]는?

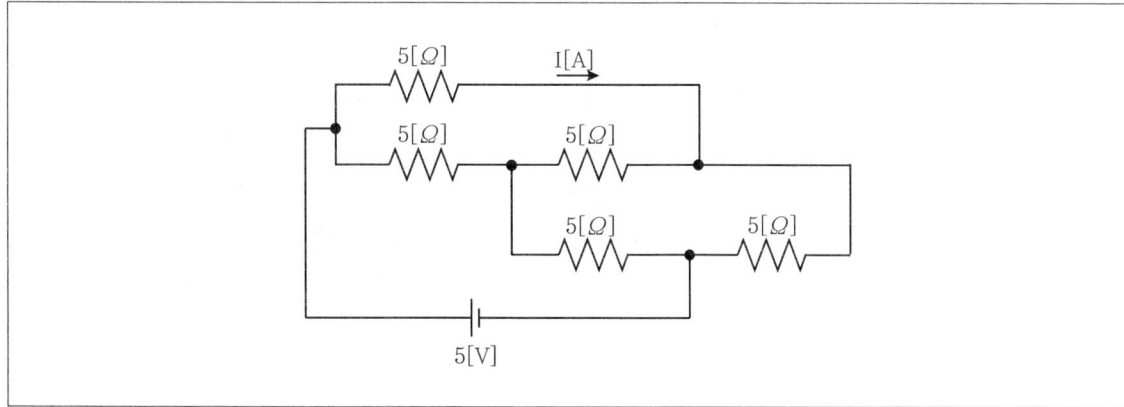

① 0.25
② 0.5
③ 0.75
④ 1

ANSWER 6.②

6 그림은 브릿지 회로이고 대각선 위치에 있는 저항의 곱이 같으므로 중앙에 있는 5[Ω]에는 전류가 흐르지 않는다.

그러므로 합성저항은 $R_t = \dfrac{10 \times 10}{10+10} = 5[\Omega]$이 되고 회로에는 $I_o = \dfrac{V}{R} = \dfrac{5}{5} = 1[A]$의 전류가 흐른다.

따라서 I=0.5[A] 이다.

7 그림의 회로에서 점 a와 점 b 사이의 정상상태 전압 V_{ab} [V]는?

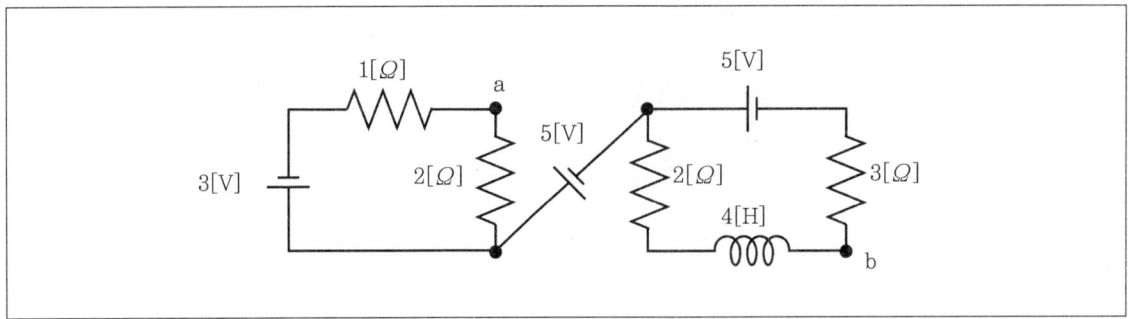

① -2
② 2
③ 5
④ 6

ANSWER 7.③

7 그림에서 L은 직류전원에서 단락상태이므로 전압이 걸리는 부분을 보면 다음과 같다.

그림과 같이 극성이 연결되므로
$V_{ab} = (-2)[V] + 5[V] + 2[V] = 5[V]$

8 그림의 회로에서 저항 R_L에 4[W]의 최대전력이 전달될 때, 전압 E[V]는?

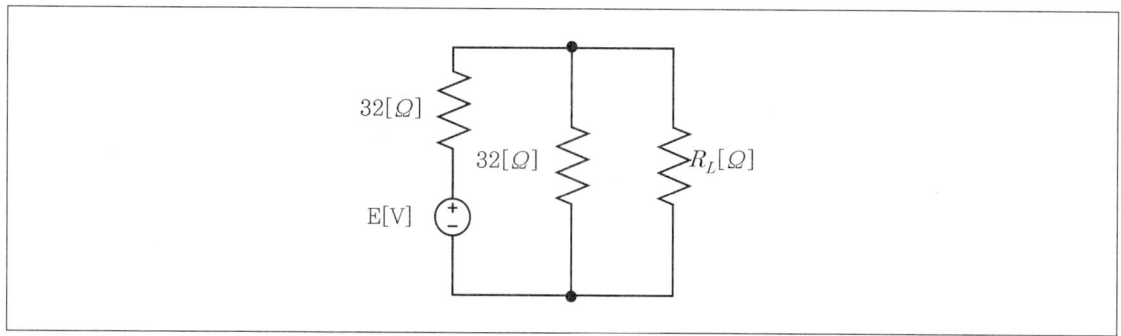

① 32
② 48
③ 64
④ 128

ANSWER 8.①

8 회로의 등가회로를 그리면

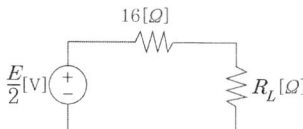

최대전력이 전달되려면 $R_L = 16[\Omega]$이 된다.

$$P_{max} = \frac{V^2}{4R_L} = \frac{(\frac{E}{2})^2}{4 \times 16} = 4[W]$$ 에서 $(\frac{E}{2})^2 = 16 \times 16$, $\frac{E}{2} = 16[V]$

$E = 32[V]$

9 그림 (a)의 T형 회로를 그림 (b)의 π형 등가회로로 변환할 때, Z_3 [Ω]은? (단, $\omega = 10^3 [rad/s]$ 이다)

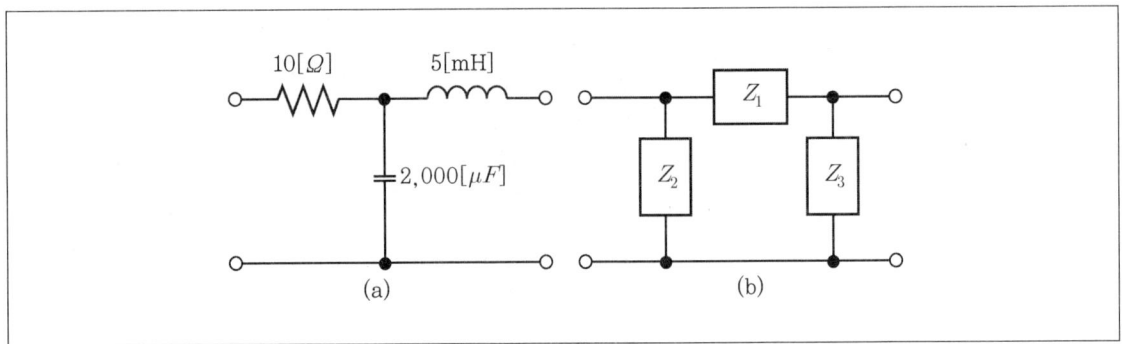

① $-90 + j5$
② $9 - j0.5$
③ $0.25 + j4.5$
④ $9 + j4.5$

Answer 9.③

9 $X_c = \dfrac{1}{j\omega C} = -j\dfrac{1}{10^3 \times 2000 \times 10^{-6}} = -j0.5[\Omega]$

$X_L = j\omega L = j10^3 \times 5 \times 10^{-3} = j5[\Omega]$

(a)의 T형회로를 (b)의 π형 회로로 변환을 하면

$Z_1 = \dfrac{10 \times (-j0.5) + (-j0.5) \times j5 + 10 \times j5}{-j0.5} = \dfrac{2.5 + j45}{-j0.5} = -90 + j5[\Omega]$

$Z_2 = \dfrac{2.5 + j45}{j5} = 9 - j0.5[\Omega]$

$Z_3 = \dfrac{2.5 + j45}{10} = 0.25 + j4.5[\Omega]$

10 그림의 회로에서 전원전압의 위상과 전류 I[A]의 위상에 대한 설명으로 옳은 것은?

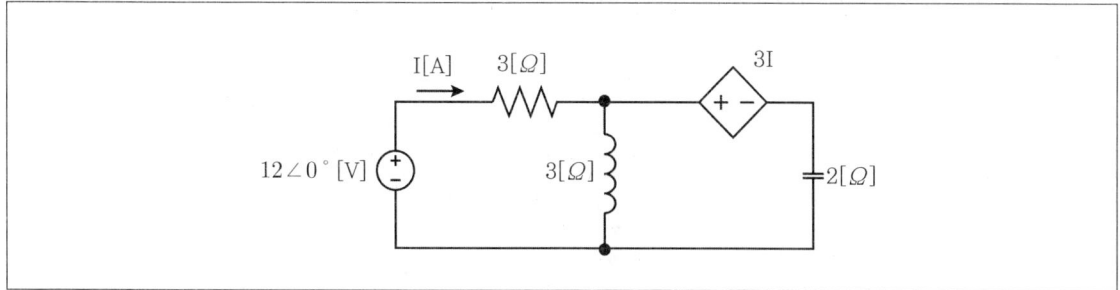

① 동위상이다.
② 전류의 위상이 앞선다.
③ 전류의 위상이 뒤진다.
④ 위상차는 180도이다.

ANSWER 10.②

10 중첩의 원리를 적용하여 전류를 구하면
  ㉠ 전압원만 있는 경우 전류제어 전압원 단락하고 전류를 구하면
  $$I_1 = \frac{12\angle 0°}{3 + \frac{j3 \times (-j2)}{j3 + (-j2)}} = \frac{12\angle 0°}{3 - j6} = \frac{12\angle 0°}{\sqrt{45} \angle -\tan^{-1}2} = 1.79\angle 63.43°\,[A]$$
  ㉡ 전류제어 전압원만 있는 경우 전압원 단락하고 전류를 구하면
  $$I_2 = \frac{3I}{-j2 + \frac{3 \times j3}{3 + j3}} = \frac{3I}{-j2 + \frac{j9}{3\sqrt{2}\angle 45°}} = \frac{3I}{-j2 + \frac{3}{\sqrt{2}}\angle 45°}\,[A]$$
  $$= \frac{3I}{-j2 + 1.5 + j1.5} = \frac{3I}{1.5 - j0.5}\,[A]$$
  따라서 $I = I_1 - I_2 = 1.79\angle 63.43° - \frac{3I}{1.5 - j0.5}\,[A]$

  $I + \frac{3I}{1.5 - j0.5} = 1.79\angle 63.43°$,

  $\frac{1.5 - j0.5 + 3}{1.5 - j0.5} = \frac{4.5 - j0.5}{1.5 - j0.5} = \frac{4.53\angle -6.34°}{1.58\angle -18.43°} = 2.87\angle 12.09°$

  $I = \frac{1.79\angle 63.43°}{2.87\angle 12.09°} = 0.62\angle 51.34°$

  전류의 위상이 앞선다.

11 그림과 같이 3상 평형전원에 연결된 600 [VA]의 3상 부하(유도성)의 역률을 1로 개선하기 위한 개별 커패시터 용량 C $[\mu F]$는? (단, 3상 부하의 역률각은 30°이고, 전원전압은 $V_{ab}(t) = 100\sqrt{2}\sin100t$ [V] 이다)

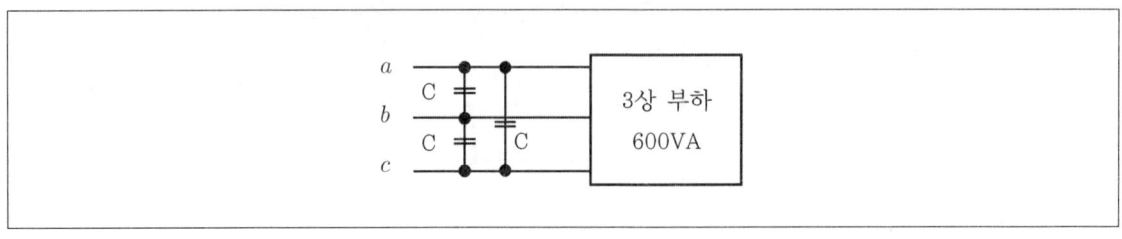

① 30　　　　　　　　　　　　② 60
③ 90　　　　　　　　　　　　④ 100

12 2개의 도체로 구성되어 있는 평행판 커패시터의 정전용량을 100 [F]에서 200 [F]으로 증대하기 위한 방법은?

① 극판 면적을 4배 크게 한다.
② 극판 사이의 간격을 반으로 줄인다.
③ 극판의 도체 두께를 2배로 증가시킨다.
④ 극판 사이에 있는 유전체의 비유전율이 4배 큰 것을 사용한다.

ANSWER 11.④ 12.②

11 역률1로 하려면 공급하는 무효전력은 다음과 같다.
$Q = P_a \cos\theta \times \dfrac{\sin\theta}{\cos\theta} = 600 \times \sin30° = 300 [VA]$
$Q = 3\omega CV^2 = 300 [VA]$ 이므로
$C = \dfrac{300}{3\omega \times 100^2} = \dfrac{300}{3 \times 100 \times 100^2} = 10^{-4} = 100 [\mu F]$

12 평행판 커패시터의 정전용량 $C = \epsilon \dfrac{S}{d} [F]$이므로 정전용량은 판간거리에 반비례한다. 그러므로 용량을 2배 증가하려면 극판면적을 2배로 하는 방법과 간격을 1/2로 가깝게 하는 방법, 그리고 비유전율을 2배로 하면 된다.

13 어떤 회로에 전압 $v(t) = 25\sin(wt+\theta)$ [V]을 인가하면 전류 $i(t) = 4\sin(wt+\theta-60°)$ [A]가 흐른다. 이 회로에서 평균전력[W]은?

① 15
② 20
③ 25
④ 30

14 그림과 같이 자로 $l = 0.3$[m], 단면적 $S = 3 \times 10^{-4}$[m²], 권선수 N = 1,000회, 비투자율 $\mu_r = 10^4$인 링(ring)모양 철심의 자기인덕턴스 L [H]은? (단, $\mu_0 = 4\pi \times 10^{-7}$이다)

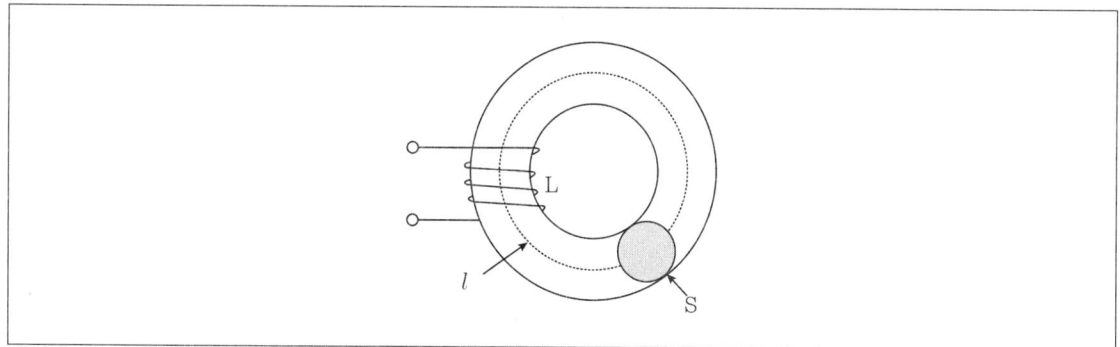

① 0.04π
② 0.4π
③ 4π
④ 5π

ANSWER 13.③ 14.③

13 평균전력은 전압의 실횻값과 전류의 실횻값을 곱하고 역률을 곱해서 구한다.
$$P = \frac{25}{\sqrt{2}} \times \frac{4}{\sqrt{2}} \cos 60° = 25[W]$$

14 환상솔레노이드에서 인덕턴스
$$L = \frac{N^2}{R} = \frac{\mu S N^2}{l} = \frac{4\pi \times 10^{-7} \times 10^4 \times 3 \times 10^{-4} \times 1000^2}{0.3} = 4\pi[H]$$

15 그림의 자기결합 회로에서 V_2[V]가 나머지 셋과 다른 하나는? (단, M은 상호 인덕턴스이며, L_2 코일로 흐르는 전류는 없다)

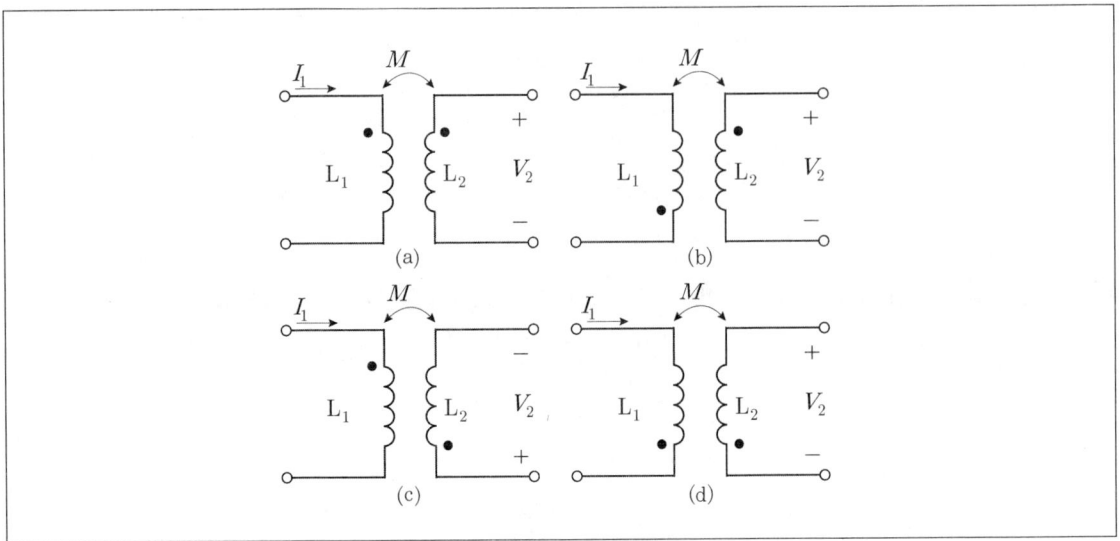

① (a) ② (b)
③ (c) ④ (d)

ANSWER 15.②

15 극성에 관한 문제이다.

(a), (c), (d)에서 가극성 $v_1 = L_1\frac{di_1}{dt} + M\frac{di_2}{dt}$, $v_2 = L_2\frac{di_2}{dt} + M\frac{di_1}{dt}[V]$

(b) 감극성 $v_1 = L_1\frac{di_1}{dt} - M\frac{di_2}{dt}$, $v_2 = L_2\frac{di_2}{dt} - M\frac{di_1}{dt}[V]$

16 그림의 회로에서 교류전압을 인가하여 전류 I[A]가 최소가 될 때, 리액턴스 X_C [Ω]는?

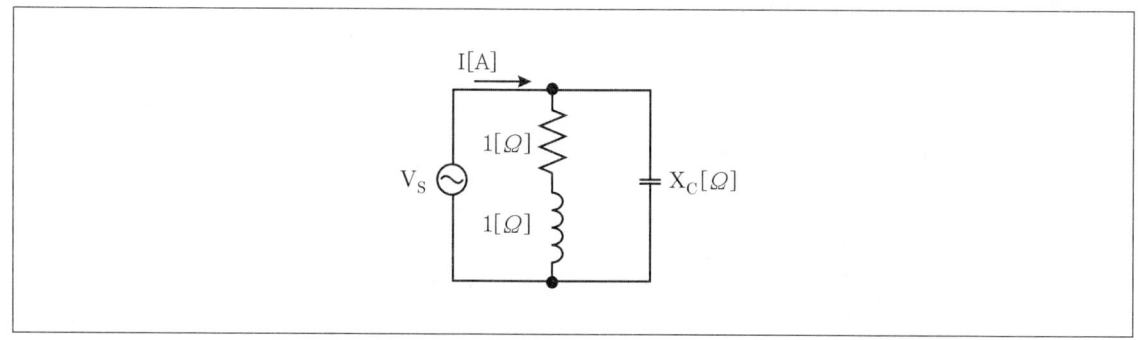

① 2
② 4
③ 6
④ 8

17 2개의 단상전력계를 이용하여 어떤 불평형 3상 부하의 전력을 측정한 결과 $P_1=3$ [W], $P_2=6$ [W]일 때, 이 3상 부하의 역률은?

① $\frac{3}{5}$
② $\frac{4}{5}$
③ $\frac{1}{\sqrt{3}}$
④ $\frac{\sqrt{3}}{2}$

ANSWER 16.① 17.④

16 전류가 최소가 되는 회로는 공진상태를 의미한다.

$Y = \dfrac{1}{R+jX_L} + j\dfrac{1}{X_c} = \dfrac{R-jX_L}{R^2+X_L^2} + j\dfrac{1}{X_c} = \dfrac{R}{R^2+X_L^2} + j(\dfrac{1}{X_c} - \dfrac{X_L}{R^2+X_L^2})$ 에서 허수부가 0이므로

$\dfrac{1}{X_c} = \dfrac{X_L}{R^2+X_L^2}$, $X_c = \dfrac{R^2+X_L^2}{X_L} = \dfrac{1^2+1^2}{1} = 2[\Omega]$

17 2전력계법으로 구하면 역률

$\cos\theta = \dfrac{P_1+P_2}{2\sqrt{P_1^2+P_2^2-P_1P_2}} = \dfrac{3+6}{2\sqrt{3^2+6^2-3\times6}} = \dfrac{4.5}{\sqrt{27}} = \dfrac{\sqrt{3}}{2}$

18 그림의 회로에서 t=0 [sec]일 때, 스위치 S를 닫았다. t=3 [sec]일 때, 커패시터 양단 전압 $v_c(t)$ [V]은? (단, $v_c(t = 0-) = 0$ [V]이다)

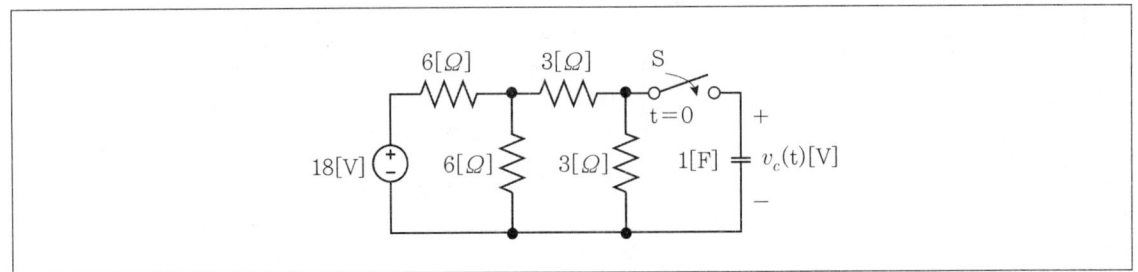

① $3e^{-4.5}$
② $3 - 3e^{-4.5}$
③ $3 - 3e^{-1.5}$
④ $-3e^{-1.5}$

ANSWER 18.③

18
스위치를 닫으면 C는 충전을 하게 된다. 따라서 $V_c(t) = V(1 - e^{-\frac{1}{RC}t})[V]$
최종값은 C의 왼쪽에 있는 3[Ω]에 걸리는 전압과 같게 되므로 3[V]가 걸린다.

그러므로 $V_c(t) = V(1 - e^{-\frac{1}{RC}t}) = 3(1 - e^{-\frac{1}{2 \times 1} \times 3}) = 3(1 - e^{-1.5})[V]$

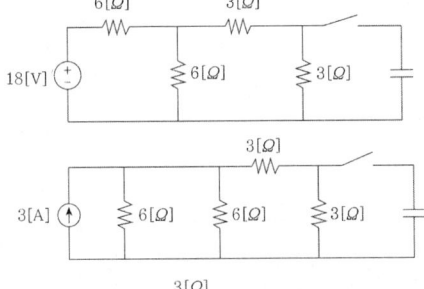

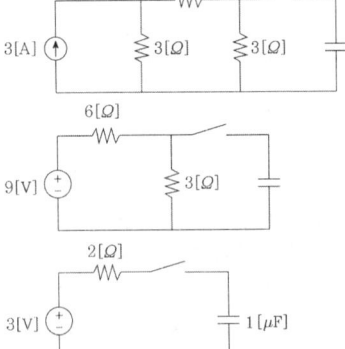

19 그림의 회로에서 t=0 [sec]일 때, 스위치 S_1과 S_2를 동시에 닫을 때, t > 0에서 커패시터 양단 전압 $v_c(t)$ [V]은?

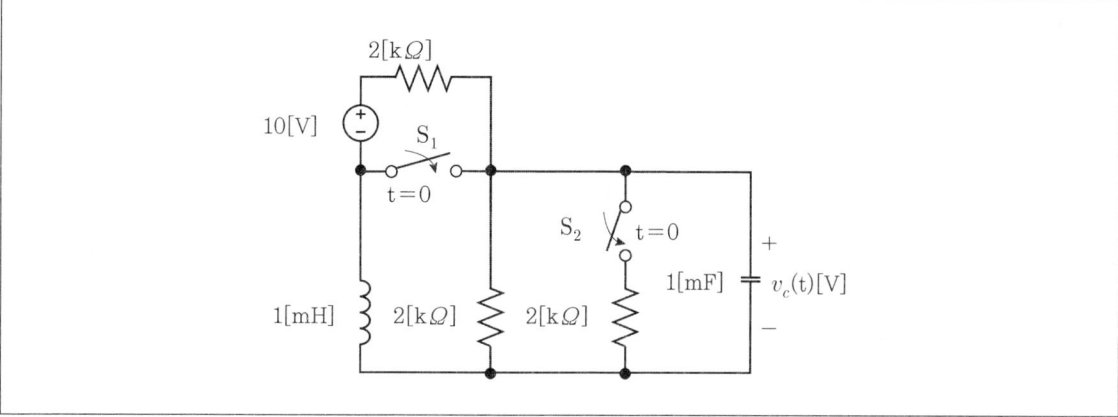

① 무손실 진동
② 과도감쇠
③ 임계감쇠
④ 과소감쇠

ANSWER 19.④

19 $t<0$에서 C에 걸리는 전압은 $2[k\Omega]$의 저항에 걸리는 전압과 같다. 스위치 두 개를 동시에 닫는 경우 전원이 제거되므로 v_c는 방전을 한다. 회로는 R-L 병렬회로이므로 전압은 완만한 감소를 하게 된다.

20 그림과 같은 구형파의 제 $(2n-1)$ 고조파의 진폭(A_1)과 기본파의 진폭(A_2)의 비($\frac{A_1}{A_2}$)는?

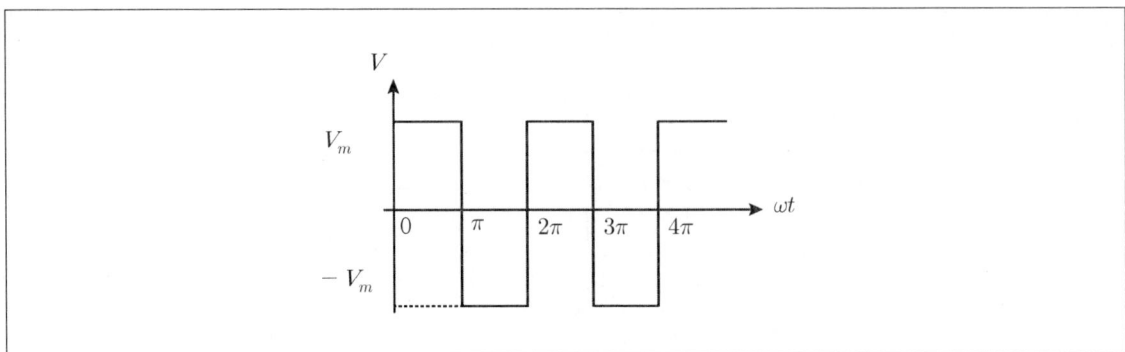

① $\frac{1}{2n-1}$

② $2n-1$

③ $\frac{\pi}{2n-1}$

④ $\frac{2n-1}{\pi}$

ANSWER 20.①

20 주어진 진동파형에 관하여 1주기를 프리에 급수로 전개하면 기본파 및 그의 2, 3배의 진동수를 가지는 정현파, 여현파의 합이 된다. 이 기본파의 2, 3…배의 진동수의 진동파형을 고조파라 한다. 고조파는 진동수는 정현파의 정수배가 되고 진폭의 비는 n차 고조파에 대하여 1/n이 된다. 따라서 2n-1 고조파의 진폭은 기본파에 대해 1/(2n-1)이다.

전기이론
2021. 4. 17. 인사혁신처 시행

1 전류원과 전압원의 특징에 대한 설명으로 옳은 것만을 모두 고르면?

> ㉠ 이상적인 전류원의 내부저항 r = 1[Ω]이다.
> ㉡ 이상적인 전압원의 내부저항 r = 0[Ω]이다.
> ㉢ 실제적인 전류원의 내부저항은 전원과 직렬 접속으로 변환할 수 있다.
> ㉣ 실제적인 전압원의 내부저항은 전원과 직렬 접속으로 변환할 수 있다.

① ㉠, ㉡
② ㉠, ㉢
③ ㉡, ㉣
④ ㉢, ㉣

ANSWER 1.③

1 이상적 전류원
- 내부저항이 무한대에 가까울수록 이상적이다. (내부저항이 개방상태)
- 실제적인 전류원의 내부저항은 전원과 병렬접속으로 변환할 수 있다.

이상적 전압원
- 내부저항이 0에 가까울수록 이상적이다. (내부저항이 단락상태)
- 실제적인 전압원의 내부저항은 전원과 직렬접속으로 변환할 수 있다.

2 그림의 회로에 대한 설명으로 옳지 않은 것은?

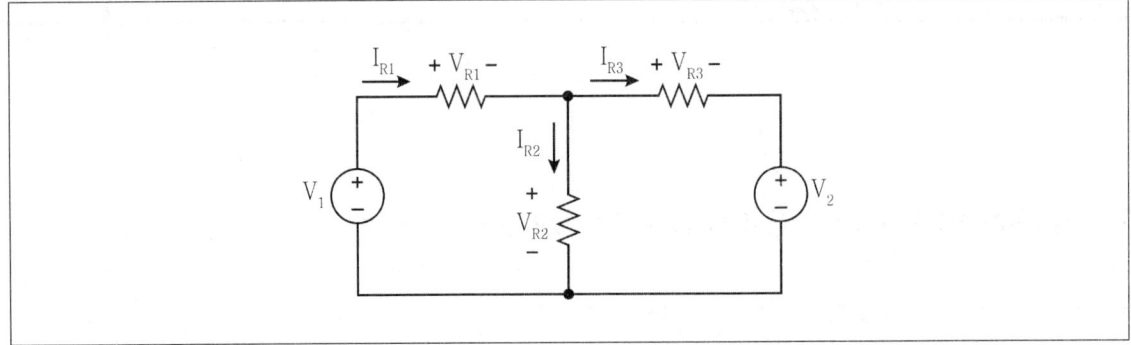

① 회로의 마디(node)는 4개다.
② 회로의 루프(loop)는 3개다.
③ 키르히호프의 전압법칙(KVL)에 의해 $V_1 - V_{R1} - V_{R3} - V_2 = 0$이다.
④ 키르히호프의 전류법칙(KCL)에 의해 $I_{R1} + I_{R2} + I_{R3} = 0$이다.

ANSWER 2.④

2 키르히호프의 전류법칙 $I_{R1} = I_{R2} + I_{R3}, \; I_{R1} - I_{R2} - I_{R3} = 0$
키르히호프의 전압법칙 $V_1 - V_{R1} = V_2 - (-V_{R3})$
$V_1 - V_{R1} - V_2 - V_{R3} = 0$

3 그림의 R-C 직렬회로에서 $t=0$[s]일 때 스위치 S를 닫아 전압 E[V]를 회로의 양단에 인가하였다. t = 0.05[s]일 때 저항 R의 양단 전압이 $10e^{-10}$[V]이면, 전압 E[V]와 커패시턴스 C[μF]는? (단, R = 5,000[Ω], 커패시터 C의 초기전압은 0[V]이다)

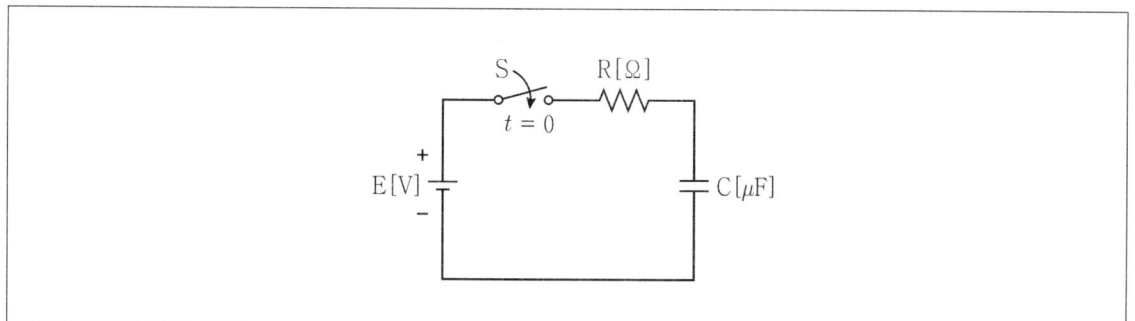

	E[V]	C[μF]
①	10	1
②	10	2
③	20	1
④	20	2

4 전압 V = 100 + j10[V]이 인가된 회로의 전류가 I = 10 − j5[A]일 때, 이 회로의 유효전력[W]은?

① 650
② 950
③ 1,000
④ 1,050

ANSWER 3.① 4.②

3 R-C 회로의 전원을 인가하면 전류는

$i(t) = \frac{E}{R}e^{-\frac{1}{RC}t}$[A]이므로 주어진 조건대로 t = 0.05[s]일 때 $E = 10e^{-10} = Ri = 5{,}000 \times \frac{E}{R}e^{-\frac{1}{RC} \times 0.05}$[V]로부터

$e^{-10} = e^{-\frac{1}{RC} \times 0.05}$, $\frac{0.05}{5{,}000 \times C} = 10$, $C = 1$[μF]

또한 $10 = 5{,}000 \times \frac{E}{R}$이므로 $R = 5{,}000$[Ω]이면 $E = 10$[V]

4 $V = 100 + j10$[V], $I = 10 − j5$[A]에서 복소전력을 구하면

$P_a = \overline{V}I = (100 − j10)(10 − j5) = 1{,}000 − j500 − j100 − 50 = 950 − j600$

따라서 유효전력 950[W], 무효전력 600[Var]

5 그림의 회로에서 평형 3상 △ 결선의 ×표시된 지점이 단선되었다. 단자 a와 단자 b 사이에 인가되는 전압이 120[V]일 때, 저항 r_a에 흐르는 전류 I[A]는? (단, $R_a = R_b = R_c = 3[\Omega]$, $r_a = r_b = r_c = 1[\Omega]$이다)

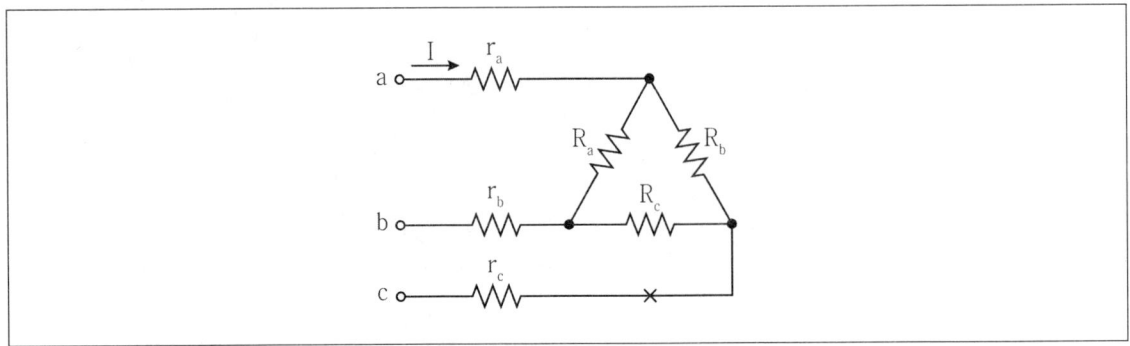

① 10
② 20
③ 30
④ 40

ANSWER 5.③

5 단선이 되면 $I_c = 0$[A]이므로 $R_{ab} = \dfrac{R_a(R_b + R_c)}{R_a + R_b + R_c} + r_a + r_b = \dfrac{3 \times 6}{3+6} + 2 = 4[\Omega]$

단상전류 $I = \dfrac{V_{ab}}{R_{ab}} = \dfrac{120}{4} = 30$[A]

6 그림의 회로에서 부하에 최대전력이 전달되기 위한 부하 임피던스[Ω]는? (단, $R_1 = R_2 = 5[\Omega]$, $R_3 = 2[\Omega]$, $X_C = 5[\Omega]$, $X_L = 6[\Omega]$이다)

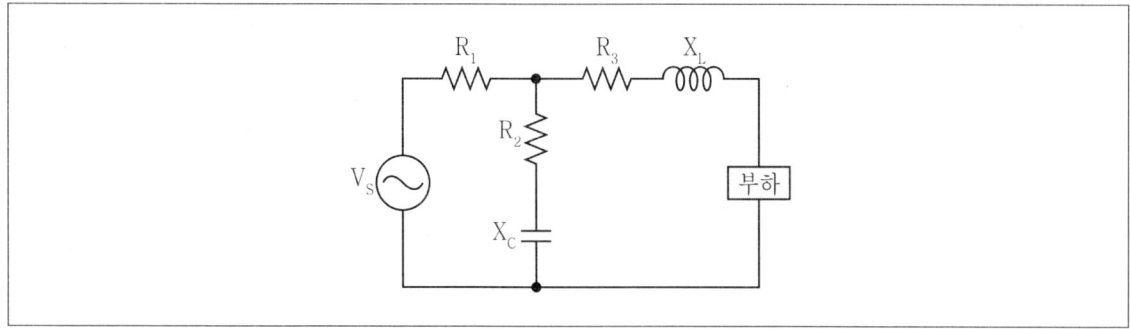

① $5 - j5$
② $5 + j5$
③ $5 - j10$
④ $5 + j10$

ANSWER 6.①

6 최대전력이 되기 위해서 부하를 제외한 모든 부하의 합성과 부하가 같아야 한다.
다만 복소수의 형태이면 공액복소수를 취한다.
부하임피던스 $Z_L = R_3 + jX_L + \dfrac{R_1(R_2 - jX_c)}{R_1 + R_2 - jX_c} = 2 + j6 + \dfrac{5(5-j5)}{5+5-j5} = 2 + j6 + \dfrac{5-j5}{2-j}$
$2 + j6 + \dfrac{(5-j5)(2+j)}{(2-j)(2+j)} = 2 + j6 + \dfrac{15-j5}{5} = 5 + j5$
그러므로 최대전력을 송전하기 위한 부하임피던스는 $5 - j5$

7 그림 (가)와 그림 (나)는 두 개의 물질에 대한 히스테리시스 곡선이다. 두 물질에 대한 설명으로 옳은 것은?

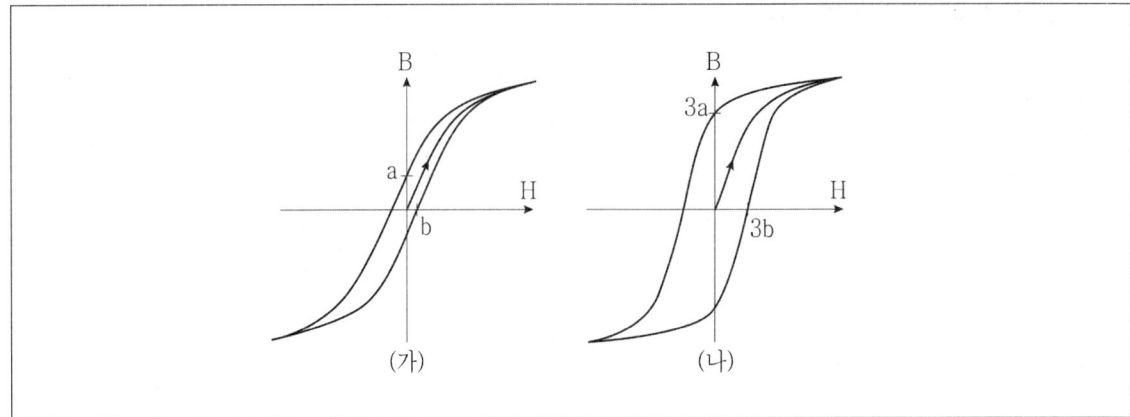

① (가)의 물질은 (나)의 물질보다 히스테리시스 손실이 크다.
② (가)의 물질은 (나)의 물질보다 보자력이 크다.
③ (나)의 물질은 (가)의 물질에 비해 고주파 회로에 더 적합하다.
④ (나)의 물질은 (가)의 물질에 비해 영구자석으로 사용하기에 더 적합하다.

ANSWER 7.④

7 두 개의 히스테리시스 곡선을 비교하면 (가)보다 (나)는 잔류자속밀도가 a에서 3a로 3배가 크고, 보자력도 b에서 3b로 3배가 크므로 영구자석에 적합하다.
전자석은 히스테리시스곡선의 면적이 작고 보자력이 작은 것이 보다 쉽게 자화되므로 좋고, 영구자석은 전자석에 비해 히스테리시스곡선의 면적이 크고 보자력이 큰 것이 유리하다.
히스테리시스곡선의 면적이 자화손실이므로 (가)의 물질이 손실이 적은 것이다.

8 그림의 회로가 역률이 1이 되기 위한 $X_C[\Omega]$는?

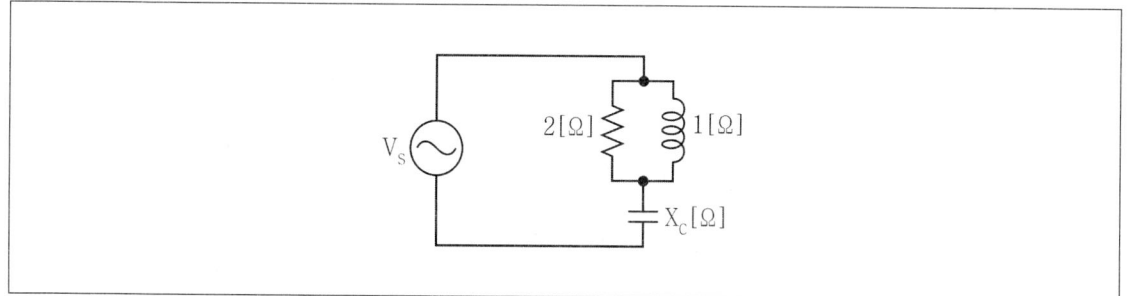

① $\dfrac{2}{5}$

② $\dfrac{3}{5}$

③ $\dfrac{4}{5}$

④ 1

ANSWER 8.③

8 합성임피던스 $Z_0 = \dfrac{R \times jX_L}{R+jX_L} - jX_c = \dfrac{2 \times j}{2+j} - jX_c = \dfrac{2j(2-j)}{(2+j)(2-j)} - jX_c = \dfrac{2}{5} + \dfrac{4j}{5} - jX_c$

역률이 1이 되려면 허수부가 0이 되어야 하므로 $X_c = \dfrac{4}{5}[\Omega]$

9 그림의 Y-Y 결선 평형 3상 회로에서 전원으로부터 공급되는 3상 평균전력[W]은? (단, 극좌표의 크기는 실횻값이다)

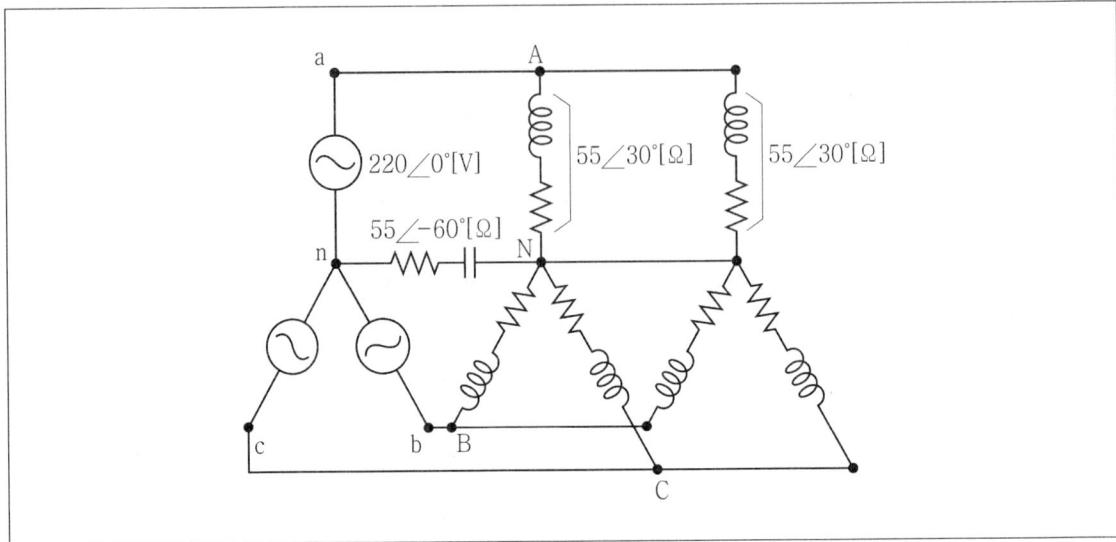

① $440\sqrt{3}$
② $660\sqrt{3}$
③ $1,320\sqrt{3}$
④ $2,640\sqrt{3}$

ANSWER 9.④

9 평형 3상 회로이므로 n-N(중성점)에 연결된 임피던스 $55\angle-60°[\Omega]$은 무시하도록 한다.
Y 결선에 연결된 임피던스가 병렬연결이므로

합성 임피던스 $Z_p = \dfrac{55}{2}\angle 30°[\Omega]$

3상 평균전력

$P = 3VI\cos\theta = 3\times 220\times \dfrac{220}{\frac{55}{2}}\times \cos 30° = 4,572.614 = 2,640\sqrt{3}$

평형 결선된 Y-Y회로에서 중성점 사이 전압은 0이다. 중성선에는 전류가 흐르지 않는다.

10 그림의 회로에서 스위치 S가 충분히 오랜 시간 동안 개방되었다가 $t = 0[s]$인 순간에 닫혔다. $t > 0$일 때의 전류 $i(t)$[A]는?

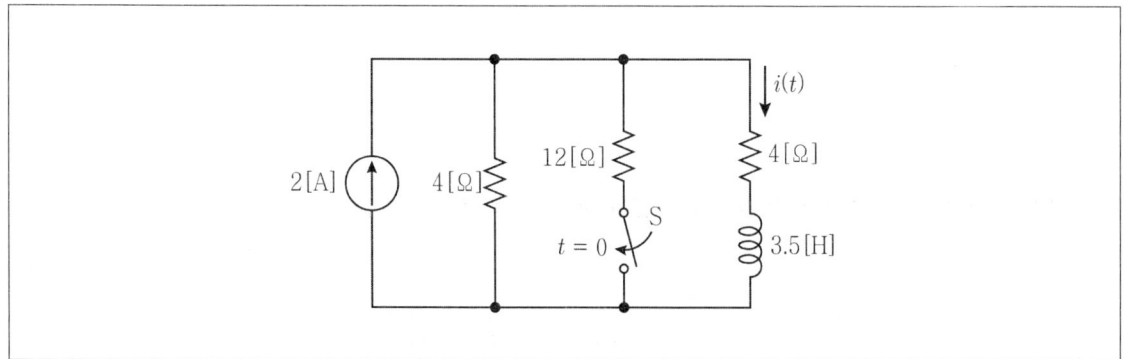

① $\frac{1}{7}(6 + e^{-2t})$
② $\frac{1}{7}(6 + e^{-\frac{3}{2}t})$
③ $\frac{1}{7}(8 - e^{-2t})$
④ $\frac{1}{7}(8 - e^{-\frac{3}{2}t})$

11 인덕턴스 L의 정의에 대한 설명으로 옳은 것은?

① 전압과 전류의 비례상수이다.
② 자속과 전류의 비례상수이다.
③ 자속과 전압의 비례상수이다.
④ 전력과 자속의 비례상수이다.

ANSWER 10.① 11.②

10 초기의 전류는 스위치 개방, L은 단락상태이므로 회로가 4[Ω] 병렬에 2[A]전원이므로 전류 $i(0) = 1$[A]가 흐른다.

$t = 0$에서 $i(0) = \frac{1}{7}(6 + e^0) = 1$[A]

$t > 0$에서 임피던스

시정수 $\frac{L}{R} = \frac{3.5}{3+4} = \frac{1}{2}$

따라서 전류 $i(t) = \frac{1}{7}(6 + e^{-2t})$[A]

11 자속은 전류와 비례한다. $\phi = LI$ 비례상수가 인덕턴스이다.

12 R-L 직렬회로에 200[V], 60[Hz]의 교류전압을 인가하였을 때, 전류가 10[A]이고 역률이 0.8이었다. R을 일정하게 유지하고 L만을 조정하여 역률이 0.4가 되었을 때, 회로의 전류[A]는?

① 5
② 7.5
③ 10
④ 12

13 그림의 회로에서 저항 R에 인가되는 전압이 6[V]일 때, 저항 R[Ω]은?

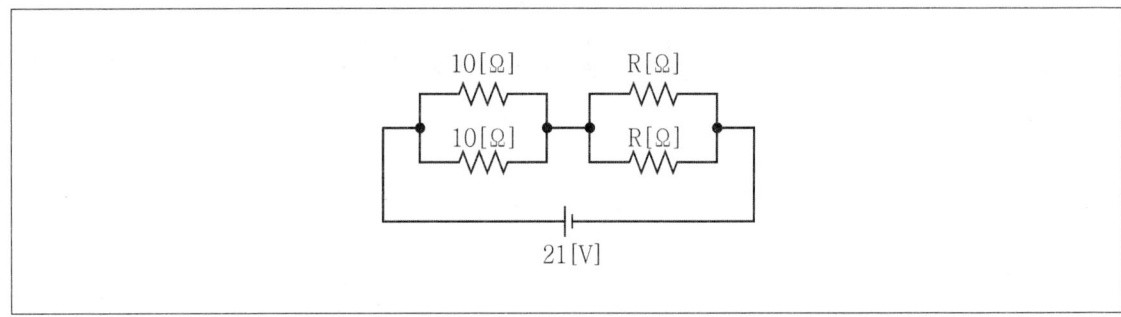

① 2
② 4
③ 10
④ 25

ANSWER 12.① 13.②

12 R-L직렬회로 전압이 200[V], 전류가 10[A]이면

임피던스 $Z = \dfrac{V}{I} = \dfrac{200}{10} = 20[\Omega]$ 역률이 0.8이면 $20(0.8+j0.6) = 16+j12[\Omega]$

R을 그대로 두고 L을 조정하여 역률이 0.4이면

$\cos\theta = 0.4 = \dfrac{16}{\sqrt{16^2+X_L^2}}$ 에서 $\sqrt{16^2+X_L^2} = \dfrac{16}{0.4} = 40$

전류 $i(t) = \dfrac{V}{Z} = \dfrac{200}{\sqrt{16^2+X_L^2}} = \dfrac{200}{40} = 5[A]$

13 회로를 직렬로 정리하면 10[Ω]병렬은 합성으로 5[Ω]이 되고 R[Ω]두 개가 병렬이면 합성하여 $\dfrac{R}{2}[\Omega]$이다.

지금 R에 인가되는 전압이 6[V]이면 합성된 5[Ω] 쪽에 인가되는 전압배분은 15[V]

$5 : \dfrac{R}{2} = 15 : 6$

$7.5R = 30$, $R = 4[\Omega]$

14 그림 (가)와 같이 면적이 S, 극간 거리가 d인 평행 평판 커패시터가 있고, 이 커패시터의 극판 내부는 유전율 ε인 물질로 채워져 있다. 그림 (나)와 같이 면적이 S인 평행 평판 커패시터의 극판 사이에 극간 거리 d의 $\frac{1}{3}$ 부분은 유전율 3ε인 물질로 극간 거리 d의 $\frac{1}{3}$ 부분은 유전율 2ε인 물질로 그리고 극간 거리 d의 $\frac{1}{3}$ 부분은 유전율 ε인 물질로 채웠다면, 그림 (나)의 커패시터 전체 정전용량은 그림 (가)의 커패시터 정전용량의 몇 배인가? (단, 가장자리 효과는 무시한다)

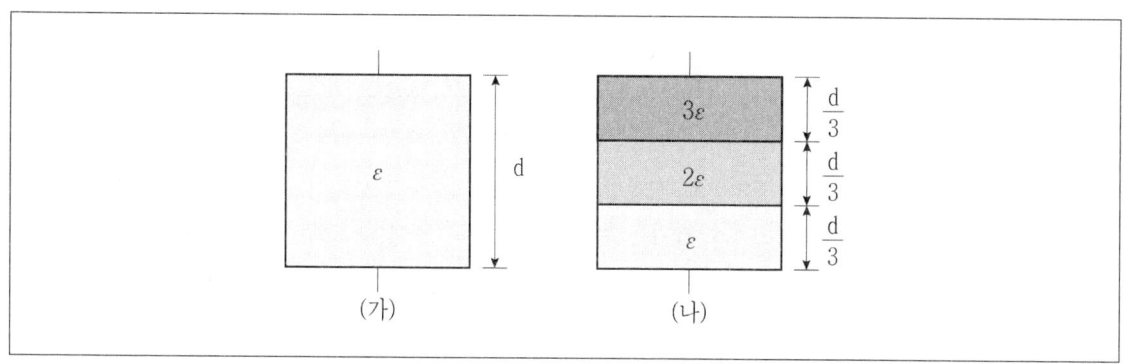

① $\frac{11}{18}$
② $\frac{9}{11}$
③ $\frac{11}{9}$
④ $\frac{18}{11}$

ANSWER 14.④

14 (가) 콘덴서의 용량 $C = \epsilon \frac{S}{d} [F]$

(나) 그림에서 콘덴서가 직렬로 구분되어 있으므로

$$\frac{1}{C_o} = \frac{1}{C_1} + \frac{1}{C_2} + \frac{1}{C_3} = \frac{C_2 C_3 + C_1 C_3 + C_1 C_2}{C_1 C_2 C_3}$$

$$C_o = \frac{C_1 C_2 C_3}{C_2 C_3 + C_1 C_3 + C_1 C_2} = \frac{3\epsilon \frac{3S}{d} \cdot 2\epsilon \frac{3S}{d} \cdot \epsilon \frac{3S}{d}}{2\epsilon \frac{3S}{d} \cdot \epsilon \frac{3S}{d} + 3\epsilon \frac{3S}{d} \cdot \epsilon \frac{3S}{d} + 3\epsilon \frac{3S}{d} \cdot 2\epsilon \frac{3S}{d}}$$

정리하면 $C_o = \frac{3\epsilon \frac{3S}{d} \cdot 2}{2 + 3 + 3 \cdot 2} = \frac{18}{11} C$

15 그림의 평형 3상 Y-Y 결선에 대한 설명으로 옳지 않은 것은?

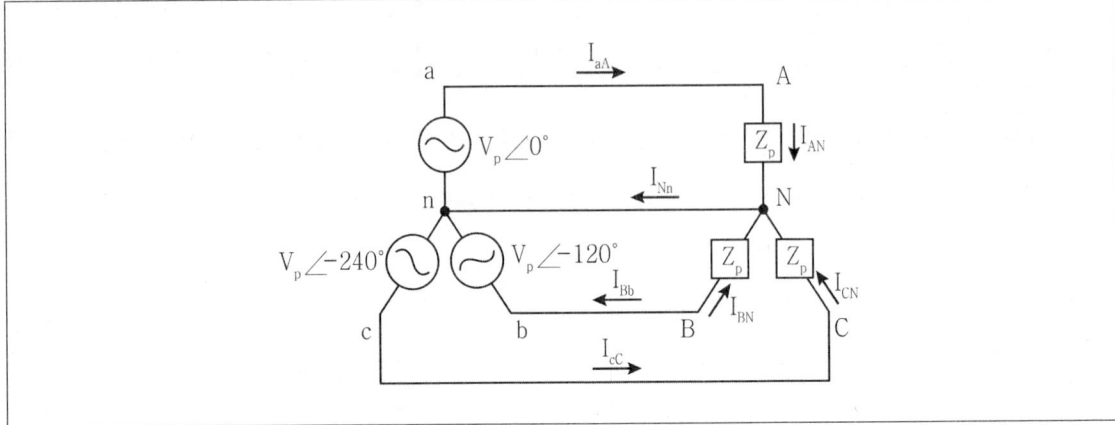

① 선간전압 $V_{ca} = \sqrt{3} V_p \angle -210°$로 상전압 V_{cn}보다 크기는 $\sqrt{3}$배 크고 위상은 30° 앞선다.
② 선전류 I_{aA}는 부하 상전류 I_{AN}과 크기는 동일하고, Z_p가 유도성인 경우 부하 상전류 I_{AN}의 위상이 선전류 I_{aA}보다 뒤진다.
③ 중성선 전류 $I_{Nn} = I_{aA} - I_{Bb} + I_{cC} = 0$을 만족한다.
④ 부하가 △결선으로 변경되는 경우 동일한 부하 전력을 위한 부하 임피던스는 기존 임피던스의 3배이다.

Answer 15.②

15 Y결선이므로 선전류와 상전류의 크기와 위상은 같다.

16 그림의 회로는 동일한 정전용량을 가진 6개의 커패시터로 구성되어 있다. 그림의 회로에 대한 설명으로 옳은 것은?

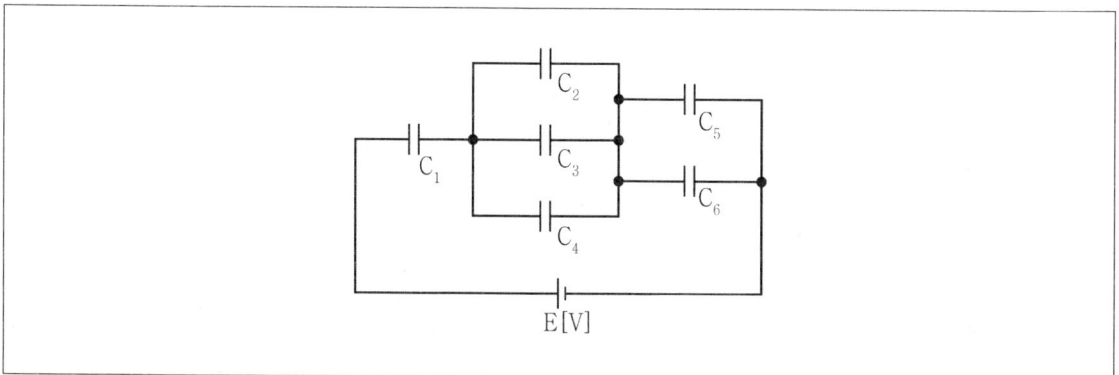

① C_5에 충전되는 전하량은 C_1에 충전되는 전하량과 같다.
② C_6의 양단 전압은 C_1의 양단 전압의 2배이다.
③ C_3에 충전되는 전하량은 C_5에 충전되는 전하량의 2배이다.
④ C_2의 양단 전압은 C_6의 양단 전압의 $\frac{2}{3}$ 배이다.

ANSWER 16.④

16 6개의 커패시터가 동일한 정전용량이므로
우선 병렬합성 $C_2 + C_3 + C_4 = 3C$, $C_5 + C_6 = 2C$
C_1과 두 번째 $C_2 + C_3 + C_4 = 3C$, 세 번째 $C_5 + C_6 = 2C$가 직렬이므로 전부 전기량 Q가 같다.

따라서 C_2, C_3, C_4에는 각각 $\frac{Q}{3}$이 충전되고, C_5, C_6에는 각각 $\frac{Q}{2}$가 충전된다.

전압은 정전용량에 반비례하므로 C_1에 걸리는 전압을 V라고 할 때 $C_2 + C_3 + C_4 = 3C$에는 $\frac{V}{3}$, $C_5 + C_6 = 2C$에는 $\frac{V}{2}$가 걸린다.

그러므로 C_2의 양단전압은 $\frac{V}{3}$, C_6의 양단전압은 $\frac{V}{2}$

$$\frac{V_{c2}}{V_{c6}} = \frac{\frac{V}{3}}{\frac{V}{2}} = \frac{2}{3}$$

17 그림의 R-L 직렬회로에 대한 설명으로 옳지 않은 것은? (단, 회로의 동작상태는 정상상태이다)

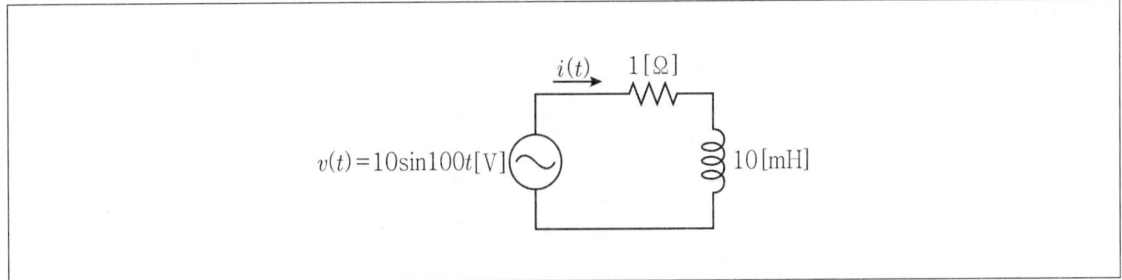

① $v(t)$와 $i(t)$의 위상차는 45°이다.
② $i(t)$의 최댓값은 10[A]이다.
③ $i(t)$의 실횻값은 5[A]이다.
④ R-L의 합성 임피던스는 $\sqrt{2}$ [Ω]이다.

ANSWER 17.②

17 R-L직렬회로 $Z = R + j\omega L = 1 + j100 \times 10 \times 10^{-3} = 1 + j[\Omega]$
$|Z| = \sqrt{1^2 + 1^2} = \sqrt{2} \angle 45°$
$i_{\max} = \dfrac{v_{\max}}{Z} = \dfrac{10}{\sqrt{2}} = 5\sqrt{2}\,[A]$
$i_{rms} = \dfrac{v_{rms}}{Z} = \dfrac{\frac{10}{\sqrt{2}}}{\sqrt{2}} = 5[A]$

18 그림의 회로에서 전류 I_x[A]는?

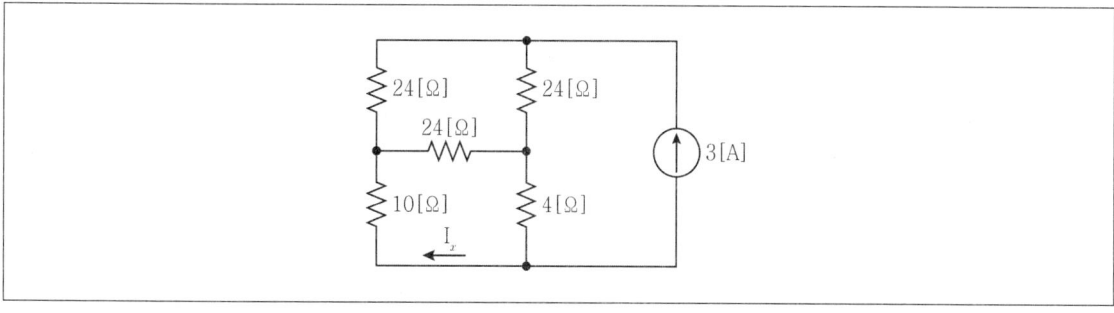

① -0.6
② -1.2
③ 0.6
④ 1.2

19 시변 전자계 시스템에서 맥스웰 방정식의 미분형과 관련 법칙이 서로 옳게 짝을 이룬 것을 모두 고른 것은? (단, E는 전계, H는 자계, D는 전속밀도, J는 전도전류밀도, B는 자속밀도, ρ_v는 체적전하밀도이다)

	맥스웰 방정식 미분형	관련 법칙
가.	$\nabla \times E = -\dfrac{\partial B}{\partial t}$	패러데이의 법칙
나.	$\nabla \cdot B = \rho_v$	가우스 법칙
다.	$\nabla \times H = J + \dfrac{\partial E}{\partial t}$	암페어의 주회적분 법칙
라.	$\nabla \cdot D = \rho_v$	가우스 법칙

① 가, 나
② 가, 라
③ 나, 다
④ 다, 라

ANSWER 18.② 19.②

18 그림에서 브릿지로 된 저항부분 가운데 24[Ω] △를 Y로 환산하면 저항이 1/3으로 되므로 저항은 그림과 같이 다시 생각해 볼 수 있다.
그림의 전류의 흐름은 실제 전류의 흐름과 방향이 반대가 되어 부호가 (-)가 된다.
따라서 $I_x = \dfrac{12}{12+18} \times 3 = -1.2$[A]

19 $\nabla \cdot B = 0$으로 N극에서 나온 자속은 모두 S극으로 들어간다. 자속의 연속성으로 발산되는 자속은 없다.
$\nabla \times H = J + \dfrac{\partial D}{\partial t}$ 암페어의 주회법칙으로 전도전류와 변위전류는 둘 다 회전하는 자계가 발생한다.

20 그림과 같은 전류 $i(t)$가 4[kΩ]의 저항에 흐를 때 옳지 않은 것은?

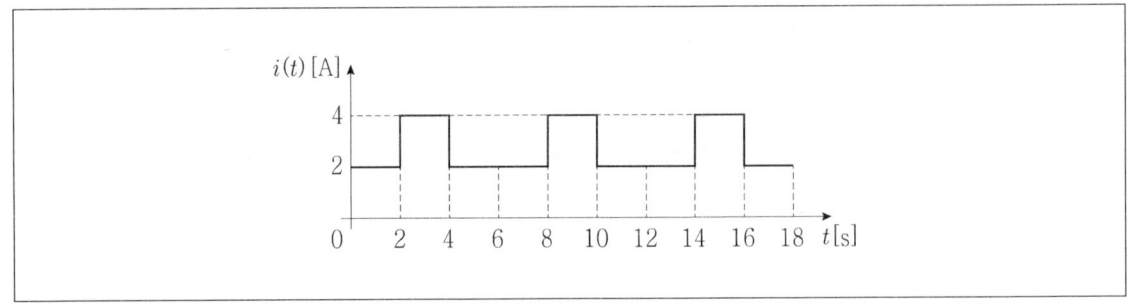

① 전류의 주기는 6[s]이다.
② 전류의 실횻값은 $2\sqrt{2}$ [A]이다.
③ 4[kΩ]의 저항에 공급되는 평균전력은 32[kW]이다.
④ 4[kΩ]의 저항에 걸리는 전압의 실횻값은 $4\sqrt{2}$ [kV]이다.

ANSWER 20.④

20 그림에서 전류의 주기는 6[s]임을 알 수 있다.
전류의 실횻값
$$i = \sqrt{\frac{1}{6}[\int_2^4 4^2 dt + \int_4^8 2^2 dt]} = \sqrt{\frac{1}{6}[16t]_2^4 + [4t]_4^8} = \sqrt{8} = 2\sqrt{2} \text{ [A]}$$
따라서 평균전력 $P = i^2 R = (2\sqrt{2})^2 \times 4K = 32$[Kw]
전압의 실횻값은 $P = vi = v \times 2\sqrt{2} = 32$[Kw]에서
$v = \dfrac{32K}{2\sqrt{2}} = 8\sqrt{2}$ [KV]

전기이론

2021. 6. 5. 제1회 지방직 시행

1 일반적으로 도체의 전기 저항을 크게 하기 위한 방법으로 옳은 것만을 모두 고르면?

> ㉠ 도체의 온도를 높인다.
> ㉡ 도체의 길이를 짧게 한다.
> ㉢ 도체의 단면적을 작게 한다.
> ㉣ 도전율이 큰 금속을 선택한다.

① ㉠, ㉢
② ㉠, ㉣
③ ㉡, ㉢
④ ㉢, ㉣

2 평등 자기장 내에 놓여 있는 직선의 도선이 받는 힘에 대한 설명으로 옳은 것은?

① 도선의 길이에 반비례한다.
② 자기장의 세기에 비례한다.
③ 도선에 흐르는 전류의 크기에 반비례한다.
④ 자기장 방향과 도선 방향이 평행할수록 큰 힘이 발생한다.

ANSWER 1.① 2.②

1 전기저항 $R = \rho \dfrac{l}{S} = \dfrac{l}{\sigma S} [\Omega]$

저항을 크게 하려면 길이 L을 길게 하던지, 단면적 S를 작게 하면 된다. 저항률 ρ에 비례하므로 역수인 도전율 σ이 작아도 저항이 증가한다. 또한 온도가 증가하면 $t[℃]$에서의 저항은 $R_t = R_o [1 + \alpha t]$로서 온도증가에 따라 저항은 증가한다.

2 평등자기장 내에 놓여있는 직선의 도선이 받는 힘은 플레밍의 법칙을 말한다.
$F = l[I \times B] = BIl \sin\theta [N]$
도선의 길이에 비례하며, 자속밀도(자기장의 세기)와 전류의 크기에 비례한다.
자기장의 방향과 도선이 수직일수록 크다. 전동기의 원리가 된다.

3 환상 솔레노이드의 평균 둘레 길이가 50[cm], 단면적이 1[cm²], 비 투자율 μ_r = 1,000이다. 권선수가 200회인 코일에 1[A]의 전류를 흘렸을 때, 환상 솔레노이드 내부의 자계 세기[AT/m]는?

① 40
② 200
③ 400
④ 800

4 그림과 같은 평형 3상 회로에서 $V_{an} = V_{bn} = V_{cn} = \dfrac{200}{\sqrt{3}}$[V], Z = 40 + j30[Ω]일 때, 이 회로에 흐르는 선전류[A]의 크기는? (단, 모든 전압과 전류는 실횻값이다)

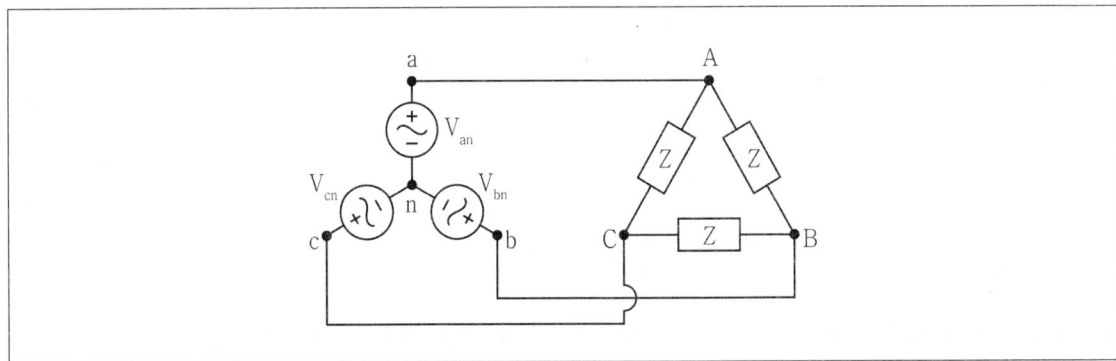

① $4\sqrt{3}$
② $5\sqrt{3}$
③ $6\sqrt{3}$
④ $7\sqrt{3}$

ANSWER 3.③ 4.①

3 환상 솔레노이드 내부 자계의 세기
$$H = \frac{NI}{l} = \frac{NI}{2\pi r} = \frac{200 \times 1}{0.5} = 400[\text{AT/m}]$$

4 부하임피던스를 Y로 전환하면 $Z_Y = \dfrac{Z_\Delta}{3} = \dfrac{40+j30}{3}[\Omega]$

선전류 $I_l = I_p = \dfrac{V_p}{Z_p} = \dfrac{\frac{200}{\sqrt{3}}}{\frac{40+j30}{3}} = \dfrac{\frac{200}{\sqrt{3}}}{\frac{50}{3}} = \dfrac{200 \times 3}{50\sqrt{3}} = 4\sqrt{3}$ [A]

5 그림의 회로에서 전압 v_2[V]는?

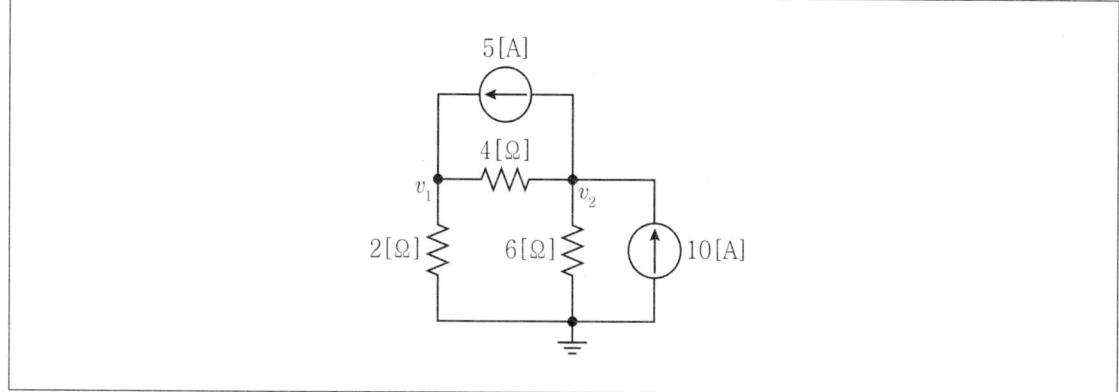

① 0
② 13
③ 20
④ 26

ANSWER 5.③

5 회로방정식을 구하면

v_1에서 $5 = \dfrac{v_1}{2} + \dfrac{v_1 - v_2}{4}$

$20 = 3v_1 - v_2$

v_2에서 $10 = \dfrac{v_2}{6} + \dfrac{v_2 - v_1}{4} + 5$

$20 = \dfrac{5}{3}v_2 - v_1$

연립하면 $80 = 4v_2$, $v_2 = 20$[V]

6 그림과 같이 미세공극 l_g가 존재하는 철심회로의 합성자기저항은 철심부분 자기저항의 몇 배인가?

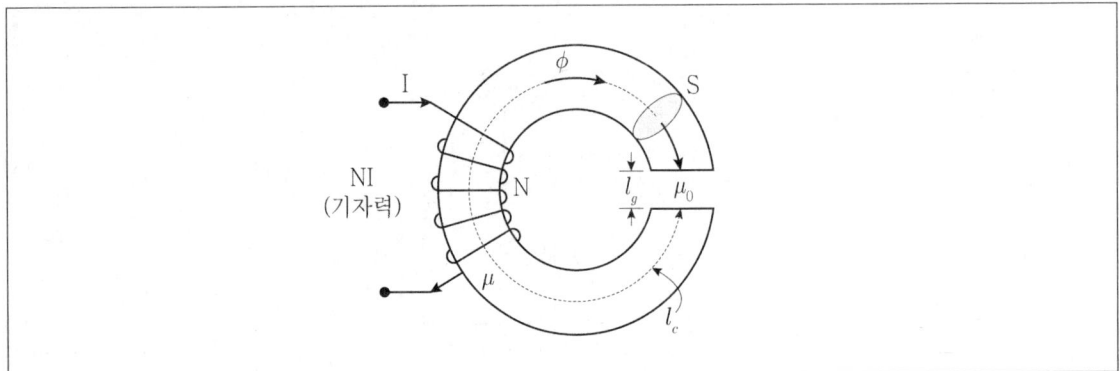

① $1 + \dfrac{\mu_0 l_g}{\mu l_c}$

② $1 + \dfrac{\mu l_g}{\mu_0 l_c}$

③ $1 + \dfrac{\mu_0 l_c}{\mu l_g}$

④ $1 + \dfrac{\mu l_c}{\mu_0 l_g}$

Answer 6.②

6
$$\frac{R_m + R_{gap}}{R_m} = 1 + \frac{R_{gap}}{R_m} = 1 + \frac{\frac{l_g}{\mu_o S}}{\frac{l_c}{\mu S}} = 1 + \frac{\mu l_g}{\mu_o l_c}$$

7 그림의 직류 전원공급 장치 회로에 대한 설명으로 옳지 않은 것은? (단, 다이오드는 이상적인 소자이고, 커패시터의 초기 전압은 0[V]이다)

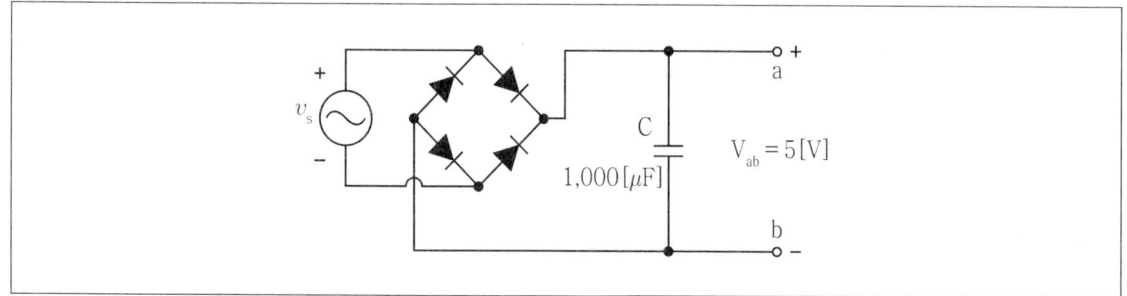

① 일반적으로 서지전류가 발생한다.
② 다이오드를 4개 사용한 전파 정류회로이다.
③ 콘덴서에는 정상상태에서 12.5[mJ]의 에너지가 축적된다.
④ C와 같은 용량의 콘덴서를 직렬로 연결하면 더 좋은 직류를 얻을 수 있다.

ANSWER 7.④

7 그림은 전파정류회로이다.

에너지 $W = \frac{1}{2}CV^2 = \frac{1}{2} \times 1,000 \times 10^{-6} \times 5^2 = 12.5[mJ]$

C는 정류의 맥류를 평활하고자 넣은 것이다. C를 직렬로 하면 DC회로에서 전류가 흐르지 않는다.

8 2[μF] 커패시터에 그림과 같은 전류 $i(t)$를 인가하였을 때, 설명으로 옳지 않은 것은? (단, 커패시터에 저장된 초기 에너지는 없다)

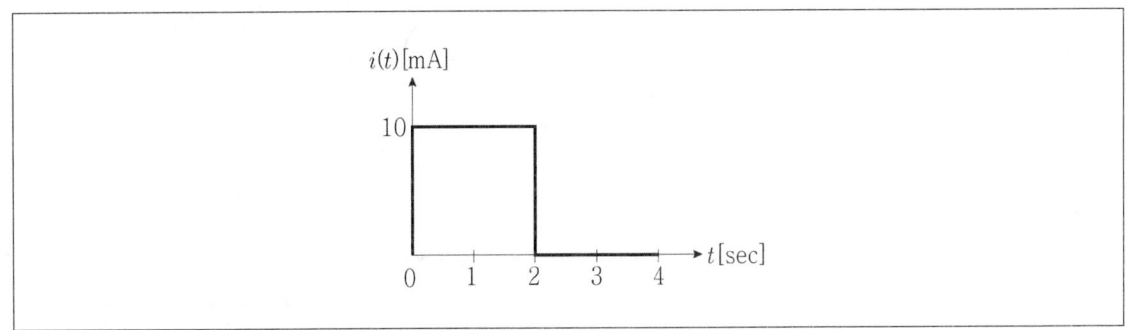

① $t=1$에서 커패시터에 저장된 에너지는 25[J]이다.
② $t>2$ 구간에서 커패시터의 전압은 일정하게 유지된다.
③ $0<t<2$ 구간에서 커패시터의 전압은 일정하게 증가한다.
④ $t=2$에서 커패시터에 저장된 에너지는 $t=1$에서 저장된 에너지의 2배이다.

ANSWER 8.④

8 커패시터에 전류를 흘려 충전이 되는 상황이다.

$t=1$에서 $Q=\int_0^1 10\times 10^{-3}\,dt=[10\times 10^{-3}t]_o^1=10[\text{mC}]$

저장되는 에너지 $W=\frac{1}{2}\frac{Q^2}{C}=\frac{1}{2}\times\frac{(10\times 10^{-3})^2}{2\times 10^{-6}}=25[\text{J}]$

전압 $V=\frac{Q}{C}=\frac{10\times 10^{-3}}{2\times 10^{-6}}=5\times 10^3[\text{V}]$

t=2에서 $Q=\int_0^2 10\times 10^{-3}\,dt=[10\times 10^{-3}t]_o^2=20[\text{mC}]$

저장되는 에너지 $W=\frac{1}{2}\frac{Q^2}{C}=\frac{1}{2}\times\frac{(20\times 10^{-3})^2}{2\times 10^{-6}}=100[\text{J}]$

전압 $V=\frac{Q}{C}=\frac{20\times 10^{-3}}{2\times 10^{-6}}=10\times 10^3[\text{V}]$

0 < t < 2에서 전압은 일정하게 증가한다.

9 그림의 교류회로에서 저항 R에서의 소비하는 유효전력이 10[W]로 측정되었다고 할 때, 교류전원 $v_1(t)$이 공급한 피상전력[VA]은? (단, $v_1(t) = 10\sqrt{2}\sin(377t)$[V], $v_2(t) = 9\sqrt{2}\sin(377t)$[V]이다)

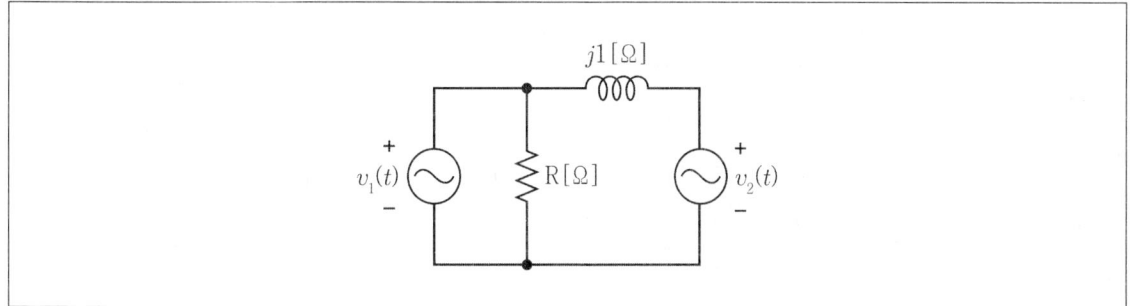

① $\sqrt{10}$
② $2\sqrt{5}$
③ 10
④ $10\sqrt{2}$

ANSWER 9.④

9 $v_1(t) = 10\sqrt{2}\sin 377t = 10\angle 0°$[V]
$v_2(t) = 9\sqrt{2}\sin 377t = 9\angle 0°$[V]
전압원을 단락시켜보면 저항 R에는 $v_1(t)$ 전압만 가해진다.
10[V]의 전원이므로 $\frac{10^2}{R} = 10$[W], $R = 10[\Omega]$
$i_1(t) = \frac{v_1(t)}{Z} = Yv_1(t) = [\frac{1}{R} + \frac{1}{j}] \times 10 = 1 - j10$[A]
$i_2(t) = \frac{v_2(t)}{j} = -j9$[A]
$i = i_1(t) - i_2(t) = 1 - j10 + j9 = 1 - j$[A]
피상전력 $P_a = v_1(t) \cdot \overline{i(t)} = 10(1+j) = 10 + j10 = 10\sqrt{2}$[VA]

10 그림의 (가)회로를 (나)회로와 같이 테브난(Thevenin) 등가변환 하였을 때, 등가 임피던스 $Z_{TH}[\Omega]$와 출력전압 V(s)[V]는? (단, 커패시터와 인덕터의 초기 조건은 0이다)

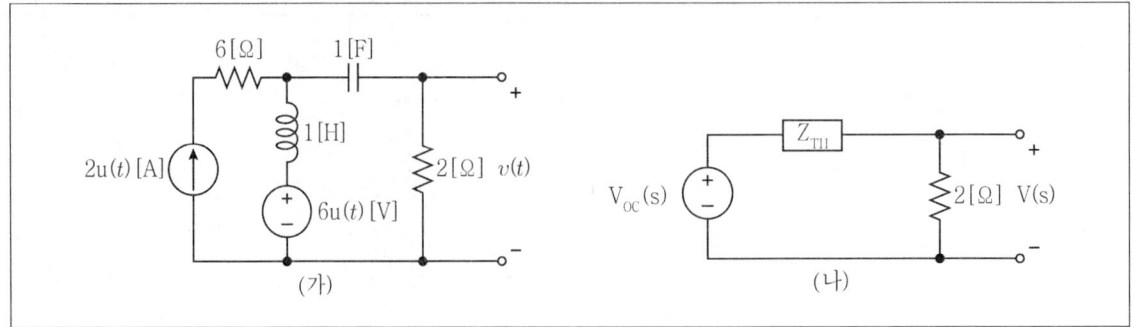

	$Z_{TH}[\Omega]$	V(s)[V]
①	$\dfrac{s}{s^2+1}$	$\dfrac{4(s+3)}{(s+1)^2}$
②	$\dfrac{s^2+1}{s}$	$\dfrac{4(s+3)}{(s+1)^2}$
③	$\dfrac{s}{s^2+1}$	$\dfrac{4(s^2+1)(s+3)}{s(2s^2+s+2)}$
④	$\dfrac{s^2+1}{s}$	$\dfrac{4(s^2+1)(s+3)}{s(2s^2+s+2)}$

ANSWER 10.②

10 (가)회로를 (나)회로와 같이 등가변환하면 Z_{TH}는 전압원 단락과 전류원 개방을 한 후 구하면 된다.
전류원을 개방하면 저항은 적용을 할 수 없으므로 전압원을 단락할 때 L과 C의 직렬임피던스가 된다.

$Z_{TH} = Ls + \dfrac{1}{Cs} = s + \dfrac{1}{s} = \dfrac{s^2+1}{s}$

전압원에 의한 $v(t)$ 전류원 개방 후 $v_1(t) = \dfrac{2}{Ls + \dfrac{1}{Cs} + 2} \times 6u(t) = \dfrac{2}{s + \dfrac{1}{s} + 2} \times \dfrac{6}{s} = \dfrac{12}{s^2+2s+1} = \dfrac{12}{(s+1)^2}$

전류원에 의한 $v(t)$ 전압원 단락 후 $v_2(t) = \dfrac{s}{s + \dfrac{1}{s} + 2} \times 2u(t) \times 2 = \dfrac{s^2}{s^2+2s+1} \times \dfrac{2}{s} \times 2 = \dfrac{4s}{(s+1)^2}$

$V(s) = v_1(t) + v_2(t) = \dfrac{12}{(s+1)^2} + \dfrac{4s}{(s+1)^2} = \dfrac{4s+12}{(s+1)^2}$

11 그림의 ㈎회로와 ㈏회로가 등가관계에 있을 때, 부하저항 RL[Ω]은?

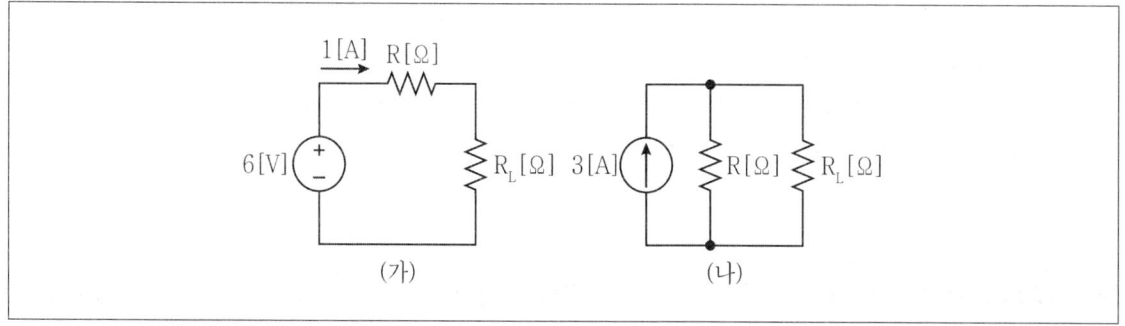

① 1
② 2
③ 3
④ 4

12 그림의 회로에서 전압 V_ab[V]는?

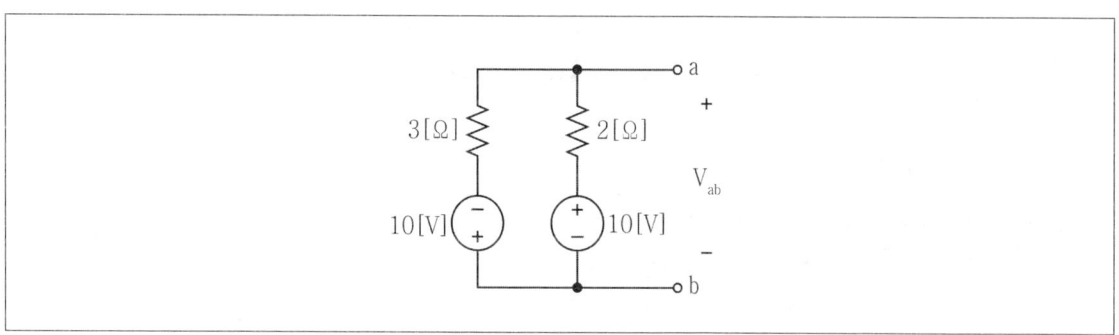

① 1
② 2
③ 4
④ 8

ANSWER 11.④ 12.②

11 ㈎회로와 ㈏회로가 등가이므로 전압원을 전류원으로 하면 전류원 $3[A] = \frac{6[V]}{R}$ 에서 저항 $R = 2[\Omega]$

그때 ㈎회로에 1[A]가 흐르므로 $R_L = 4[\Omega]$이 된다.

12 중성점전위에 대한 밀만의 식을 적용하면 $V_{ab} = \dfrac{\dfrac{V_1}{R_1} + \dfrac{V_2}{R_2}}{\dfrac{1}{R_1} + \dfrac{1}{R_2}} = \dfrac{-\dfrac{10}{3} + \dfrac{10}{2}}{\dfrac{1}{3} + \dfrac{1}{2}} = \dfrac{\dfrac{10}{6}}{\dfrac{5}{6}} = 2[V]$

전위의 극성에 주의하여야 한다.

13 R-L 직렬회로에 대한 설명으로 옳은 것은?

① 주파수가 증가하면 전류는 증가하고, 저항에 걸리는 전압은 증가한다.
② 주파수가 감소하면 전류는 증가하고, 저항에 걸리는 전압은 감소한다.
③ 주파수가 증가하면 전류는 감소하고, 인덕터에 걸리는 전압은 증가한다.
④ 주파수가 감소하면 전류는 감소하고, 인덕터에 걸리는 전압은 감소한다.

14 그림의 회로에서 스위치 S가 충분히 긴 시간 동안 접점 a에 연결되어 있다가 $t = 0$에서 접점 b로 이동하였다. 회로에 대한 설명으로 옳지 않은 것은?

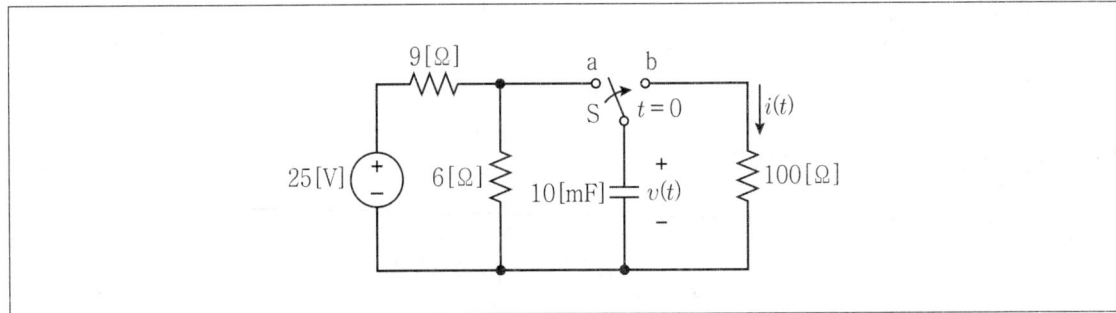

① $v(0) = 10[V]$이다.
② $t > 0$에서 $i(t) = 10e^{-t}$ [A]이다.
③ $t > 0$에서 회로의 시정수는 1[sec]이다.
④ 회로의 시정수는 커패시터에 비례한다.

ANSWER 13.③ 14.②

13 R-L 직렬회로 임피던스 $Z = R + j\omega L[\Omega]$이므로
주파수가 증가하면 유도성리액턴스가 증가하므로 임피던스가 커져서 전류는 감소
인덕터에 걸리는 전압은 $e_L = L\dfrac{di}{dt} = j\omega LI[V]$이므로 주파수에 비례하여 증가한다.

14 충분히 긴시간 a에 연결되어 C는 충전이 되어있다.
C에 걸린 전압은 6[Ω]에 걸린 전압과 같으므로 10[V], $v(0) = 10[V]$
(25[V] 전압원에 의하여 저항 9[Ω]에는 15[V], 6[Ω]에는 10[V]가 걸린다.)
b로 이동한 후 R-C회로이므로 시정수는 RC[sec], 커패시터 C에 비례하며
$RC = 100 \times 10 \times 10^{-3} = 1[sec]$
전류 $i(t) = \dfrac{v(0)}{R}e^{-\frac{1}{RC}t} = \dfrac{10}{100}e^{-t} = 0.1e^{-t}[A]$

15 그림과 같이 주기적으로 변하는 전압 $v(t)$의 실횻값[V]은?

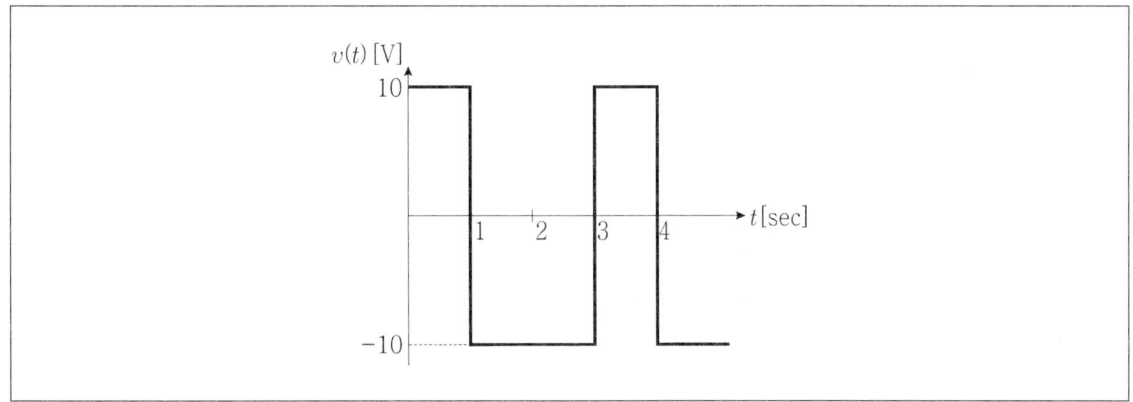

① $\dfrac{10}{\sqrt{5}}$

② $\dfrac{10}{\sqrt{3}}$

③ $\dfrac{10}{\sqrt{2}}$

④ 10

16 R-L-C 직렬공진회로, 병렬공진회로에 대한 설명으로 옳지 않은 것은?

① 직렬공진, 병렬공진 시 역률은 모두 1이다.

② 병렬공진회로일 경우 임피던스는 최소, 전류는 최대가 된다.

③ 직렬공진회로의 공진주파수에서 L과 C에 걸리는 전압의 합은 0이다.

④ 직렬공진 시 선택도 Q는 $\dfrac{1}{R}\sqrt{\dfrac{L}{C}}$이고, 병렬공진 시 선택도 Q는 $R\sqrt{\dfrac{C}{L}}$이다.

ANSWER 15.④ 16.②

15 전압의 실횻값

$$v(t) = \sqrt{\dfrac{1}{3}[\int_0^1 10^2 dt \int_1^3 (-10)^2 dt]} = \sqrt{\dfrac{1}{3}[100t]_0^1 + [100t]_1^3} = \sqrt{100} = 10[V]$$

16 R-L-C 직렬공진은 임피던스가 최소, 전류는 최대
병렬공진은 어드미턴스가 최소이므로 임피던스는 최대, 따라서 전류는 최소.
직렬공진이나 병렬공진이나 허수부가 없으므로 역률은 1이 된다.
직렬공진에서 선택도 $Q = \dfrac{1}{R}\sqrt{\dfrac{L}{C}}$, 병렬공진에서는 $Q = R\sqrt{\dfrac{C}{L}}$
직렬공진에서 L에 걸리는 전압과 C에 걸리는 전압은 크기가 같고 부호가 반대이므로 합성전압이 0이다.

17 그림의 회로에서 전류 I[A]의 크기가 최대가 되기 위한 X_o에 대한 소자의 종류와 크기는? (단, $v(t) = 100\sqrt{2}\sin 100t$[V]이다)

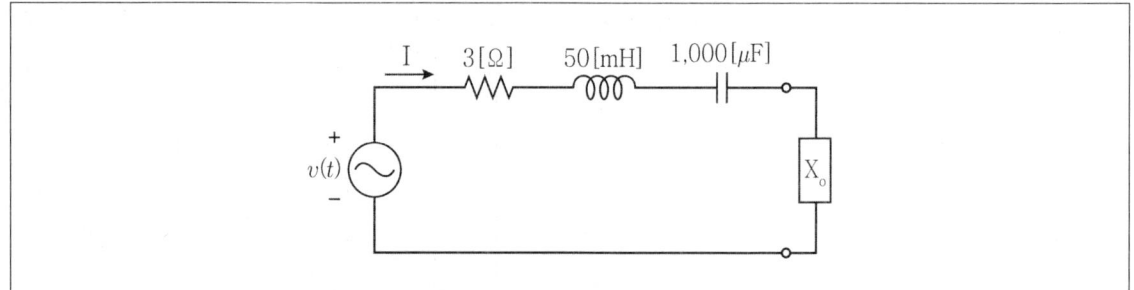

	소자의 종류	소자의 크기
①	인덕터	50[mH]
②	인덕터	100[mH]
③	커패시터	1,000[μF]
④	커패시터	2,000[μF]

ANSWER 17.①

17 전류의 크기가 최대이므로 공진회로이다.
$j\omega L + \dfrac{1}{j\omega C} + jX_o = 0$이 되어야 한다.
전압식에서 $\omega = 100$[rad/s]이므로
$j100 \times 50 \times 10^{-3} - j\dfrac{1}{100 \times 1,000 \times 10^{-6}} + jX_o = j5 - j10 + jX_o = 0$
$jX_o = j5$
소자는 인덕터이며 L의 크기는 $X_o = \omega L = 100L = 5$
$L = 0.05 = 50$[mH]

18 그림의 회로에서 스위치 S를 $t=0$에서 닫았을 때, 전류 $i_c(t)$[A]는? (단, 커패시터의 초기 전압은 0 [V]이다)

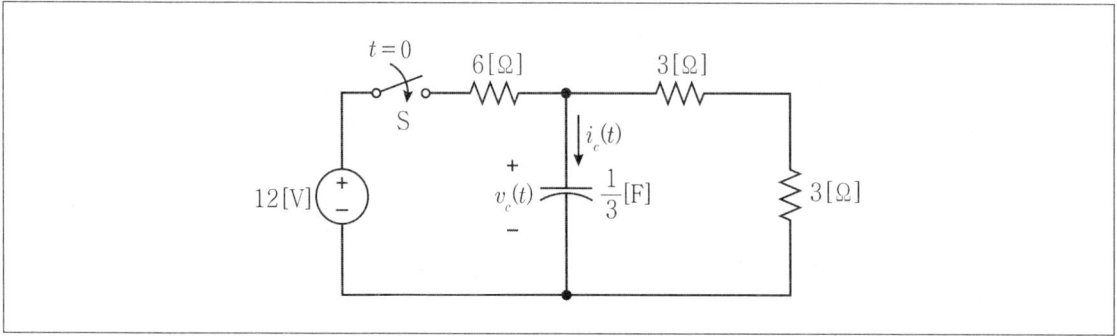

① e^{-t}
② $2e^{-t}$
③ e^{-2t}
④ $2e^{-2t}$

ANSWER 18.②

18
전류 $i_c(t) = \dfrac{V}{R}e^{-\frac{1}{RC}t} = \dfrac{12}{6}e^{-\frac{1}{3\times\frac{1}{3}}t} = 2e^{-t}[A]$

스위치를 닫았을 때 초기에 커패시터는 단락상태이므로 전압은 12[V], 저항은 6[Ω] 뿐이므로 초기전류는 2[A]이다.
C에 충전이 되면서 전압이 증가하고 C에 흐르는 전류는 감소하게 된다.
시정수 RC에서 R은 왼쪽 6[Ω]과 오른쪽 6[Ω]이 병렬로서 합성이 3[Ω]이 된다.

19 그림 (가)의 입력전압이 (나)의 정류회로에 인가될 때, 입력전압 $v(t)$와 출력전압 $v_o(t)$에 대한 설명으로 옳지 않은 것은? (단, 다이오드는 이상적인 소자이고, 출력전압의 평균값은 200[V]이다)

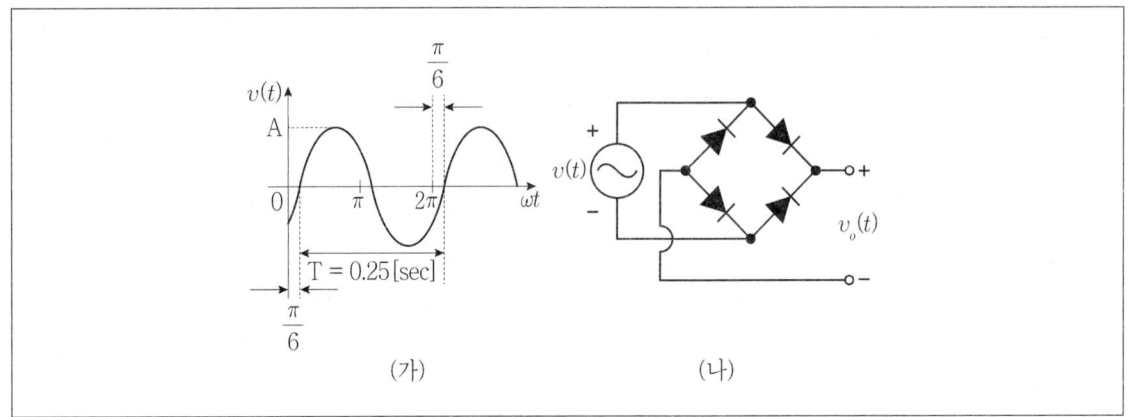

(가)　　　　　　　　(나)

① 입력전압의 주파수는 4[Hz]이다.
② 출력전압의 최댓값은 100π[V]이다.
③ 출력전압의 실횻값은 $100\pi\sqrt{2}$ [V]이다.
④ 입력전압 $v(t) = A\sin(\omega t - 30°)$[V]이다.

ANSWER 19.③

19 전파정류이고 출력전압의 평균값이 200[V]이므로
$v_o(t) = \dfrac{2V_m}{\pi} = \dfrac{2\sqrt{2}\,V}{\pi} = 200[V]$, $V = \dfrac{200\pi}{2\sqrt{2}} = \dfrac{100\pi}{\sqrt{2}}[V]$, $V_m = \dfrac{200\pi}{2} = 100\pi[V]$

입력전압의 주파수 $f = \dfrac{1}{T} = \dfrac{1}{0.25} = 4[Hz]$

입력전압은 위상이 $\dfrac{\pi}{6}$ 뒤지므로 $v(t) = A\sin(\omega t - 30°)[V]$

20 그림의 Y-Y 결선 불평형 3상 부하 조건에서 중성점 간 전류 I_{nN} [A]의 크기는? (단, $\omega = 1$ [rad/s], $V_{an} = 100\angle 0°$ [V], $V_{bn} = 100\angle -120°$ [V], $V_{cn} = 100\angle -240°$ [V]이고, 모든 전압과 전류는 실훗값이다)

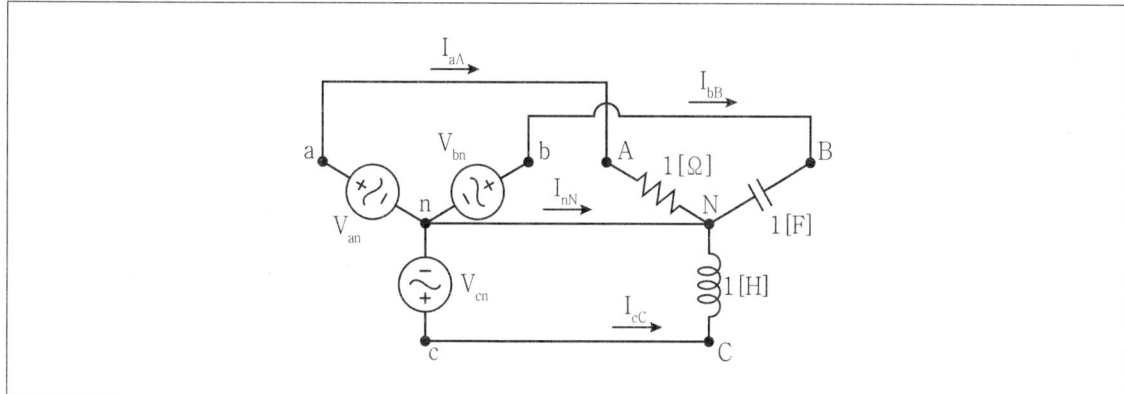

① $100\sqrt{3}$
② $200\sqrt{3}$
③ $100 + 50\sqrt{3}$
④ $100 + 100\sqrt{3}$

ANSWER 20.④

20 중성점 간 전류

$$I_{nN} = I_{nA} + I_{nB} + I_{nC} = \frac{V_{an}}{R} + \frac{V_{bn}}{\frac{1}{j\omega C}} + \frac{V_{cn}}{j\omega L} = \frac{100\angle 0°}{1} + \frac{100\angle -120°}{\frac{1}{j1 \times 1}} + \frac{100\angle -240°}{j1 \times 1}$$

$I_{nN} = 100 + 100[-120° - (-90°)] + 100(-240° - 90°)$

$-240° = 120°$ 이므로

$I_{nN} = 100 + 100\angle -30° + 100\angle 30° = 100 + 100(\cos 30° - j\sin 30°) + 100(\cos 30° + j\sin 30°)$

$= 100 + 100 \times \frac{\sqrt{3}}{2} \times 2 = 100 + 100\sqrt{3}$ [A]

전기이론

2021. 6. 5. 제1회 서울특별시 시행

1 전기회로 소자에 대한 설명으로 가장 옳은 것은?

① 저항소자는 에너지를 순수하게 소비만 하고 저장하지 않는다.
② 이상적인 독립전압원의 경우는 특정한 값의 전류만을 흐르게 한다.
③ 인덕터 소자로 흐르는 전류는 소자 양단에 걸리는 전압의 변화율에 비례하여 흐르게 된다.
④ 저항소자에 흐르는 전류는 전압에 반비례한다.

ANSWER 1.①

1 전기회로 소자
    ⓐ 저항소자는 에너지를 소비만 하고 저장하지 않는다.
    ⓑ L과 C는 에너지를 저장만 하고 소비하지 않는다. $W=\frac{1}{2}LI^2$[J], $W=\frac{1}{2}CV^2$[J]
    ⓒ 인덕터 소자에 걸리는 전압은 소자에 흐르는 전류의 변화율에 비례한다. $e=L\frac{di}{dt}$[V]
    ⓓ 저항소자에 흐르는 전류는 전압과 비례한다. $V=RI$
    ⓔ 이상적인 독립전압원의 경우 부하전류의 크기와 관계없이 특정한 전압을 공급한다.

2 〈보기〉의 회로에서 R_L 부하에 최대 전력 전달이 되도록 저항값을 정하려 한다. 이때, R_L 부하에서 소비되는 전력의 값[W]은?

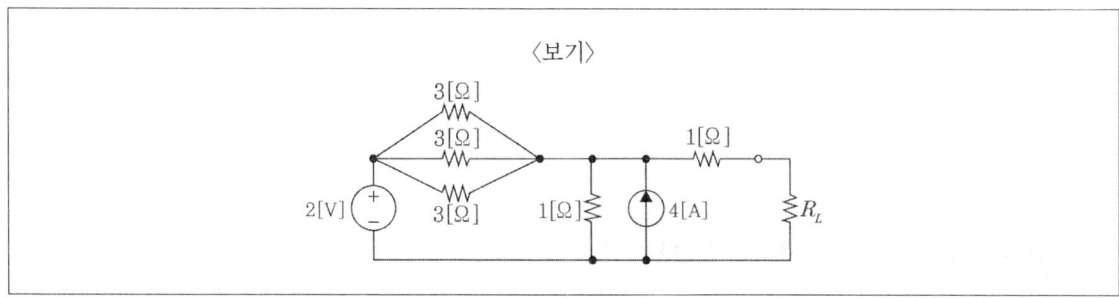

① 0.8
② 1.2
③ 1.5
④ 3.0

ANSWER 2.③

2 부하에 최대전력이 전달되려면 부하저항 R_L과 전원측 회로의 저항의 합계가 같아야 한다.
전원측 임피던스를 구하기 위하여 전압원을 단락하고 전류원을 개방한 후에 오른쪽 단자에서 바라본 회로의 합성 저항이다.

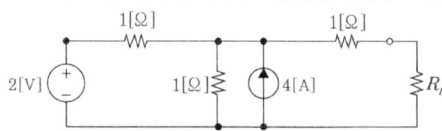

3[Ω]의 병렬저항 3개를 합성하고 회로를 그리면 윗 그림과 같다.
전압원을 단락하고, 전류원을 개방한 후 합성저항을 구하면

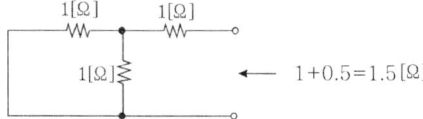

← 1+0.5=1.5[Ω]

등가전압원을 구하기 위해서 전류원을 개방하면 전압2[V]에 의한 단자전압은

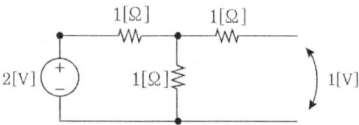

단자에는 1[V]의 전압이 걸린다.
다음에 전류원에 의한 전압을 구하기 위하여 전압원을 단락시키면

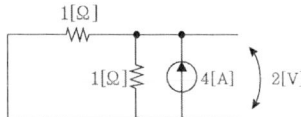

전류원에 의한 단자전압은 2[V]가 되어 단자전압은 $V_{eq} = 1+2 = 3[V]$

따라서 부하에서 소비되는 전력은 $P = \dfrac{V^2}{4R_L} = \dfrac{3^2}{4 \times 1.5} = 1.5[W]$

3 평판형 커패시터가 있다. 평판의 면적을 2배로, 두 평판 사이의 간격을 1/2로 줄였을 때의 정전용량은 원래의정전용량보다 몇 배가 증가하는가?

① 0.5배
② 1배
③ 2배
④ 4배

4 모선 L에 〈보기〉와 같은 부하들이 병렬로 접속되어 있을 때, 합성 부하의 역률은?

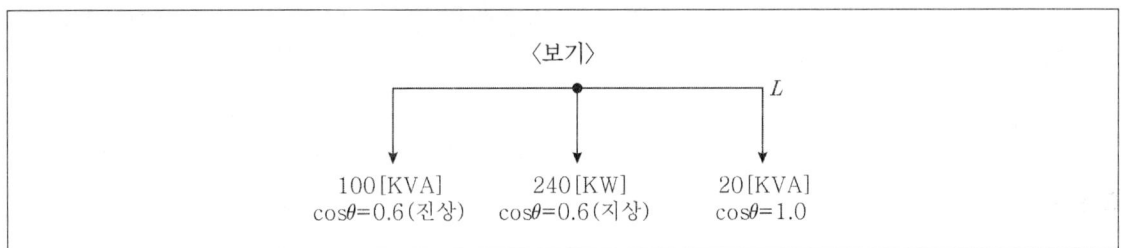

① 0.8(진상, 앞섬)
② 0.8(지상, 뒤짐)
③ 0.6(진상, 앞섬)
④ 0.6(지상, 뒤짐)

ANSWER 3.④ 4.②

3 평판형 커패시터 $C_1 = \epsilon_1 \dfrac{S}{d} [F]$ 이므로 면적을 2배로 하고, 간격을 1/2로 줄이면 $C_2 = \epsilon_1 \dfrac{2S}{\frac{1}{2}d} = \epsilon_1 \dfrac{4S}{d} = 4C_1$ 으로 4배가 된다.

4 합성부하 $L = P_a(\cos\theta + j\sin\theta) = P + jP_r$ 에서

100[KVA] $\cos\theta = 0.6$(진상)은 $100(0.6 + j0.8) = 60 + j80$

240[KW] $\cos\theta = 0.6$(지상)은 $\dfrac{240}{0.6} = 400$[KVA] 이므로 $400(0.6 - j0.8) = 240 - j320$

20[KVA] $\cos\theta = 1.0$은 동상. $20(1 + j0) = 20$

$L = 100(0.6 + j0.8) + 400(0.6 - j0.8) + 20 = 60 + j80 + 240 - j320 + 20 = 320 - j240$

유효전력 320[KW], 지상 무효전력 240[Kvar], 피상전력 $\sqrt{320^2 + 240^2} = 400$[KVA]

역률 $\cos\theta = \dfrac{P}{P_a} = \dfrac{320}{\sqrt{320^2 + 240^2}} = 0.8$ (지상)

5 〈보기〉의 R, L, C 직렬 공진회로에서 전압 확대율(Q)의 값은? [단, f(femto)=10^{-15}, n(nano)=10^{-9}이다.]

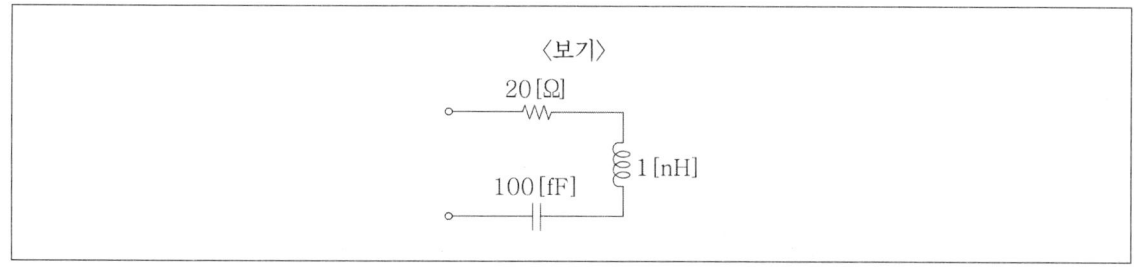

① 2
② 5
③ 10
④ 20

6 〈보기〉 4단자 회로망(two port network)의 Z 파라미터 중 Z_{22}의 값[Ω]은?

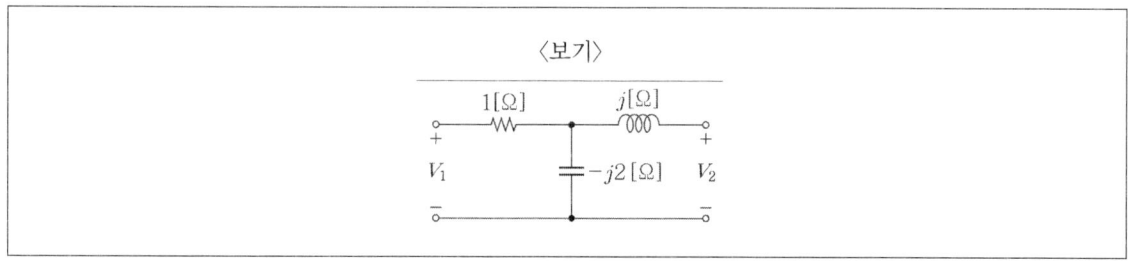

① j
② $j2$
③ $-j$
④ $-j2$

ANSWER 5.② 6.③

5 직렬공진회로 전압확대율(Q)=선택도
$$Q = \frac{1}{R}\sqrt{\frac{L}{C}} = \frac{1}{20}\sqrt{\frac{10^{-9}}{100 \times 10^{-15}}} = 5$$

6 Z 파라미터
$$\begin{vmatrix} V_1 \\ V_2 \end{vmatrix} = \begin{vmatrix} Z_{11} & Z_{12} \\ Z_{21} & Z_{22} \end{vmatrix} \begin{vmatrix} I_1 \\ I_2 \end{vmatrix}$$

$V_1 = Z_{11}I_1 + Z_{12}I_2$, $V_2 = Z_{21}I_1 + Z_{22}I_2$

$Z_{22} = \frac{V_2}{I_2} (I_1 = 0)$이므로 1차측 전류가 없을 때 2차측에서 바라본 임피던스를 말한다.

그러므로 2차측에서 본 임피던스는 $j - j2 = -j$

7 1[μF]의 용량을 갖는 커패시터에 1[V]의 직류 전압이 걸려 있을 때, 커패시터에 저장된 에너지의 값[μJ]은?

① 0.5
② 1
③ 2
④ 5

8 반지름 a[m]인 구 내부에만 전하 $+Q$[C]가 균일하게 분포하고 있을 때, 구 내·외부의 전계(electric field)에 대한 설명으로 가장 옳지 않은 것은? [단, 구 내·외부의 유전율(permittivity)은 동일하다.]

① 구 중심으로부터 $r = a/4$[m] 떨어진 지점에서의 전계의 크기와 $r = 2a$[m] 떨어진 지점에서의 전계의 크기는 같다.
② 구 외부의 전계의 크기는 구 중심으로부터의 거리의 제곱에 반비례한다.
③ 전계의 크기로 표현되는 함수는 $r = a$[m]에서 연속이다.
④ 구 내부의 전계의 크기는 구 중심으로부터의 거리에 반비례한다.

ANSWER 7.① 8.④

7 커패시터에 저장되는 에너지 $W = \frac{1}{2}CV^2 = \frac{1}{2} \times 10^{-6} \times 1^2 = 0.5[\mu J]$

8 $+Q$가 구 내부에 균일하게 분포하고 있을 때

ⓐ 구 외부의 전계 $E = \frac{Q}{4\pi\epsilon r^2} \propto \frac{1}{r^2}$ 거리제곱에 반비례한다. [r > a]

ⓑ 구 내부의 전계 $E = \frac{rQ}{4\pi\epsilon a^3}$ [V/m] 구 중심으로부터의 거리 r에 비례한다. [r < a]

ⓒ 구 중심으로부터 $r = a/4$의 전계 $E = \frac{rQ}{4\pi\epsilon a^3} = \frac{\frac{a}{4}Q}{4\pi\epsilon a^3} = \frac{Q}{16\pi\epsilon a^2}$ [V/m]

$r = 2a$에서의 전계 $E = \frac{Q}{4\pi\epsilon r^2} = \frac{Q}{4\pi\epsilon(2a)^2} = \frac{Q}{16\pi\epsilon a^2}$ [V/m]

ⓓ 구 표면 r=a에서 함수는 연속이다.

9 길이 1[m]의 철심(μ_s=1,000) 자기회로에 1[mm]의 공극이 생겼다면 전체의 자기 저항은 약 몇 배가 되는가? (단, 각 부분의 단면적은 일정하다.)

① 1/2배
② 2배
③ 4배
④ 10배

10 진공 중에 직각좌표계로 표현된 전압함수가 $V = 4xyz^2$[V]일 때, 공간상에 존재하는 체적전하밀도 [C/m³]는?

① $\rho = -2\varepsilon_0 xy$
② $\rho = -4\varepsilon_0 xy$
③ $\rho = -8\varepsilon_0 xy$
④ $\rho = -10\varepsilon_0 xy$

ANSWER 9.② 10.③

9
$$\frac{\text{공극이 생겼을 때 자기저항}}{\text{공극이 없는 상태의 자기저항}} = \frac{R_m + R_{gap}}{R_m} = 1 + \frac{R_{gap}}{R_m} = 1 + \frac{\frac{\delta}{\mu_o S}}{\frac{l}{\mu S}} = 1 + \frac{\mu \delta}{\mu_o l}$$

$$1 + \frac{\mu \delta}{\mu_o l} = 1 + \frac{\mu_s \delta}{l} = 1 + \frac{1,000 \times \frac{1}{1,000}}{1} = 2$$

10 체적전하밀도 Poisson의 방정식에 의하여 전위를 두 번 미분하여 구한다.

전위 $V = 4xyz^2$[V]

$\frac{\partial V}{\partial x} = 4yz^2$, $\frac{\partial^2}{\partial x^2} = 0$

$\frac{\partial V}{\partial y} = 4xz^2$, $\frac{\partial^2}{\partial y^2} = 0$

$\frac{\partial V}{\partial z} = 8xyz$, $\frac{\partial^2}{\partial z^2} = 8xy$

$\nabla^2 V = -\frac{\rho}{\epsilon_o} = 8xy$에서 $\rho = -8xy\epsilon_o$[C/m³]

11 〈보기〉와 같이 이상적인 연산증폭기를 이용한 회로가 주어졌을 때, R_L에 걸리는 전압의 값[V]은?

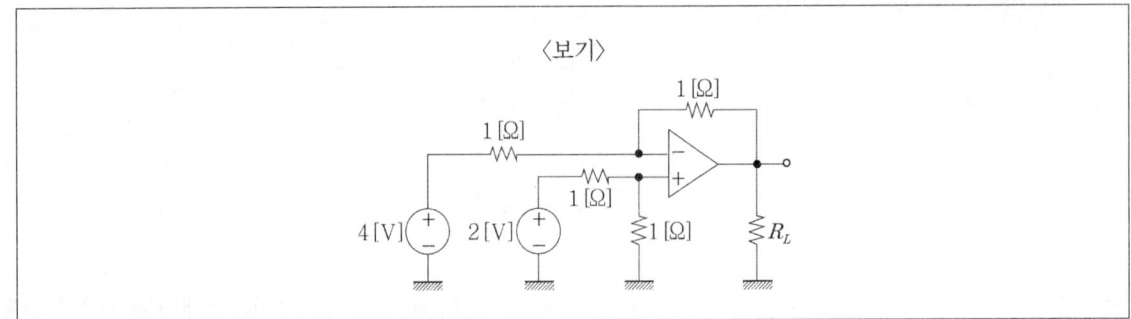

① -2.0
② -1.5
③ 2.5
④ 3.0

ANSWER 11.①

11 회로는 차동증폭기이며 저항이 모두 같을 때 $V_L = 2 - 4 = -2[V]$가 된다.

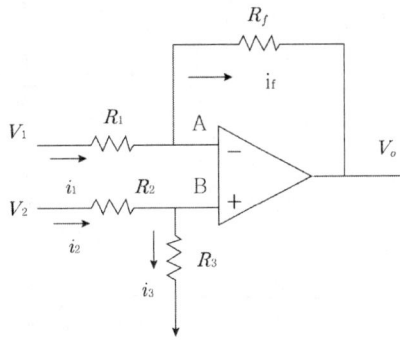

B점을 접지하고 $V_2 = 0$으로 하면 출력전압 $V_{01} = -\dfrac{R_f}{R_1} \cdot V_1$이 된다.

입력전압 V_1을 0으로 하면 비반전 증폭기가 되고 출력전압 $V_{02} = (1 + \dfrac{R_f}{R_1}) \cdot V_B$

$V_B = \dfrac{R_3}{R_2 + R_3} V_2$

차동증폭기의 출력전압

$V_o = V_{01} + V_{02} = -\dfrac{R_f}{R_1} V_1 + (1 + \dfrac{R_f}{R_1})(\dfrac{R_3}{R_2 + R_3}) V_2$

그러므로 $R_1 = R_2 = R_3 = R_f$이면

$V_o = V_2 - V_1$

12 60[Hz]의 교류 발전기 회전자가 균일한 자속밀도(magnetic flux density) 내에서 회전하고 있다. 회전자코일의 면적이 100[cm²], 감은 수가 100[회]일 때, 유도 기전력(induced electromotive force)의 최댓값이 377[V]가 되기 위한 자속밀도의 값[T]은? (단, 각속도는 377[rad/s]로 가정한다.)

① 100
② 1
③ 0.01
④ 10-4

13 〈보기〉와 같은 회로에서 전류 $i(t)$에 관한 특성 방정식(characteristic equation)이 $s^2+5s+6=0$이라고 할 때, 저항 R의 값[Ω]은? (단, $i(0)=I_0$[A], $v(0)=V_0$[V]이다.)

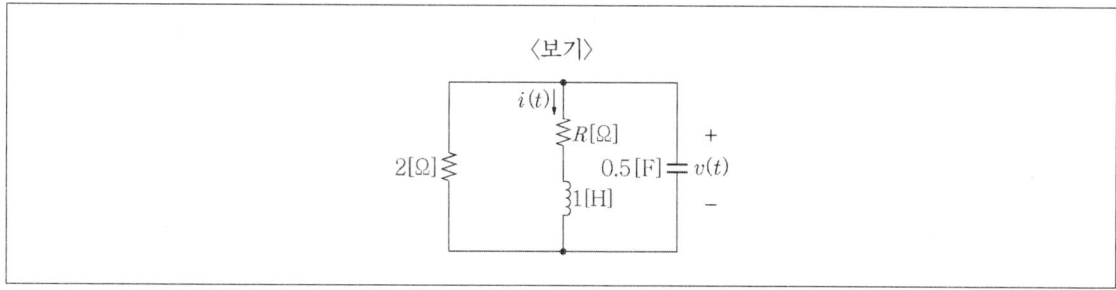

① 1
② 2
③ 3
④ 4

ANSWER 12.② 13.④

12 $e=\omega NBS$[V]

$377=377\times 100\times B\times 100\times 10^{-4}$ 이므로 자속밀도 $B=1$[T]

13 $Z=\dfrac{V_o}{I_o}=\dfrac{1}{\dfrac{1}{2}+\dfrac{1}{R+s}+0.5s}=\dfrac{1}{\dfrac{(R+s)+2+s(R+s)}{2(R+s)}}=\dfrac{2(R+s)}{s^2+(R+1)s+R+2}$

$s^2+(R+1)s+R+2=s^2+5s+6=0$

$R=4$[Ω]

14 〈보기〉와 같은 회로에서 스위치가 충분히 오랜 시간 동안 열려 있다가 $t=0[s]$에 닫혔다. $t>0[s]$일 때 $v(t)=8e^{-2t}$[V]라고 한다면, 코일 L의 값[H]은?

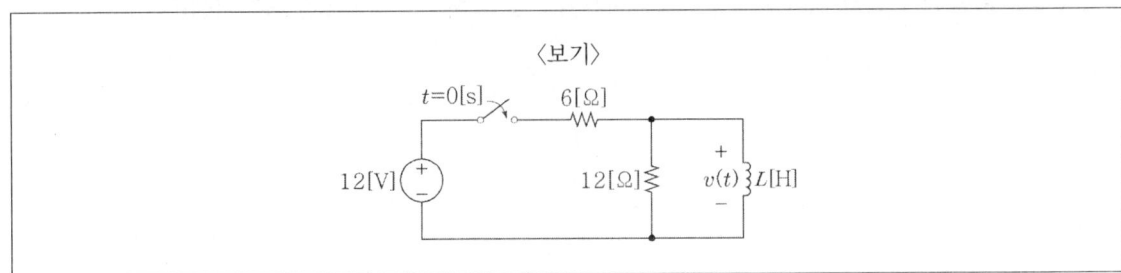

① 2
② 4
③ 6
④ 8

Answer 14.①

14 스위치를 닫으면 L에는 $t=0$에서 전류가 흐르지 않는다.
따라서 초기전압 $v_o(o)=8$[V] (12[V]가 분압되어 6[Ω]에는 4[V], 12[Ω]에는 8[V])

$v(t)=8e^{-\frac{R}{L}t}$[V]로 전압은 감소하여 단락으로 진행된다.

$\dfrac{R}{L}=\dfrac{\frac{6\times 12}{6+12}}{L}=\dfrac{4}{L}=2$, L=2[H]

15 〈보기〉와 같은 회로에서 Z_L에 최대 전력이 전달되기 위한 X의 값[Ω]과 Z_L에 전달되는 최대 전력[W]을 순서대로 나열한 것은?

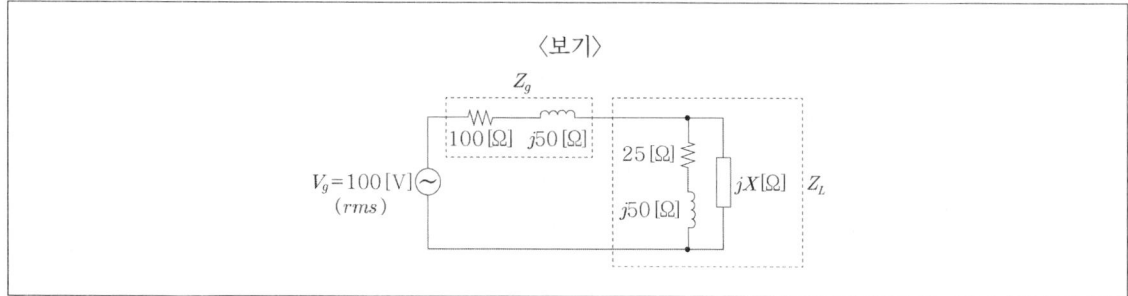

① 50, 25
② 50, 50
③ -50, 25
④ -50, 50

16 〈보기〉의 회로와 같이 △ 결선을 Y 결선으로 환산하였을때, Z의 값[Ω]은?

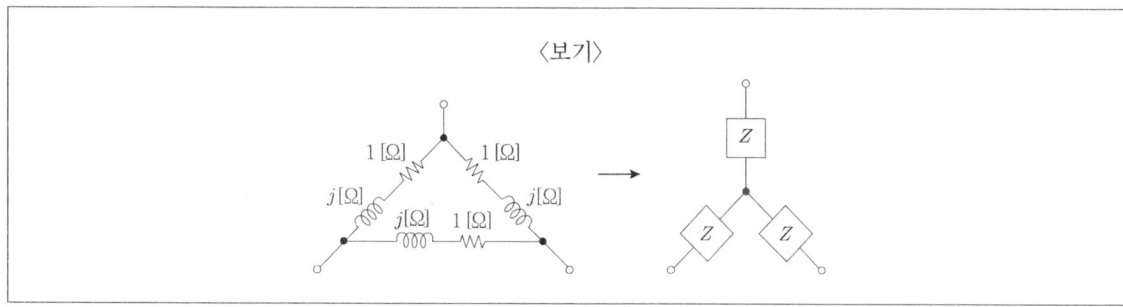

① $1+j$
② $1/3+j1/3$
③ $1/2+j1/2$
④ $3+j3$

ANSWER 15.③ 16.②

15 선로 임피던스 $Z_g = 100+j50\,[\Omega]$이므로 최대전력이 전달되기 위한 Z_L은 공액복소수인 $Z_L = 100-j50\,[\Omega]$가 된다.

최대전력 $P_{\max} = I^2 R = (\dfrac{V_g}{Z_g+Z_L})^2 R = (\dfrac{100}{100+j50+100-j50})^2 \times 100 = 25\,[W]$

$Z_L = 100-j50 = \dfrac{(25+j50)\cdot jX}{25+j50+jX}$ 에서 $X = -50\,[\Omega]$ (예시를 대입해서 성립하는 것으로)

16 각 상의 임피던스가 같다 $Z = 1+j\,[\Omega]$

$Z_\triangle = 3Z_Y$이므로 $Z_Y = \dfrac{1}{3}Z_\triangle = \dfrac{1}{3}(1+j) = \dfrac{1}{3}+j\dfrac{1}{3}$

17 〈보기〉와 같은 한 변의 길이가 d[m]인 정사각형도체에 전류 I[A]가 흐를 때, 정사각형 중심점에서 자계의 값[A/m]은?

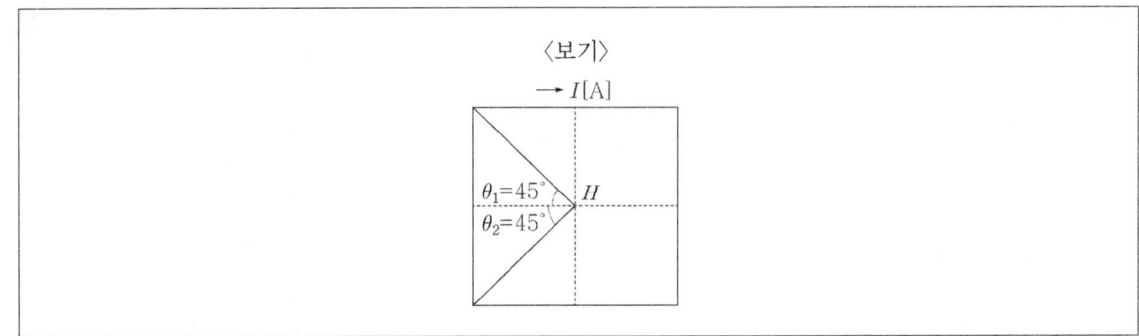

① $H = \dfrac{\sqrt{2}}{\pi d} I$

② $H = \dfrac{2\sqrt{2}}{\pi d} I$

③ $H = \dfrac{3\sqrt{2}}{\pi d} I$

④ $H = \dfrac{4\sqrt{2}}{\pi d} I$

Answer 17.②

17 유한장에서 자계

$$H = \frac{I}{4\pi a}(\sin\theta_1 + \sin\theta_2) = \frac{I}{4\pi \times \frac{d}{2}}(\sin 45^o + \sin 45^o) = \frac{I}{2\pi d} \times \frac{2}{\sqrt{2}} = \frac{\sqrt{2}\,I}{2\pi d}\,[\text{A/m}]$$

정사각형의 변이 4개이므로 중심점에서의 자계

$$H_\square = \frac{\sqrt{2}\,I}{2\pi d} \times 4 = \frac{2\sqrt{2}\,I}{\pi d}\,[\text{A/m}]$$

18 균일 평면파가 비자성체($\mu = \mu_0$)의 무손실 매질 속을 $+x$ 방향으로 진행하고 있다. 이 전자기파의 크기는 10[V/m]이며, 파장이 10[cm]이고 전파속도는 1×10^8[m/s]이다. 파동의 주파수[Hz]와 해당 매질의 비유전율(ϵ_r)은?

	파동주파수	ϵ_r		파동주파수	ϵ_r
①	1×10^9	4	②	2×10^9	4
③	1×10^9	9	④	2×10^9	9

19 〈보기〉와 같은 진공 중에 점전하 $Q = 0.4[\mu C]$가 있을 때, 점전하로부터 오른쪽으로 4[m] 떨어진 점 A와 점전하로부터 아래쪽으로 3[m] 떨어진 점 B 사이의 전압차[V]는? (단, 비례상수 $k = \dfrac{1}{4\pi\varepsilon_0} = 9\times10^9$이다.)

〈보기〉

⊕ ──── 4[m] ──── A
$Q = 0.4[\mu C]$
3[m]
│
B

① 100   ② 300
③ 500   ④ 1,000

ANSWER 18.③ 19.②

18 전파속도

$$v = \lambda f = \frac{1}{\sqrt{\epsilon\mu}} = 1\times10^8 \text{[m/sec]}$$

파장 $\lambda = 0.1$[m]이므로 주파수 $f = \dfrac{1\times10^8}{\lambda} = \dfrac{1\times10^8}{0.1} = 1\times10^9$ [Hz]

비 자성체이므로 $\dfrac{1}{\sqrt{\epsilon\mu}} = \dfrac{1}{\sqrt{\epsilon\mu_o}} = \dfrac{1}{\sqrt{\epsilon_o\epsilon_s\mu_o}} = 1\times10^8$

$\dfrac{1}{\sqrt{\epsilon_o\mu_o}} = 3\times10^8$을 대입하면 $\dfrac{3\times10^8}{\sqrt{\epsilon_s}} = 1\times10^8$, $3 = \sqrt{\epsilon_s}$, $\epsilon_s = 9$

19 A점에서의 전위 $V_A = 9\times10^9 \times \dfrac{Q}{r} = 9\times10^9 \times \dfrac{0.4\times10^{-6}}{4} = 9\times10^2$[V]

B점에서의 전위 $V_B = 9\times10^9 \times \dfrac{Q}{r} = 9\times10^9 \times \dfrac{0.4\times10^{-6}}{3} = 12\times10^2$[V]

A점과 B점의 전위차는 1,200-900=300[V]

20 〈보기〉의 회로에서 스위치가 오랫동안 1에 있다가 $t=0[s]$ 시점에 2로 전환되었을 때, $t=0[s]$ 시점에 커패시터에 걸리는 전압 초기치 $v_c(0)[V]$와 $t>0[s]$ 이후 $v_c(t)$가 전압 초기치의 e^{-1}만큼 감소하는 시점[msec]을 순서대로 나열한 것은?

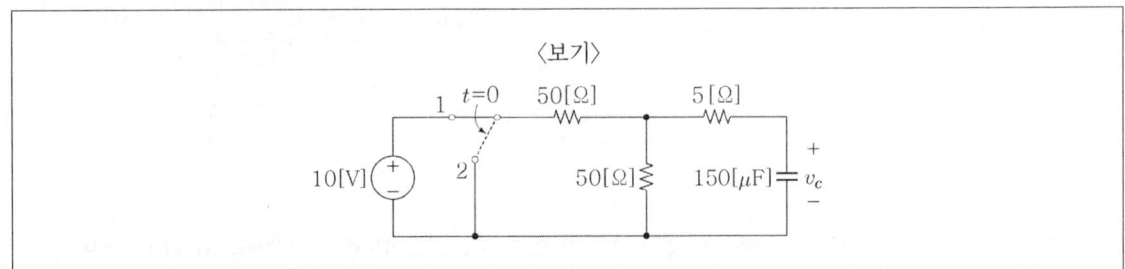

① 5, 4.5
② 10, 2.5
③ 5, 3.0
④ 3, 2.5

ANSWER 20.①

20 $t=0[s]$ 시점의 커패시터에 걸리는 전압
스위치가 1에 오래 있었으므로 C에 충분히 충전이 되어 전류가 흐르지 않으므로 두 개의 50[Ω]의 저항에 각각 전원전압 10[V]의 1/2의 전압이 걸린다.
그러므로 $v_c(0)=5[V]$
스위치가 2로 전환이 되면 커패시터 C에 충전된 전하가 방전이 되므로
$v_c(t)=v_o(t)e^{-\frac{1}{RC}t}=v_o e^{-1}$
$\frac{1}{RC}t=1$, $t=RC=30\times 150\times 10^{-6}=4.5\times 10^{-3}=4.5[msec]$
($R=5+\frac{50\times 50}{50+50}=30[\Omega]$)

전기이론

2021. 6. 5. 제1회 서울특별시 (보훈청 추천) 시행

1 전기회로 소자에 대한 설명으로 가장 옳은 것은?

① 저항소자는 에너지를 순수하게 소비만 하고 저장하지 않는다.

② 이상적인 독립전압원의 경우는 특정한 값의 전류만을 흐르게 한다.

③ 인덕터 소자로 흐르는 전류는 소자 양단에 걸리는 전압의 변화율에 비례하여 흐르게 된다.

④ 저항소자에 흐르는 전류는 전압에 반비례한다.

Answer 1.①

1 전기회로 소자
ⓐ 저항소자는 에너지를 소비만 하고 저장하지 않는다.
ⓑ L과 C는 에너지를 저장만 하고 소비하지 않는다. $W = \frac{1}{2}LI^2$ [J], $W = \frac{1}{2}CV^2$ [J]
ⓒ 인덕터 소자에 걸리는 전압은 소자에 흐르는 전류의 변화율에 비례한다. $e = L\frac{di}{dt}$ [V]
ⓓ 저항소자에 흐르는 전류는 전압과 비례한다. $V = RI$
ⓔ 이상적인 독립전압원의 경우 부하전류의 크기와 관계없이 특정한 전압을 공급한다.

2 〈보기〉의 회로에서 R_L 부하에 최대 전력 전달이 되도록 저항값을 정하려 한다. 이때, R_L 부하에서 소비되는 전력의 값[W]은?

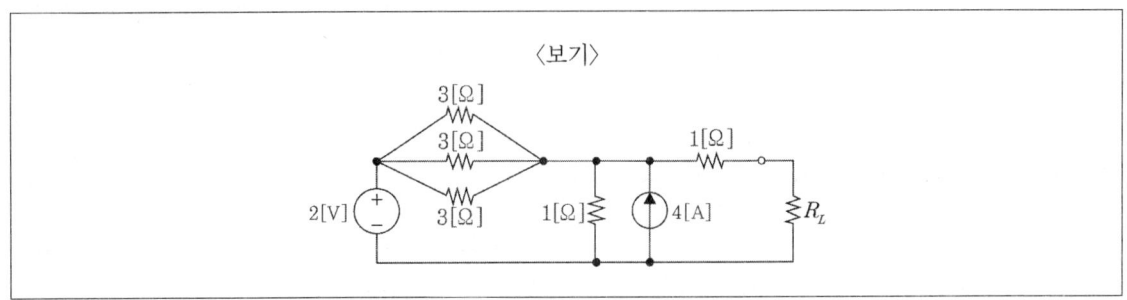

① 0.8
② 1.2
③ 1.5
④ 3.0

Answer 2.③

2 부하에 최대전력이 전달되려면 부하저항 R_L과 전원측 회로의 저항의 합계가 같아야 한다.
전원측 임피던스를 구하기 위하여 전압원을 단락하고 전류원을 개방한 후에 오른쪽 단자에서 바라본 회로의 합성 저항이다.

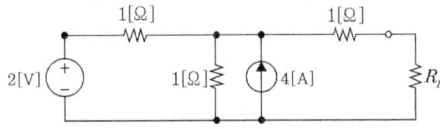

3[Ω]의 병렬저항 3개를 합성하고 회로를 그리면 윗 그림과 같다.
전압원을 단락하고, 전류원을 개방한 후 합성저항을 구하면

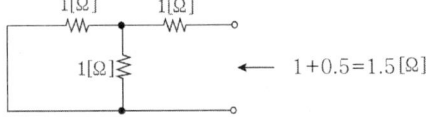 ← $1+0.5=1.5[\Omega]$

등가전압원을 구하기 위해서 전류원을 개방하면 전압2[V]에 의한 단자전압은

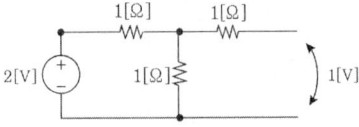

단자에는 1[V]의 전압이 걸린다.
다음에 전류원에 의한 전압을 구하기 위하여 전압원을 단락시키면

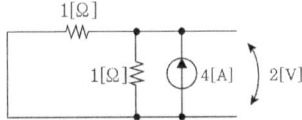

전류원에 의한 단자전압은 2[V]가 되어 단자전압은 $V_{eq}=1+2=3[V]$

따라서 부하에서 소비되는 전력은 $P=\dfrac{V^2}{4R_L}=\dfrac{3^2}{4\times 1.5}=1.5[W]$

3 평판형 커패시터가 있다. 평판의 면적을 2배로, 두 평판 사이의 간격을 1/2로 줄였을 때의 정전용량은 원래의 정전용량보다 몇 배가 증가하는가?

① 0.5배
② 1배
③ 2배
④ 4배

4 모선 L에 〈보기〉와 같은 부하들이 병렬로 접속되어 있을 때, 합성 부하의 역률은?

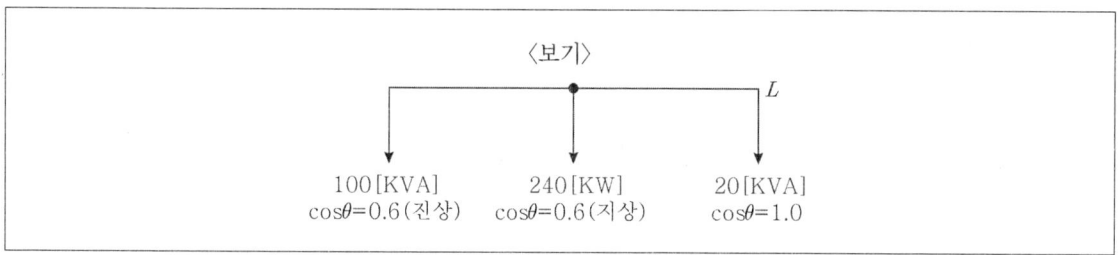

① 0.8(진상, 앞섬)
② 0.8(지상, 뒤짐)
③ 0.6(진상, 앞섬)
④ 0.6(지상, 뒤짐)

ANSWER 3.④ 4.②

3 평판형 커패시터 $C_1 = \epsilon_1 \dfrac{S}{d} [F]$ 이므로 면적을 2배로 하고, 간격을 1/2로 줄이면 $C_2 = \epsilon_1 \dfrac{2S}{\frac{1}{2}d} = \epsilon_1 \dfrac{4S}{d} = 4C_1$ 으로 4배가 된다.

4 합성부하 $L = P_a(\cos\theta + j\sin\theta) = P + jP_r$ 에서

100[KVA] $\cos\theta = 0.6$ (진상)은 $100(0.6 + j0.8) = 60 + j80$

240[KW] $\cos\theta = 0.6$ (지상)은 $\dfrac{240}{0.6} = 400[KVA]$ 이므로 $400(0.6 - j0.8) = 240 - j320$

20[KVA] $\cos\theta = 1.0$은 동상. $20(1 + j0) = 20$

$L = 100(0.6 + j0.8) + 400(0.6 - j0.8) + 20 = 60 + j80 + 240 - j320 + 20 = 320 - j240$

유효전력 320[KW], 지상 무효전력 240[Kvar], 피상전력 $\sqrt{320^2 + 240^2} = 400[KVA]$

역률 $\cos\theta = \dfrac{P}{P_a} = \dfrac{320}{\sqrt{320^2 + 240^2}} = 0.8$ (지상)

5 〈보기〉의 R, L, C 직렬 공진회로에서 전압 확대율(Q)의 값은? [단, f(femto)=10^{-15}, n(nano)=10^{-9}이다.]

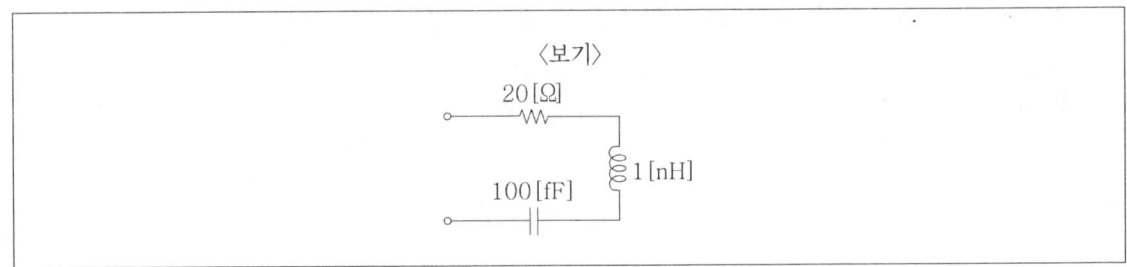

① 2
② 5
③ 10
④ 20

6 〈보기〉 4단자 회로망(two port network)의 Z 파라미터 중 Z_{22}의 값[Ω]은?

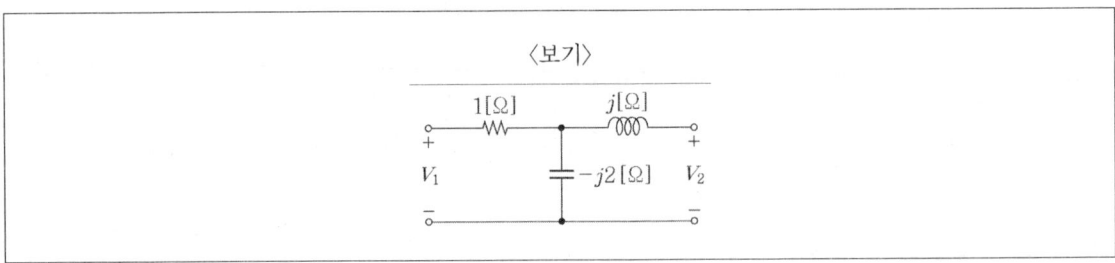

① j
② $j2$
③ $-j$
④ $-j2$

ANSWER 5.② 6.③

5 직렬공진회로 전압확대율(Q)=선택도
$$Q = \frac{1}{R}\sqrt{\frac{L}{C}} = \frac{1}{20}\sqrt{\frac{10^{-9}}{100 \times 10^{-15}}} = 5$$

6 Z 파라미터
$$\begin{vmatrix} V_1 \\ V_2 \end{vmatrix} = \begin{vmatrix} Z_{11} & Z_{12} \\ Z_{21} & Z_{22} \end{vmatrix} \begin{vmatrix} I_1 \\ I_2 \end{vmatrix}$$
$V_1 = Z_{11}I_1 + Z_{12}I_2$, $V_2 = Z_{21}I_1 + Z_{22}I_2$

$Z_{22} = \frac{V_2}{I_2}$ ($I_1 = 0$)이므로 1차측 전류가 없을 때 2차측에서 바라본 임피던스를 말한다.

그러므로 2차측에서 본 임피던스는 $j - j2 = -j$

7 1[μF]의 용량을 갖는 커패시터에 1[V]의 직류 전압이 걸려 있을 때, 커패시터에 저장된 에너지의 값[μJ]은?

① 0.5
② 1
③ 2
④ 5

8 반지름 a[m]인 구 내부에만 전하 $+Q$[C]가 균일하게 분포하고 있을 때, 구 내·외부의 전계(electric field)에 대한 설명으로 가장 옳지 않은 것은? [단, 구 내·외부의 유전율(permittivity)은 동일하다.]

① 구 중심으로부터 $r=a/4$[m] 떨어진 지점에서의 전계의 크기와 $r=2a$[m] 떨어진 지점에서의 전계의 크기는 같다.
② 구 외부의 전계의 크기는 구 중심으로부터의 거리의 제곱에 반비례한다.
③ 전계의 크기로 표현되는 함수는 $r=a$[m]에서 연속이다.
④ 구 내부의 전계의 크기는 구 중심으로부터의 거리에 반비례한다.

ANSWER 7.① 8.④

7 커패시터에 저장되는 에너지 $W = \frac{1}{2}CV^2 = \frac{1}{2} \times 10^{-6} \times 1^2 = 0.5[\mu J]$

8 $+Q$가 구 내부에 균일하게 분포하고 있을 때

ⓐ 구 외부의 전계 $E = \frac{Q}{4\pi\epsilon r^2} \propto \frac{1}{r^2}$ 거리제곱에 반비례한다. [r > a]

ⓑ 구 내부의 전계 $E = \frac{rQ}{4\pi\epsilon a^3}$ [V/m] 구 중심으로부터의 거리 r에 비례한다. [r < a]

ⓒ 구 중심으로부터 $r=a/4$의 전계 $E = \frac{rQ}{4\pi\epsilon a^3} = \frac{\frac{a}{4}Q}{4\pi\epsilon a^3} = \frac{Q}{16\pi\epsilon a^2}$ [V/m]

$r=2a$에서의 전계 $E = \frac{Q}{4\pi\epsilon r^2} = \frac{Q}{4\pi\epsilon(2a)^2} = \frac{Q}{16\pi\epsilon a^2}$ [V/m]

ⓓ 구 표면 r=a에서 함수는 연속이다.

9 길이 1[m]의 철심(μ_s=1,000) 자기회로에 1[mm]의 공극이 생겼다면 전체의 자기 저항은 약 몇 배가 되는가? (단, 각 부분의 단면적은 일정하다.)

① 1/2배 ② 2배
③ 4배   ④ 10배

10 진공 중에 직각좌표계로 표현된 전압함수가 $V = 4xyz^2$[V]일 때, 공간상에 존재하는 체적전하밀도 [C/m³]는?

① $\rho = -2\varepsilon_0 xy$ ② $\rho = -4\varepsilon_0 xy$
③ $\rho = -8\varepsilon_0 xy$ ④ $\rho = -10\varepsilon_0 xy$

Answer 9.② 10.③

9
$$\frac{\text{공극이 생겼을 때 자기저항}}{\text{공극이 없는 상태의 자기저항}} = \frac{R_m + R_{gap}}{R_m} = 1 + \frac{R_{gap}}{R_m} = 1 + \frac{\frac{\delta}{\mu_o S}}{\frac{l}{\mu S}} = 1 + \frac{\mu \delta}{\mu_o l}$$

$$1 + \frac{\mu \delta}{\mu_o l} = 1 + \frac{\mu_s \delta}{l} = 1 + \frac{1,000 \times \frac{1}{1,000}}{1} = 2$$

10 체적전하밀도 Poisson의 방정식에 의하여 전위를 두 번 미분하여 구한다.
전위 $V = 4xyz^2$[V]

$\frac{\partial V}{\partial x} = 4yz^2$, $\frac{\partial^2}{\partial x^2} = 0$

$\frac{\partial V}{\partial y} = 4xz^2$, $\frac{\partial^2}{\partial y^2} = 0$

$\frac{\partial V}{\partial z} = 8xyz$, $\frac{\partial^2}{\partial z^2} = 8xy$

$\nabla^2 V = -\frac{\rho}{\epsilon_o} = 8xy$에서 $\rho = -8xy\epsilon_o$ [C/m³]

11 자기인덕턴스 L_1, L_2가 각각 20[mH], 5[mH]인 두 코일이 완전결합(이상결합)되었을 때 상호인덕턴스의 값[mH]은?

① 5
② 10
③ 20
④ 25

12 전위 5,000[V]의 위치에서 8,000[V]의 위치로 전하 $q=3\times10^{-9}$[C]을 이동시킬 때 필요한 일의 값[J]은?

① 9×10^{-6}
② 1×10^{-6}
③ 3×10^{-6}
④ 9×10^{-9}

13 도체의 성질에 대한 설명으로 가장 옳지 않은 것은?

① 도체 내부전계의 세기는 0이다.
② 도체 내부의 전위는 표면 전위와 같다.
③ 도체 표면에서의 전하밀도는 곡률반경이 클수록 높다.
④ 도체 내부에 전하는 존재하지 않고 도체 표면에만 분포한다.

ANSWER 11.② 12.① 13.③

11 두 코일이 완전결합이라는 것은 1차측 에너지가 2차측으로 전부 전달되는 것을 의미한다.

이때 결합계수 $k=\dfrac{M}{\sqrt{L_1 L_2}}=1$이 된다.

$M=\sqrt{L_1 L_2}=\sqrt{20\times 5}=10$[mH]

12 전하를 이동하는데 필요한 일
$W=QV=Q(V_2-V_1)=3\times10^{-9}\times(8,000-5,000)=9\times10^{-6}$[J]

(콘덴서에 저장되는 에너지 $W=\dfrac{1}{2}QV=\dfrac{1}{2}CV^2$[J]와 구별되어야 한다.)

13 도체 표면에서 전하밀도는 뾰족할수록 높아진다.
뾰족하다는 것은 면에서 튀어나온 부분의 곡률 반경(반지름)이 작다는 것을 뜻한다.

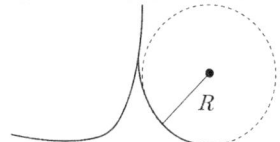

14 평균 반지름 20[cm], 권선수 628회, 공심의 단면적 250[cm²]인 환상솔레노이드에 2[A]의 전류가 흐를 때 설명으로 가장 옳지 않은 것은? (단, π는 3.14로 한다.)

① 내부자계의 세기는 투자율 μ에 관계없다.
② 외부자계의 세기는 0이다.
③ 자계는 내부에만 존재한다.
④ 내부자계의 세기는 2,000[AT/m]이다.

15 $e^{-at}\sin wt$ 함수의 라플라스 변환은?

① $\dfrac{w}{(s+a)^2 + w^2}$

② $\dfrac{s+a}{(s+a)^2 + w^2}$

③ $\dfrac{w}{(s+a) + w}$

④ $\dfrac{s}{s^2 + w^2}$

ANSWER 14.④ 15.①

14 솔레노이드의 외부자계는 0이며, 내부자계는 평등자계에 가깝다.
공심환상솔레노이드에서 자계 [$\mu_s = 1$]
$$H = \frac{NI}{l} = \frac{NI}{2\pi r} = \frac{628 \times 2}{2\pi \times 0.2} = 1,000[\text{AT/m}]$$

15 sin함수가 복소추이 된 것으로 $\mathcal{L}[\sin\omega t] = \dfrac{\omega}{s^2 + \omega^2}$ 에서 s대신 $s+a$를 대입하면 된다.

$$\mathcal{L}[e^{-at}\sin\omega t] = \frac{\omega}{(s+a)^2 + \omega^2}$$

16 교류 파형의 최댓값을 V_m이라 할 때 실효값과 평균값에 대한 설명으로 가장 옳지 않은 것은?

① 정현파의 실효값은 $\frac{V_m}{\sqrt{2}}$이다.

② 구형파의 평균값은 $\frac{V_m}{2}$이다.

③ 삼각파의 평균값은 $\frac{V_m}{2}$이다.

④ 반파정류파의 실효값은 $\frac{V_m}{2}$이다.

17 열전현상에 대한 설명으로 옳은 것을 모두 고른 것은?

> ㉠ 이종 금속 M_1, M_2를 접합하여 폐회로를 만든 후 두 접합점의 압력을 다르게 하여 폐회로의 열기전력을 이용한 현상은 제벡효과(Seebeck effect)이다.
> ㉡ 제벡효과를 이용한 열전대는 용광로의 온도 측정 및 온도제어 등에 사용된다.
> ㉢ 이종 금속 A, B를 접속시켜 폐회로를 만들고 온도를 일정하게 유지하면서 전류를 흘리면 열의 발생 또는 흡수가 일어나는 현상은 펠티에효과(Peltier effect)이다.
> ㉣ 이종 금속 C, D에 온도차를 주고 고온에서 저온 쪽으로 전류를 흘리면 열의 발생 또는 흡수가 일어나는 현상은 톰슨효과(Thomson effect)이다.
> ㉤ 펠티에 효과와 톰슨효과는 전류의 방향에 따라 발열 또는 흡수의 관계가 반대로 된다.

① ㉠, ㉡, ㉢
② ㉡, ㉢, ㉤
③ ㉡, ㉢, ㉣, ㉤
④ ㉠, ㉡, ㉢, ㉣, ㉤

ANSWER 16.② 17.②

16 구형파의 전파인 경우 실효값 = 평균값 = 최대값이다.

구형파 반파인 경우 실효값 $\frac{V_m}{\sqrt{2}}$, 평균값 $\frac{V_m}{2}$

17 열전현상
ⓐ 제벡효과 : A와 B금속 양단에 온도차를 주면 접합점으로 기전력이 유기되는 현상
ⓑ 제벡효과를 이용한 것은 열전온도계로서 용광로의 온도를 측정하는데 사용된다.
ⓒ 펠티에 효과 : 이종금속 A와 B 양단에 전류를 흐르게 하면 한쪽에는 열이 발생하고 다른 쪽에는 열의 흡수가 생기는 현상
ⓓ 톰슨 효과 : 동종금속의 어느 두점 간에 온도차를 주면 기전력이 생기는 현상

18 3상 회로에서 한 상의 임피던스가 $3+j4[\Omega]$인 평형 △ 부하 조건에서 대칭인 선간전압 150[V]를 가할 때 3상 전력의 값[W]은?

① 270
② 1,350
③ 5,400
④ 8,100

19 정격 1,000[W]의 전열기에 정격전압의 80[%]만 인가되면 전열기에서 소비되는 전력의 값[W]은?

① 480
② 560
③ 640
④ 800

20 $L=4[H]$의 값을 갖는 인덕턴스에 $i(t)=10e^{-3t}[A]$의 전류가 흐를 때, 인덕턴스 L의 단자전압의 값 [V]은?

① $40e^{-3t}$
② $-40e^{-3t}$
③ $120e^{-3t}$
④ $-120e^{-3t}$

ANSWER 18.④ 19.③ 20.④

18 한상의 임피던스 $Z=3+j4[\Omega]$, △부하조건 150[V]

$$P=3I^2R=3\left(\frac{V}{Z}\right)^2R=3\frac{V^2R}{R^2+X^2}=\frac{3\times150^2\times3}{3^2+4^2}=8,100[W]$$

19 $P=\frac{V^2}{R}[W]$ 이므로 $R=\frac{V^2}{P}[\Omega]$

$$P'=\frac{(0.8V)^2}{R}=\frac{0.64V^2}{\frac{V^2}{P}}=0.64P=0.64\times1,000=640[W]$$

20 $e=L\frac{di(t)}{dt}=4\times\frac{d10e^{-3t}}{dt}=-120e^{-3t}[V]$

전기이론 — 2022. 4. 2. 인사혁신처 시행

1 중첩의 원리를 이용한 회로해석 방법에 대한 설명으로 옳은 것만을 모두 고르면?

> ㉠ 중첩의 원리는 선형 소자에서는 적용이 불가능하다.
> ㉡ 중첩의 원리는 키르히호프의 법칙을 기본으로 적용한다.
> ㉢ 전압원은 단락, 전류원은 개방 상태에서 해석해야 한다.
> ㉣ 다수의 전원에 의한 전류는 각각 단독으로 존재했을 때 흐르는 전류의 합과 같다.

① ㉠, ㉡, ㉢
② ㉠, ㉡, ㉣
③ ㉠, ㉢, ㉣
④ ㉡, ㉢, ㉣

2 정전용량이 1[μF]과 2[μF]인 두 개의 커패시터를 직렬로 연결한 회로 양단에 150[V]의 전압을 인가했을 때, 1[μF] 커패시터의 전압[V]은?

① 30
② 50
③ 100
④ 150

ANSWER 1.④ 2.③

1 중첩의 원리 … 선형회로망에서 성립하며, 회로내에 여러 전원(전압원, 전류원)이 있고 해석이 복잡할 때 적용된다. 하나의 지류에 흐르는 전류를 구하려면 전압원, 전류원이 각각 단독으로 있을 때 흐르는 전류를 모두 합해서 계산한다는 원리이다.

2 $Q = CV$이므로 직렬회로에서 전압은 정전용량과 반비례한다.

$$V_{1\mu F} = \frac{C_{2\mu F}}{C_{1\mu F} + C_{2\mu F}} V_{Full\ Volt} = \frac{2\mu F}{1\mu F + 2\mu F} \cdot 150[V] = 100[V]$$

반비례 관계이므로 C가 1 : 2이면 V는 2 : 1로 배분된다.

3 저항 30 [Ω]과 유도성 리액턴스 40 [Ω]을 병렬로 연결한 회로 양단에 120 [V]의 교류 전압을 인가했을 때, 회로의 역률은?

① 0.2
② 0.4
③ 0.6
④ 0.8

4 3상 모터가 선전압이 220 [V]이고 선전류가 10 [A]일 때, 3.3 [kW]를 소모하기 위한 모터의 역률은? (단, 3상 모터는 평형 Y-결선 부하이다)

① $\dfrac{\sqrt{2}}{3}$
② $\dfrac{\sqrt{2}}{2}$
③ $\dfrac{\sqrt{3}}{3}$
④ $\dfrac{\sqrt{3}}{2}$

Answer 3.④ 4.④

3 병렬회로의 역률

$$\cos\theta = \frac{X}{|Z|} = \frac{X}{\sqrt{R^2+X^2}} = \frac{40}{\sqrt{30^2+40^2}} = \frac{40}{50} = 0.8$$

4 3상모터의 역률

$P = \sqrt{3}\,V_l I_l \cos\theta\,[\text{W}]$ 에서

$P = \sqrt{3}\,V_l I_l \cos\theta = \sqrt{3} \times 220 \times 10 \cos\theta = 3.3\,[\text{KW}]$

$$\cos\theta = \frac{3.3\,[\text{KW}]}{\sqrt{3}\times 220 \times 10} = \frac{1}{\sqrt{3}} \cdot \frac{3.3}{2.2} = \frac{3}{2\sqrt{3}} = \frac{\sqrt{3}}{2}$$

5 그림의 L-C 직렬회로에서 전류 I_{rms}의 크기[A]는?

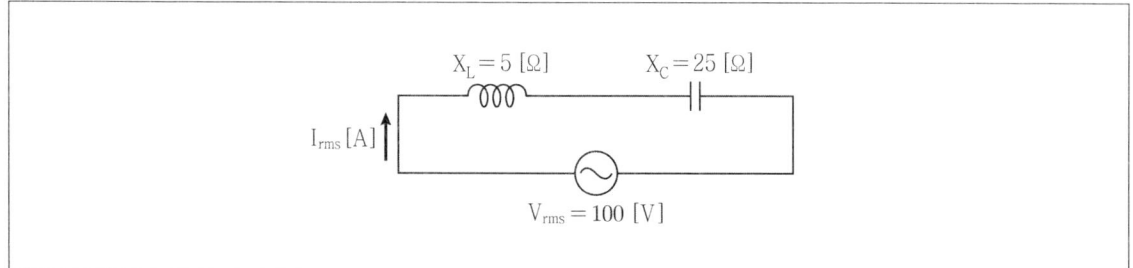

① 5
② 10
③ 15
④ 20

ANSWER 5.①

5 $I_s = \dfrac{V_s}{Z} = \dfrac{100[V]}{jX_L - jX_c} = \dfrac{100}{j5 - j25} = \dfrac{100}{-j20} = j5[A]$

위상은 전압보다 90도 앞서는 5[A]전류가 흐른다.

6 그림의 회로에서 전압 E [V]를 a−b 양단에 인가하고, 스위치 S를 닫았을 때의 전류 I [A]가 닫기 전 전류의 2배가 되었다면 저항 R [Ω]은?

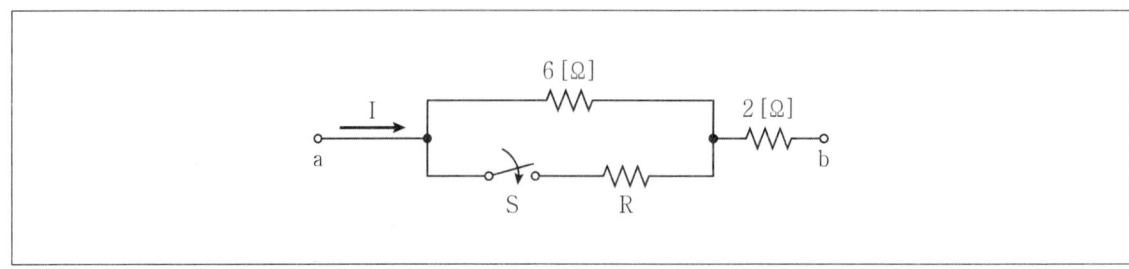

① 1
② 3
③ 6
④ 12

ANSWER 6.②

6 스위치를 닫았을 때 전류가 2배가 된다는 것은 전체 합성저항이 스위치를 닫기 전 전체 합성저항의 1/2로 된다는 것과 같다.
스위치를 닫기 전 전체 합성저항의 합이 8[Ω]이므로 스위치를 닫은 후 저항을 절반으로 낮추려면 전체 합성저항을 4[Ω]으로 해야 한다.
$\frac{6R}{6+R}+2=4[\Omega]$이 되려면 R은 3[Ω]

7 그림의 회로에서 저항 R_L이 변화함에 따라 저항 $3\,[\Omega]$에 전달되는 전력에 대한 설명으로 옳은 것은?

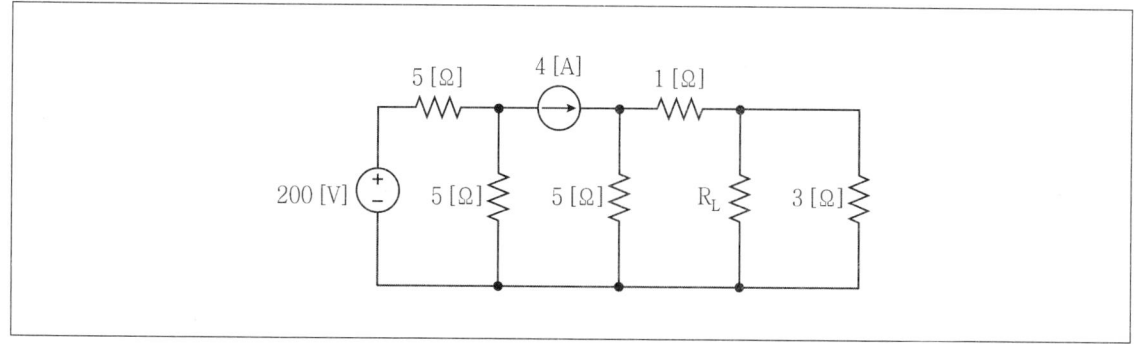

① 저항 $R_L = 3\,[\Omega]$일 때 저항 $3\,[\Omega]$에 최대전력이 전달된다.
② 저항 $R_L = 6\,[\Omega]$일 때 저항 $3\,[\Omega]$에 최대전력이 전달된다.
③ 저항 R_L의 값이 클수록 저항 $3\,[\Omega]$에 전달되는 전력이 커진다.
④ 저항 R_L의 값이 작을수록 저항 $3\,[\Omega]$에 전달되는 전력이 커진다.

Answer 7.③

7 테브난의 정리를 이용한다. 언뜻 보면 저항 $R_L = 6\,[\Omega]$일 때 저항 $3\,[\Omega]$에 최대전력이 전달되는 듯 싶지만 전압의 크기가 R_L에 비례하기 때문에 R_L이 클수록 전달전력이 커진다.

$$P = I^2 R = \left(\dfrac{\dfrac{R_L}{R_L+6} \cdot 20}{\dfrac{6R_L}{6+R_L}+3} \right)^2 \cdot 3 = \left(\dfrac{20R_L}{6R_L + 3(6+R_L)} \right)^2 \cdot 3 = \left(\dfrac{20R_L}{9R_L + 18} \right)^2 \cdot 3\,[W]$$

8 그림의 회로에서 병렬로 연결된 부하의 수전단 전압 V_r이 2,000[V] 일 때, 부하의 합성역률과 송전단 전압 V_s[V]는?

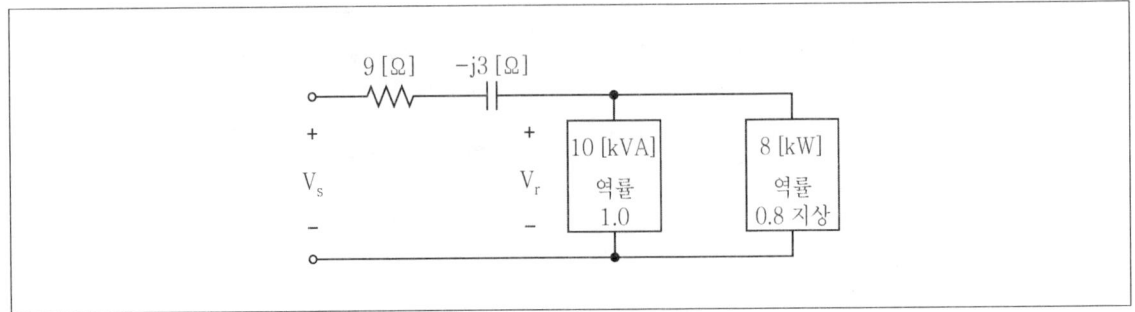

부하합성역률	V_s [V]
① 0.9	2,060
② 0.9	2,090
③ $\dfrac{3\sqrt{10}}{10}$	2,060
④ $\dfrac{3\sqrt{10}}{10}$	2,090

ANSWER 8. 정답없음

8 부하의 합성역률
10[KVA], $PF1.0 \Rightarrow$ 10[KW]
8[KW], $PF0.8 \Rightarrow$ 8[KW], 6[Kvar]
유효전력 18[KW], 무효전력 6[Kvar]

역률 $\cos\theta = \dfrac{P}{\sqrt{P^2+P_r^2}} = \dfrac{18}{\sqrt{18^2+6^2}} = \dfrac{18}{\sqrt{360}} = \dfrac{3}{\sqrt{10}} = \dfrac{3\sqrt{10}}{10}$

송전단전압

$V_s = V_r + I(R\cos\theta + X_c\sin\theta) = V_r + \dfrac{P}{V_r}(R + X_c\tan\theta)$ [V]

$V_s = V_r + \dfrac{P}{V_r}\left(R + X_c\dfrac{\sin\theta}{\cos\theta}\right) = 2,000 + \dfrac{18,000}{2,000}\left(9 + 3 \times \dfrac{\frac{1}{\sqrt{10}}}{\frac{3}{\sqrt{10}}}\right) = 2,090$ [V]

9 그림의 회로에서 스위치 S가 충분히 긴 시간 동안 닫혀있다가 t = 0에서 개방된 직후의 커패시터 전압 $V_C(0^+)$[V]는?

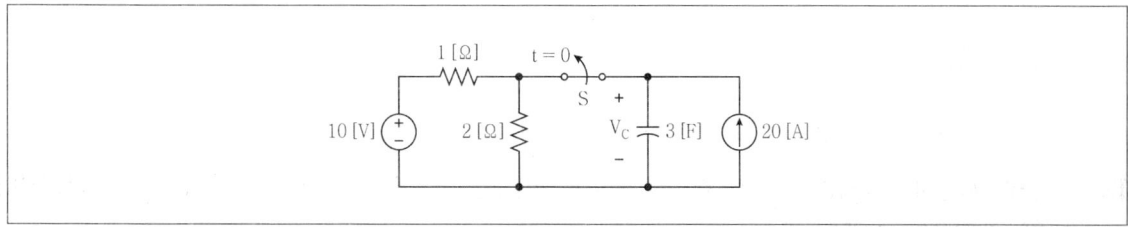

① 10
② 15
③ 20
④ 25

10 그림과 같이 4개의 전하가 정사각형의 형태로 배치되어 있다. 꼭짓점 C에서의 전계강도가 0 [V/m]일 때, 전하량 Q [C]는?

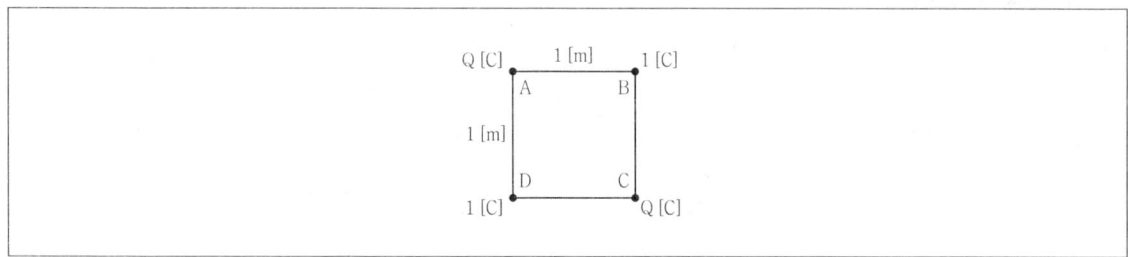

① $-2\sqrt{2}$
② -2
③ 2
④ $2\sqrt{2}$

ANSWER 9.③ 10.①

9 $t \le 0$에서 콘덴서는 완충전이므로 전류가 흐르지 않는다.

전압원에 의한 전압 : $\frac{10}{3} \times 2 = \frac{20}{3}$[V]

전류원에 의한 전압 : $\frac{1}{1+2} \times 20 \times 2 = \frac{40}{3}$[V]

그러므로 개방 직후에 커패시터에 충전되었던 전압 $V_c(0^+) = \frac{20}{3} + \frac{40}{3} = 20$[V]

10 $E_c = \frac{Q_A}{4\pi\epsilon r_{ac}^2} + \frac{Q_B}{4\pi\epsilon r_{bc}^2}\cos 45° + \frac{Q_D}{4\pi\epsilon r_{dc}^2}\cos 45° = \frac{Q_A}{4\pi\epsilon(\sqrt{2})^2} + \frac{1}{4\sqrt{2}\pi\epsilon} + \frac{1}{4\sqrt{2}\pi\epsilon} = 0$[V/m]

$\frac{Q_A}{8\pi\epsilon} = -\frac{1}{2\sqrt{2}\pi\epsilon}$, $Q_A = -\frac{4}{\sqrt{2}} = -2\sqrt{2}$[C]

11 이상적인 조건에서 철심이 들어있는 동일한 크기의 환상 솔레노이드의 인덕턴스 크기를 4배로 만들기 위한 솔레노이드 권선수의 배수는?

① 0.5　　　　　　　　　　② 2
③ 4　　　　　　　　　　　④ 8

12 각 변의 저항이 15[Ω]인 3상 Y-결선회로와 등가인 3상 △-결선 회로에 900[V] 크기의 상전압이 걸릴 때, 상전류의 크기[A]는? (단, 3상 회로는 평형이다)

① 20　　　　　　　　　　② $20\sqrt{3}$
③ 180　　　　　　　　　　④ $180\sqrt{3}$

13 그림의 회로에서 t = 0인 순간에 스위치 S를 접점 a에서 접점 b로 이동하였다. 충분한 시간이 흐른 후에 전류 i_L [A]은?

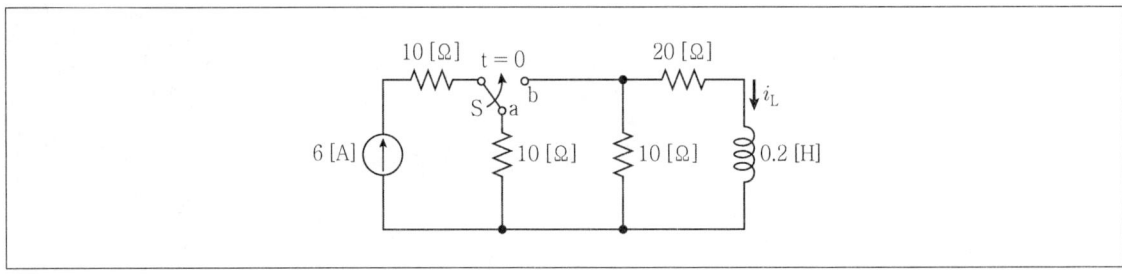

① 0　　　　　　　　　　② 2
③ 4　　　　　　　　　　④ 6

ANSWER 11.② 12.① 13.②

11 솔레노이드 인덕턴스 $L = \dfrac{\mu S N^2}{l}$[H], $L \propto N^2$

인덕턴스는 권선수의 2승에 비례한다. 따라서 권선수를 2배로 하면 인덕턴스의 크기는 4배가 된다.

12 각 변의 저항이 15[Ω]인 Y결선회로를 델타로 변환하면 저항이 3배가 된다.

$I_{\Delta p} = \dfrac{V_p}{R_\Delta} = \dfrac{900}{45} = 20[\text{A}]$

13 충분한 시간이 흐른 후 L은 단락상태가 된다.

$i_L = \dfrac{10}{10+20} \times 6 = 2[\text{A}]$

14 자극의 세기 5×10^{-5} [Wb], 길이 50[cm]의 막대자석이 200[A/m]의 평등 자계와 30° 각도로 놓여있을 때, 막대자석이 받는 회전력[N·m]은?

① 2.5×10^{-3}
② 5×10^{-3}
③ 25×10^{-3}
④ 50×10^{-3}

15 그림의 회로에서 인덕터에 흐르는 평균 전류[A]는? (단, 교류의 평균값은 전주기에 대한 순시값의 평균이다)

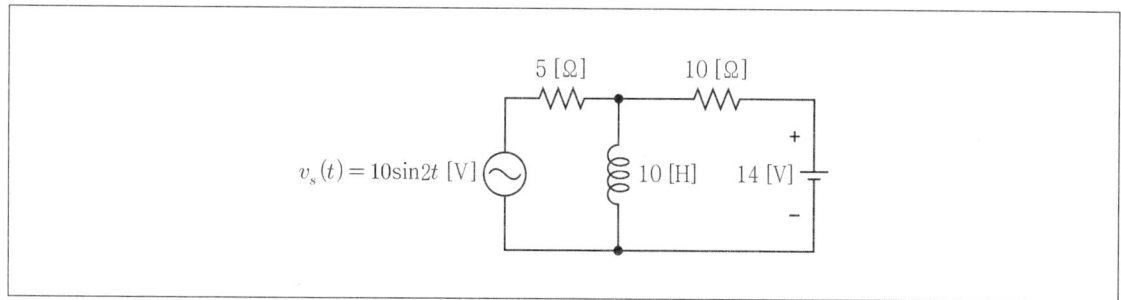

① 0
② 1.4
③ $\frac{1}{\pi} + 1.4$
④ $\frac{2}{\pi} + 1.4$

ANSWER   14.①   15.②

14 회전력
$T = M \times H = mlH\sin\theta = 5 \times 10^{-5} \times 0.5 \times 200 \times \sin 30° = 2.5 \times 10^{-3}$ [N·m]

15 교류의 평균값은 전주기에서 0이다. 직류전원에서 인덕터는 단락상태이므로
$I = \frac{V}{R} = \frac{14}{10} = 1.4 [A]$

16 이상적인 변압기를 포함한 그림의 회로에서 정현파 전압원이 공급하는 평균 전력[W]은?

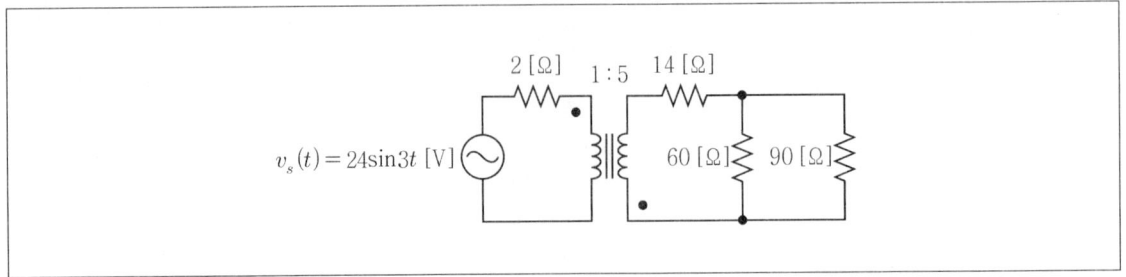

① 24
② 48
③ 72
④ 96

ANSWER 16.③

16 변압기 2차측의 합성저항 $R_o = 14 + \dfrac{60 \times 90}{60+90} = 50[\Omega]$

1차측으로 환산 하면 $a = \dfrac{1}{5} = \sqrt{\dfrac{R_1}{R_2}} = \sqrt{\dfrac{R_1}{50}}$

$R_1 = 2[\Omega]$

전압의 실효값 $V_s = V_1 = \dfrac{24}{\sqrt{2}}[V]$, 1차전류 $I_1 = \dfrac{V_1}{R_1} = \dfrac{\frac{24}{\sqrt{2}}}{2+2}$

∴ 평균전력 $P = V_1 I_1 = \dfrac{V_1^2}{R_1} = \dfrac{\frac{24^2}{2}}{4} = 72[W]$

17 그림의 회로에서 정현파 전원에 흐르는 전류의 실횻값 I[A]는?

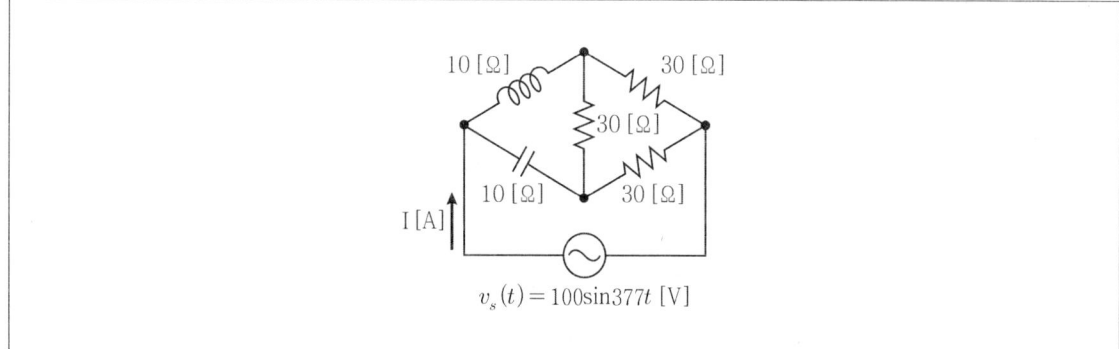

① $\dfrac{5\sqrt{2}}{2}$

② 5

③ $5\sqrt{2}$

④ $\dfrac{20}{3}\sqrt{2}$

ANSWER   17.①

17 브릿지회로를 변형하면

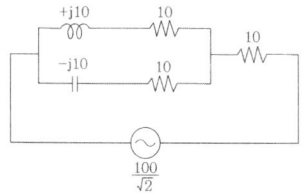

$Z = \dfrac{(10+j10)(10-j10)}{10+j10+10-j10} + 10 = 20[\Omega]$

$I = \dfrac{V_s}{Z_e} = \dfrac{\frac{100}{\sqrt{2}}}{20} = \dfrac{5}{\sqrt{2}} = \dfrac{5\sqrt{2}}{2}[A]$

18 그림 (a)의 회로에서 50[μF]인 커패시터의 양단 전압 $v(t)$가 그림 (b)와 같을 때, 전류 $i(t)$의 파형으로 옳은 것은?

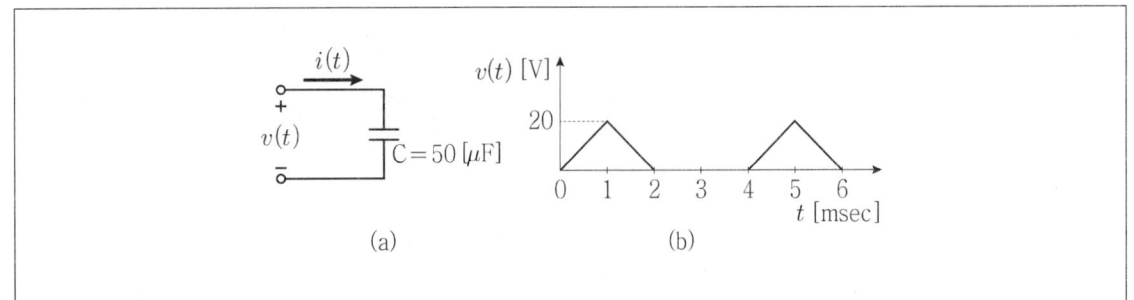

① 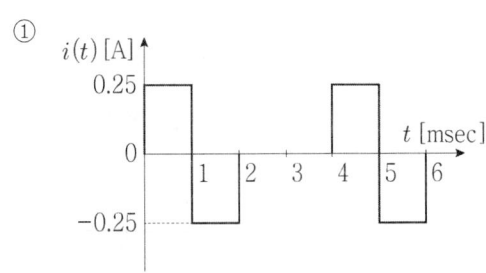 ②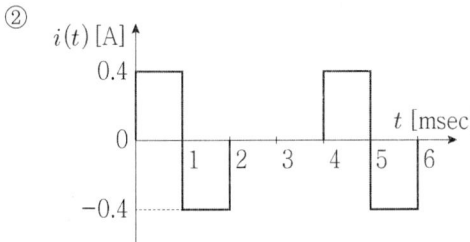

③ 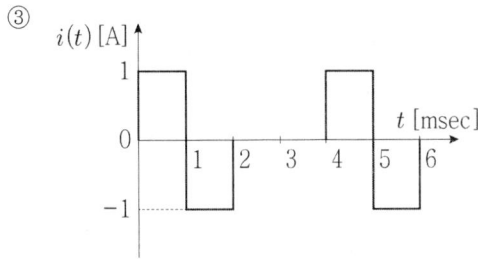 ④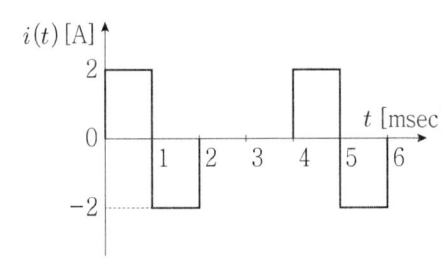

ANSWER 18.③

18
- $t = 0 \sim 1$: $i(t) = C\dfrac{dv(t)}{dt} = 50 \times 10^{-6} \times \dfrac{20-0}{1 \times 10^{-3}} = 1[\text{A}]$
- $t = 1 \sim 2$: $i(t) = C\dfrac{dv(t)}{dt} = 50 \times 10^{-6} \times \dfrac{0-20}{1 \times 10^{-3}} = -1[\text{A}]$
- $t = 2 \sim 4$: $\dfrac{dv(t)}{dt} = 0$, $i(t) = 0[\text{A}]$
- $t = 4 \sim 5$: $i(t) = C\dfrac{dv(t)}{dt} = 50 \times 10^{-6} \times \dfrac{20-0}{1 \times 10^{-3}} = 1[\text{A}]$
- $t = 5 \sim 6$: $i(t) = C\dfrac{dv(t)}{dt} = 50 \times 10^{-6} \times \dfrac{0-20}{1 \times 10^{-3}} = -1[\text{A}]$

19 이상적인 연산 증폭기를 포함한 그림의 회로에서 $v_s(t) = \cos t$ [V]일 때, 커패시터 양단 전압 $v_c(t)$[V]는? (단, 커패시터의 초기전압은 0[V]이다)

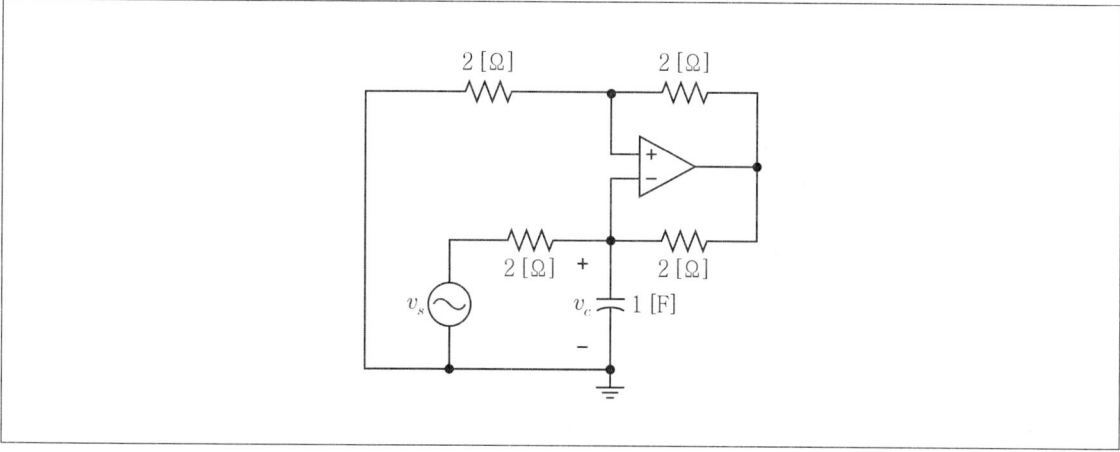

① $-\dfrac{\sin t}{2}$

② $-2\sin t$

③ $\dfrac{\sin t}{2}$

④ $2\sin t$

ANSWER 19.③

19 $V_c = \dfrac{1}{2}\int V_s(t)dt \Rightarrow \dfrac{1}{2s} \cdot \dfrac{s}{s^2+1} \Rightarrow \dfrac{1}{2}\sin t [\text{V}]$

20 그림과 같이 일정한 주기를 갖는 펄스 파형에서 듀티비[%]와 평균전압[V]은?

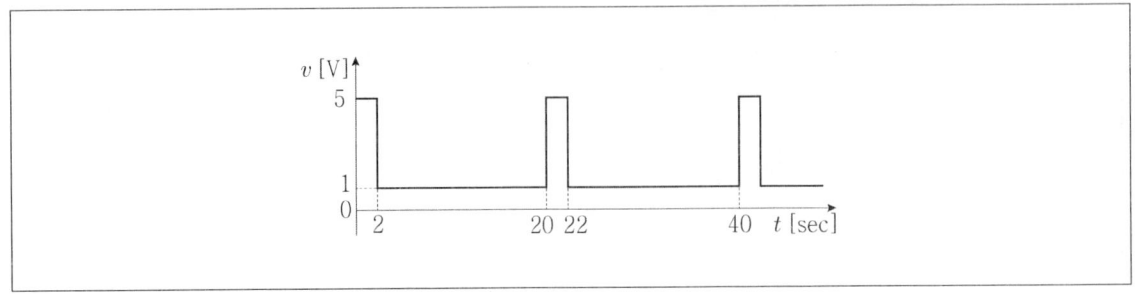

	듀티비[%]	평균전압[V]
①	10	1.4
②	10	1.8
③	20	1.4
④	20	1.8

ANSWER 20.①

20 듀티 사이클(duty cycle)은 기계 제어 공정에서 많이 쓰이는 개념 중 하나이다. 신호의 한 주기(period)에서 신호가 켜져 있는 시간의 비율을 백분율로 나타낸 수치이다. 주기는 신호가 on-and-off 사이클을 한번 온전히 거치는 데 소요되는 시간을 말한다.

$D = \dfrac{T}{P} \times 100 = \dfrac{2}{20} \times 100 = 10[\%]$ (D:듀티 사이클, T:신호가 켜져있는 시간, P:신호의 주기)

평균전압 $V_{av} = \dfrac{V_{on} \cdot T_{on} + V_{off} \cdot T_{on}}{T} = \dfrac{5 \times 2 + 1 \times 18}{20} = 1.4[V]$

전기이론 2022. 6. 18. 제1회 지방직 시행

1 그림의 회로에서 등가 컨덕턴스 G_{eq}[S]는?

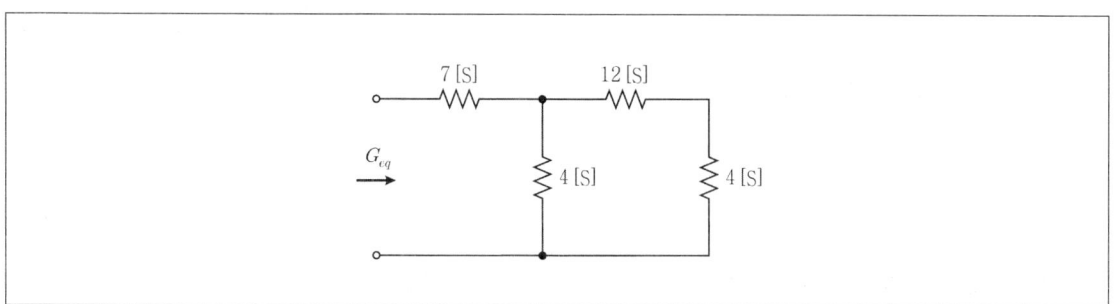

① 1.5
② 2.5
③ 3.5
④ 4.5

ANSWER 1.③

1 ① 12[S]와 4[S] 직렬합성 $G_1 = \dfrac{12[S] \times 4[S]}{12[S] + 4[S]} = 3[S]$

② $G_1 = 3[S]$, 4[S]와 병렬합성 $G_2 = 3[S] + 4[S] = 7[S]$

③ 7[S]와 $G_2[S] = 7[S]$와 직렬합성 $G_3 = \dfrac{7[S] \times 7[S]}{7[S] + 7[S]} = 3.5[S]$

2 그림의 회로에서 저항 1[Ω]에 흐르는 전류 I[A]는?

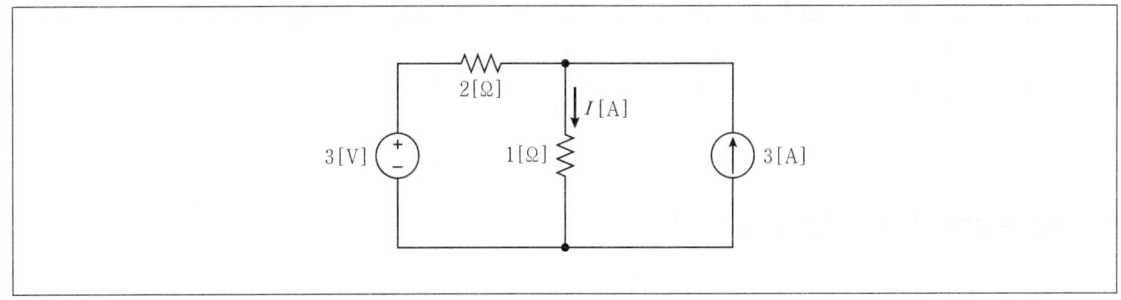

① 1
② 2
③ 3
④ 4

3 그림과 같이 전류와 폐경로 L이 주어졌을 때 $\oint_L \vec{H} \cdot \vec{dl}$[A]은?

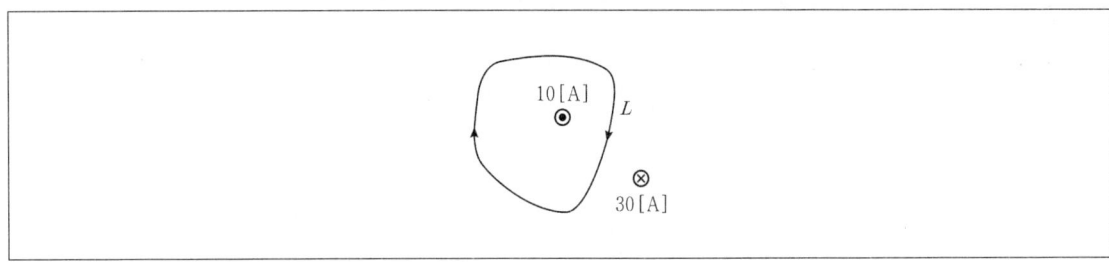

① -20
② -10
③ 10
④ 20

ANSWER 2.③ 3.②

2 중첩의 원리
　① 전류원을 개방시킨 경우　$I_1 = \dfrac{3[V]}{2[\Omega]+1[\Omega]} = 1[A]$
　② 전압원을 단락시킨 경우　$I_2 = \dfrac{2[\Omega]}{2[\Omega]+1[\Omega]} \times 3[A] = 2[A]$
　1[Ω]을 지나는 전류는 $I = I_1 + I_2 = 3[A]$

3 $\oint_L \vec{H} \cdot \vec{dl} = I$[A]이고 화살표의 방향이 전류의 방향과 반대이므로 -10[A]가 된다.

4 $R-L$ 직렬 회로에 $t=0$에서 일정 크기의 직류전압을 인가하였다. 저항과 인덕터의 전압, 전류 파형 중에서 $t>0$ 이후에 그림과 같은 형태로 나타나는 것은? (단, 인덕터의 초기 전류는 0[A]이다)

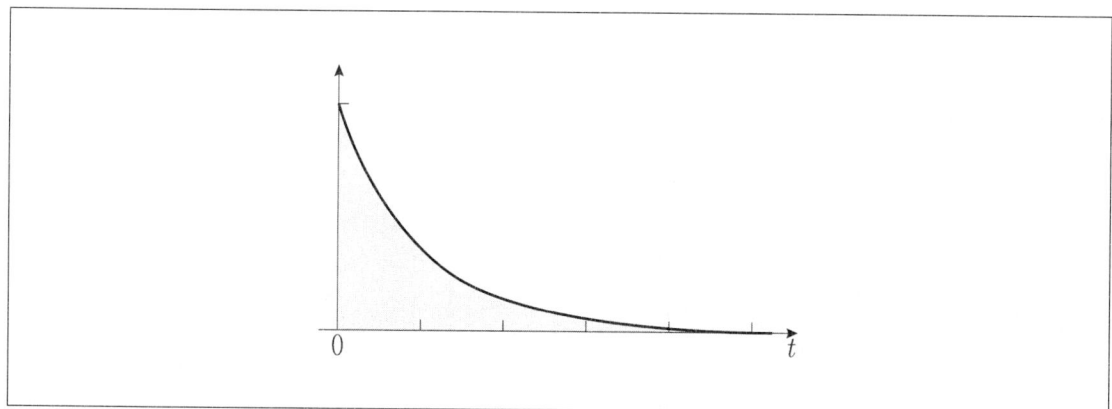

① 저항 R의 전류 파형
② 저항 R의 전압 파형
③ 인덕터 L의 전류 파형
④ 인덕터 L의 전압 파형

ANSWER 4.④

4 R-L직렬회로에서 직류전압을 인가하면 $i(t) = \frac{V}{R}(1-e^{-\frac{R}{L}t})$[A] ⇒ 증가하는 파형, 전류는 증가한다.

$v_R(t) = Ri(t) = R \cdot \frac{V}{R}(1-e^{-\frac{R}{L}t}) = V(1-e^{-\frac{R}{L}t})$[V] ⇒ R에서 전압은 증가

$v_L(t) = L\frac{di(t)}{dt} = L \cdot \frac{d}{dt}\left(\frac{V}{R}(1-e^{-\frac{R}{L}t})\right) = L \cdot \left(-\frac{V}{R}\right)\left(-\frac{R}{L}\right)e^{-\frac{R}{L}t}$[V]

$v_L(t) = Ve^{-\frac{R}{L}t}$[V] ⇒ 감소하는 파형

5 그림과 같이 내부저항 1[Ω]을 갖는 12[V] 직류 전압원이 5[Ω] 저항 R_L에 연결되어 있다. 저항 R_L에서 소비되는 전력[W]은?

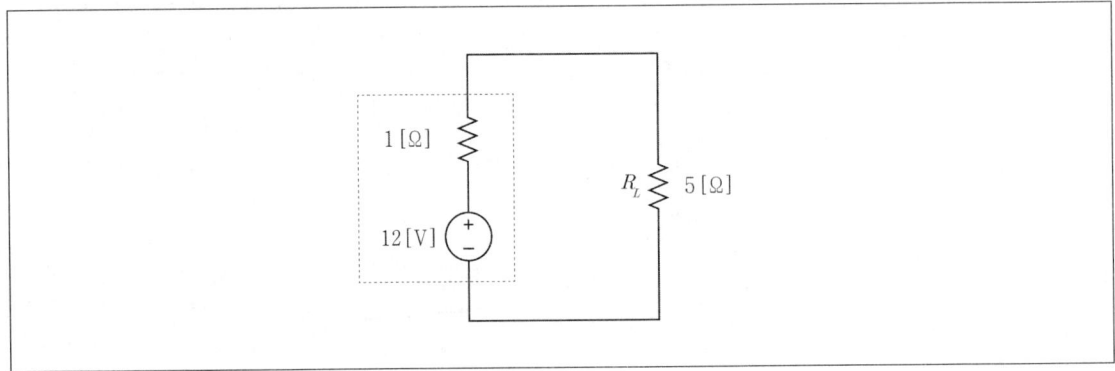

① 12
② 20
③ 24
④ 28.8

6 평형 3상 교류 회로의 전압과 전류에 대한 설명으로 옳은 것은?

① 평형 3상 Δ결선의 전원에서 선간전압의 크기는 상전압의 크기의 $\sqrt{3}$ 배이다.
② 평형 3상 Δ결선의 부하에서 선전류의 크기는 상전류의 크기와 같다.
③ 평형 3상 Y결선의 전원에서 선간전압의 크기는 상전압의 크기와 같다.
④ 평형 3상 Y결선의 부하에서 선전류의 크기는 상전류의 크기와 같다.

ANSWER 5.② 6.④

5 $I = \dfrac{12[V]}{1[\Omega]+5[\Omega]} = 2[A]$, 전력 $P = I^2 R_L = 2^2 \times 5 = 20[W]$

6 3상 Δ결선에서 선간전압과 상전압은 같고, 선전류는 상전류의 $\sqrt{3}$ 배이다.
3상 Y결선에서 선간전압은 상전압의 $\sqrt{3}$ 배이다. 상전류와 선전류는 크기가 같다.

7 그림의 회로에서 전압 $v(t)$와 전류 $i(t)$의 라플라스 관계식은? (단, 커패시터의 초기 전압은 0[V]이다)

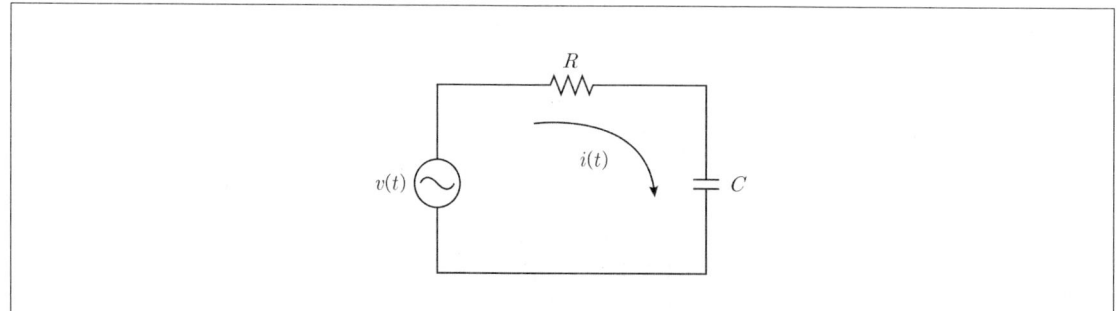

① $I(s) = \dfrac{C}{sRC+1} V(s)$

② $I(s) = \dfrac{s}{sRC+1} V(s)$

③ $I(s) = \dfrac{sR}{sRC+1} V(s)$

④ $I(s) = \dfrac{sC}{sRC+1} V(s)$

Answer 7.④

7
$I(s) = \dfrac{V(s)}{R + \dfrac{1}{sC}} = \dfrac{sC}{RsC+1} V(s)$

8 그림의 회로에서 역률이 $\frac{1}{\sqrt{2}}$이 되기 위한 인덕턴스 L[H]은? (단, $v(t) = 300\cos(2\pi \times 50t + 60°)$ [V]이다)

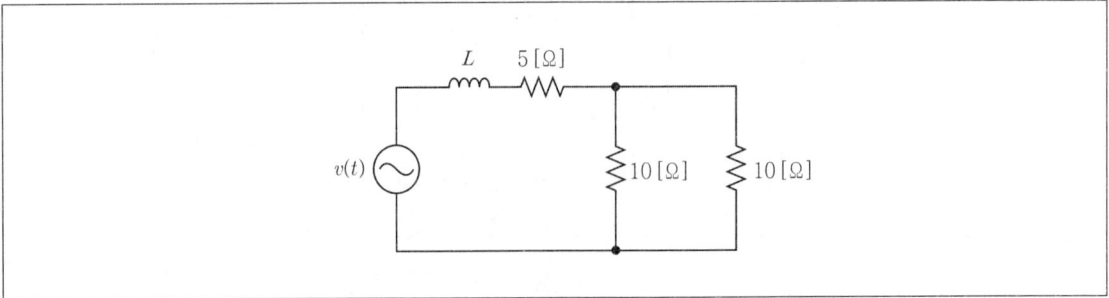

① $\frac{1}{\pi}$

② $\frac{1}{5\pi}$

③ $\frac{1}{10\pi}$

④ $\frac{1}{20\pi}$

ANSWER 8.③

8 합성저항 10[Ω], 역률이 $\frac{1}{\sqrt{2}}$이면, 저항과 리액턴스가 같으므로 ($\theta = 45°$)

$\omega L = 10$, $L = \frac{10}{\omega} = \frac{10}{100\pi} = \frac{1}{10\pi}$[H]

9 그림의 $R-C$ 직렬회로에 200[V]의 교류전압 V_s [V]를 인가하니 회로에 40[A]의 전류가 흘렀다. 저항이 3[Ω]일 경우 이 회로의 용량성 리액턴스 X_C [Ω]는? (단, 전압과 전류는 실횻값이다)

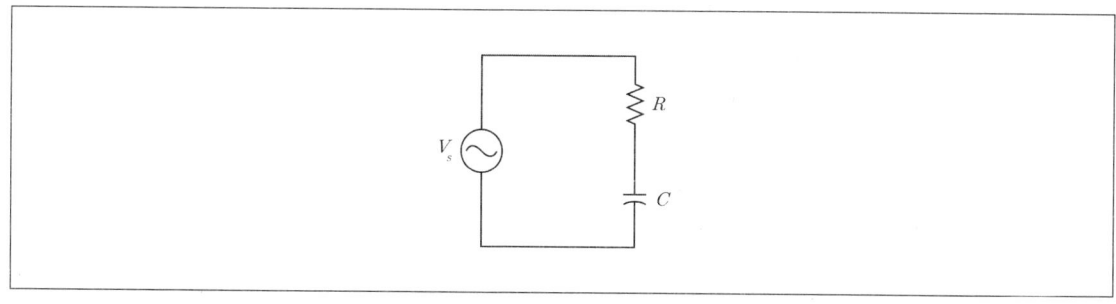

① 4
② 5
③ 6
④ 8

10 그림(a)의 회로를 그림(b)의 테브난 등가회로로 변환하였을 때, 테브난 등가전압 V_{TH} [V]와 부하저항 R_L 에서 최대전력이 소비되기 위한 R_L [Ω]은?

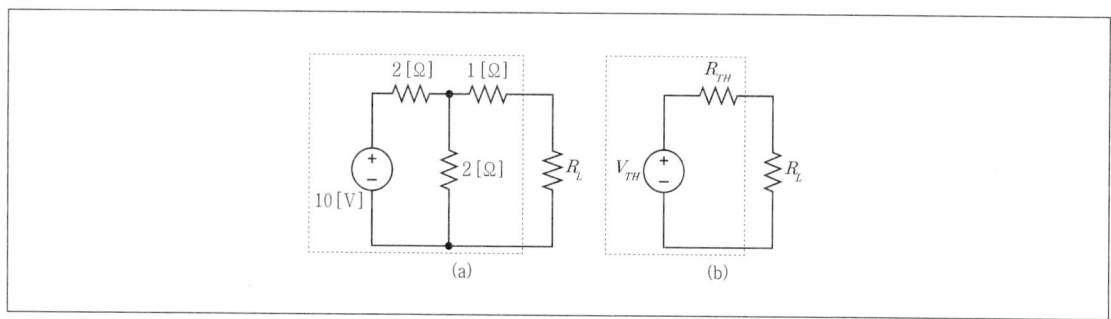

	V_{TH}	R_L		V_{TH}	R_L
①	5	2	②	5	5
③	10	2	④	10	5

ANSWER 9.① 10.①

9 R-C 직렬회로 $Z = \dfrac{V}{I} = \dfrac{200}{40} = 5 = R - jX_c [\Omega]$

$\sqrt{R^2 + X_c^2} = 5$, $R = 3[\Omega]$이면 $X_c = 4[\Omega]$

10 그림에서 $V_{TH} = 5[V]$, 전압원을 단락하면 $R_{TH} = 2[\Omega]$

최대전력이 되기 위한 R_L의 값은 내부저항과 같다. 따라서 R_{TH}와 같은 $2[\Omega]$이 된다.

11 그림은 $t=0$에서 1초 간격으로 스위치가 닫히고 열림을 반복하는 $R-L$ 회로이다. 이때 인덕터에 흐르는 전류의 파형으로 적절한 것은? (단, 다이오드는 이상적이고, $t<0$에서 스위치는 오랫동안 열려 있다고 가정한다)

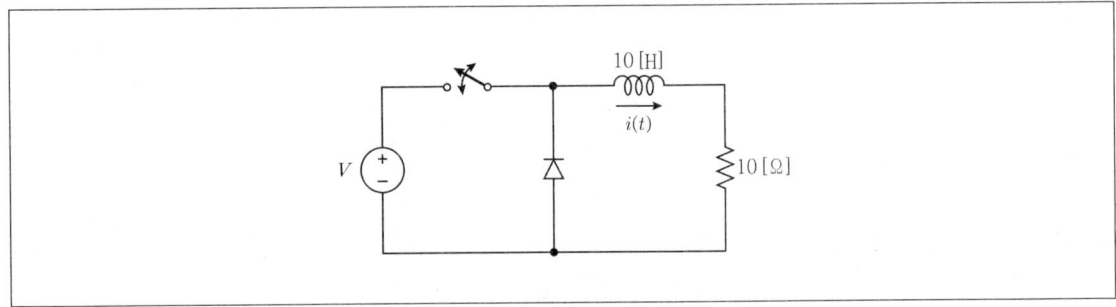

① ② ③ ④

ANSWER 11.③

11 R-L 회로이므로 전원이 인가되면 $i(t)=\dfrac{V}{R}(1-e^{-\frac{R}{L}t})$[A]에 의해 전류가 0부터 증가하고, 전원이 제거되면 $i(t)=\dfrac{V}{R}e^{-\frac{R}{L}t}$[A]에 의해 전류가 서서히 감소하여 0으로 된다.

시정수가 $\dfrac{L}{R}=1$[sec]이므로 1초에 목표값에 도달한 그림이다.

다이오드는 프리휠링다이오드로서 전원을 차단할 때 발생하는 역기전력에 의해 전류를 공급하여 전류가 서서히 감소할 수 있도록 한다.

12 $R-C$ 직렬회로에 교류전압 V_s = 40[V]가 인가될 때 회로의 역률[%]과 유효전력[W]은? (단, 저항 R = 10[Ω], 용량성 리액턴스 $X_C = 10\sqrt{3}$ [Ω]이고, 인가전압은 실횻값이다)

역률	유효전력
① 50	20
② 50	40
③ 100	20
④ 100	40

13 그림과 같은 $R-L-C$ 직렬회로에서 교류전압 $v(t)=100\sin(\omega t)$ [V]를 인가했을 때, 주파수를 변화시켜서 얻을 수 있는 전류 $i(t)$의 최댓값[A]은? (단, 회로는 정상상태로 동작하며, R = 20[Ω], L = 10[mH], C = 20[μF]이다)

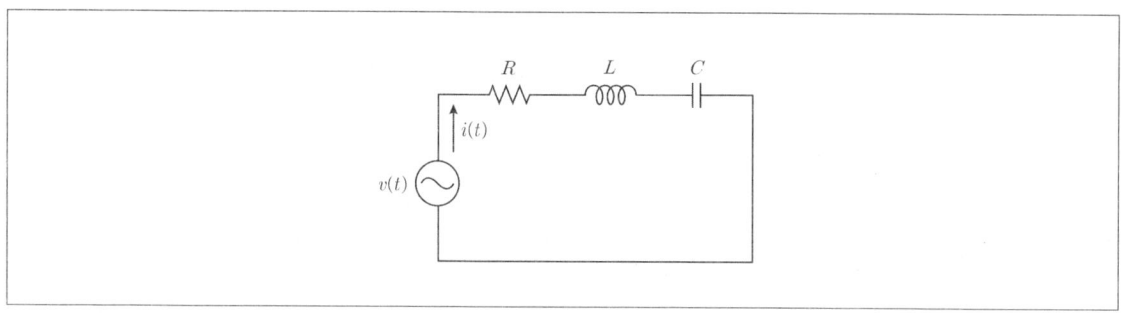

① 0.5 ② 1
③ 5   ④ 10

ANSWER 12.② 13.③

12 R-C 직렬회로
$R=10[\Omega]$, $X_c=10\sqrt{3}[\Omega]$이면 위상각은 $\theta=60°$
따라서 역률 $\cos\theta = \cos60° = 0.5$ ∴ 50%
유효전력 $P = \dfrac{V^2 R}{R^2 + X_c^2} = \dfrac{40^2 \times 10}{10^2 + (10\sqrt{3})^2} = \dfrac{16,000}{400} = 40[W]$

13 주파수를 변화시켜서 얻을 수 있는 전류의 최대값은 공진상태이므로 임피던스는 저항성분만 존재한다.
$i(t)_{max} = \dfrac{V_{max}}{R_o} = \dfrac{100}{20} = 5[A]$

14 그림의 회로에서 합성 인덕턴스 L_o[mH]와 각각의 인덕터에 인가되는 전압 V_1[V], V_2[V], V_3[V]는? (단, 모든 전압은 실훗값이다)

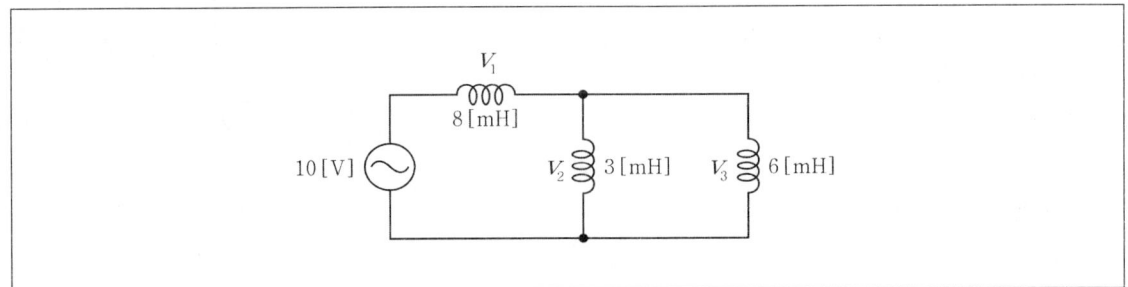

	L_o	V_1	V_2	V_3
①	4	2	8	8
②	10	4	4	8
③	4	6	4	8
④	10	8	2	2

ANSWER 14.④

14 리액터는 저항과 같이 연산되므로 병렬 리액터의 합성은
$$L_{23} = \frac{3[\text{mH}] \times 6[\text{mH}]}{3[\text{mH}] + 6[\text{mH}]} = 2[\text{mH}]$$
$$L_o = 8[\text{mH}] + 2[\text{mH}] = 10[\text{mH}]$$
전압은 리액터와 비례하므로 $V_1 : V_{23} = 4 : 1$
따라서 $V_1 = 8[\text{V}]$, $V_{23} = 2[\text{V}]$
V_2와 V_3는 병렬이므로 전압이 2[V]로 같다.

15 그림과 같이 진공 중에 두 무한 도체 A, B가 1[m] 간격으로 평행하게 놓여 있고, 각 도체에 2[A]와 3[A]의 전류가 흐르고 있다. 합성 자계가 0이 되는 지점 P와 도체 A까지의 거리 x[m]는?

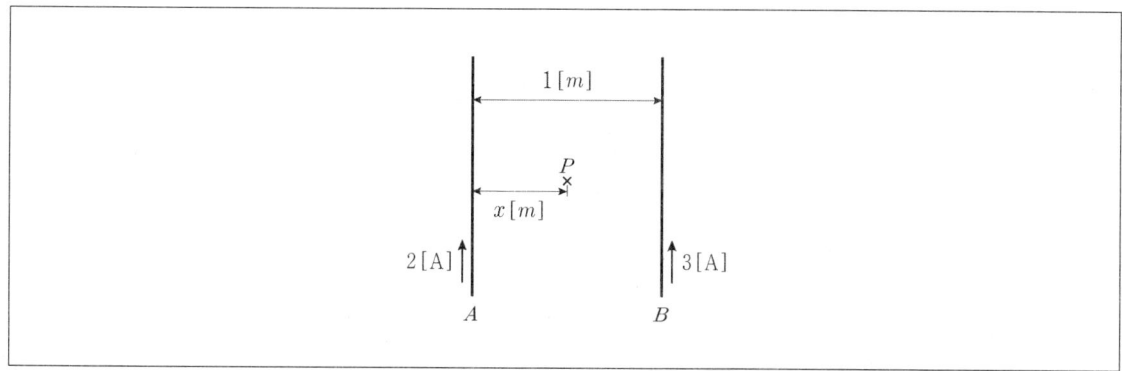

① 0.3
② 0.4
③ 0.5
④ 0.6

ANSWER 15.②

15 합성자계가 0이므로 $\dfrac{I_1}{2\pi r_1} = \dfrac{I_2}{2\pi r_2} \Rightarrow \dfrac{2}{2\pi x} = \dfrac{3}{2\pi(1-x)} \Rightarrow \dfrac{2}{x} = \dfrac{3}{(1-x)} \Rightarrow 2-2x = 3x$

∴ $x = 0.4$[m]

16 그림의 Y-Y 결선 평형 3상 회로에서 각 상의 공급전력은 100[W]이고, 역률이 0.5 뒤질(lagging PF) 때 부하 임피던스 $Z_p[\Omega]$는?

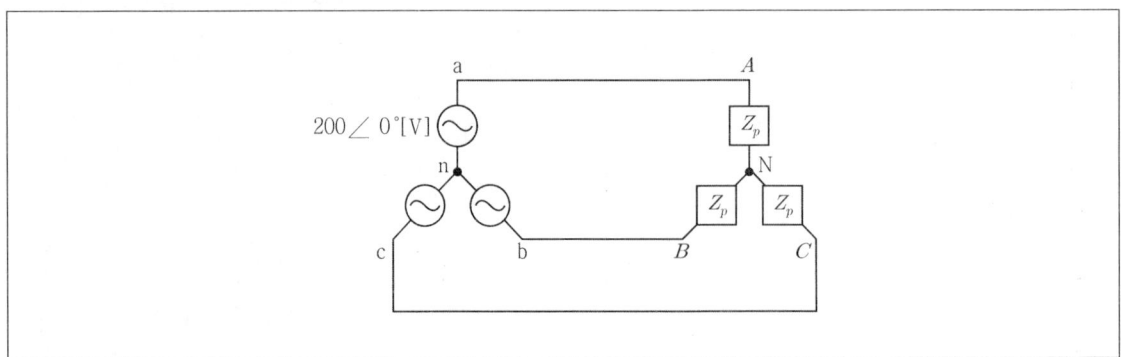

① $200 \angle 60°$
② $200 \angle -60°$
③ $200\sqrt{3} \angle 60°$
④ $200\sqrt{3} \angle -60°$

17 임의의 철심에 코일 2,000회를 감았더니 인덕턴스가 4[H]로 측정되었다. 인덕턴스를 1[H]로 감소시키려면 기존에 감겨 있던 코일에서 제거할 횟수는? (단, 자기포화 및 누설자속은 무시한다)

① 250
② 500
③ 1,000
④ 1,500

ANSWER 16.① 17.③

16 Y결선 한 상의 전력

$P_p = \dfrac{V_p^2}{Z}\cos\theta[\text{W}]$ ($P_p = 100[\text{W}]$, $V_p = 200[\text{V}]$, 역률 = 0.5)

$Z = 200[\Omega]$

역률이 0.5이면 $\cos\theta = \dfrac{1}{2} \Rightarrow \theta = 60°$

17 $a = \dfrac{N_1}{N_2} = \sqrt{\dfrac{L_1}{L_2}}$, $\dfrac{2,000}{N_2} = \sqrt{\dfrac{4}{1}} = 2$, $N_2 = 1,000$

그러므로 기존의 감긴 횟수를 절반으로 줄여야 한다.

18 다음 그림에서 −2Q[C]과 Q[C]의 두 전하가 1[m] 간격으로 x축상에 배치되어 있다. 전계가 0이 되는 x축상의 지점 P까지의 거리 $d[m]$에 가장 가까운 값은?

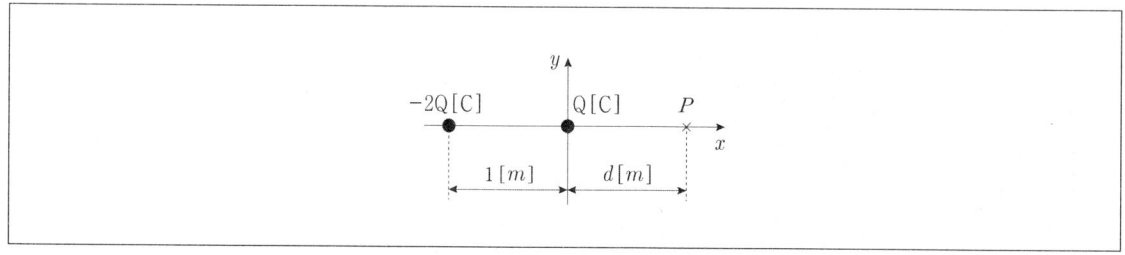

① 0.1
② 0.24
③ 1
④ 2.4

ANSWER 18.④

18 전계가 0이 되는 P점에서 $\frac{2Q}{4\pi\epsilon(1+d)^2} = \frac{Q}{4\pi\epsilon d^2}$, $\frac{2}{(1+d)^2} = \frac{1}{d^2}$

$2d^2 = (1+d)^2$, $\sqrt{2}d = 1+d$

$d = \frac{1}{\sqrt{2}-1} ≒ 2.4$

19 그림의 회로에서 전압 $v_o(t)$에 대한 미분방정식 표현으로 옳은 것은?

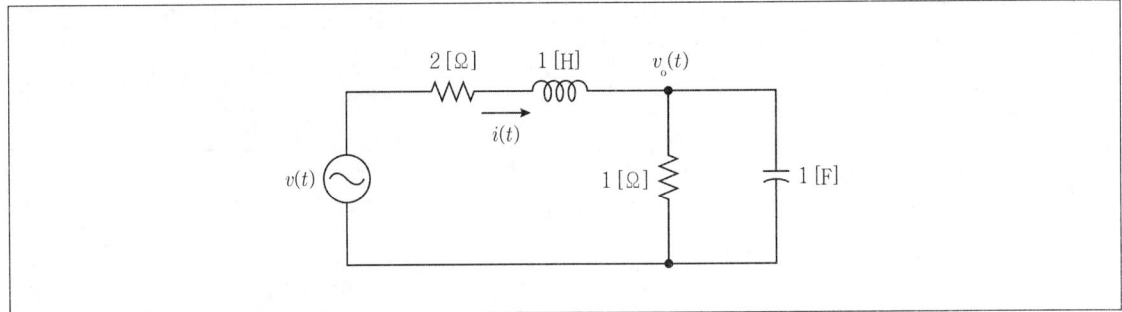

① $\dfrac{d^2 v_o(t)}{dt^2} + \dfrac{1}{3}\dfrac{dv_o(t)}{dt} + \dfrac{1}{3}v_o(t) = v(t)$

② $\dfrac{d^2 v_o(t)}{dt^2} + \dfrac{1}{3}\dfrac{dv_o(t)}{dt} + 3v_o(t) = v(t)$

③ $\dfrac{d^2 v_o(t)}{dt^2} + 3\dfrac{dv_o(t)}{dt} + \dfrac{1}{3}v_o(t) = v(t)$

④ $\dfrac{d^2 v_o(t)}{dt^2} + 3\dfrac{dv_o(t)}{dt} + 3v_o(t) = v(t)$

ANSWER 19.④

19 $\dfrac{V(s) - V_o(s)}{2+s} = \dfrac{V_o(s)}{1} + \dfrac{V_o(s)}{\dfrac{1}{s}}$

$V(s) = (2+s)(V_o(s) + sV_o(s)) + V_o(s) = 3V_o(s) + 3sV_o(s) + s^2 V_o(s)$

역변환하면 $\dfrac{d^2 v_o(t)}{dt^2} + 3\dfrac{dv_o(t)}{dt} + 3v_o(t) = v(t)$

20 그림 (a)는 도체판의 면적 $S = 0.1[m^2]$, 도체판 사이의 거리 $d = 0.01[m]$, 유전체의 비유전율 $\epsilon_r = 2.5$인 평행판 커패시터이다. 여기에 그림 (b)와 같이 두 도체판 사이의 거리 $d = 0.01[m]$를 유지하면서 두께 $t = 0.002[m]$, 면적 $S = 0.1[m^2]$인 도체판을 삽입했을 때, 커패시턴스 변화에 대한 설명으로 옳은 것은?

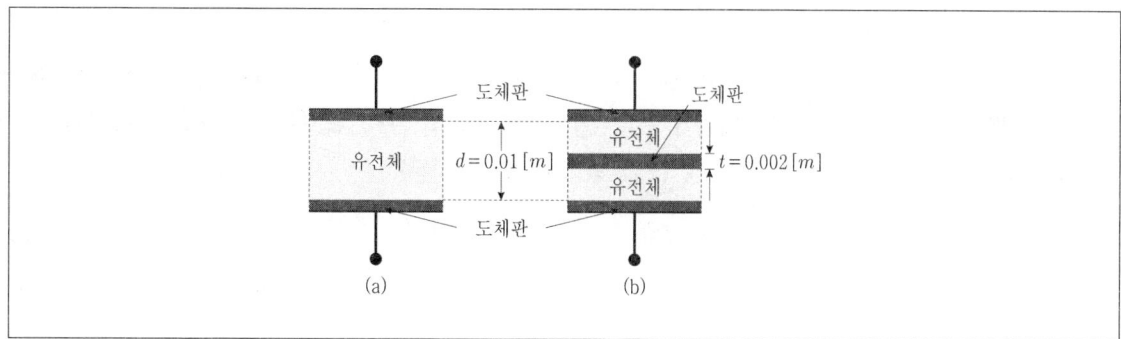

① (b)는 (a)에 비해 커패시턴스가 25% 증가한다.
② (b)는 (a)에 비해 커패시턴스가 20% 증가한다.
③ (b)는 (a)에 비해 커패시턴스가 25% 감소한다.
④ (b)는 (a)에 비해 커패시턴스가 20% 감소한다.

ANSWER 20.①

20 (a) $C = \epsilon \dfrac{S}{d} = 2.5\epsilon_o \dfrac{0.1}{0.01} = 25\epsilon_o [\mathrm{F}]$

(b) C가 직렬이므로 합성하면 $\dfrac{1}{2}$

$\dfrac{1}{2} C_1 = \dfrac{1}{2} \times 2.5\epsilon_o \dfrac{0.1}{0.004} = 31.25\epsilon_o$

∴ $\dfrac{31.25}{25} = 1.25$, (b)는 (a)에 비해 25% 증가한다.

전기이론

2022. 6. 18. 제2회 서울특별시 시행

1 (+)x 방향으로 3kV/m, (+)y 방향으로 5kV/m인 전기장이 있다. 시간 $t = 0$일 때 원점에 있는 전하 Q = 4nC를 띤 질량 m = 4mg인 입자가 (+)x 방향으로 4m/s, (+)y 방향으로 10m/s로 움직일 경우 1초 후에 이 입자 가속도의 (+)x 방향 및 (+)y 방향의 값[m/s²]은?

	(+)x 방향	(+)y 방향
①	1	3
②	3	3
③	1	5
④	3	5

2 자기 인덕턴스(self-inductance), L = 1H인 코일에 교류전류 $i = \sqrt{2}\sin(120\pi t)$A가 흐른다고 할 때, 코일의 전압의 실횻값[V]은?

① 1
② 60π
③ 120π
④ $\sqrt{2}(120\pi)$

Answer 1.④ 2.③

1 $F = EQ = ma$[N]

$F_x = EQ = (3 \times 10^3) \times (4 \times 10^{-9}) = 12 \times 10^{-6} = m\dfrac{dv}{dt} = 4 \times 10^{-3} \times a_x$ [N]

$a_x = 3$[m/s²]

$F_y = EQ = (5 \times 10^3) \times (4 \times 10^{-9}) = 20 \times 10^{-6} = m\dfrac{dv}{dt} = 4 \times 10^{-3} \times a_y$ [N]

$a_y = 5$[m/s²]

2 $v(t) = L\dfrac{di}{dt} = j\omega L i_{rms} = 120\pi \times 1[H] \times 1[A] = 120\pi$[V]

3 어떤 도선에 5A의 직류전류가 10초간 흘렀다면, 도체 단면을 통과한 전자의 개수는?(단, 전자의 전하량은 -1.6×10^{-19}C으로 계산한다.)

① 3.125×10^{20}

② 50

③ 1.6×10^{-19}

④ 6.25×10^{18}

4 〈보기〉의 회로에서 $R_1 = 10\Omega$, $R_2 = 5\Omega$, $R_3 = 15\Omega$일 때, 이 회로에 흐르는 전류 I와 전원 V사이의 관계로 옳은 것은?

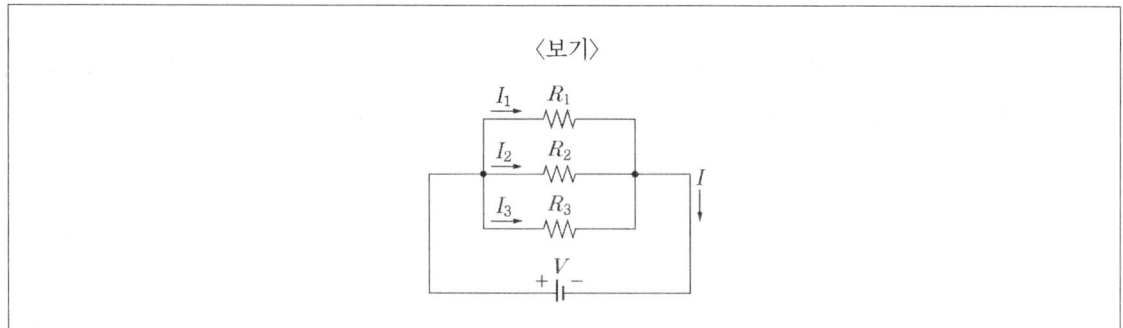

① $V[\text{V}] = 11/30[\Omega] \cdot I[\text{A}]$

② $V[\text{V}] = 30/11[\Omega] \cdot I[\text{A}]$

③ $V[\text{V}] = 11[\Omega] \cdot I[\text{A}]$

④ $V[\text{V}] = 30[\Omega] \cdot I[\text{A}]$

Answer 3.① 4.②

3 전기량 $Q = it = 5[\text{A}] \times 10[\text{sec}] = 50[\text{C}]$

$n = \dfrac{Q}{e} = \dfrac{50}{1.6 \times 10^{-19}} = 31.25 \times 10^{19} = 3.125 \times 10^{20}$ [개]

4 병렬 합성저항 $R_o = \dfrac{1}{\dfrac{1}{R_1} + \dfrac{1}{R_2} + \dfrac{1}{R_3}} = \dfrac{1}{\dfrac{1.5 + 3 + 1}{15}} = \dfrac{15}{5.5} = \dfrac{30}{11}[\Omega]$

5 〈보기〉의 빈 칸에 들어갈 숫자는?

> 〈보기〉
> 공기 중에 평행한 두 도선의 길이와 도선 사이의 거리가 각각 두 배가 되고, 각 도선에 흐르는 전류가 반으로 줄어들면, 도선 사이에 작용하는 힘은 _____배가 된다. 단, 도선은 충분히 길다고 가정한다.

① $\dfrac{1}{8}$ ② $\dfrac{1}{4}$

③ $\dfrac{1}{2}$ ④ 1

6 〈보기〉 RLC 직렬회로의 $L=10\text{mH}$, $C=100\mu\text{F}$이며, 정현파 교류 전원 V의 최댓값(amplitude)이 일정할 때, R_L에 공급되는 전력을 최대로 하는 전원 V의 주파수[kHz]는?

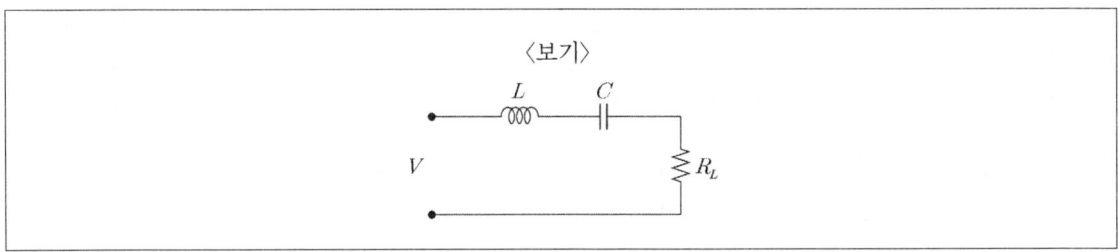

① $\dfrac{1}{2\pi}$ ② 2π

③ 1   ④ 1,000

ANSWER 5.② 6.①

5 두 도선간에 작용하는 힘

$$F = \dfrac{2I_1 I_2}{r} \times 10^{-7}[\text{N/m}] = \dfrac{2I_1 I_2}{r} l \times 10^{-7}[\text{N}] \propto \dfrac{I^2}{r} l = \dfrac{\left(\dfrac{I}{2}\right)^2}{2r}(2l) = \dfrac{1}{4}\dfrac{I^2}{r}l$$

6 공진주파수

$$f = \dfrac{1}{2\pi\sqrt{LC}} = \dfrac{1}{2\pi\sqrt{(10\times 10^{-3})\times(100\times 10^{-6})}} = \dfrac{10^3}{2\pi}[\text{Hz}] = \dfrac{1}{2\pi}[\text{KHz}]$$

7 〈보기〉와 같은 평형 3상 회로의 역률은? (단, 3상의 위상순서는 a-b-c이다.)

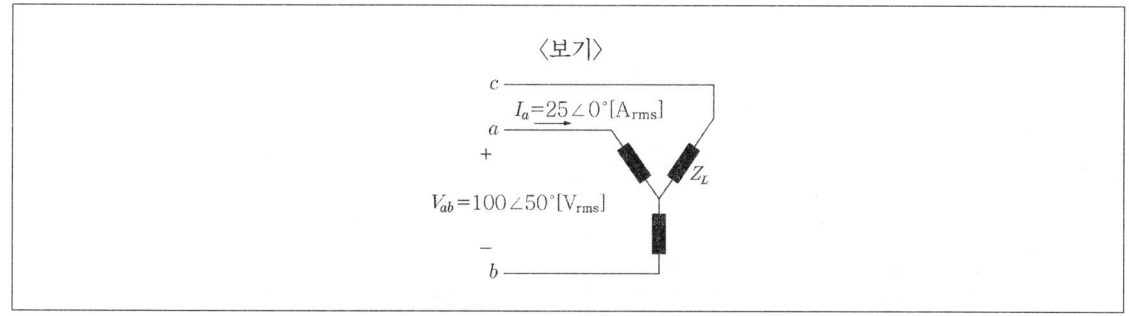

① cos20°(지상) ② cos20°(진상)
③ cos80°(지상) ④ cos80°(진상)

8 〈보기〉의 회로에서 정현파 전류 i_R과 i_C의 실횻값이 각각 4A와 3A일 때, 전류 i의 최댓값[A]은?

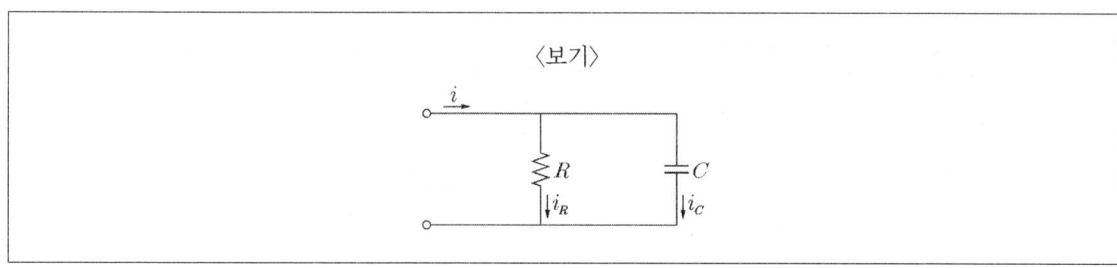

① 5 ② 7
③ $5\sqrt{2}$ ④ $7\sqrt{2}$

ANSWER 7.① 8.③

7 선간전압 $V_{ab}=100\angle 50°$ [V]을 상전압으로 하면 $V_a=\dfrac{100}{\sqrt{3}}\angle 20°$

임피던스를 구하면 $Z=\dfrac{V_a}{I_a}=\dfrac{\dfrac{100}{\sqrt{3}}\angle 20°}{25\angle 0°}=\dfrac{4}{\sqrt{3}}\angle 20°$

역률은 $\cos 20°$ 지상회로이다.

8 전류를 합성하면 $i=i_R+i_c=3+j4$ [A], $i=\sqrt{3^2+4^2}=5$ [A]
전류의 최대값 $i_{max}=\sqrt{2}\,i_{rms}=5\sqrt{2}$ [A]

9 〈보기〉의 회로에서 양단에 교류전압 $v = 100\sqrt{2}\sin(10t)$V인 정현파를 가할 때, 저항 R_1에 흐르는 전류의 실횻값이 10A였다면, 저항값 $R[\Omega]$은?

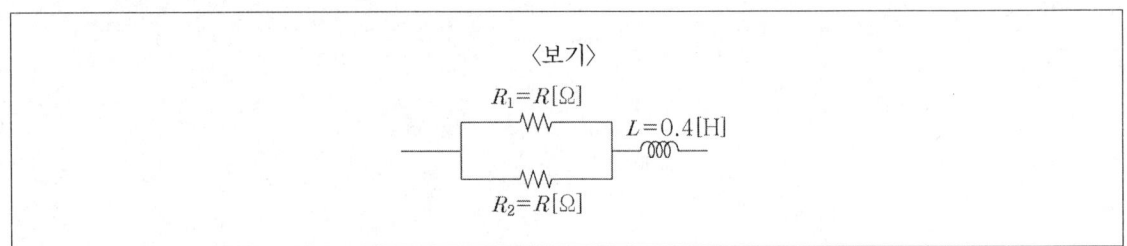

① 1
② 6
③ 9
④ 12

10 라플라스 함수 $F(s) = \dfrac{1.5s+3}{s^3+2s^2+s}$ 일 때, 역변환 함수 $f(t)$의 최종값은?

① 1.5
② 2
③ 3
④ 4.5

ANSWER 9.② 10.③

9 $R_1 = R_2$이고 각각 10[A]가 흐르므로 회로의 전류는 20[A]
$\omega = 10[\text{rad/sec}]$, $\omega L = 10 \times 0.4 = 4[\Omega]$
$Z = \dfrac{v_s}{i_s} = \dfrac{100}{20} = 5[\Omega]$
따라서 병렬 합성저항은 3[Ω]
$R = 6[\Omega]$

10 $\lim_{t \to \infty} f(t) = \lim_{s \to 0} sF(s) = \lim_{s \to 0} s \cdot \dfrac{1.5s+3}{s(s^2+2s+1)} = 3$

11 〈보기〉와 같은 전압파형이 2H의 인덕터에 인가되었을 때, $t=10s$ 인 시점에서 저장된 자계 에너지[J]는? (단, 인덕터 초기전류는 0A이다).

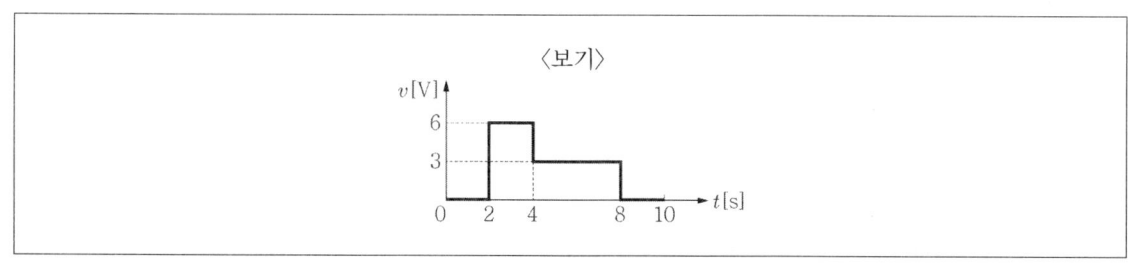

① 121
② 130
③ 144
④ 169

12 10mH의 인덕터에 최대치 10V, 60Hz의 구형파 전압을 가할 때, 인덕터에 흐르는 전류의 3고조파 성분의 최댓값 $I_3[A]$와 기본파 성분의 최댓값 $I_1[A]$의 비, 즉 $\frac{I_3}{I_1}$는?

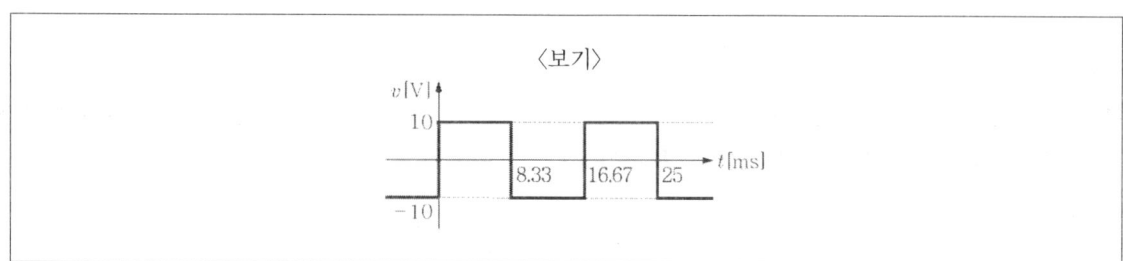

① $\frac{1}{3}$
② $\frac{1}{5}$
③ $\frac{1}{7}$
④ $\frac{1}{9}$

ANSWER 11.③ 12.④

11
$W = \frac{1}{2}LI^2 = \frac{1}{2}\frac{\phi^2}{L}$ $(\phi = \int v\,dt)$

$\phi = \int_2^4 6\,dt + \int_4^8 3\,dt = 12 + 12 = 24[\text{Wb}]$ ∴ $W = \frac{1}{2} \cdot \frac{24^2}{2} = 144[\text{J}]$

12
$I_1 = \frac{V_1}{\omega L}[A]$, $I_3 = \frac{V_3}{3\omega L}[A]$ ⇒ $\frac{I_3}{I_1} = \frac{\frac{V_3}{3\omega L}}{\frac{V_1}{\omega L}} = \frac{\frac{V_1}{3}}{\frac{V_1}{\omega L}} \cdot \frac{1}{3\omega L} = \frac{1}{9}$

13 〈보기〉와 같이 $t=0$에서 회로의 스위치를 닫을 때. 회로의 시정수[ms]와 인덕터에 흐르는 전류 i_L의 최종값[A]은?

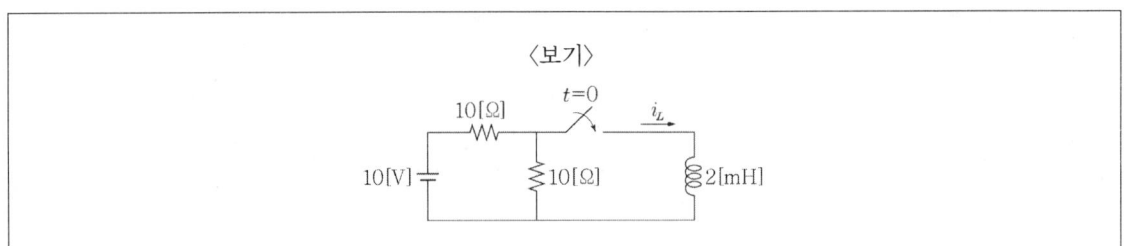

시정수	전류
① 0.2	0.5
② 0.4	0.5
③ 0.2	1
④ 0.4	1

14 〈보기〉와 같은 RLC 직렬회로에 $v=10\sqrt{2}\sin(10t)$V의 교류 전압을 가할 때, 유효전력이 6W였다면 C의 값[F]은? (단, 전체 부하는 유도성 부하이다.)

〈보기〉
$R=6[\Omega]$ $L=1[H]$ $C=?$

① 0.01   ② 0.05
③ 0.1   ④ 1

ANSWER 13.④ 14.②

13 등가회로를 그리면 시정수 $\tau = \dfrac{L}{R} = \dfrac{2 \times 10^{-3}}{5} = 0.4[\text{msec}]$

정상회로에서 L은 단락상태로 되므로 $i_L = \dfrac{V}{R} = \dfrac{5}{5} = 1[\text{A}]$

14 $X_L = \omega L = 10 \times 1 = 10[\Omega]$, $P = \dfrac{V^2 R}{R^2 + X^2} = \dfrac{10^2 \times 6}{6^2 + X^2} = 6[\text{W}]$, $X = 8[\Omega]$

그러므로 $X = X_L - X_c = 8[\Omega]$, $X_c = \dfrac{1}{\omega C} = 2[\Omega]$ ∴ $C = \dfrac{1}{20} = 0.05[\text{F}]$

15 〈보기〉와 같은 RC 직렬회로에서 소비되는 유효전력을 50% 감소하기 위한 방법으로 가장 옳은 것은?

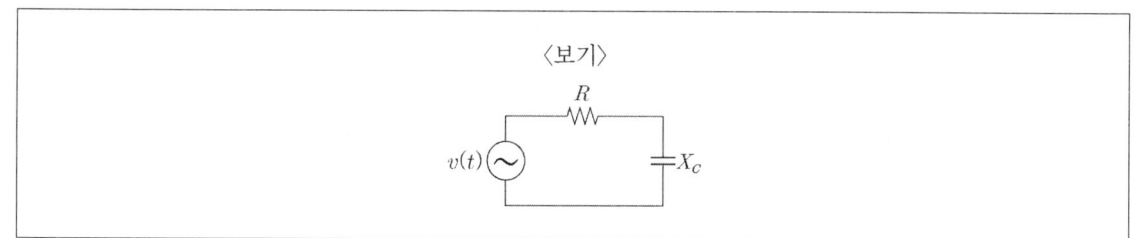

① 전압 $v(t)$를 $\frac{1}{\sqrt{2}}$배 한다.
② 전압 $v(t)$를 0.5배 한다.
③ 저항 R을 $\frac{1}{\sqrt{2}}$배 한다.
④ 저항 R을 0.5배 한다.

16 〈보기〉의 연산증폭기 회로에 5sin(3t)mV 입력이 주어졌을 때, 출력 신호의 진폭[mV]은? (단, 연산증폭기는 이상적이다.)

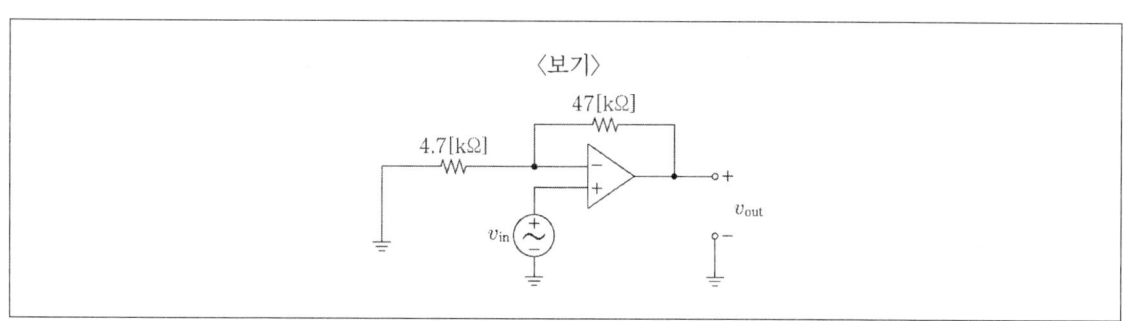

① 15
② 45
③ 50
④ 55

ANSWER 15.① 16.④

15 R-C 회로에서 유효전력 $P = \frac{V^2 R}{R^2 + X_c^2}$[W]이므로 유효전력을 50%로 하려면 전압을 $\frac{1}{\sqrt{2}}$배 하면 된다. 저항을 $\frac{1}{2}$로 하는 것은 분모 저항의 감소로 전력이 오히려 2배 증가하게 된다.

16 키르히호프의 법칙을 적용하면 $i_1 + i_2 + i_3 = 0$, $i_2 = 0$
$\frac{v_{in} - 0}{4.7} = -\frac{v_{in} - v_{out}}{47}$, $11 v_{in} = v_{out}$ ∴ $v_{out} = 55$[mV]

17 유전율이 ϵ_0이고, 극판 사이의 간격이 d인 커패시터가 있다. 〈보기〉와 같이 극판 사이에 평행으로 유전율이 ϵ인 물질을 $\dfrac{d}{2}$ 두께를 갖도록 삽입했을 때, 커패시터의 합성 정전용량이 1.6배가 되었다. 이때 삽입한 유전체의 비유전율은?

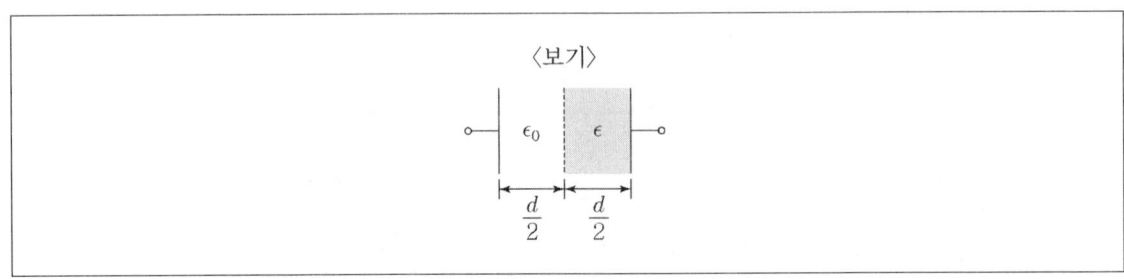

① 1.5
② 2
③ 3
④ 4

18 두 개의 코일로 구성된 이상적인 변압기(ideal transformer)에 대한 설명으로 가장 옳지 않은 것은?

① 두 코일 간의 결합계수는 무한대이다.
② 두 코일의 자기 인덕턴스는 무한대이다.
③ 두 코일의 저항은 0[Ω]이다.
④ 변압기의 철손은 0[W]이다.

ANSWER 17.④ 18.①

17 합성 정전용량은 $C = \dfrac{2C_o}{1+\dfrac{1}{\epsilon_s}} = 1.6 C_o$

$\therefore \epsilon_s = 4$

18 $k = \dfrac{M}{\sqrt{L_1 L_2}} \angle 1$

결합계수는 0보다 크고 1보다 작은 범위이다.

19 〈보기〉의 회로를 A-B터미널에서 바라본 하나의 등가커패시터로 나타낸다고 할 때 그 커패시턴스[μF]는?

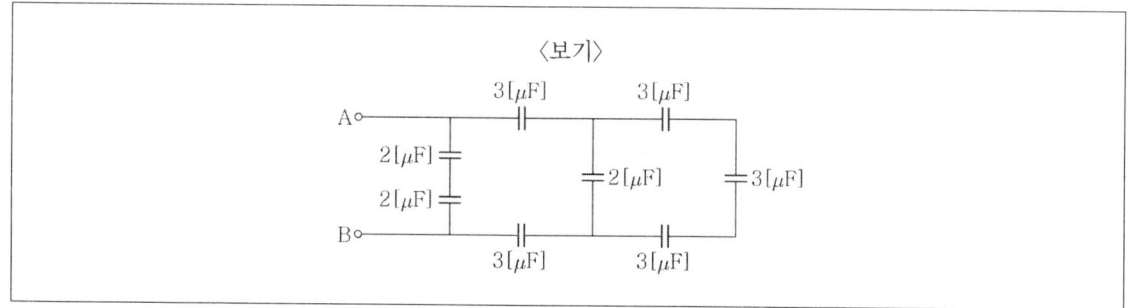

① 1
② 1.5
③ 2
④ 2.5

ANSWER 19.③

19 직렬로 커패시터가 3개 있는 경우 $C_o = \dfrac{C}{3}$

병렬로 커패시터를 합성하는 경우 $C_o = C_1 + C_2$

최종 합성 커패시턴스는 $C = 1[\mu F] + 1[\mu F] = 2[\mu F]$

20 권선비 3:1인 이상적인 변압기(ideal transformer)의 2차측 권선에 대해 $N_{21} : N_{22} = 2 : 1$의 위치에 탭을 이용하여 〈보기〉와 같은 회로를 구성하였다. 1차측 전압의 실횻값이 9V라면 1차측 전류의 실횻값[A]은?

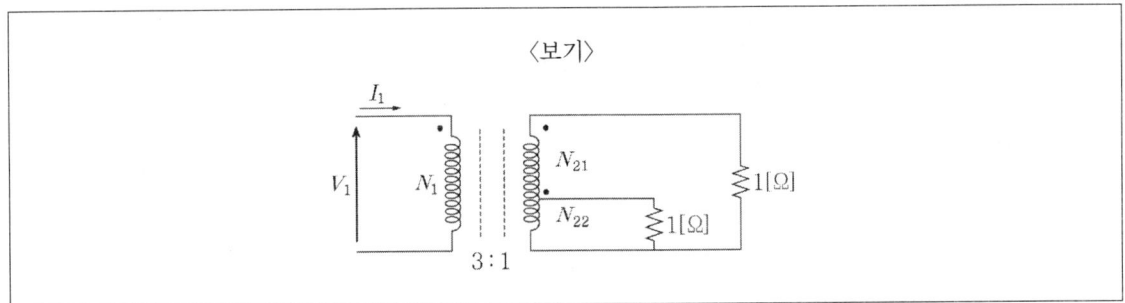

① $\dfrac{4}{3}$ ② $\dfrac{10}{3}$

③ $\dfrac{4}{9}$ ④ $\dfrac{10}{9}$

ANSWER 20.④

20 전압비가 3 : 1 이므로 2차전압은 3[V]
$N_{21} = 2[\text{V}]$, $N_{22} = 1[\text{V}]$
2차측 회로를 정리하면
$$I_2 = \frac{V_{21} + V_{22}}{1[\Omega]} + \frac{\frac{1}{3}[\text{V}]}{1[\Omega]} = \frac{10}{3}[\text{A}]$$
변압비가 3이므로 전류비는 $\dfrac{I_1}{I_2} = \dfrac{1}{3}$ ∴ $I_1 = \dfrac{I_2}{3} = \dfrac{10}{9}[\text{A}]$

전기이론

2022. 6. 18. 제2회 서울특별시 (보훈청 추천) 시행

1 (+)x 방향으로 3kV/m, (+)y 방향으로 5kV/m인 전기장이 있다. 시간 $t=0$일 때 원점에 있는 전하 Q = 4nC를 띤 질량 m = 4mg인 입자가 (+)x 방향으로 4m/s, (+)y 방향으로 10m/s로 움직일 경우 1초 후에 이 입자 가속도의 (+)x 방향 및 (+)y 방향의 값[m/s²]은?

	(+)x 방향	(+)y 방향
①	1	3
②	3	3
③	1	5
④	3	5

2 자기 인덕턴스(self-inductance), L = 1H인 코일에 교류전류 $i = \sqrt{2}\sin(120\pi t)$A가 흐른다고 할 때, 코일의 전압의 실횻값[V]은?

① 1
② 60π
③ 120π
④ $\sqrt{2}(120\pi)$

ANSWER 1.④ 2.③

1 $F = EQ = ma$ [N]

$F_x = EQ = (3 \times 10^3) \times (4 \times 10^{-9}) = 12 \times 10^{-6} = m\dfrac{dv}{dt} = 4 \times 10^{-3} \times a_x$ [N]

$a_x = 3$ [m/s²]

$F_y = EQ = (5 \times 10^3) \times (4 \times 10^{-9}) = 20 \times 10^{-6} = m\dfrac{dv}{dt} = 4 \times 10^{-3} \times a_y$ [N]

$a_y = 5$ [m/s²]

2 $v(t) = L\dfrac{di}{dt} = j\omega L i_{rms} = 120\pi \times 1[H] \times 1[A] = 120\pi$ [V]

3 어떤 도선에 5A의 직류전류가 10초간 흘렀다면, 도체 단면을 통과한 전자의 개수는?(단, 전자의 전하량은 -1.6×10^{-19}C으로 계산한다.)

① 3.125×10^{20}
② 50
③ 1.6×10^{-19}
④ 6.25×10^{18}

4 〈보기〉의 회로에서 $R_1 = 10\Omega$, $R_2 = 5\Omega$, $R_3 = 15\Omega$일 때, 이 회로에 흐르는 전류 I와 전원 V사이의 관계로 옳은 것은?

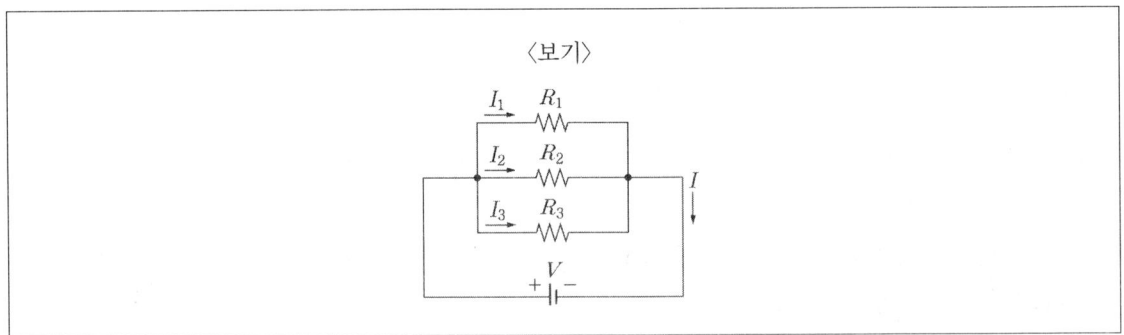

① $V[\text{V}] = 11/30[\Omega] \cdot I[\text{A}]$
② $V[\text{V}] = 30/11[\Omega] \cdot I[\text{A}]$
③ $V[\text{V}] = 11[\Omega] \cdot I[\text{A}]$
④ $V[\text{V}] = 30[\Omega] \cdot I[\text{A}]$

ANSWER 3.① 4.②

3 전기량 $Q = it = 5[\text{A}] \times 10[\sec] = 50[\text{C}]$
$n = \dfrac{Q}{e} = \dfrac{50}{1.6 \times 10^{-19}} = 31.25 \times 10^{19} = 3.125 \times 10^{20}$[개]

4 병렬 합성저항 $R_o = \dfrac{1}{\dfrac{1}{R_1} + \dfrac{1}{R_2} + \dfrac{1}{R_3}} = \dfrac{1}{\dfrac{1.5 + 3 + 1}{15}} = \dfrac{15}{5.5} = \dfrac{30}{11}[\Omega]$

5 〈보기〉의 빈 칸에 들어갈 숫자는?

〈보기〉
공기 중에 평행한 두 도선의 길이와 도선 사이의 거리가 각각 두 배가 되고, 각 도선에 흐르는 전류가 반으로 줄어들면, 도선 사이에 작용하는 힘은 _____배가 된다. 단, 도선은 충분히 길다고 가정한다.

① $\frac{1}{8}$
② $\frac{1}{4}$
③ $\frac{1}{2}$
④ 1

6 〈보기〉 RLC 직렬회로의 $L=10\text{mH}$, $C=100\mu\text{F}$ 이며, 정현파 교류 전원 V의 최댓값(amplitude)이 일정할 때, R_L에 공급되는 전력을 최대로 하는 전원 V의 주파수[kHz]는?

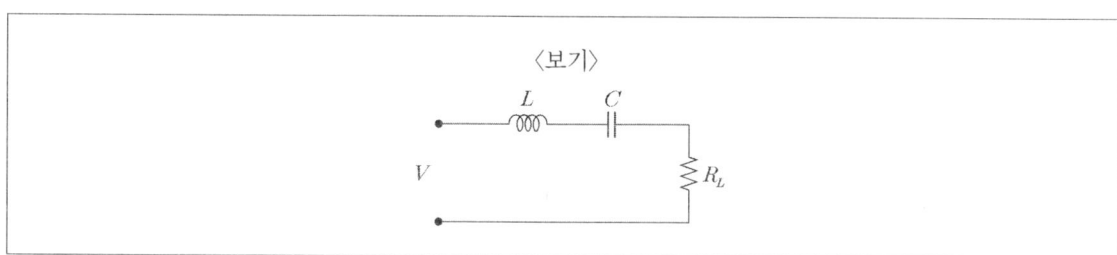

① $\frac{1}{2\pi}$
② 2π
③ 1
④ 1,000

ANSWER 5.② 6.①

5 두 도선간에 작용하는 힘

$$F = \frac{2I_1 I_2}{r} \times 10^{-7} [\text{N/m}] = \frac{2I_1 I_2}{r} l \times 10^{-7} [\text{N}] \propto \frac{I^2}{r} l = \frac{\left(\frac{I}{2}\right)^2}{2r}(2l) = \frac{1}{4}\frac{I^2}{r}l$$

6 공진주파수

$$f = \frac{1}{2\pi\sqrt{LC}} = \frac{1}{2\pi\sqrt{(10\times 10^{-3})\times(100\times 10^{-6})}} = \frac{10^3}{2\pi}[\text{Hz}] = \frac{1}{2\pi}[\text{KHz}]$$

7 〈보기〉와 같은 평형 3상 회로의 역률은? (단, 3상의 위상순서는 a-b-c이다.)

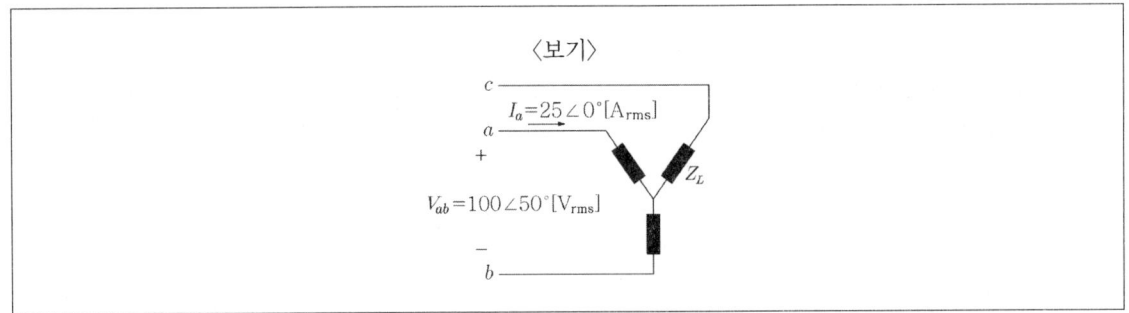

① cos20°(지상)　　　　　　② cos20°(진상)
③ cos80°(지상)　　　　　　④ cos80°(진상)

8 〈보기〉의 회로에서 정현파 전류 i_R과 i_C의 실횻값이 각각 4A와 3A일 때, 전류 i의 최댓값[A]은?

〈보기〉

① 5　　　　　　　　　　　② 7
③ $5\sqrt{2}$　　　　　　　　　　④ $7\sqrt{2}$

ANSWER 7.①　8.③

7 선간전압 $V_{ab}=100\angle 50°$ [V]을 상전압으로 하면 $V_a = \dfrac{100}{\sqrt{3}}\angle 20°$

임피던스를 구하면 $Z = \dfrac{V_a}{I_a} = \dfrac{\dfrac{100}{\sqrt{3}}\angle 20°}{25\angle 0°} = \dfrac{4}{\sqrt{3}}\angle 20°$

역률은 cos20° 지상회로이다.

8 전류를 합성하면 $i = i_R + i_c = 3 + j4$[A], $i = \sqrt{3^2+4^2} = 5$[A]
전류의 최대값 $i_{max} = \sqrt{2}\,i_{rms} = 5\sqrt{2}$[A]

9 〈보기〉의 회로에서 양단에 교류전압 $v=100\sqrt{2}\sin(10t)$V인 정현파를 가할 때, 저항 R_1에 흐르는 전류의 실횻값이 10A였다면, 저항값 $R[\Omega]$은?

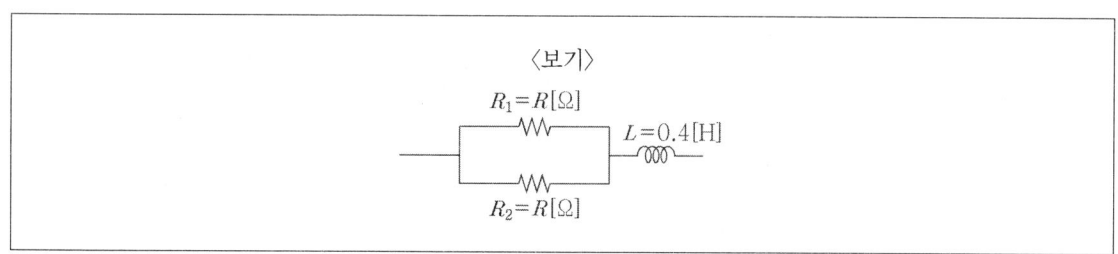

① 1
② 6
③ 9
④ 12

10 라플라스 함수 $F(s)=\dfrac{1.5s+3}{s^3+2s^2+s}$ 일 때, 역변환 함수 $f(t)$의 최종값은?

① 1.5
② 2
③ 3
④ 4.5

ANSWER 9.② 10.③

9 $R_1=R_2$이고 각각 10[A]가 흐르므로 회로의 전류는 20[A]
$\omega=10[\text{rad/sec}]$, $\omega L=10\times 0.4=4[\Omega]$
$Z=\dfrac{v_s}{i_s}=\dfrac{100}{20}=5[\Omega]$
따라서 병렬 합성저항은 3[Ω]
$R=6[\Omega]$

10 $\lim_{t\to\infty}f(t)=\lim_{s\to 0}sF(s)=\lim_{s\to 0}s\cdot\dfrac{1.5s+3}{s(s^2+2s+1)}=3$

11 전하량이 4C의 두 전하가 진공에서 2m 떨어져 있을 때 두 전하 간에 작용하는 힘의 크기[N]는?

① $\dfrac{1}{8\pi\varepsilon_0}$
② $\dfrac{1}{4\pi\varepsilon_0}$
③ $\dfrac{1}{2\pi\varepsilon_0}$
④ $\dfrac{1}{\pi\varepsilon_0}$

12 2개의 서로 다른 자성체 경계면에서 수직성분의 경계조건으로 옳은 것은? (단, ε_1 : 영역 1의 유전율, ε_2 : 영역 2의 유전율, μ_1 : 영역 1의 투자율, μ_2 : 영역 2의 투자율, H_{1n} : 영역 1의 자계의 수직성분, H_{2n} : 영역 2의 자계의 수직성분이다.)

① $\mu_1 H_{1n} = \mu_2 H_{2n}$
② $\mu_2 H_{1n} = \mu_1 H_{2n}$
③ $\varepsilon_1 H_{1n} = \varepsilon_2 H_{2n}$
④ $\varepsilon_1 H_{1n} = \varepsilon_1 H_{2n}$

13 5V의 건전지를 넣어 작동하는 조명을 3분간 켰을 때, 흐르는 전류가 0.2A로 일정하였다. 이때 조명에서 소비한 에너지[J]는?

① 60
② 100
③ 120
④ 180

ANSWER 11.④ 12.① 13.④

11 쿨롱의 법칙 $F = \dfrac{Q_1 Q_2}{4\pi\epsilon_o R^2} = \dfrac{4 \times 4}{4\pi\epsilon_o \times 2^2} = \dfrac{1}{\pi\epsilon_o}$ [N]

12 경계면에서 $\tan\theta = \dfrac{\epsilon_1}{\epsilon_2} = \dfrac{\mu_1}{\mu_2}$, 수직성분으로 $B_1 = B_2$, $\mu H_{1n} = \mu H_{2n}$

13 $P = VI = 5 \times 0.2 = 1\text{[W]} = 1\text{[J/sec]}$, 소비에너지 $W = 1\text{[J/sec]} \times (3 \times 60)\text{[sec]} = 180\text{[J]}$

14 〈보기〉와 같이 전류계 A_1=7A, A_2=3A, A_3=4A이고, R=20Ω일 때 부하의 역률과 유효전력[W]은?

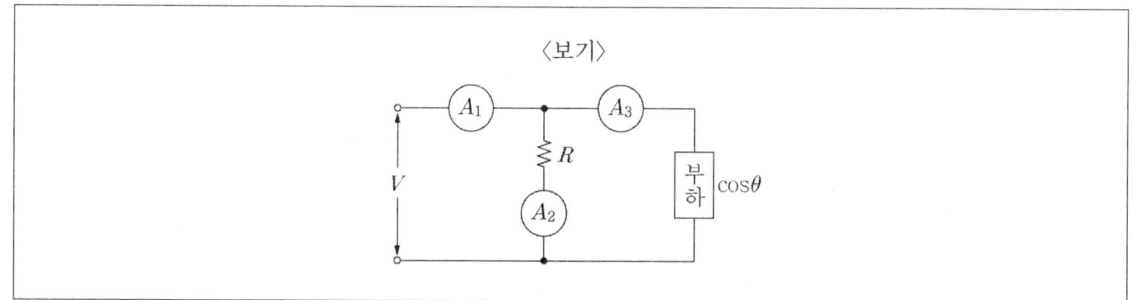

	역률	유효전력
①	0.5	240
②	0.625	120
③	1	120
④	1	240

ANSWER 14.④

14 3전류계법

역률 $\cos\theta = \dfrac{A_1^2 - A_2^2 - A_3^2}{2A_2 A_3} = \dfrac{7^2 - 3^2 - 4^2}{2 \times 3 \times 4} = 1$

전력은 부하에 가해진 전압 V_L과 공급된 전류 A_3를 적용한다.

$P = V_L A_3 \cos\theta = A_2 R A_3 \cos\theta = A_2 A_3 R \cdot \dfrac{A_1^2 - A_2^2 - A_3^2}{2A_2 A_3} = \dfrac{R}{2}(A_1^2 - A_2^2 - A_3^2)$

$P = \dfrac{R}{2}(A_1^2 - A_2^2 - A_3^2) = \dfrac{20}{2}(7^2 - 3^2 - 4^2) = 240[\text{W}]$

15 단면적이 $S[m^2]$이고 평균 자로의 길이가 $l[m]$인 N회 감긴 환상 코일의 인덕턴스는 $L[H]$이다. 코일의 권수를 반으로 줄이고 단면적을 2배로 늘렸을 때 인덕턴스[H]는? (단, 자로의 길이는 일정하다.)

① $\frac{1}{8}L$ ② $\frac{1}{4}L$

③ $\frac{1}{2}L$ ④ L

16 〈보기〉와 같은 평형 3상 회로의 Y형 결선에서 흐르는 I_l의 크기[A]는? (단, 모든 전압과 전류는 실횻값이다.)

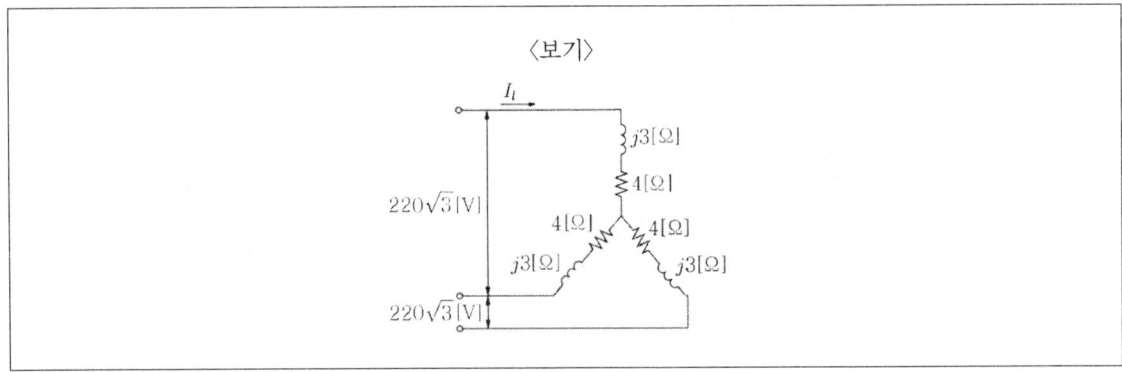

① 36 ② 40
③ 44 ④ 48

ANSWER 15.③ 16.③

15 $L = \frac{\mu S N^2}{l} [H]$ 코일의 권수를 반으로 줄이고 단면적을 2배로 하면

$L_o = \frac{\mu 2S(\frac{N}{2})^2}{l} = \frac{1}{2}\frac{\mu S N^2}{l} = \frac{1}{2}L[H]$

16 $I_l = I_p = \frac{V_p}{Z} = \frac{\frac{220\sqrt{3}}{\sqrt{3}}}{4+j3} = \frac{220}{5} = 44[A]$

17 〈보기〉와 같은 연산증폭기 회로에서 v_g=5V일 때, v_2[V]는? (단, 연산증폭기는 이상적이다.)

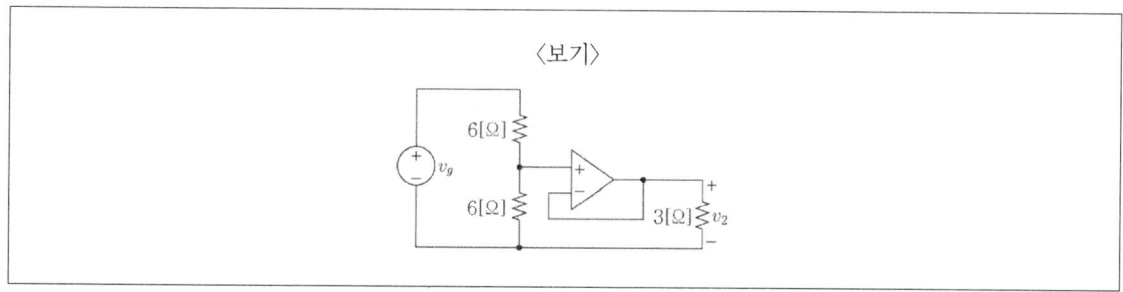

① 1.5
② 2.0
③ 2.5
④ 3.0

18 〈보기〉의 회로에서 R_2 양단에서 측정된 전압의 크기가 8V였다면 R_5 양단에서 측정되는 전압의 크기[V]는?

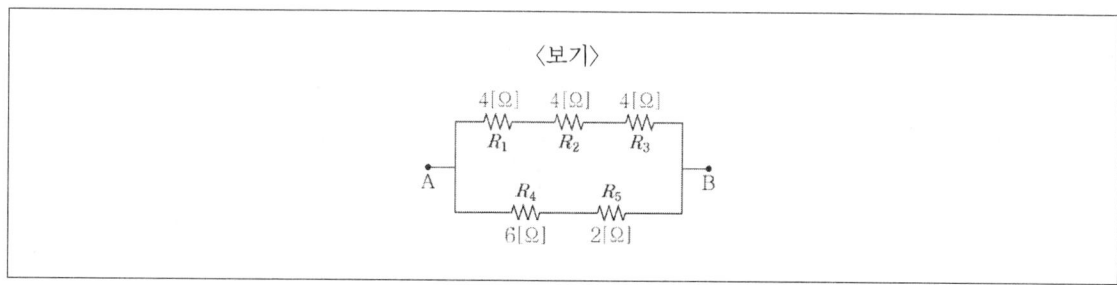

① 2
② 6
③ 12
④ 24

ANSWER 17.③ 18.②

17 입력전압 $\dfrac{v_g}{2} = v_2$, $v_2 = 2.5$[V]

v_g[V] 전압을 6[Ω]의 저항으로 1/2로 감소하여 입력한 것이 출력전압과 같다.

18 $V_{R2} = 8$[V], $V_{R1} + V_{R2} + V_{R3} = 24$[V]
병렬회로는 전압이 같으므로 $V_{R4} + V_{R5} = 24$[V]
$R_4 : R_5 = 6 : 2$이므로
$V_{R4} : V_{R5} = 6 : 2$ ∴ $V_{R4} = 18$[V], $V_{R5} = 6$[V]

19 〈보기〉와 같은 회로에서 V_{ab}의 전압[V]이 입력전압 V[V]의 반이 되는 부하저항 $R_L[\Omega]$은?

〈보기〉

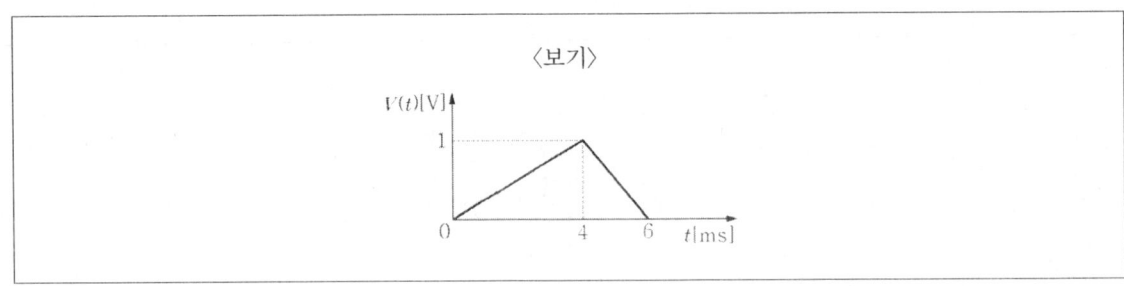

① 2
② 3
③ 4
④ 5

20 $6\mu F$ 커패시터에 인가되는 전압의 파형이 〈보기〉와 같다. 시간이 t=4ms일 때 커패시터의 전기장에 축적된 에너지 $[\mu J]$는?

〈보기〉

① 1
② 3
③ 6
④ 12

Answer 19.④ 20.②

19 문제의 조건에서
$$\frac{1}{2}V=(3+5)I=(1+2+R_L)I \quad \therefore R_L=5[\Omega]$$

20 $W=\frac{1}{2}CV^2=\frac{1}{2}\times 6\times 10^{-6}\times 1^2=3[\mu J]$

전기이론 2023. 4. 8. 인사혁신처 시행

1 직각좌표계(x, y, z)에서 전위 함수가 $V = 6xy + 4y^2$[V]로 주어질 때, 좌표점(4, -1, 5)[m]에서 $+x$ 방향의 전계 세기[V/m]는?

① 6
② 7
③ 8
④ 9

2 자성체에 자기장을 인가할 때, 내부 자속밀도가 큰 자성체부터 순서대로 바르게 나열한 것은?

① 상자성체, 페리자성체, 반자성체
② 페리자성체, 반자성체, 상자성체
③ 반자성체, 페리자성체, 상자성체
④ 페리자성체, 상자성체, 반자성체

Answer 1.① 2.④

1 전계 $E_x = -grad\ V = -\dfrac{d}{dx}(6xy + 4y^2)i = -6yi = 6i\,[V/m]$
$(x = 4,\ y = -1)$
전계 $E_x = 6\,[V/m]$

2 내부 자속밀도가 큰 자성체
강자성체 > 페리자성체 > 상자성체 > 반자성체

3 인덕턴스 20[H]를 갖는 인덕터에 전류 5[A]가 흐를 때, 저장된 자기에너지[J]는?

① 100 ② 125
③ 250 ④ 500

4 임의의 닫힌 공간에서 외부로 나가는 전기선속과 공간 내부의 총전하량의 관계를 나타내는 것은?

① 옴의 법칙 ② 쿨롱의 법칙
③ 가우스 법칙 ④ 패러데이 법칙

5 그림과 같은 회로의 단자 a와 b에서 바라본 등가저항 R_{eq}[kΩ]는?

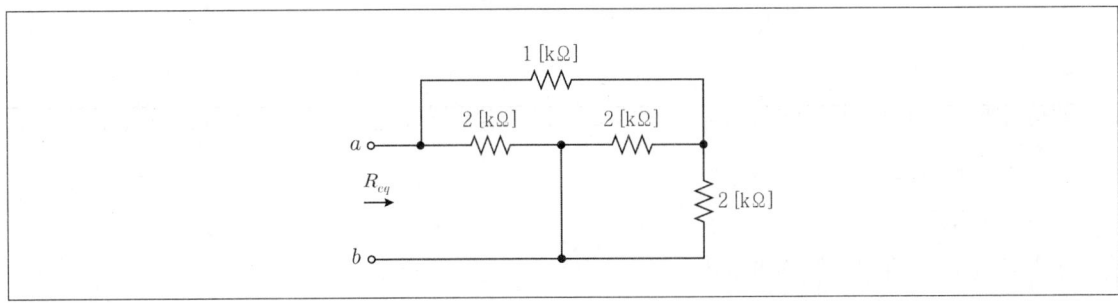

① 1 ② 2
③ 3 ④ 4

ANSWER 3.③ 4.③ 5.①

3 인덕턴스에 저장되는 자기에너지
$$W = \frac{1}{2}LI^2 = \frac{1}{2} \times 20 \times 5^2 = 250[J]$$

4 가우스 법칙(Gauss's law)은 폐곡면을 통과하는 전기 선속이 폐곡면 속의 전하량과 동일하다는 법칙이다. 맥스웰 방정식 가운데 하나다.
가우스 법칙의 적분 형태는 다음과 같다.
$$\Phi = \oint_A D \cdot dA = Q_o$$ (단, D는 전속밀도, dA는 표면위의 미소면적을 나타내는 벡터, Q_o는 전하량이다.)

5 전류의 흐름을 생각해 볼 때 그림의 오른쪽의 두 개의 $2[K\Omega]$ 저항이 병렬이므로 합성하면 $1[K\Omega]$, 위의 $1[K\Omega]$의 저항과 직렬이므로 합성하면 $2[K\Omega]$, 최종적으로 $2[K\Omega]$ 저항의 병렬회로가 된다.
합성저항 $R_{eq} = 1[K\Omega]$

6 그림의 $R-L-C$ 직렬회로에서 인가한 전원전압 $v(t)$와 전류 $i(t)$의 페이저도가 다음과 같을 때, 인덕턴스 L[H]은? (단, 전원전압의 주파수는 f[Hz]이다)

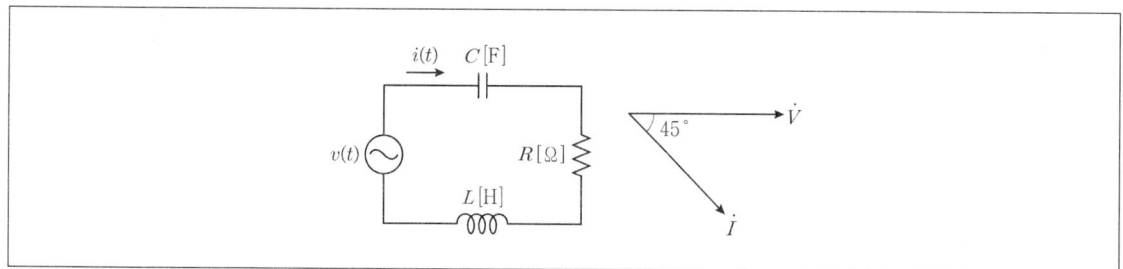

① $\dfrac{R+\dfrac{1}{2\pi fC}}{2\pi f}$

② $\dfrac{R-\dfrac{1}{2\pi fC}}{2\pi f}$

③ $\dfrac{-R+\dfrac{1}{2\pi fC}}{2\pi f}$

④ $\dfrac{R+\dfrac{1}{2\pi fC}}{\pi f}$

Answer 6.①

6 전압과 전류의 위상차가 45°이므로 $R=X=\omega L-\dfrac{1}{\omega C}$

$\omega L=R+\dfrac{1}{\omega C}$, $L=\dfrac{R+\dfrac{1}{\omega C}}{\omega}=\dfrac{R+\dfrac{1}{2\pi fC}}{2\pi f}$

7 단상 교류회로에서 전압 $v(t) = 100\sin\left(1000t + \dfrac{\pi}{3}\right)$ [V]를 부하에 인가하면, 전류 $i(t) = 5\sin(1000t + \theta)$ [A]가 흐른다. 부하의 평균전력이 $125\sqrt{3}$ [W]일 때 θ[rad]로 가능한 것은?

① 0
② $\dfrac{\pi}{6}$
③ $\dfrac{\pi}{4}$
④ $\dfrac{\pi}{3}$

8 선형 시불변 시스템의 입력이 $e^{-t}u(t)$일 때 출력은 $10e^{-t}\cos(2t)u(t)$이다. 시스템의 전달함수는? (단, $u(t)$는 단위계단함수이고 시스템의 초기조건은 0이다)

① $\dfrac{5(s+1)}{s^2+2s+5}$
② $\dfrac{5(s+1)^2}{s^2+2s+5}$
③ $\dfrac{10(s+1)}{s^2+2s+5}$
④ $\dfrac{10(s+1)^2}{s^2+2s+5}$

ANSWER 7.② 8.④

7 평균전력 $P = VI\cos\theta = \dfrac{100}{\sqrt{2}} \times \dfrac{5}{\sqrt{2}} \times \cos\left(\dfrac{\pi}{3} - \theta\right) = 125\sqrt{3}$ [W]

$\theta' = \dfrac{\pi}{3} - \theta$ 라 하면

$250\cos\theta' = 125\sqrt{3}$, $\cos\theta' = \dfrac{\sqrt{3}}{2}$, $\theta' = 30°$ 그러므로

$\dfrac{\pi}{3} - \theta = \dfrac{\pi}{6}$, $\theta = \dfrac{\pi}{6}$

8 전달함수는 $G(s) = \dfrac{출력}{입력} = \dfrac{10\dfrac{s+1}{(s+1)^2+2^2}}{\dfrac{1}{s+1}} = \dfrac{10(s+1)^2}{s^2+2s+5}$

9 그림의 회로에서 스위치 S가 충분히 긴 시간 동안 닫혀 있다가 $t=0$에서 개방되었다. $t>0$에서 $R-L-C$ 병렬회로가 임계제동이 되기 위한 저항 $R[\Omega]$는?

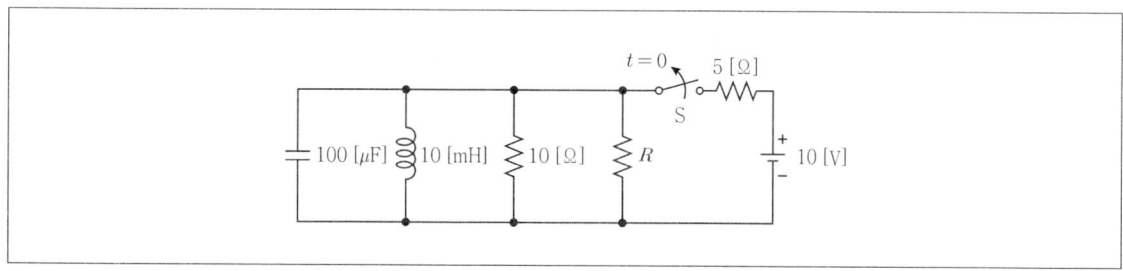

① 4
② 6
③ 8
④ 10

10 코일에 직류전압 100[V]를 인가하면 500[W]가 소비되고, 교류전압 150[V]를 인가하면 720[W]가 소비된다. 코일의 리액턴스[Ω]는? (단, 전압은 실횻값이다)

① 10
② 15
③ 20
④ 25

ANSWER 9.④ 10.②

9 스위치가 닫혀있는 초기전류는 L 단락, C 개방이므로 합성저항이 5[Ω]

따라서 $I_o = \dfrac{10[V]}{5[\Omega]} = 2[A]$

임계제동이 되기 위한 조건은 진동이 없어야 하므로 특성임피던스와 합성저항의 값이 같으면 된다.

합성저항 $R_o = 5 + \dfrac{10R}{10+R}[\Omega]$

특성임피던스 $Z_o = \sqrt{\dfrac{L}{C}} = \sqrt{\dfrac{10 \times 10^{-3}}{100 \times 10^{-6}}} = 10[\Omega]$

$5 + \dfrac{10R}{10+R} = 10$, $R = 10[\Omega]$

10 코일에 직류전압에서 소비전력이 있으므로 R-L회로이다. 직류는 저항만으로 소비전력이 되므로 저항을 구하면

$P = \dfrac{V^2}{R} = 500[W]$, $V = 100[V]$, $R = \dfrac{100^2}{500} = 20[\Omega]$

R-L 회로에서 소비전력

$P = I^2 R = \left(\dfrac{V}{Z}\right)^2 R = \dfrac{V^2 R}{R^2 + X^2} = 720[W]$, $V = 150[V]$, $R = 20[\Omega]$

$X = 15[\Omega]$

11 그림의 회로에서 절점 a와 b 사이의 전압 V_{ab}가 4[V]일 때, 절점 a와 c 사이의 전압 V_{ac}[V]는?

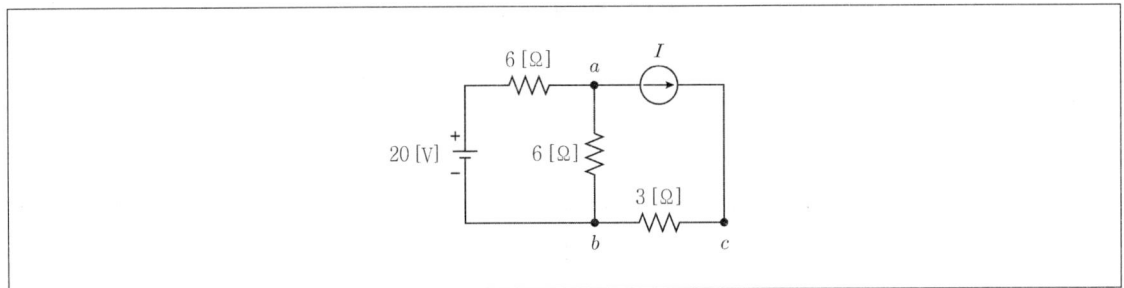

① -10
② -2
③ 1
④ 3

12 부하 임피던스 $\dot{Z}$ 가 $6+j8[\Omega]$인 평형 3상 교류회로에서 상전압 200[V]를 전원으로 인가할 때, 부하에 흐르는 상전류 $\dot{I}$ 의 크기 [A]는? (단, 전압과 전류는 실횻값이다)

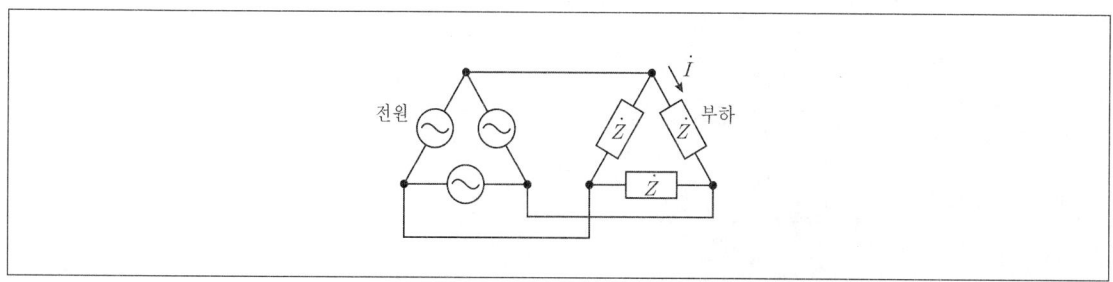

① 10
② $10\sqrt{3}$
③ 20
④ $20\sqrt{3}$

13 평형 3상 Y 결선 회로에 대한 설명으로 옳지 않은 것은?

① 선간전압의 크기는 상전압 크기의 $\sqrt{3}$ 배이다.
② 선간전압과 상전압은 동상이다.
③ 선전류와 상전류의 크기가 같다.
④ 선간전압 간의 위상차는 120°이다.

ANSWER 12.③ 13.②

12 △결선에서 상전류
$$I_p = \frac{V_p}{Z} = \frac{200}{6+j8} = \frac{200}{\sqrt{6^2+8^2}} = 20[A]$$
(△결선에서 선간전압과 상전압은 같다.)

13 평형 3상 Y결선회로
• 선간전압은 상전압의 크기의 $\sqrt{3}$ 배이다.
• 선간전압과 상전압의 위상차는 30°
• 선전류와 상전류는 크기가 같다.
• 3상 평형이므로 상전압간, 선간전압간의 위상차는 120°이다.

14 그림의 회로에서 교류전압 $\dot{V}_s$ 와 전류 $\dot{I}$ 가 동상일 때, 리액턴스 $X[\Omega]$는?

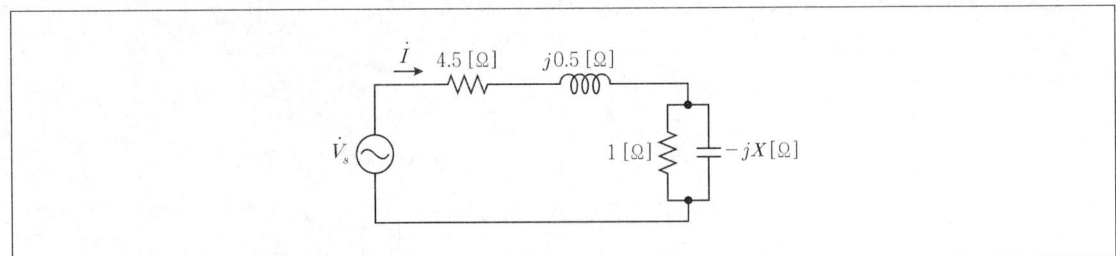

① 0.5
② 1
③ 1.5
④ 2

ANSWER 14.②

14 전압과 전류가 동상이면 역률은 1이며 리액턴스성분이 0이다.
임피던스 $Z = 4.5 + j0.5 + \dfrac{-jX}{1-jX} = 4.5 + j0.5 + \dfrac{-jX(1+jX)}{(1-jX)(1+jX)}$

$j0.5 + \dfrac{-jX}{1+X^2} = 0$

$0.5 = \dfrac{X}{1+X^2}$, $1+X^2 = 2X$, $(X-1)^2 = 0$

$X = 1$

15 그림의 회로에서 전류 I[A]는?

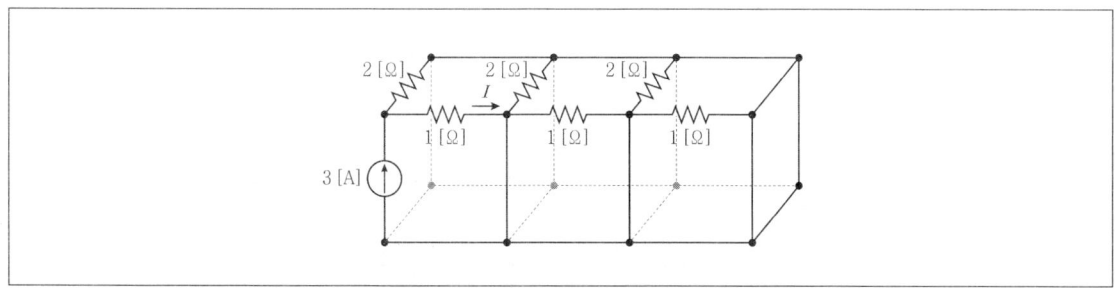

① 0.5
② 1
③ 1.5
④ 2

16 그림의 3상 교류 시스템에서 부하에 소비되는 전력을 2-전력계법으로 측정한 값이 P_1은 50[W]이고 P_2는 100[W]일 때, 전체 피상전력[VA]은?

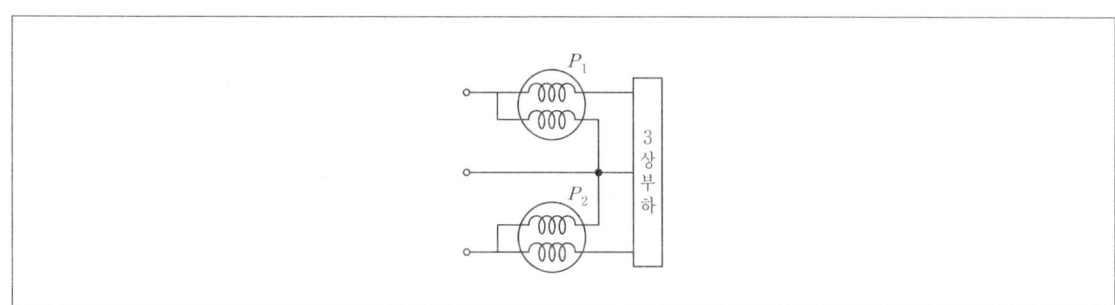

① 50
② $50\sqrt{3}$
③ $100\sqrt{3}$
④ $150\sqrt{3}$

ANSWER 15.④ 16.③

15 그림에서 전류원 3[A]는 2[Ω], 1[Ω]으로 분기되므로
1[Ω]의 저항에는 $\dfrac{2[\Omega]}{2[\Omega]+1[\Omega]}\times 3[A] = 2[A]$ 전류가 흐른다.

16 2전력계법

역률 $\cos\theta = \dfrac{P_1+P_2}{2\sqrt{P_1^2+P_2^2-P_1P_2}}$

피상전력 $P_a = 2\sqrt{P_1^2+P_2^2-P_1P_2} = 2\sqrt{50^2+100^2-50\times 100} = 2\sqrt{7500}\,[VA]$

$2\sqrt{7500} = 100\sqrt{3}\,[VA]$

17 그림의 회로에서 전류 I_1과 I_2에 대한 방정식이 다음과 같을 때, $a_1 + a_2$의 값은?

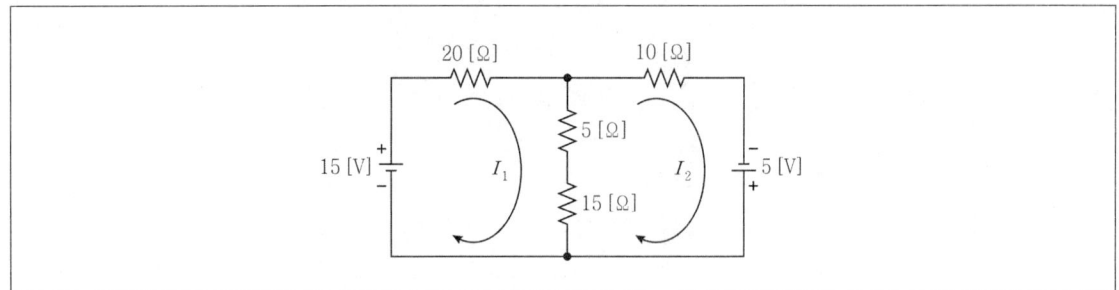

$$a_1 I_1 - 20 I_2 = 15$$
$$-20 I_1 + a_2 I_2 = 5$$

① 40
② 50
③ 60
④ 70

ANSWER 17.④

17 $(20+5+15)I_1 - (5+15)I_2 = 15$
$(15+5+10)I_2 - (5+15)I_1 = 5$
$a_1 = 40,\ a_2 = 30$
$a_1 + a_2 = 70$

18 그림의 회로에서 전원이 공급하는 평균전력은 100[W]이고 지상 역률이 $\frac{1}{\sqrt{2}}$일 때, 저항 $R[\Omega]$와 인덕턴스 L[mH]은? (단, $v(t)=40\cos(1000t)$[V]이다)

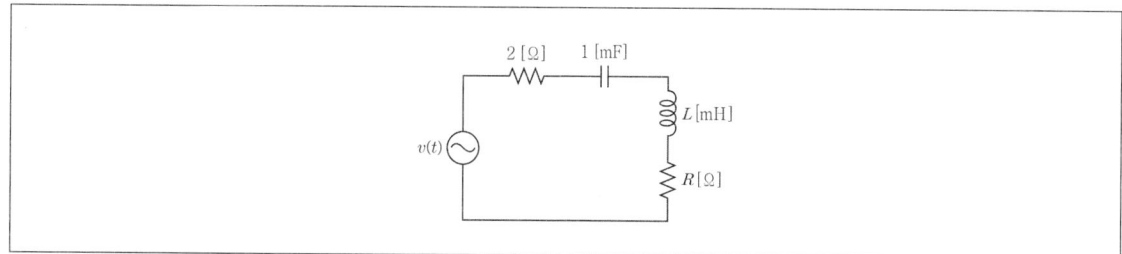

	R	L
①	1	4
②	2	5
③	3	4
④	4	5

ANSWER 18.②

18 R-L-C 직렬회로 역률이 $\cos\theta=\frac{1}{\sqrt{2}}$, $\theta=45°$ $R_o=X$

$2+R=\omega L[mH]-\frac{1}{\omega C[mF]}$, $\omega=1000$ 이므로 $\omega\times m=1$

$2+R=L-1$, $3+R=L$

평균전력 $P=\frac{V^2R_o}{R_o^2+X^2}=\frac{\left(\frac{40}{\sqrt{2}}\right)^2 R_o}{R_o^2+X^2}=100[W]$ 이므로 $R_o^2+X^2=8R_o$

$(3+R)^2+L^2=8(3+R)$

$L=5, R=2$

19 그림과 같은 권선수 N, 반지름 r[cm], 길이 l[cm]을 갖는 원통 모양의 솔레노이드가 있다. 인덕턴스가 가장 큰 것은? (단, 솔레노이드의 내부 자기장은 균일하고 외부 자기장은 무시할 만큼 작다)

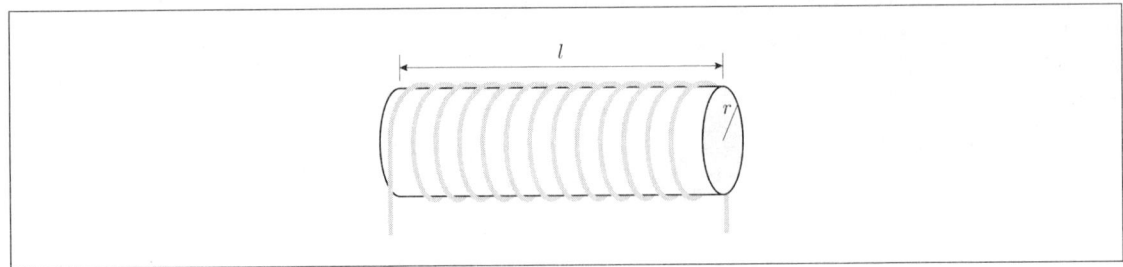

	N	r	l
①	500	0.5	25
②	1,000	0.5	50
③	2,000	1.0	100
④	3,000	0.5	150

ANSWER 19.③

19 $L = \dfrac{NI}{R} = \dfrac{\mu SNI}{l}$ [H], $L \propto \dfrac{N \cdot r}{l}$

① $\dfrac{N \cdot r}{l} = \dfrac{500 \times 0.5}{25} = 10$

② $\dfrac{N \cdot r}{l} = \dfrac{1,000 \times 0.5}{50} = 10$

③ $\dfrac{N \cdot r}{l} = \dfrac{2,000 \times 1}{100} = 20$

④ $\dfrac{N \cdot r}{l} = \dfrac{3,000 \times 0.5}{150} = 10$

20 그림의 회로에서 스위치 S가 충분히 긴 시간 동안 닫혀 있다가 $t=0$에서 개방되었다. $t>0$일 때의 전류 $i(t)$[A]는?

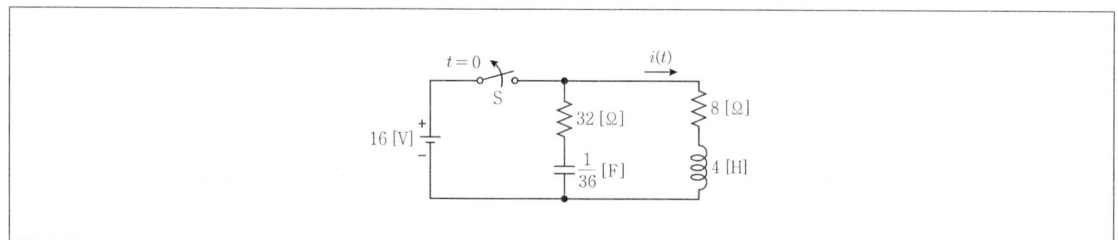

① $\dfrac{1}{4}e^{-t}+\dfrac{7}{4}e^{-9t}$

② $\dfrac{7}{4}e^{-t}+\dfrac{1}{4}e^{-9t}$

③ $\dfrac{9}{4}e^{-t}-\dfrac{1}{4}e^{-9t}$

④ $-\dfrac{1}{4}e^{-t}+\dfrac{9}{4}e^{-9t}$

ANSWER 20.①

20 초기 $t=0$, $i_o(t)=\dfrac{V}{R}=\dfrac{16}{8}=2[A]$

초기전류는 L이 단락되어 있으므로 8[Ω]의 저항에만 전류가 흐른다.
스위치가 개방되면 전류 $i(t)$는 2(A)가 폐로를 감소하면서 흐른다.

저항 $8+32=40[Ω]$, 인덕턴스 4[H], 정전용량 $\dfrac{1}{36}[F]$

콘덴서에 충전된 전하량에 의한 방전전압 $V_{co}=\dfrac{16}{s}[V]$

스위치를 열때의 전류변화에 의한 유도전압 $V_{Lo}=8[V]$

$Z=40+4s+\dfrac{36}{s}=4s^2+40s+36=4(s^2+10s+9)=4(s+1)(s+9)$

$I(s)=\dfrac{V_{co}+V_{Lo}}{Z}=\dfrac{\dfrac{16}{s}+8}{40+4s+\dfrac{36}{s}}=\dfrac{8s+16}{4(s+1)(s+9)}=\dfrac{2(s+2)}{(s+1)(s+9)}$

라플라스역변환

$\dfrac{2(s+2)}{(s+1)(s+9)}=\dfrac{A}{s+1}+\dfrac{B}{s+9}$

A를 구할 때 양변에 (s+1)을 곱한 후 s 대신 -1대입

$A=\dfrac{2(s+2)}{s+9}$ ($s=-1$대입) $=\dfrac{1}{4}$

B를 구할 때 양변에 (s+9)를 곱한 후 s 대신 -9대입

$B=\dfrac{2(s+2)}{s+1}(s=-9)=\dfrac{7}{4}$

$\dfrac{1}{4}\cdot\dfrac{1}{s+1}+\dfrac{7}{4}\cdot\dfrac{1}{s+9}\Rightarrow\dfrac{1}{4}e^{-t}+\dfrac{7}{4}e^{-9t}$

전기이론

2023. 6. 10. 제1회 지방직 시행

1 정격용량 180[W]의 전기 제품을 정격용량으로 30초 동안 사용할 때 소모한 전력량[Wh]은?

① 1.5
② 6
③ 90
④ 5,400

2 다음 설명에서 옳은 것만을 모두 고르면?

㉠ 용량성 리액턴스는 전류에 비례한다.
㉡ 용량성 리액턴스는 주파수에 비례한다.
㉢ 용량성 리액턴스에는 에너지의 손실이 없다.
㉣ 용량성 리액턴스는 커패시턴스에 반비례한다.

① ㉠, ㉡
② ㉠, ㉣
③ ㉡, ㉢
④ ㉢, ㉣

ANSWER 1.① 2.④

1 정격용량 180[W]의 전기제품을 30초 동안 사용

$Wh = 180[W] \times \dfrac{30}{3,600}[h] = 1.5[Wh]$

2 용량성 리액턴스 $X_c = \dfrac{1}{j\omega C}$, $V = X_c I = \dfrac{1}{j\omega C} I$, $I = \dfrac{V}{X_c} = j\omega CV$

- 용량성 리액턴스는 전류에 반비례한다.
- 용량성 리액턴스는 주파수에 반비례한다.
- 용량성 리액턴스는 에너지 손실이 없다.
- 용량성 리액턴스는 커패시턴스(C)에 반비례한다.

3 $R-L-C$ 직렬공진회로에 대한 설명으로 옳지 않은 것은?

① 공진 시 전류가 최소로 된다.
② 전압과 전류가 동상이다.
③ 임피던스 $Z=R$ 인 회로이다.
④ $wL - \dfrac{1}{wC} = 0$ 이다.

4 입력이 40[W]인 전원 공급기가 30[W]를 출력하고 있다. 이때 이 전원 공급기의 운전 효율[%]과 전력 손실[W]은?

	운전 효율	전력 손실
①	45	20
②	45	10
③	75	20
④	75	10

ANSWER 3.① 4.④

3 R-L-C 직렬공진
- 직렬공진에서 임피던스가 최소이므로 전류는 최대(병렬공진에서는 전류가 최소)
- 전압과 전류의 위상차가 없어 동상이 된다.
- 임피던스는 리액턴스가 0이 되어 저항만의 회로가 된다.

4 효율 $\eta = \dfrac{출력}{입력} = \dfrac{30}{40} = 0.75$, 75%

입력=출력+전력손실 이므로
전력손실= 출력-입력= 40-30=10[W]

5 상호인덕턴스 M을 갖는 자기 결합회로에서 v_2 값이 다른 하나는?

①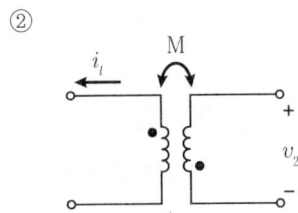

②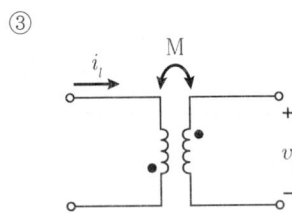

③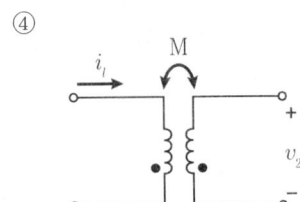

④

ANSWER 5.③

5 상호인덕턴스 M
　자속의 방향을 살펴보면 ① 양측 다 +, ②, ④ 양측 다 −
　①, ②, ④ $v_2 = j\omega L_2 I_2 + j\omega M I_1$ 가극성
　③ $v_2 = j\omega L_2 I_2 - j\omega M I_1$ 감극성

6 그림의 회로에서 $t = \infty$일 때, 결합 인덕터에 저장되는 에너지가 0.75[J]이다. 결합계수 k는? (단, $u(t)$는 단위계단 함수이다)

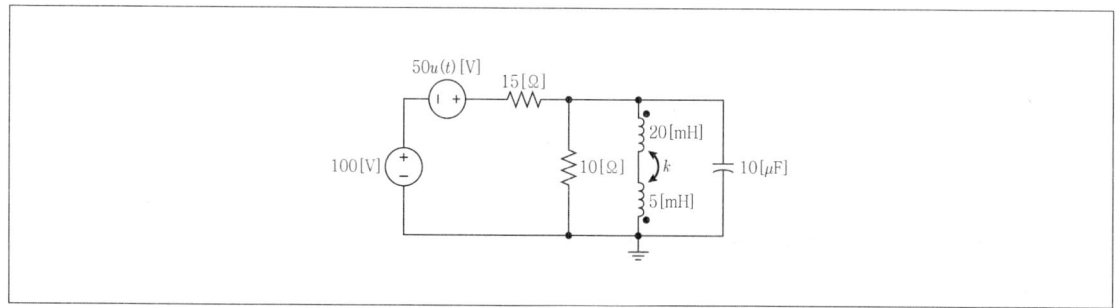

① 0.1
② 0.5
③ 0.8
④ 1

7 자기회로를 구성하는 요소에 대한 설명으로 옳지 않은 것은?

① 자기장을 형성하는 기자력은 전류와 턴수의 곱이다.
② 릴럭턴스는 투자율에 비례한다.
③ 기자력을 릴럭턴스로 나누면 자속이 된다.
④ 릴럭턴스의 역수는 퍼미언스다.

ANSWER 6.② 7.②

6 $t = \infty$, C개방, L단락 회로의 전류는 $I = \dfrac{150[V]}{15[\Omega]} = 10[A]$

인덕터에 저장되는 에너지 $W = \dfrac{1}{2}L_o I^2 = 0.75[J]$, $L_o = 0.015[H]$, $15[mH]$

$L_o = L_1 + L_2 - 2M = L_1 + L_2 - 2k\sqrt{L_1 L_2}\,[H]$
$15 = 20 + 5 - 2k\sqrt{20 \times 5} = 25 - 20k$, $k = 0.5$

7 • 자기회로와 전기회로의 비교의 법칙 $\varnothing = \dfrac{NI}{R}$, $I = \dfrac{V}{R}$, 기전력 V ⇔ 기자력 NI

• 릴럭턴스 (reluctance) : 자기저항

• 자기저항과 전기저항 $R = \dfrac{l}{\mu S}[AT/Wb]$, $R = \rho\dfrac{l}{S}[\Omega]$

• 릴럭턴스는 투자율과 반비례한다.

• 기저항의 역수는 콘덕턴스, 자기저항의 역수는 퍼미언스다.

8 전하량 2[C]를 갖는 금속 도체구 표면의 전위가 3×10^9[V]이면, 이 도체구의 반지름[m]은? (단, $\frac{1}{4\pi\epsilon_0} = 9 \times 10^9$[m/F])

① 3
② 4
③ 5
④ 6

9 그림의 회로에서 1[Ω] 저항 양단에 걸리는 전압[V]은?

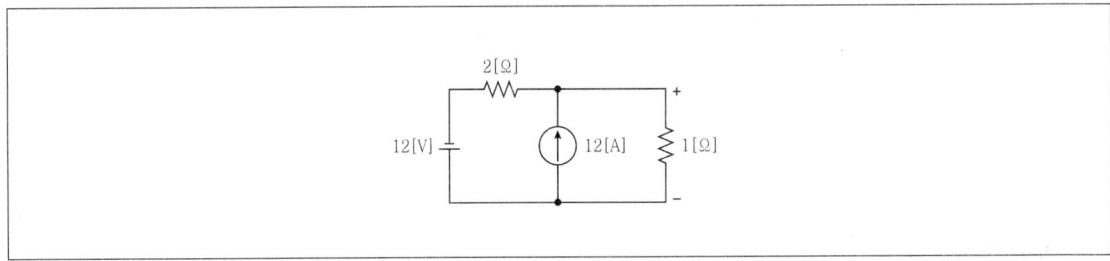

① 2
② 4
③ 6
④ 12

ANSWER 8.④ 9.②

8 $E = \frac{Q}{4\pi\epsilon_o r^2}$, $E \cdot r = V$

$V = \frac{Q}{4\pi\epsilon_o r}$, $3 \times 10^9 = 9 \times 10^9 \times \frac{2}{r}$

반지름 $r = 6[m]$

9 중첩의 원리를 적용하여

① 전압원만 있는 경우 전류원은 개방된다. 전류는 $I_1 = \frac{V}{R} = \frac{12}{2+1} = 4[A]$

$V_{1[\Omega]} = 4[A] \times 1[\Omega] = 4[V]$ 전류의 방향의 저항의 극성과 반대이므로

$V_{1[\Omega]} = -4[V]$

② 전류원만 있는 경우 전압원은 단락

$I_{1[\Omega]} = \frac{2}{2+1} \times 12[A] = 8[A]$, $V_{1[\Omega]} = 8[A] \times 1[\Omega] = 8[V]$도 전압을 합성하면 $V_{1[\Omega]} = 8 - 4 = 4[V]$

10 그림의 회로에서 $\dot{Z}_L = 10\angle 60°$ [Ω]일 때, 부하 임피던스 $\dot{Z}_L$에서 최대전력 10[W]를 소비한다면, 정현파 입력전압 v_{in}의 최댓값[V]은?

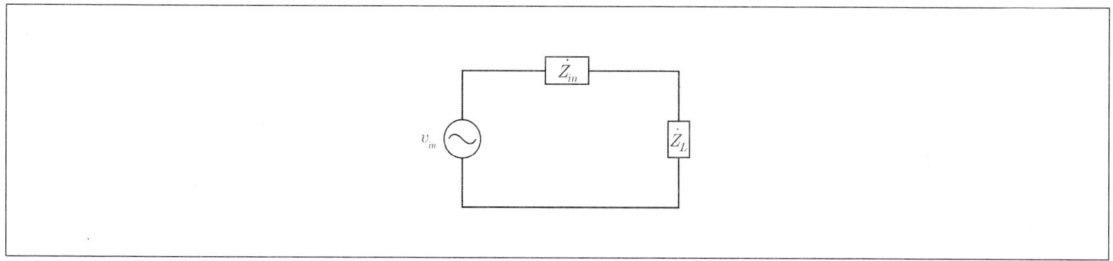

① 5
② 10
③ 20
④ 40

11 교류 전력에 대한 설명으로 옳지 않은 것은?
① 유효전력은 순시 전력의 평균값이다.
② 역률은 평균전력과 복소전력의 비율이다.
③ 용량성 부하에서는 음의 무효전력이 전달된다.
④ 정현파 부하 전압과 부하 전류의 위상차가 0°이면 역률이 최대이다.

Answer 10.③ 11.②

10 $Z_L = 10\angle 60° = 10(\cos 60° + j\sin 60°) = 5 + j5\sqrt{3}$ [Ω]

최대전력이 10[W]가 되는 조건으로 $|Z_L| = |Z_{im}|$

Z_L과 Z_{im}은 공액복소수 $Z_{im} = 5 - j5\sqrt{3}$ [Ω]

$P_{\max} = I^2 \cdot 5 = (\dfrac{V_{in}}{Z_{im}+Z_L})^2 \cdot 5 = 10[W]$ (저항에서 소비하는 전력이므로)

$P_{\max} = \dfrac{V_{in}^2}{10^2} \times 5 = 10[W]$

$V_{in} = \sqrt{\dfrac{1000}{5}} = \sqrt{200} = 10\sqrt{2}$ [V]

$V_{in\max} = V_{in} \times \sqrt{2} = 20[V]$

11 교류전력 $P = VI = \dfrac{V_m}{\sqrt{2}} \cdot \dfrac{I_m}{\sqrt{2}} = \dfrac{1}{2}V_m I_m$ [W]

역률은 평균전력과 피상전력의 비율이다.

12 그림의 교류 전원에 연결된 회로에서 전류 I[A]는?

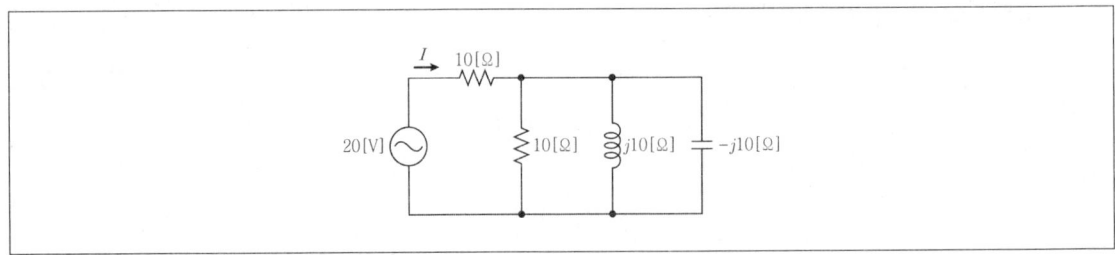

① 1
② 1.5
③ 2
④ 8

13 그림의 회로가 정상상태에서 동작할 때, 전원이 공급하는 전력[W]은?

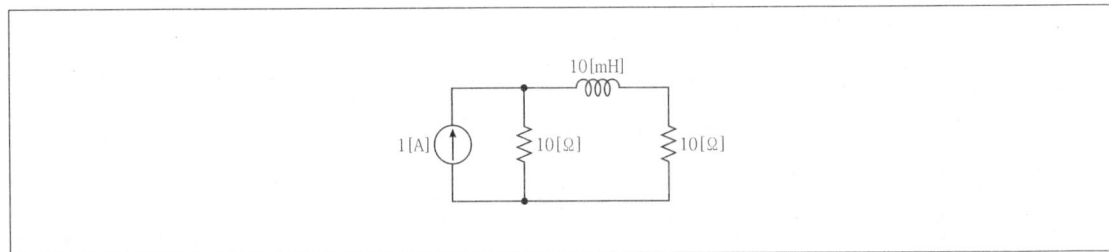

① 2.5
② 5
③ 10
④ 20

ANSWER 12.① 13.②

12 그림은 R-L-C 병렬공진회로이다. 따라서 합성임피던스는 저항만의 회로가 된다.
$$I = \frac{V}{R_o} = \frac{20}{10+10} = 1[A]$$

13 회로가 정상상태에서 전류원의 변화가 없으므로 인덕턴스는 단락상태가 된다.
따라서 회로의 전류는 1[A], 합성저항은 5[Ω]이 되므로
공급전력 $P = I^2 R = 1^2 \times 5 = 5[W]$

14 그림의 저항과 코일이 직렬로 연결된 회로에 V_{rms}=100[V]인 교류 전압을 인가하였다. 저항 R은 6[Ω], 유도성 리액턴스 X_L이 8[Ω]일 경우 이 회로에서 소모되는 유효전력[W]은?

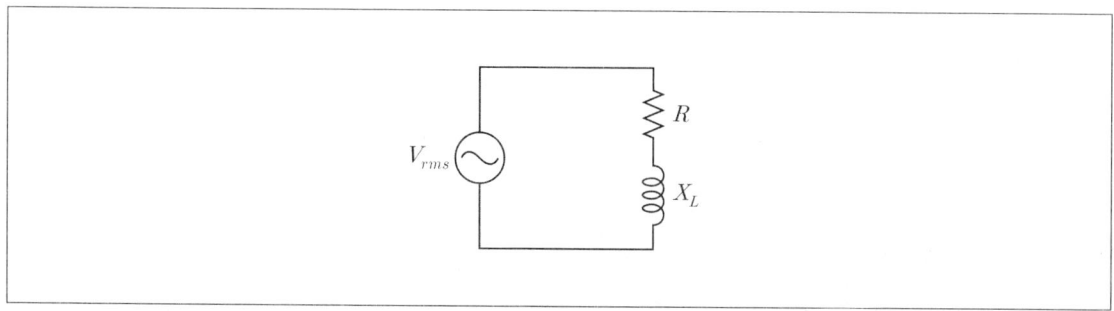

① 200　　　　　　　　　② 400
③ 600　　　　　　　　　④ 800

15 권선수 2,000회인 자계 코일에 저항 12[Ω]이 직렬로 연결되어 있다. 전류 10[A]가 흐를 때의 자속은 $\Phi = 6 \times 10^{-2}$ [Wb]이다. 이 회로의 시정수[sec]는?

① 0.001　　　　　　　　② 0.01
③ 0.1　　　　　　　　　④ 1

ANSWER 14.③　15.④

14 R-L직렬회로

유효전력 $P = I^2 R = \left(\dfrac{V}{Z}\right)^2 R = \dfrac{V^2 R}{R^2 + X^2} = \dfrac{100^2 \times 6}{6^2 + 8^2} = 600[W]$

15 $N\Phi = LI$, $2,000 \times 6 \times 10^{-2} = L \times 10$, $L = 12[H]$

R-L회로 시정수 $\tau = \dfrac{L}{R} = \dfrac{12}{12} = 1[\sec]$

16 단상 교류 전원에 연결된 부하의 임피던스 $\dot{Z}_L = 10e^{j\frac{\pi}{6}}$ [Ω]에 전류 $I_s = 10$ [A]가 흐를 때 부하의 무효전력[var]은?

① 500
② $500\sqrt{3}$
③ 1,000
④ $1,000\sqrt{3}$

17 평형 3상 교류 시스템에 대한 설명으로 옳은 것은?

① 각 상의 순시 전압값을 합하면 한 상의 전압값이 된다.
② 각 상의 전압 크기가 같고 위상차는 120°이다.
③ 각 상의 주파수 값은 서로 다르다.
④ 평형 3상 부하에 흐르는 각 상의 순시 전릇값을 합하면 항상 양수가 된다.

18 한 상의 임피던스가 $\dot{Z} = 40 + j30$ [Ω]인 Y결선 부하에 평형 3상 선간전압 실횻값 $100\sqrt{3}$ [V]가 인가될 때, 이 3상 평형회로의 유효전력[W]은?

① 160
② $160\sqrt{3}$
③ 360
④ 480

ANSWER 16.① 17.② 18.④

16 무효전력 $P_r = I^2 X$

$Z_L = 10e^{j\frac{\pi}{6}} = 10\angle 30^o = 10(\cos 30^o + j\sin 30^o) = 5\sqrt{3} + j5$ [Ω],

$R = 5\sqrt{3}$, $X = 5$

$P_r = I^2 X = 10^2 \times 5 = 500$ [Var]

17 평형3상 교류시스템
3상의 평형 전류값이나 순시전압값을 합하면 0이 된다.
각 상의 전압은 크기가 같고 위상차는 120°이다.

18 Y결선 유효전력 $P = 3\dfrac{V_p^2 \cdot R}{R^2 + X^2} = 3 \times \dfrac{\left(\dfrac{100\sqrt{3}}{\sqrt{3}}\right)^2 \times 40}{40^2 + 30^2} = 480$ [W]

19 $R-C$ 또는 $R-L$ 직렬회로에 계단 함수의 직류 전압이 인가될 때, 다음 중 설명이 옳지 않은 것은?

① $R-C$ 직렬회로에서 R이 작아지면 과도현상 시간이 줄어든다.
② $R-C$ 직렬회로에서 C가 커지면 과도현상 시간이 늘어난다.
③ $R-L$ 직렬회로에서 R이 작아지면 과도현상 시간이 줄어든다.
④ $R-L$ 직렬회로에서 L이 커지면 과도현상 시간이 늘어난다.

20 비정현파는 푸리에 급수식 $f(t) = a_0 + \sum_{n=1}^{\infty} a_n \cos n\omega t + \sum_{n=1}^{\infty} b_n \sin n\omega t$로 표현할 수 있다. 그림의 주기함수 파형을 푸리에 급수로 표현할 때 a_0는?

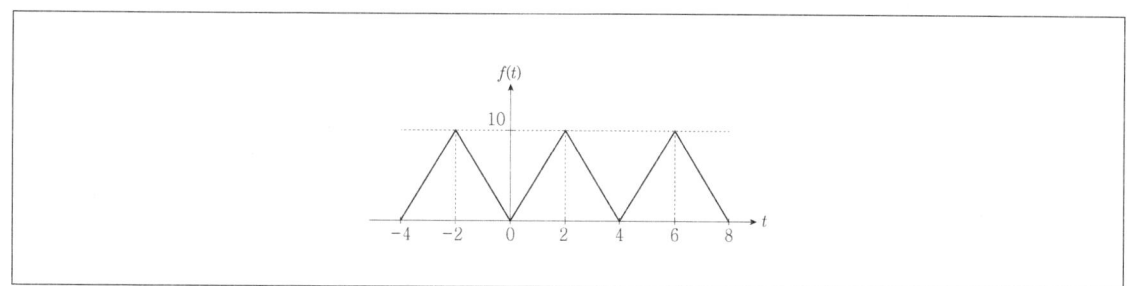

① 0
② 4
③ 5
④ 10

ANSWER 19.③ 20.③

19 R-L 직렬회로 시정수 $\tau = \dfrac{L}{R}$

R-C 직렬회로 시정수 $\tau = RC$

시정수가 크면 과도현상 시간이 길어진다.

20 한주기의 평균값이 0이므로 반주기값에 2배를 한다.

$a_o = \dfrac{2}{4} \int_0^2 f(x)dx = \dfrac{1}{2} \left[\dfrac{5}{2} x^2 \right]_0^2 = \dfrac{1}{2} \times 10 = 5$

전기이론

2023. 6. 10. 제1회 서울특별시(보훈청) 시행

1 〈보기〉와 같은 저항 소자를 통해 0초부터 2초까지 +2A의 일정한 전류가, 2초부터 3초까지 −1A의 일정한 전류가, 3초부터 6초까지 +0.5A의 일정한 전류가 흘렀다. 0초부터 6초까지 A지점에서 B지점으로 이동한 총 알짜 전하량[C]은? (단, 양의 전류는 A지점에서 B지점으로 흐르는 전류이다.)

〈보기〉

A ─[I →]─ B

① +4.5 ② +5.5
③ −4.5 ④ −5.5

2 $10\mu F$의 용량을 갖는 커패시터에 1ms 동안 0V에서 10V로 증가하는 입력전압이 가해졌을 때의 전류의 값[A]은?

① 0.01 ② 0.05
③ 0.1   ④ 0.2

ANSWER 1.① 2.③

1 전류는 단위시간에 흐른 전기량으로서 1초에 1쿨롱[C] 전하량의 변화를 1암페어[A]라 한다. 그러므로 전기량은 전류와 시간의 곱으로 구한다.
$Q = I \cdot t \ [A \cdot \sec = C]$
$Q = 2A \times 2\sec + (-1)A \times 1\sec + 0.5A \times 3\sec = 4.5[C]$

2 $Q = CV$, $V = \dfrac{Q}{C} = \dfrac{1}{C}\int i\,dt$, $i(t) = C\dfrac{dV}{dt}$
$i = C\dfrac{dV}{dt} = 10 \times 10^{-6} \times \dfrac{10-0}{10^{-3}} = 0.1[A]$

3 〈보기〉의 회로에 대한 쌍대회로로 가장 옳은 것은?

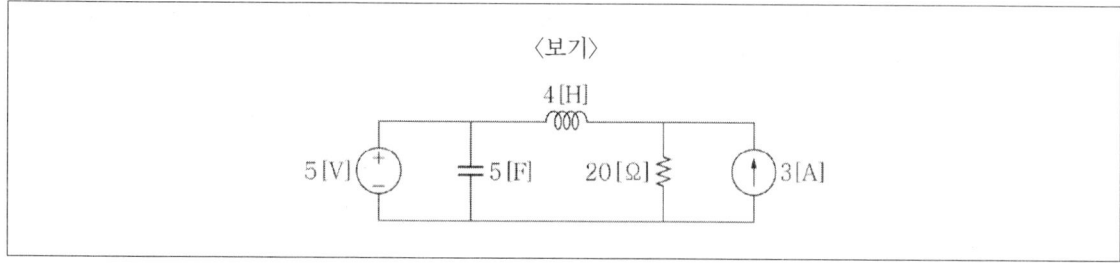

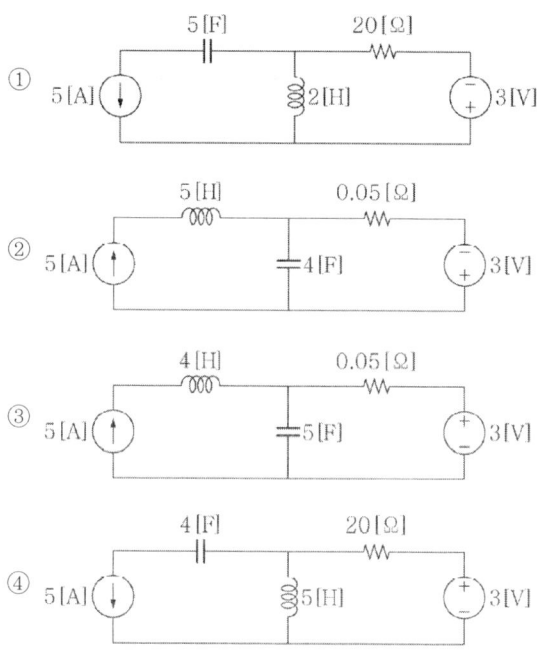

ANSWER 3.②

3 어떤 회로에 성립하는 폐로방정식과 다른 회로에 성립하는 절점 방정식이 비례관계에 있을 때 두 회로를 서로 다른 쌍대회로라 한다.
- 전압원은 전류원과 쌍대관계이며, 저항은 컨덕턴스와 쌍대회로이다.
- 리액터는 콘덴서와 쌍대회로이다.
- 그러므로 〈보기〉의 전압원은 전류원으로, 병렬의 커패시터는 직렬의 리액터로 변환되어야 한다.
- 5[V]의 전압원이 5[A]의 전류원으로, 5[F]의 병렬 커패시터가 5[H]의 직렬리액터로 변환된 것이다. 역시 4[H]의 직렬 리액터는 4[F]의 병렬 커패시터로 변환
- 20[Ω]의 병렬 저항은 직렬저항 $\frac{1}{20}=0.05[\Omega]$ 저항은 저항으로 변환하지만 크기는 컨덕턴스처럼 역수로 변환
- 전류원 3[A]는 전압원 3[V]로 변환. 전류원의 방향이 20[Ω]의 저항으로 흐를 때 발생하는 극성으로 변환

4 〈보기〉와 같은 상자에 대전된 2개의 공이 들어있다. 해당 상자의 표면에서 $\oiint \vec{D} \cdot d\vec{S}$을 계산한 결과가 +10C이라고 한다. 2개 중 공 A는 대전된 전하량의 절댓값이 3C이고 극성은 모른다고 한다. 공 A와 공 B 사이에 인력이 발생한다면, 공 B의 전하량[C]은?

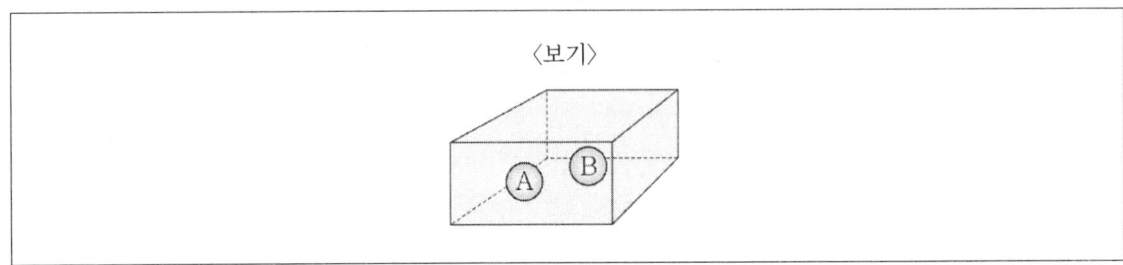

① +7
② -7
③ -13
④ +13

ANSWER 4.④

4 가우스의 법칙에 의해 상자안에는 10[C]의 전하량이 있다.
두 개의 공 A, B 사이에 인력이 발생한다면 두 공은 극성이 반대이다.
두 공 A, B의 전하량의 합이 10[C]이고 극성이 반대이며 A공의 전하량 절대값이 3[C]이라면 B공의 전하량은 +13[C], A공은 -3[C]이다.

5 〈보기〉와 같이 A, B 2개의 지점에 점전하가 위치해 있다. A지점에 위치한 점전하의 전하량 (+4C)만 알고 B지점에 위치한 점전하의 전하량은 모르고 있는 상태이다. 이때 A와 B 사이에, 두 지점으로부터의 거리가 같은 중앙선에서 계측 장비를 통하여 중앙선에 수직한 전기장 성분 E_n의 크기를 측정해본 결과, 중앙선의 모든 위치에서 0V/m의 값을 가진다는 사실을 확인하였다. 이와 같은 상황일 때, B지점에 위치한 점전하의 전하량 [C]은? (단, 공간에는 A, B 2개 지점의 점전하를 제외하고는 어떤 외부전하도 존재하지 않는다.)

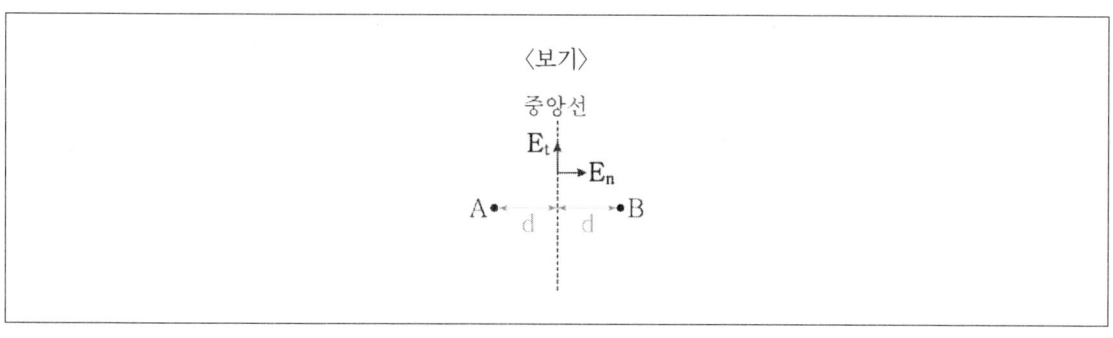

① +2　　　　　　　　　　　② +4
③ 0　　　　　　　　　　　　④ −4

ANSWER 5.②

5 중앙선의 모든 위치에서 0 [V/m]이면 전계의 크기가 같다.
$$E_1 = \frac{Q_1}{4\pi\epsilon d^2} = \frac{Q_2}{4\pi\epsilon d^2} = E_2$$
$$Q_1 = Q_2 = 4[C]$$

6 〈보기〉와 같이 자속밀도 2.4T인 자계 속에서 자계의 방향과 직각으로 놓여진 길이 50cm의 도체가 자계와 30° 방향으로 10m/s의 속도로 운동한다면 도체에 유도되는 기전력[V]은?

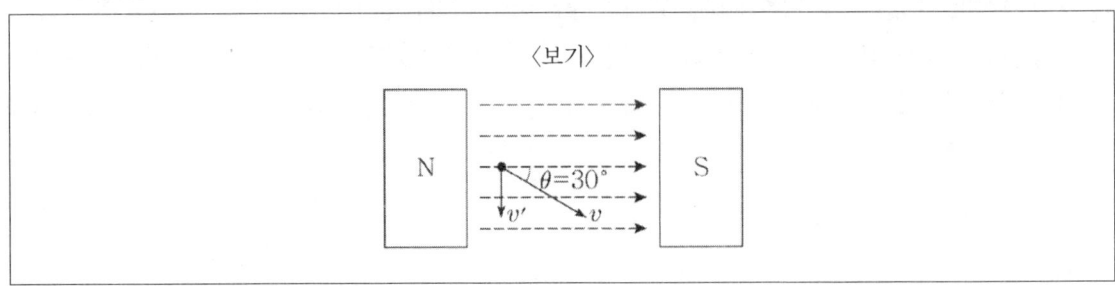

① 4 ② 5
③ 6 ④ 7

ANSWER 6.③

6 기전력 $e = Blv\sin\theta = 2.4 \times 0.5 \times 10 \times \sin 30° = 6[V]$

7 〈보기〉에서 점 P(0, 0, 0)에서의 자계의 크기가 0.5A/m가 되게 하는 부채꼴 도선에 흐르는 전류 I의 값[A]은? (단, 점 P에서 자계의 방향은 지면 앞이다.)

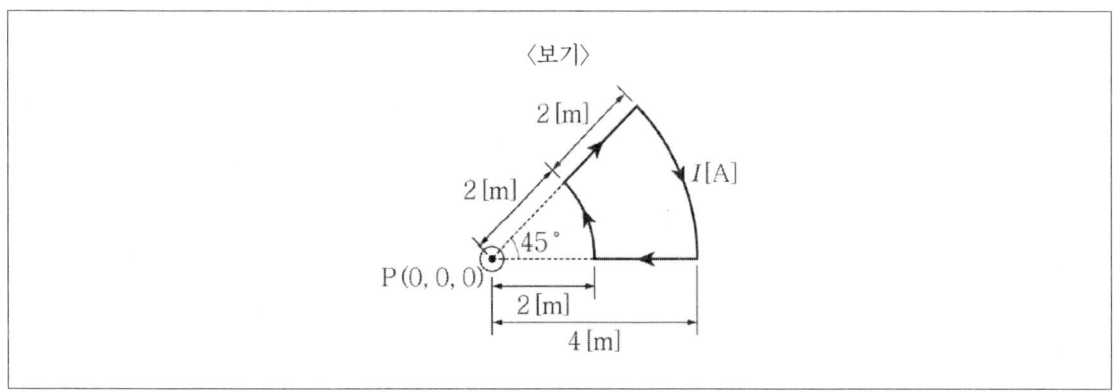

① 8
② 16
③ 32
⑤ 72

ANSWER 7.③

7 $H = \dfrac{I}{2a} \times \dfrac{1}{8} = \dfrac{I}{16a} [A/m]$

2m에서 자계 $H_{2m} = \dfrac{I}{16a} = \dfrac{I}{16 \times 2} = \dfrac{I}{32} [A/m]$

4m에서 자계 $H_{4m} = \dfrac{I}{16a} = \dfrac{I}{16 \times 4} = \dfrac{I}{64} [A/m]$

$H_{2m} - H_{4m} = \dfrac{I}{32} - \dfrac{I}{64} = \dfrac{I}{64} = 0.5 [A/m]$

$I = 32 [A]$

8 〈보기〉와 같이 시간영역으로 표현된 정현파 전압, 전류 파형이 있다. 이 전압, 전류를 페이저 영역으로 변환할 때 가장 적절히 변환된 페이저 영역 표현과 페이저도는? (단, 회전방향은 ω이며, 페이저도의 x축은 실수축, y축은 허수축이고, 페이저 영역 표현에서 전압과 전류의 크기는 각각 V_m, I_m으로 표현한다.)

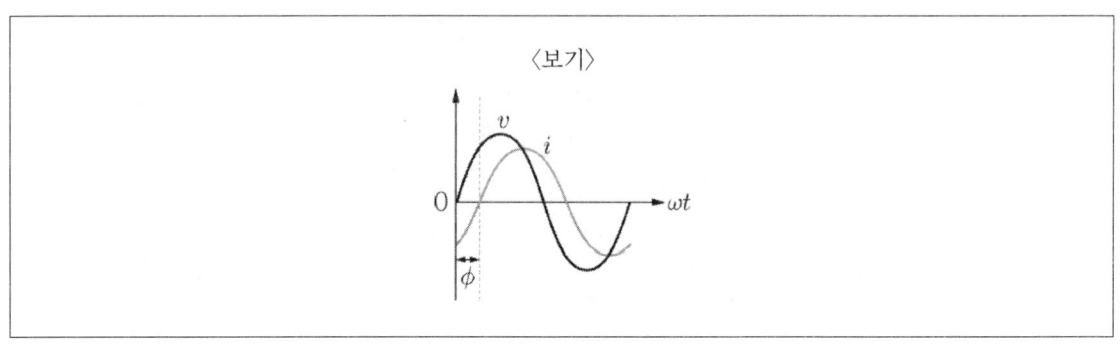

페이저 영역 표현   페이저도 표현

① $V_m \angle 0°$
   $I_m \angle \phi$
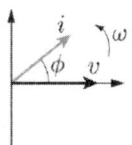

② $V_m \angle 0°$
   $I_m \angle (-\phi)$
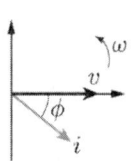

③ $V_m \angle 0°$
   $I_m \angle (-\phi)$
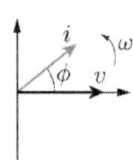

④ $V_m \angle 0°$
   $I_m \angle \phi$
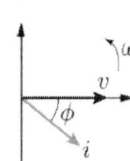

ANSWER 8.②

8 〈보기〉에서 제시된 파형은 전압보다 전류가 ϕ만큼 뒤진다. 따라서 전압의 위상을 0°라고 했을 때 전류는 $I_m \angle -\phi$로 된다.

9 〈보기〉의 교류 전압 파형에 대한 설명으로 가장 옳지 않은 것은?

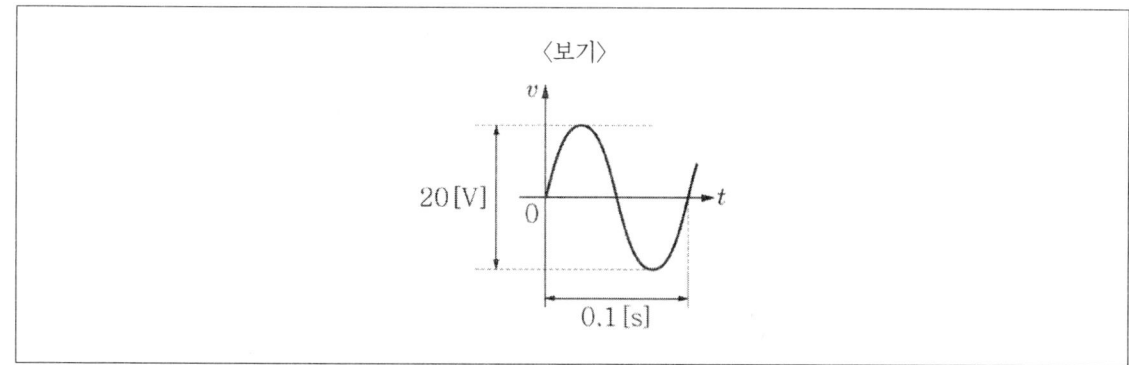

① 평균값은 $\frac{20}{\pi}$[V]이다.

② 파형의 주파수는 10[Hz]이다.

③ 실횻값은 $\frac{10}{\sqrt{2}}$[V]이다.

④ 최댓값은 20[V]이다.

ANSWER 9.④

9 전압파형 $V = 10\sin\theta\,[V]$

최댓값 10[V], 평균값 $\frac{2V_m}{\pi} = \frac{20}{\pi}$[V], 실횻값 $\frac{10}{\sqrt{2}}$[V]

주기가 0.1[sec]이므로 주파수는 주기의 역수 10[Hz]

10 〈보기〉와 같은 회로의 합성 임피던스[Ω]는?

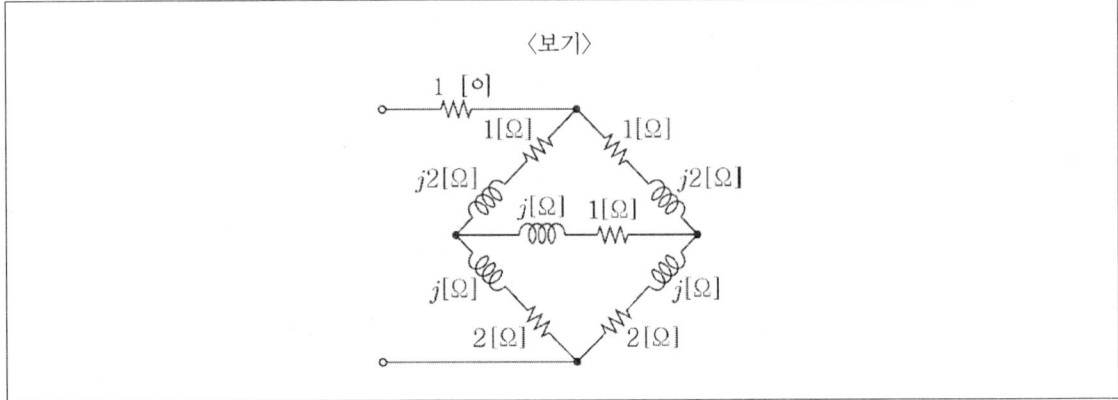

① $2.5+j$
② $1.5+j1.5$
③ $2.5+j2.5$
④ $1.5+j$

ANSWER 10.③

10 합성 임피던스 그림의 윗부분 델타부분의 임피던스를 Y로 전환하면

$$\frac{(1+j2)(1+j2)}{1+j2+1+j2+1+j}=\frac{(1+j2)^2}{3+j5}=\frac{-3+j4}{3+j5}$$

$$\frac{(1+j2)(1+j)}{1+j2+1+j2+1+j}=\frac{1+3j-2}{3+j5}=\frac{-1+j3}{3+j5}$$

병렬임피던스부분을 정리하면

$$\frac{-1+j3}{3+j5}+2+j=\frac{-1+j3+(2+j)(3+j5)}{3+j5}=\frac{16j}{3+j5}$$

병렬이므로 합성하면 $\frac{8j}{3+j5}$

직렬로 정리하면

$$1+\frac{-3+j4}{3+j5}+\frac{8j}{3+j5}=\frac{17j}{3+j5}=\frac{17j(3-j5)}{9+25}=\frac{85}{34}+j\frac{51}{34}=2.5+j1.5$$

11 〈보기〉와 같이 2개의 직류전압원과 2개의 저항으로 구성된 회로가 있다. 해당 직류전압원의 크기가 〈보기〉와 같고, R_1의 저항값과 R_2의 저항값 사이에 $R_1 = 2R_2$의 관계가 성립되며, R_2을 통해 흐르는 전류가 1A라고 할 때, R_1의 저항값[Ω]은?

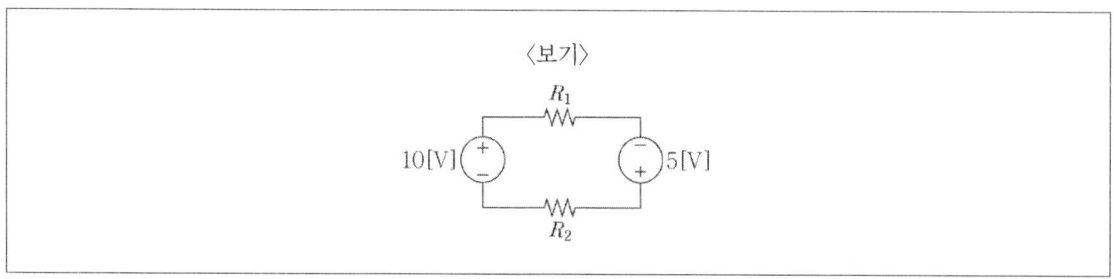

① 5
② 8
③ 10
④ 15

12 〈보기〉의 ㈎회로를 ㈏회로와 같이 테브난 등가회로로 변환하면 테브난 등가저항 R_{Th}[kΩ]은?

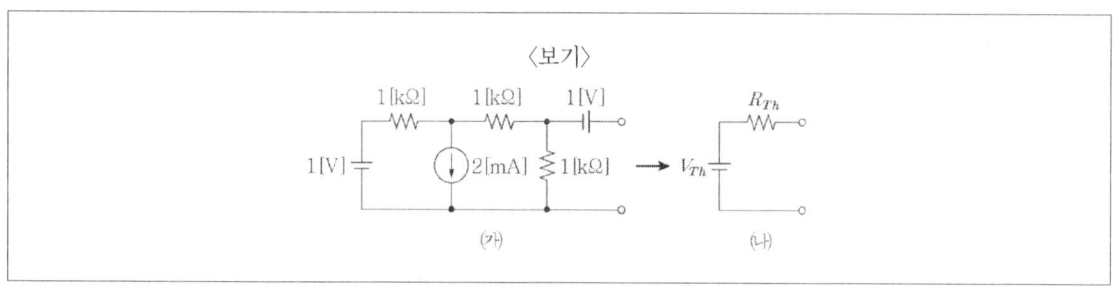

① 1
② 2
③ $\frac{1}{3}$
④ $\frac{2}{3}$

ANSWER 11.③ 12.④

11 전압의 방향이 같으므로 합성하면 회로의 전압은 15[V]
전류가 1[A]이므로 합성저항은 15[Ω]
$R_1 : R_2 = 2 : 1$이므로 $R_1 = 10[Ω]$

12 테브난 등가저항을 구하기 위해 전압원을 단락하고 전류원을 개방한 후 단자의 위치에서 보면
$R_{Th} = \frac{2[K\Omega] \cdot 1[K\Omega]}{2[K\Omega] + 1[K\Omega]} = \frac{2}{3}[K\Omega]$

13 〈보기〉와 같은 신호 $f(t)$의 라플라스 변환(Laplace Transform)을 바르게 표현한 식은?

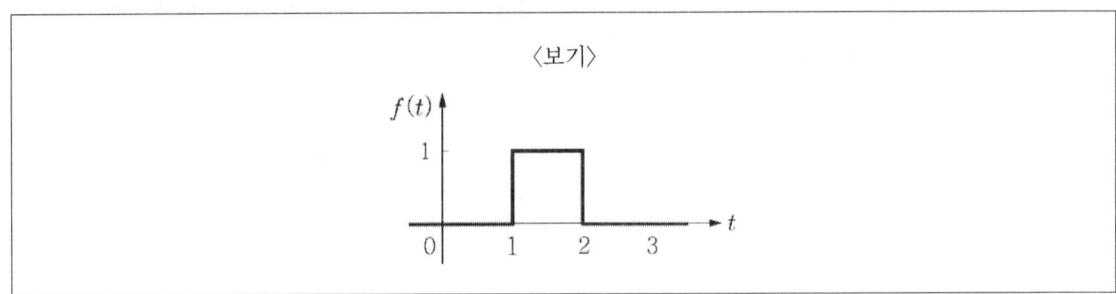

① $F(s) = \dfrac{e^{-s}}{s} - \dfrac{e^{-2s}}{s}$

② $F(s) = e^{-s} - e^{-2s}$

③ $F(s) = \dfrac{e^{-s}}{s-1} - \dfrac{e^{-2s}}{s-2}$

④ $F(s) = \dfrac{1}{s-1} - \dfrac{1}{s-2}$

14 〈보기〉와 같이 두 점 a와 b가 크기와 방향이 일정한 전기장 속에 놓여 있고 직선거리로 2m 떨어져 있다. 전기장의 크기는 10V/m이며, 두 점 a와 b를 끝점으로 하는 직선과 전기장 방향 사이의 각도가 60°라고 할 때, b점을 기준으로 측정한 a점의 전압[V]은?

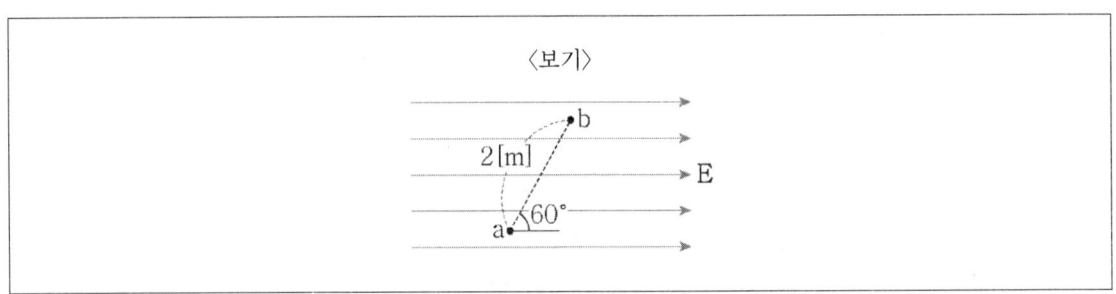

① −5
② −10
③ +5
④ +10

ANSWER 13.① 14.④

13 그림을 식으로 표현하면 $f(t) = u(t-1) - u(t-2)$

라플라스 변환을 하면 $F(s) = \dfrac{1}{s}e^{-s} - \dfrac{1}{s}e^{-2s}$

14 $V = E \cdot r = Er\cos\theta = 10 \times 2 \times \cos 60^\circ = 10[V]$

전계의 방향의 반대이므로 전압이 높다.

15 4단자 정수(전송 파라미터) A, B, C, D 중에서 개방전압이득을 의미하는 전압비의 차원을 가진 정수는?

① A
② B
③ C
④ D

16 〈보기〉와 같이 반지름이 0.2m인 구의 중심점에 점전하 A가 위치해 있다. 해당 구의 표면에서의 전속밀도는 $2C/m^2$의 일정한 크기를 가지고, 전속밀도의 방향은 표면에서 점전하 A가 위치한 중심점으로 향한다고 할 때, A의 전하량[C]은? (단, π=3으로 계산한다.)

〈보기〉

① +0.48
② −0.48
③ +0.96
④ −0.96

ANSWER 15.① 16.④

15 4단자정수 $\begin{vmatrix} V_1 \\ I_1 \end{vmatrix} = \begin{vmatrix} A & B \\ C & D \end{vmatrix} \begin{vmatrix} V_2 \\ I_2 \end{vmatrix}$

전개하면 $V_1 = AV_2 + BI_2$, $I_1 = CV_2 + DI_2$

$A = \dfrac{V_1}{V_2}$ (단, $I_2 = 0$) 전압비의 차원을 가진 정수

$B = \dfrac{V_1}{I_2}$ (단, $V_2 = 0$) 임피던스의 차원을 가진 정수

$C = \dfrac{I_1}{V_2}$ (단, $I_2 = 0$) 어드미턴스의 차원을 가진 정수

$D = \dfrac{I_1}{I_2}$ (단, $V_2 = 0$) 전류비의 차원을 가진 정수

16 전속밀도 $D = \dfrac{Q}{S} = \dfrac{Q}{4\pi r^2} = \dfrac{Q}{4\pi \times 0.2^2} = 2[C/m^2]$

$Q = 2 \times 4\pi r^2 = 8 \times 3 \times 0.2^2 = -0.96[C]$

전속밀도의 방향이 중심을 향하고 있으므로 (−)

17 〈보기〉의 단자 a, b에서 본 임피던스 $Z(s)[\Omega]$의 영점(zero)으로 옳지 않은 것은?

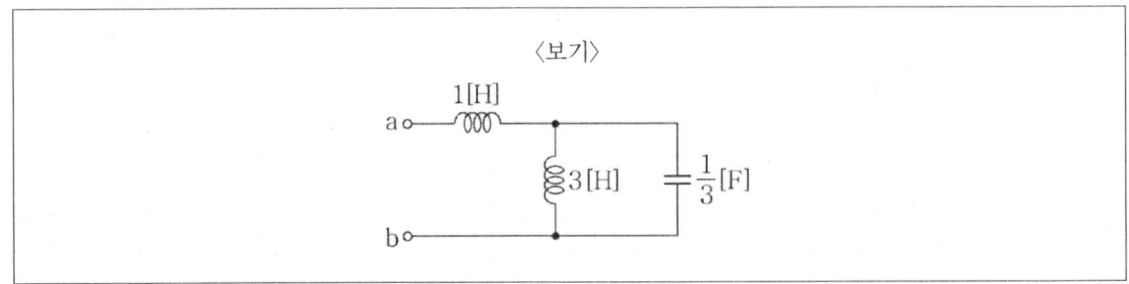

① $-j2$　　　　　　　　　　② $-j$
③ 0　　　　　　　　　　　④ $j2$

18 〈보기〉의 병렬 저항회로에서 R_2에 흐르는 전류 $I_2[A]$는?

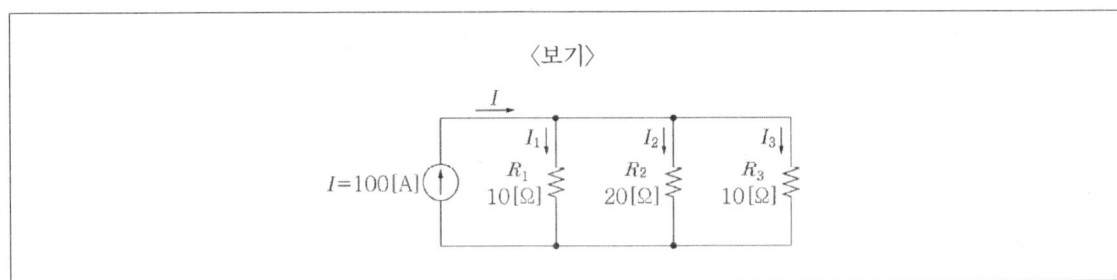

① 10　　　　　　　　　　② 20
③ 30　　　　　　　　　　④ 40

ANSWER 17.② 18.②

17 임피던스의 영점은 임피던스가 0이 되는 값을 말한다.

$$Z(s) = s + \frac{3s \times \frac{3}{s}}{3s + \frac{3}{s}} = s + \frac{9s}{3s^2 + 3} = \frac{s(3s^2+3) + 9s}{3s^2+3} = \frac{s^3 + 4s}{s^2 + 1}$$

영점은 $s^3 + 4s = s(s^2 + 4) = s(s+j2)(s-j2) = 0$ 으로 구한다.
따라서 $s = 0, \ s = j2, \ s = -j2$

18 R_1, R_3 병렬저항을 합성하면 $5[\Omega]$

$$I_2 = \frac{R_{13}}{R_{13} + R_2} I_{13} = \frac{5}{5 + 20} \times 100 = 20[A]$$

19 〈보기〉의 R, L, C 병렬 공진회로에서 양호도 Q(Quality factor)로 옳은 것은? [단, p(pico)=10^{-12}, n(nano)=10^{-9}이다.]

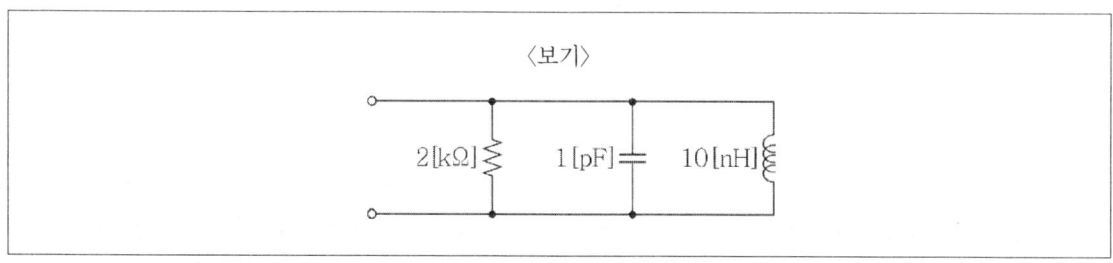

① 20
② 15
③ 10
④ 5

20 〈보기〉와 같이 각각 L_1=10mH, L_2=40mH인 값을 갖는 두 인덕터가 직렬로 연결되어 있다. 자속의 방향이 같은 가동결합이며 결합계수는 0.8이다. 이때 전체 인덕턴스 L[mH]은?

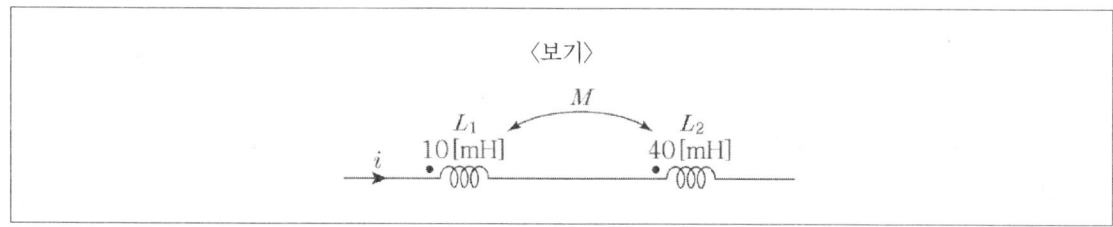

① 16
② 50
③ 66
④ 82

ANSWER 19.① 20.④

19 병렬공진에서 선택도 $Q = R\sqrt{\dfrac{C}{L}}$

$Q = R\sqrt{\dfrac{C}{L}} = 2 \times 10^3 \times \sqrt{\dfrac{1 \times 10^{-12}}{10 \times 10^{-9}}} = 20$

20 가동결합이므로

결합계수 $k = \dfrac{M}{\sqrt{L_1 L_2}}$, $M = k\sqrt{L_1 L_2}$,

$L = L_1 + L_2 + 2M = L_1 + L_2 + 2k\sqrt{L_1 L_2} = 10 + 40 + 2 \times 0.8 \times \sqrt{10 \times 40} = 82 [mH]$

전기이론   2023. 6. 10. 제1회 서울특별시 시행

1 〈보기〉와 같은 저항 소자를 통해 0초부터 2초까지 +2A의 일정한 전류가, 2초부터 3초까지 -1A의 일정한 전류가, 3초부터 6초까지 +0.5A의 일정한 전류가 흘렀다. 0초부터 6초까지 A지점에서 B지점으로 이동한 총 알짜 전하량[C]은? (단, 양의 전류는 A지점에서 B지점으로 흐르는 전류이다.)

〈보기〉

A ──→ B
     I
    ─\/\/─

① +4.5
② +5.5
③ -4.5
④ -5.5

2 $10\mu F$의 용량을 갖는 커패시터에 1ms 동안 0V에서 10V로 증가하는 입력전압이 가해졌을 때의 전류의 값[A]은?

① 0.01
② 0.05
③ 0.1
④ 0.2

ANSWER 1.① 2.③

1 전류는 단위시간에 흐른 전기량으로서 1초에 1쿨롱[C] 전하량의 변화를 1암페어[A]라 한다. 그러므로 전기량은 전류와 시간의 곱으로 구한다.
$Q = I \cdot t \, [A \cdot sec = C]$
$Q = 2A \times 2sec + (-1)A \times 1sec + 0.5A \times 3sec = 4.5 [C]$

2 $Q = CV$, $V = \dfrac{Q}{C} = \dfrac{1}{C}\int i\,dt$, $i(t) = C\dfrac{dV}{dt}$

$i = C\dfrac{dV}{dt} = 10 \times 10^{-6} \times \dfrac{10-0}{10^{-3}} = 0.1 [A]$

3 〈보기〉의 회로에 대한 쌍대회로로 가장 옳은 것은?

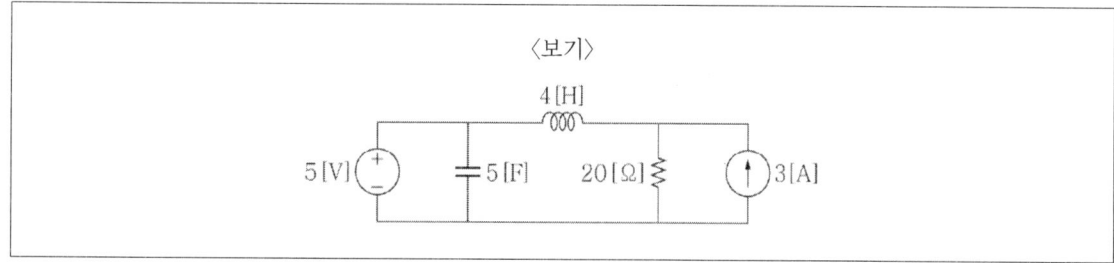

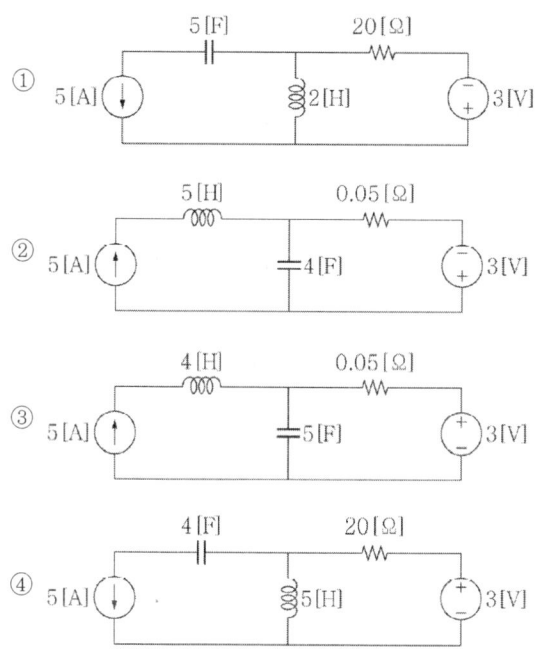

ANSWER 3.②

3 어떤 회로에 성립하는 폐로방정식과 다른 회로에 성립하는 절점 방정식이 비례관계에 있을 때 두 회로를 서로 다른 쌍대회로라 한다.
- 전압원은 전류원과 쌍대관계이며, 저항은 컨덕턴스와 쌍대회로이다.
- 리액터는 콘덴서와 쌍대회로이다.
- 그러므로 〈보기〉의 전압원은 전류원으로, 병렬의 커패시터는 직렬의 리액터로 변환되어야 한다.
- 5[V]의 전압원이 5[A]의 전류원으로, 5[F]의 병렬 커패시터가 5[H]의 직렬리액터로 변환된 것이다. 역시 4[H]의 직렬 리액터는 4[F]의 병렬 커패시터로 변환
- 20[Ω]의 병렬 저항은 직렬저항 $\frac{1}{20} = 0.05[\Omega]$ 저항은 저항으로 변환하지만 크기는 컨덕턴스처럼 역수로 변환
- 전류원 3[A]는 전압원 3[V]로 변환. 전류원의 방향이 20[Ω]의 저항으로 흐를 때 발생하는 극성으로 변환

4 〈보기〉와 같은 상자에 대전된 2개의 공이 들어있다. 해당 상자의 표면에서 $\oiint \vec{D} \cdot d\vec{S}$ 을 계산한 결과가 +10C이라고 한다. 2개 중 공 A는 대전된 전하량의 절댓값이 3C이고 극성은 모른다고 한다. 공 A와 공 B 사이에 인력이 발생한다면, 공 B의 전하량[C]은?

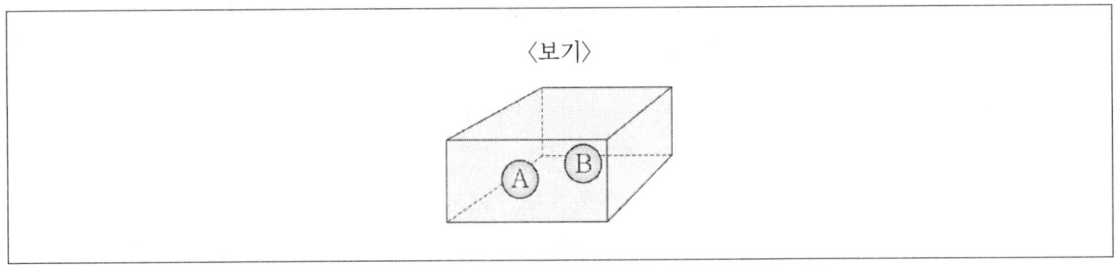

〈보기〉

① +7
② -7
③ -13
④ +13

ANSWER 4.④

4 가우스의 법칙에 의해 상자안에는 10[C]의 전하량이 있다.
두 개의 공 A, B 사이에 인력이 발생한다면 두 공은 극성이 반대이다.
두 공 A, B의 전하량의 합이 10[C]이고 극성이 반대이며 A공의 전하량 절대값이 3[C]이라면 B공의 전하량은 +13[C], A공은 -3[C]이다.

5 〈보기〉와 같이 A, B 2개의 지점에 점전하가 위치해 있다. A지점에 위치한 점전하의 전하량 (+4C)만 알고 B지점에 위치한 점전하의 전하량은 모르고 있는 상태이다. 이때 A와 B 사이에, 두 지점으로부터의 거리가 같은 중앙선에서 계측 장비를 통하여 중앙선에 수직한 전기장 성분 E_n의 크기를 측정해본 결과, 중앙선의 모든 위치에서 0V/m의 값을 가진다는 사실을 확인하였다. 이와 같은 상황일 때, B지점에 위치한 점전하의 전하량 [C]은? (단, 공간에는 A, B 2개 지점의 점전하를 제외하고는 어떤 외부전하도 존재하지 않는다.)

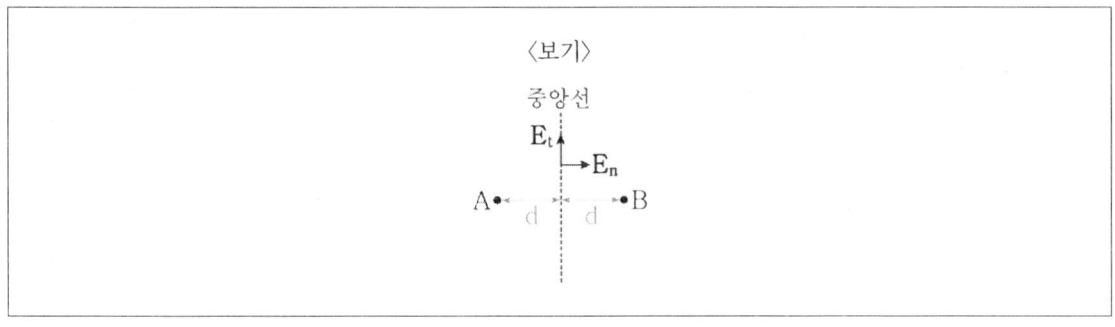

① +2
② +4
③ 0
④ -4

ANSWER 5.②

5 중앙선의 모든 위치에서 0[V/m]이면 전계의 크기가 같다.
$E_1 = \dfrac{Q_1}{4\pi\epsilon d^2} = \dfrac{Q_2}{4\pi\epsilon d^2} = E_2$
$Q_1 = Q_2 = 4[C]$

6 〈보기〉와 같이 자속밀도 2.4T인 자계 속에서 자계의 방향과 직각으로 놓여진 길이 50cm의 도체가 자계와 30° 방향으로 10m/s의 속도로 운동한다면 도체에 유도되는 기전력[V]은?

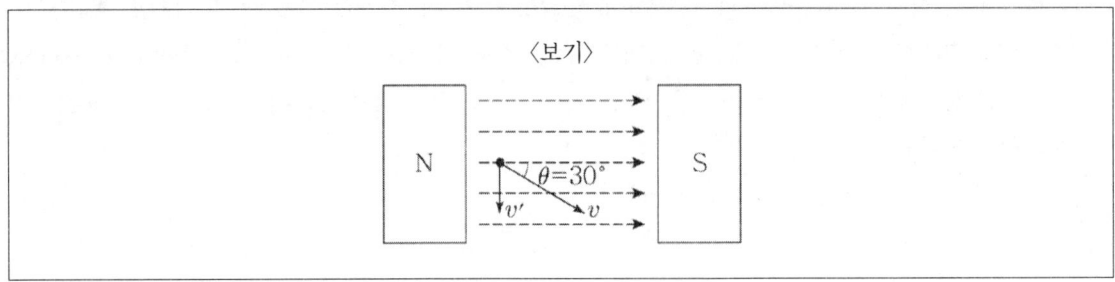

① 4 ② 5
③ 6 ④ 7

ANSWER 6.③

6 기전력 $e = Blv\sin\theta = 2.4 \times 0.5 \times 10 \times \sin 30° = 6[V]$

7 〈보기〉에서 점 P(0, 0, 0)에서의 자계의 크기가 0.5A/m가 되게 하는 부채꼴 도선에 흐르는 전류 I의 값[A]은? (단, 점 P에서 자계의 방향은 지면 앞이다.)

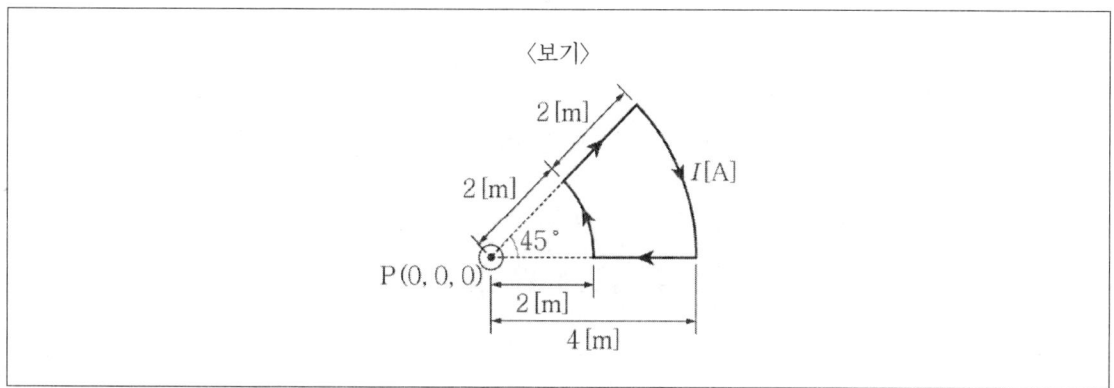

① 8
② 16
③ 32
⑤ 72

ANSWER 7.③

7 $H = \dfrac{I}{2a} \times \dfrac{1}{8} = \dfrac{I}{16a} [A/m]$

2m에서 자계 $H_{2m} = \dfrac{I}{16a} = \dfrac{I}{16 \times 2} = \dfrac{I}{32} [A/m]$

4m에서 자계 $H_{4m} = \dfrac{I}{16a} = \dfrac{I}{16 \times 4} = \dfrac{I}{64} [A/m]$

$H_{2m} - H_{4m} = \dfrac{I}{32} - \dfrac{I}{64} = \dfrac{I}{64} = 0.5 [A/m]$

$I = 32 [A]$

8 〈보기〉와 같이 시간영역으로 표현된 정현파 전압, 전류 파형이 있다. 이 전압, 전류를 페이저 영역으로 변환할 때 가장 적절히 변환된 페이저 영역 표현과 페이저도는? (단, 회전방향은 ω이며, 페이저도의 x축은 실수축, y축은 허수축이고, 페이저 영역 표현에서 전압과 전류의 크기는 각각 V_m, I_m으로 표현한다.)

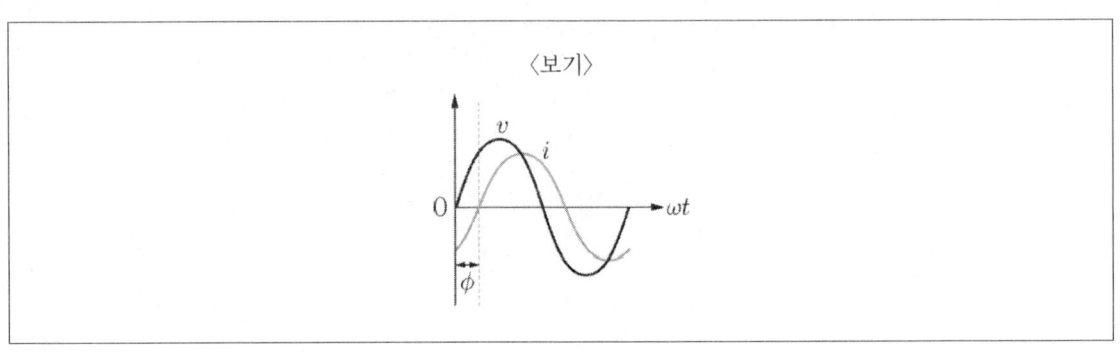

페이저 영역 표현   페이저도 표현

① $V_m \angle 0°$
    $I_m \angle \phi$

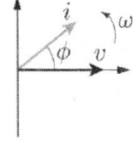

② $V_m \angle 0°$
    $I_m \angle (-\phi)$

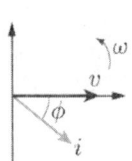

③ $V_m \angle 0°$
    $I_m \angle (-\phi)$

④ $V_m \angle 0°$
    $I_m \angle \phi$

ANSWER 8.②

8 〈보기〉에서 제시된 파형은 전압보다 전류가 ϕ만큼 뒤진다. 따라서 전압의 위상을 $0°$라고 했을 때 전류는 $I_m \angle -\phi$로 된다.

9 〈보기〉의 교류 전압 파형에 대한 설명으로 가장 옳지 않은 것은?

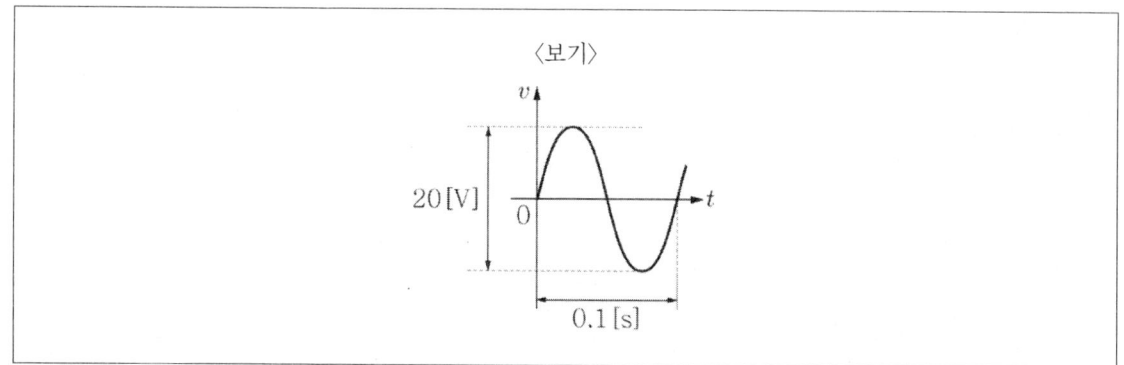

① 평균값은 $\frac{20}{\pi}$[V]이다.

② 파형의 주파수는 10[Hz]이다.

③ 실횻값은 $\frac{10}{\sqrt{2}}$[V]이다.

④ 최댓값은 20[V]이다.

ANSWER 9.④

9 전압파형 $V = 10\sin\theta\,[V]$

최댓값 10[V], 평균값 $\frac{2V_m}{\pi} = \frac{20}{\pi}$[V], 실횻값 $\frac{10}{\sqrt{2}}$[V]

주기가 0.1[sec]이므로 주파수는 주기의 역수 10[Hz]

10 〈보기〉와 같은 회로의 합성 임피던스[Ω]는?

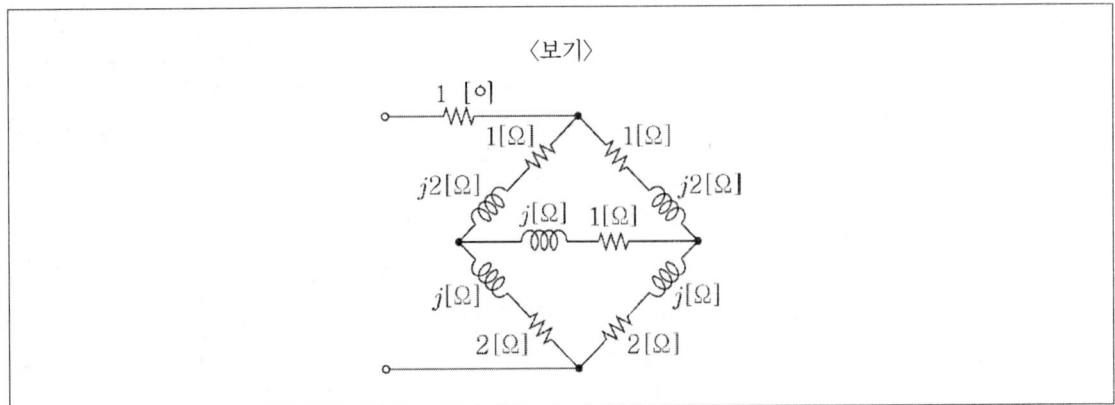

① $2.5+j$
② $1.5+j1.5$
③ $2.5+j2.5$
④ $1.5+j$

Answer 10.③

10 합성 임피던스 그림의 윗부분 델타부분의 임피던스를 Y로 전환하면

$$\frac{(1+j2)(1+j2)}{1+j2+1+j2+1+j} = \frac{(1+j2)^2}{3+j5} = \frac{-3+j4}{3+j5}$$

$$\frac{(1+j2)(1+j)}{1+j2+1+j2+1+j} = \frac{1+3j-2}{3+j5} = \frac{-1+j3}{3+j5}$$

병렬임피던스부분을 정리하면

$$\frac{-1+j3}{3+j5}+2+j = \frac{-1+j3+(2+j)(3+j5)}{3+j5} = \frac{16j}{3+j5}$$

병렬이므로 합성하면 $\frac{8j}{3+j5}$

직렬로 정리하면

$$1+\frac{-3+j4}{3+j5}+\frac{8j}{3+j5} = \frac{17j}{3+j5} = \frac{17j(3-j5)}{9+25} = \frac{85}{34}+j\frac{51}{34} = 2.5+j1.5$$

11 〈보기〉와 같은 4단자 회로망(two port network)의 Z 파라미터 중 Z_{22}의 값[Ω]은?

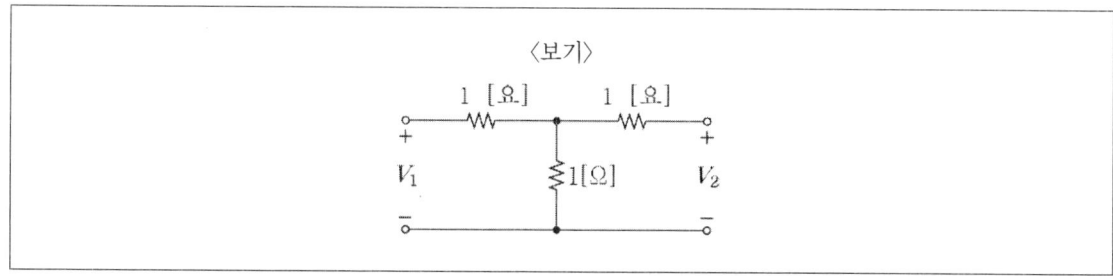

① 0.5
② 1
③ 2
④ 3

Answer 11.③

11 임피던스 파라미터 $\begin{vmatrix} V_1 \\ V_2 \end{vmatrix} = \begin{vmatrix} Z_{11} & Z_{12} \\ Z_{21} & Z_{22} \end{vmatrix} \begin{vmatrix} I_1 \\ I_2 \end{vmatrix}$

$Z_{22} = \dfrac{V_2}{I_2} (I_1 = 0)$ 1차측을 개방 했을 때 2차측에서의 임피던스

그러므로 $Z_{22} = \dfrac{V_2}{I_2} = 2[\Omega]$

12 <보기>의 회로를 노드전압법(Node-Voltage Method)으로 회로해석할 때, 생성할 수 있는 식으로 가장 옳지 않은 것은?

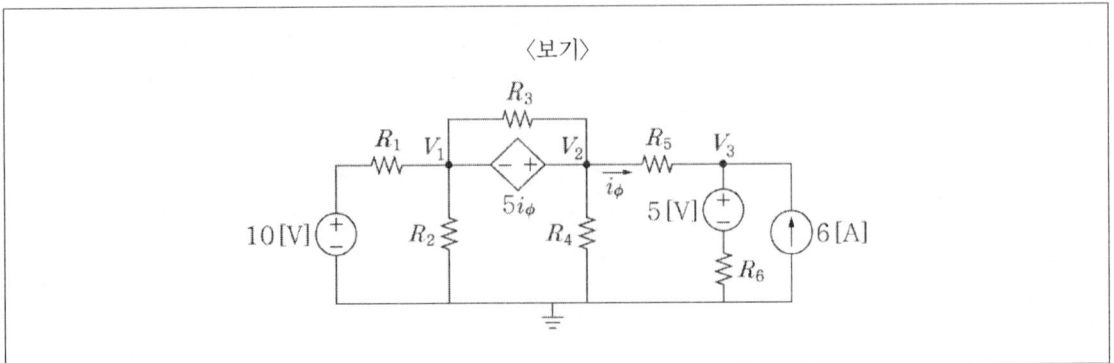

① $\dfrac{V_1-10}{R_1}+\dfrac{V_1}{R_2}+\dfrac{V_2}{R_4}+\dfrac{V_2-V_3}{R_5}=0$

② $\dfrac{V_3-V_2}{R_5}+\dfrac{V_3-5}{R_6}-6=0$

③ $R_5(V_2-V_1)=5(V_2-V_3)$

④ $\dfrac{V_1-V_2}{R_3}+5i_\phi-\dfrac{V_2}{R_4}+\dfrac{V_3-V_2}{R_5}=0$

ANSWER 12.④

12 노드전압법

① V_1 점에서의 합성전류 식

V_1 점으로 유입되는 전류 $\dfrac{10-V_1}{R_1}[A]$, 키르히호프의 전류법칙에 의해

$\dfrac{10-V_1}{R_1}=\dfrac{V_1}{R_2}+\dfrac{V_2}{R_4}+\dfrac{V_2-V_3}{R_5}$, $\dfrac{V_2-V_3}{R_5}=i_\phi$

② V_3 점에서의 합성전류 식 $\dfrac{V_2-V_3}{R_5}=\dfrac{V_3-5[V]}{R_6}-6[A]$

③ V_2 점에서의 합성전류 식 $V_2-V_1=5i_\phi=5\dfrac{V_2-V_3}{R_5}$

④는 ① 식의 오류

13 〈보기〉의 회로에서 스위치가 $t=0$인 시점에 개방이 된다고 가정한다. $t=20$ms가 될 때 커패시터의 전압 값[V]은? (단, e^{-1}=0.37, e^{-2}=0.14, e^{-3}=0.05로 한다.)

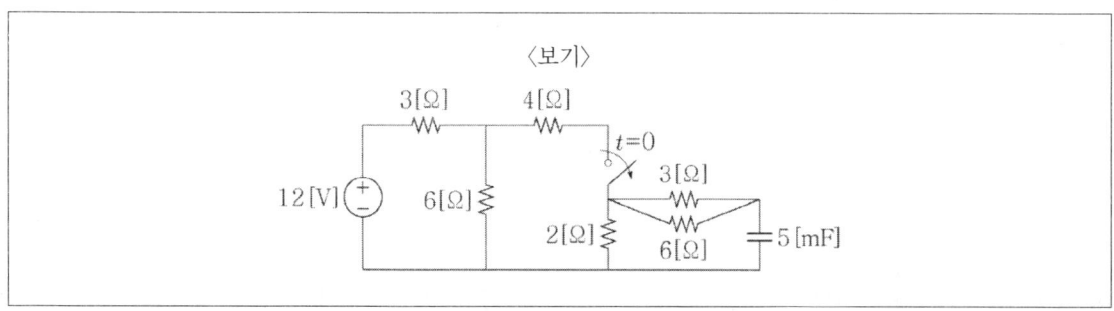

① 0.10
② 0.28
③ 0.74
④ 1.18

14 인덕턴스가 각각 $L_1 = \frac{160}{3}$mH, $L_2 = \frac{15}{2}$mH인 두 개의 코일이 직렬 연결되어 있다. 자속을 강화시키는 경우와 자속을 감소시키는 경우로 직렬 연결할 때, 결합계수를 0.6으로 가정하면 각각의 연결에 대한 총 인덕턴스[mH]의 근삿값은?

	자속을 강화시키는 경우	자속을 감소시키는 경우
①	8.48	36.8
②	78.4	30.4
③	90.2	42.2
④	67.6	19.6

ANSWER 13.③ 14.①

13 초기 콘덴서 전압 2[V]

$V_t = V_0 e^{-\frac{1}{RC}t} = 2 \times e^{-\frac{1}{4 \times 5 \times 10^{-3}} \times 20 \times 10^{-3}} = 0.74$

14 가극성(자속을 강화시키는 경우) $L_{+0} = L_1 + L_2 + 2M = \frac{160}{3} + \frac{15}{2} + 2 \times 12 = 84.8[mH]$

감극성(자속을 감소시키는 경우) $L_{-0} = L_1 + L_2 - 2M = \frac{160}{3} + \frac{15}{2} - 2 \times 12 = 36.8[mH]$

결합계수 $k = \frac{M}{\sqrt{L_1 L_2}} = 0.6$, $M = 0.6 \times \sqrt{L_1 L_2} = 0.6 \times \sqrt{\frac{160}{3} \times \frac{15}{2}} = 12[mH]$

15 임의의 평면을 둘러싼 폐곡선에 대해서 벡터자위(vector magnetic potential)를 선적분하였을 때 얻어지는 물리량으로 가장 옳은 것은?

① 전류
② 자계
③ 자속밀도
④ 자속

16 〈보기〉는 이상적인 연산증폭기를 사용하는 회로이다. 두 입력 v_1, v_2를 인가할 때, 출력전압 v_0는?

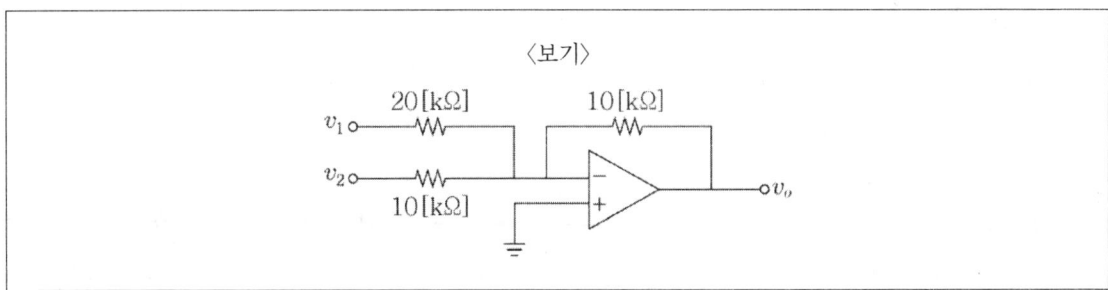

① $-0.5v_1-0.5v_2$
② $-v_1-0.5v_2$
③ $-2v_1-v_2$
④ $-0.5v_1-v_2$

Answer 15.④ 16.④

15 자속 $\emptyset = \int_s B \cdot ds = \int_s (\nabla \times A) \cdot ds = \int_c A\,dl$

16 OP amp
$V_o = -(\dfrac{R_f}{R_1}V_1 + \dfrac{R_f}{R_2}V_2) = -(\dfrac{10K}{20K}V_1 + \dfrac{10K}{10K}V_2)$
$V_o = -0.5V_1 - V_2$

17 〈보기〉와 같은 회로의 a-b단자에 최대전력이 전달되도록 저항 R_L을 연결하였다고 가정할 때 저항 R_L에서 소비되는 전력[W]은?

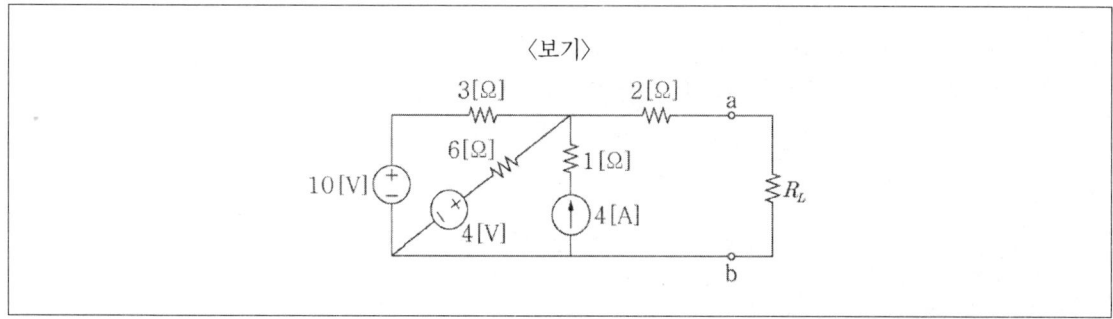

① 16
② 20
③ 24
④ 32

ANSWER 17.①

17 등가 전압과 등가저항을 구하면 등가저항 R_{TH}는 전압원을 단락하고, 전류원을 개방해서 구한다.

$R_{TH} = 2 + \dfrac{3 \times 6}{3+6} = 4[\Omega]$

등가전압 V_{TH}는 중첩의 원리를 적용해서 구한다.

10V의 전압원만 있는 경우 $V_1 = \dfrac{6}{3+6} \times 10 = \dfrac{20}{3}[V]$

4V의 전압원만 있는 경우 $V_2 = \dfrac{3}{3+6} \times 4 = \dfrac{4}{3}[V]$

4A 전류원만 있는 경우 8[V]

$V_{TH} = \dfrac{20}{3} + \dfrac{4}{3} + 8 = 16[V]$

최대전력은 $R_{TH} = R_L$

$P_L = \dfrac{V^2}{4R_L} = \dfrac{16^2}{4 \times 4} = 16[V]$

18 〈보기〉에서 원점에 위치한 +2C의 점전하가 있다. 주변공간에 〈보기〉와 같은 경로를 따라서 −0.5C의 점전하를 a점에서 b점으로 이동시킬 때, 50J의 에너지가 발생한다면, b점에서 c점을 지나 d점으로 +0.5C의 점전하를 이동시킬 때 발생 혹은 입력되는 에너지[J]는? (단, +에너지는 에너지의 발생을, −에너지는 에너지의 입력을 의미하며, 각 지점 및 지점 간 경로는 〈보기〉의 점선으로 표시된 축을 기준으로 대칭적이다. 더불어서 해당 공간에 자기장은 존재하지 않는다.)

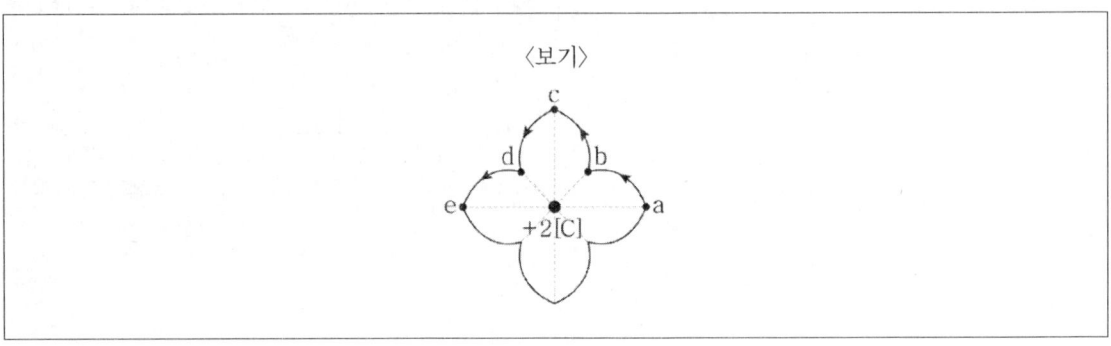

① 0
② −50
③ +50
④ −100

19 평균 둘레 길이가 1m인 환상 원형 철심에 권선을 100회 감고 1A의 전류를 인가했을 때, 철심 내 자속 밀도가 0.04πWb/m²가 되게 하는 철심의 비투자율은? (단, 자유공간의 투자율은 $\mu_0 = 4\pi \times 10^{-7}$H/m 이며, 누설 자속은 없다.)

① 1000
② 2500
③ 5000
④ 10000

ANSWER 18.① 19.①

18 b점과 d점은 원점에서 거리가 같으므로 에너지의 변화가 없다.

19 $B = \mu H = \mu_s \mu_o \dfrac{NI}{l}$, $\mu_s = \dfrac{Bl}{\mu_o NI} = \dfrac{0.04\pi \times 1}{4\pi \times 10^{-7} \times 100 \times 1} = 1,000$

20 $v(t) = 100\sqrt{2}\sin\left(1000t + \dfrac{\pi}{3}\right)$[V]의 교류전원을 R=10[Ω]과 C=100[μF]으로 구성된 직렬부하에 인가하였을 때, $i(t) = I_m \cos(1000t + \theta)$[A]의 부하전류가 측정되었다. I_m[A]과 θ[rad]의 값을 옳게 짝지은 것은?

	I_m	θ
①	$5\sqrt{2}$	$\dfrac{\pi}{12}$
②	10	$\dfrac{\pi}{12}$
③	$5\sqrt{2}$	$\dfrac{7\pi}{12}$
④	10	$\dfrac{7\pi}{12}$

ANSWER 20.②

20 $v(t) = 100\sqrt{2}\sin(1000t + \dfrac{\pi}{3}) = 100\angle\dfrac{\pi}{3}$

$Z = R + \dfrac{1}{j\omega C} = 10 - j\dfrac{1}{1000 \times 100 \times 10^{-6}} = 10 - j10$

$i(t) = \dfrac{v(t)}{Z} = \dfrac{100\angle\dfrac{\pi}{3}}{10 - j10} = \dfrac{100\angle 60°}{10\sqrt{2}\angle -45°} = \dfrac{10}{\sqrt{2}}\angle\dfrac{7\pi}{12}$

그러므로 $I_m = \dfrac{10}{\sqrt{2}} \times \sqrt{2} = 10[A]$

$i(t) = 10\sin(1000t + \dfrac{7\pi}{12}) = 10\cos(1000t + (\dfrac{7\pi}{12} - \dfrac{\pi}{2}))$

$\theta = \dfrac{7\pi}{12} - \dfrac{6\pi}{12} = \dfrac{\pi}{12}$

전기이론   2024. 3. 23. 인사혁신처 시행

1 그림의 회로에서 저항 $R\,[\Omega]$과 전압원 $V_x\,[V]$는?

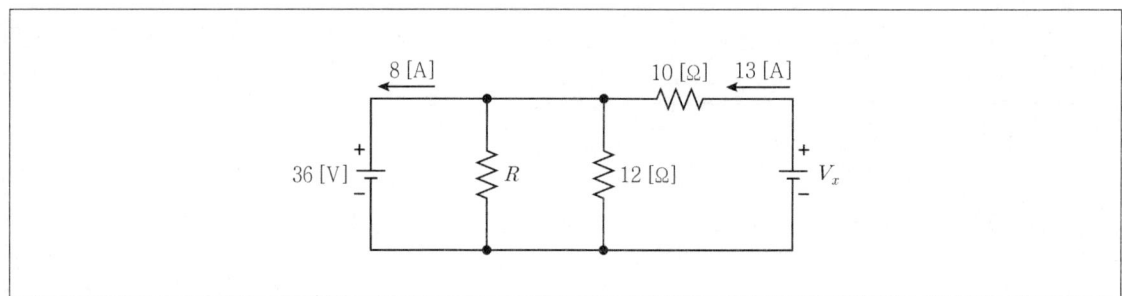

	$R[\Omega]$	$V_x\,[V]$
①	12	94
②	12	166
③	18	94
④	18	166

ANSWER 1.④

1 $V_x = 10[\Omega] \times 13[A] + 36[V] = 166[V]$

R과 $12[\Omega]$ 병렬회로에는 $13[A] - 8[A] = 5[A]$가 흐른다.

$12[\Omega]$에 흐르는 전류 $\dfrac{36[V]}{12[\Omega]} = 3[A]$

R에는 $2[A]$가 흐르므로 $R = \dfrac{V}{I} = \dfrac{36}{2} = 18[\Omega]$

2 그림의 회로에서 부하저항 R_L이 최대전력을 소비하기 위한 R_L [Ω]은?

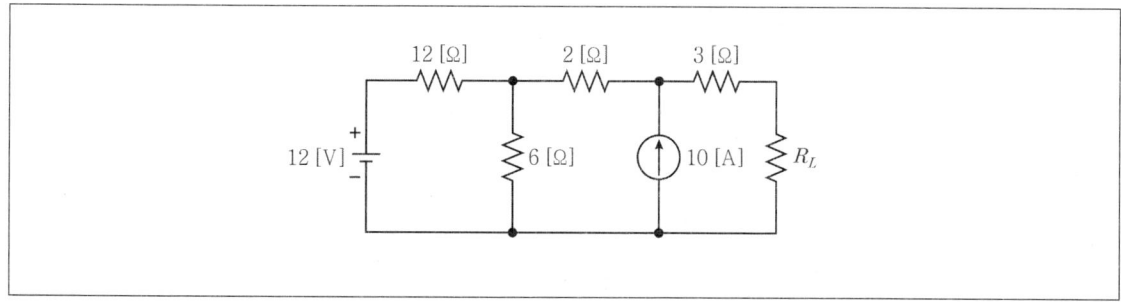

① 3
② 6
③ 9
④ 12

ANSWER 2.③

2 테브낭정리를 적용하면
$$V_{Th} = \frac{6}{12+6} \times 12 = 4[V], \quad R_{Th} = 2 + 3 + \frac{12 \times 6}{12+6} = 9[\Omega]$$
최대전력을 소비하려면 $R_{Th} = R_L$이므로 $R_L = 9[\Omega]$

3 그림 (a)의 선형 변압기를 그림 (b)와 같이 T형 등가회로로 나타내었을 때, L_a, L_b, L_c의 각 인덕턴스 [H]는?

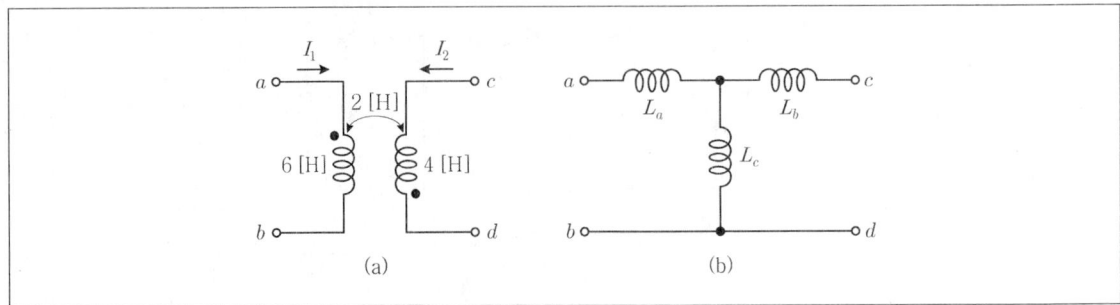

	L_a[H]	L_b[H]	L_c[H]
①	4	-2	6
②	4	6	-2
③	8	-2	6
④	8	6	-2

4 정지해 있는 두 점전하 사이에 작용하는 정전기력에 대한 설명으로 옳지 않은 것은?

① 두 전하량의 곱에 비례한다.
② 주위 매질에 영향을 받지 않는다.
③ 두 전하 사이의 거리 제곱에 반비례한다.
④ 두 전하를 연결하는 직선을 따라 작용한다.

ANSWER 3.④ 4.②

3 I_1, I_2가 들어가는 극성이 다르므로 감극성이다.
$L_a = L_1 - (-M) = 6 + 2 = 8[H]$
$L_c = L_2 - (-M) = 4 + 2 = 6[H]$
$L_b = M = -2[H]$

4 정전력 $F = \dfrac{Q_1 Q_2}{4\pi\epsilon d^2}[N]$

• 두 전하량의 곱에 비례한다.
• 매질 유전율 ϵ에 영향을 받는다.
• 두 전하의 거리 제곱에 반비례한다.
• 두 전하를 연결하는 직선을 따라 작용한다.

5 그림과 같은 이상적인 단권변압기에서 Z_{in}과 Z_L 사이의 관계식은? (단, V_1은 1차측 전압, V_2는 2차측 전압, I_1은 1차측 전류, I_2는 2차측 전류, N_1은 1차측 권선수, N_1+N_2는 2차측 권선수이다)

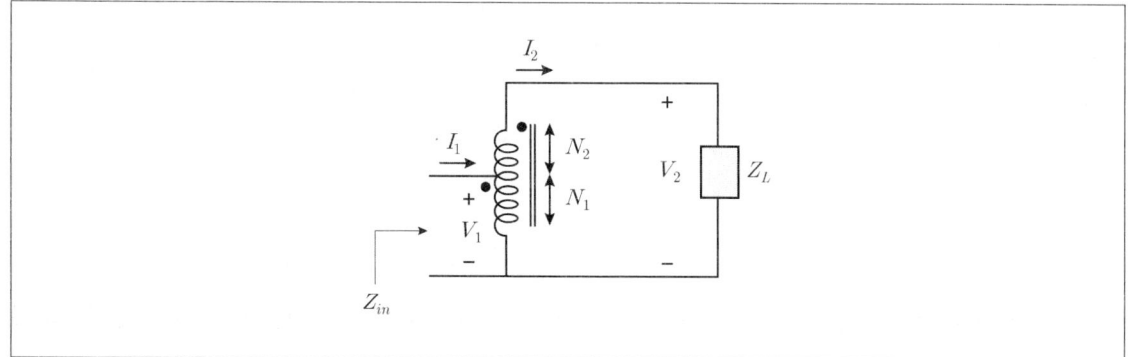

① $Z_{in} = Z_L \left(\dfrac{N_1}{N_1+N_2} \right)$

② $Z_{in} = Z_L \left(\dfrac{N_1}{N_1+N_2} \right)^2$

③ $Z_{in} = Z_L \left(\dfrac{N_2}{N_1+N_2} \right)$

④ $Z_{in} = Z_L \left(\dfrac{N_2}{N_1+N_2} \right)^2$

ANSWER 5.②

5 $a = \dfrac{V_1}{V_2} = \dfrac{N_1}{N_1+N_2} = \sqrt{\dfrac{Z_{in}}{Z_L}}$

$Z_{in} = Z_L \left(\dfrac{N_1}{N_1+N_1} \right)^2$

6 부하에 전압 $\dot{V} = 100 + j50$ [V]을 인가했을 때, $\dot{I} = 4 + j3$ [A]의 전류가 흐른다. 이 부하의 유효전력[W]과 무효전력[VAR]은? (단, 전압과 전류는 실횻값이다)

	유효전력[W]	무효전력[VAR]
①	250	-500
②	250	500
③	550	-100
④	550	100

7 그림의 회로에서 입력전압 $v_i(t)$와 출력전압 $v_o(t)$에 대한 전달함수는? (단, $t = 0$에서 인덕터의 초기전류는 0 [A]이고, 커패시터의 초기전압은 0 [V]이다)

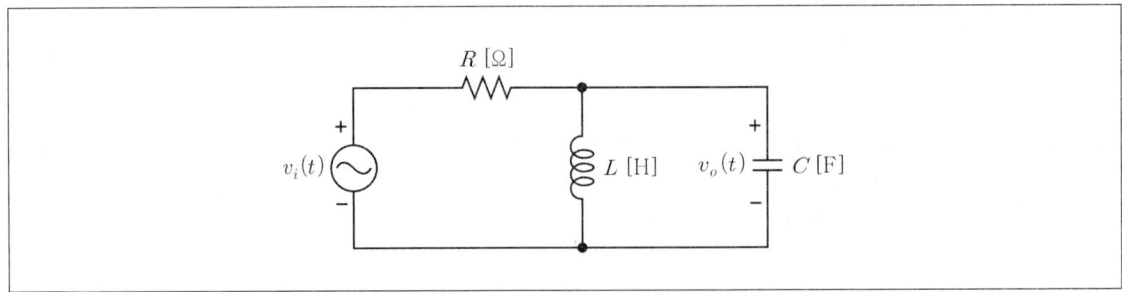

① $\dfrac{1}{RLCs^2 + LCs + 1}$ ② $\dfrac{LCs}{RLCs^2 + LCs + 1}$

③ $\dfrac{Ls}{RLCs^2 + Ls + R}$ ④ $\dfrac{1}{RLCs^2 + Ls + R}$

ANSWER 6.③ 7.③

6 복소전력 $P_a = \overline{V}I = (100 + j50)(4 - j3) = 400 - j300 + j200 + 150 = 550 - j100$
실수부는 유효전력, 허수부는 무효전력이다.
유효전력 550W, 무효전력 -100Var

7 전달함수

$$G(s) = \dfrac{V_o(s)}{V_{in}(s)} = \dfrac{\dfrac{1}{Cs} \times \dfrac{Ls}{Ls + \dfrac{1}{Cs}}}{R + \dfrac{Ls \cdot \dfrac{1}{Cs}}{Ls + \dfrac{1}{Cs}}} = \dfrac{\dfrac{Ls}{Ls + \dfrac{1}{Cs}}}{RCs + \dfrac{Ls}{Ls + \dfrac{1}{Cs}}} = \dfrac{\dfrac{LCs^2}{LCs^2 + 1}}{RCs + \dfrac{LCs^2}{LCs^2 + 1}} = \dfrac{\dfrac{Ls}{LCs^2 + 1}}{R + \dfrac{Ls}{LCs^2 + 1}} = \dfrac{Ls}{R(LCs^2 + 1) + Ls}$$

8 그림과 같은 평형 3상 회로로 운전되는 3상 유도전동기에서 전력계 W₁, W₂, 전압계 V, 전류계 A의 측정값이 각각 W₁ = 2 [kW], W₂ = 2.2 [kW], V = 100 [V], A = $20\sqrt{3}$ [A]이다. 이 유도전동기의 역률은? (단, 전력계, 전압계, 전류계는 이상적이다)

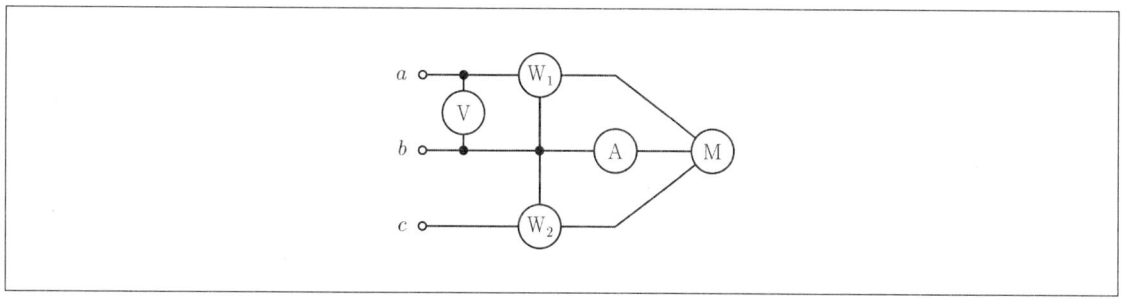

① 0.7
② 0.8
③ 0.9
④ 1.0

9 정상순(positive phase sequence)인 평형 3상 △ 결선에서 선전류와 상전류의 위상 관계는?

① 상전류가 $\frac{\pi}{3}$ [rad] 앞선다.

② 상전류가 $\frac{\pi}{3}$ [rad] 뒤진다.

③ 상전류가 $\frac{\pi}{6}$ [rad] 앞선다.

④ 상전류가 $\frac{\pi}{6}$ [rad] 뒤진다.

ANSWER 8.① 9.③

8 역률 $\cos\theta = \dfrac{W_1 + W_2}{\sqrt{3}\,VI} = \dfrac{2,000 + 2,200}{\sqrt{3} \times 100 \times 20\sqrt{3}} = \dfrac{4,200}{6,000} = 0.7$

9 △결선에서 선전류는 상전류보다 크기는 $\sqrt{3}$ 배이고 위상이 $\frac{\pi}{6}[rad]$ 뒤진다. (상전류는 선전류보다 $\frac{\pi}{6}[rad]$ 앞선다)

10 그림의 회로에서 전류 I가 최소가 되는 저항 $R_2[\Omega]$는? (단, 가변저항에서 화살표는 10[Ω]을 저항 R_1과 R_2로 분할한다)

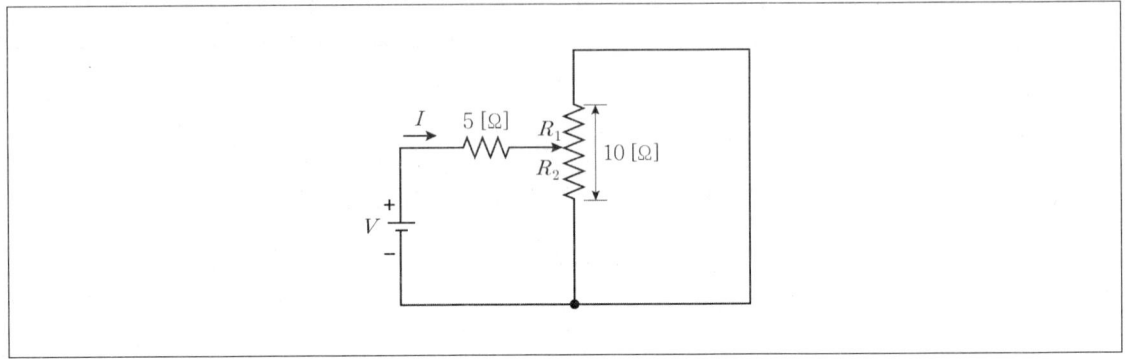

① 0　　　　　　　　　　　　② 5
③ 7.5　　　　　　　　　　　④ 10

11 정전용량이 같은 2개의 커패시터를 직렬로 연결할 때 합성용량은 C_1 이고, 병렬로 연결할 때 합성용량은 C_2 이다. 합성용량의 비 $\dfrac{C_2}{C_1}$는?

① $\dfrac{1}{4}$　　　　　　　　　　　② $\dfrac{1}{2}$
③ 2　　　　　　　　　　　　④ 4

ANSWER 10.② 11.④

10 전류가 최소가 되기 위한 저항비는 $R_1 : R_2 = 1 : 1$
$$\frac{d}{dR_1}\frac{R_1(10-R_1)}{R_1+(10-R_1)} = \frac{d}{dR_1}\frac{1}{10}(10R_1 - R_1^2) = 0$$
$10 - 2R_1 = 0$, $R_1 = 5[\Omega]$

11 • 직렬 연결 $C_1 = \dfrac{C}{2}$
• 병렬 연결 $C_2 = C + C = 2C$
$\dfrac{C_2}{C_1} = \dfrac{2C}{\dfrac{C}{2}} = 4$

12 정전용량 2[F]인 커패시터에 2[C]의 전하가 저장되어 있다. 이 커패시터에 저장되는 에너지[J]는?

① 0.5　　　　　　　　　　② 1
③ 1.5　　　　　　　　　　④ 2

13 그림의 회로에서 전원측에서 본 역률이 1일 때, 커패시턴스 C [F]는?

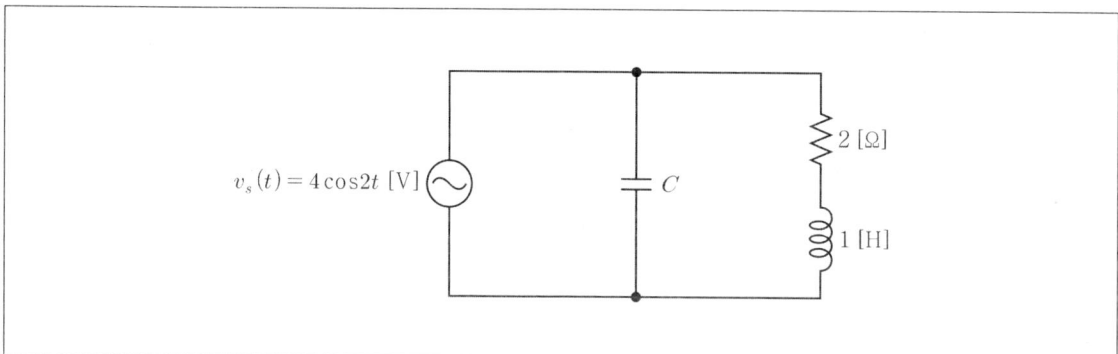

① $\dfrac{1}{8}$　　　　　　　　　　② $\dfrac{1}{4}$

③ $\dfrac{1}{2}$　　　　　　　　　　④ 1

ANSWER 12.② 13.①

12 커패시터에 저장되는 에너지 $W = \dfrac{1}{2}\dfrac{Q^2}{C} = \dfrac{1}{2} \times \dfrac{2^2}{2} = 1[J]$

13 $Y = \dfrac{1}{R+j\omega L} + j\omega C = \dfrac{1}{2+j2} + j2C = \dfrac{2-j2}{(2+j2)(2-j2)} + j2C = \dfrac{1}{4}(1-j) + j2C$

$Y = \dfrac{1}{4} + j(2C - \dfrac{1}{4})$

역률이 1이면 허수부가 0이 되므로 $2C = \dfrac{1}{4}$, $C = \dfrac{1}{8}[F]$

14 그림의 회로에서 전압 $v(t) = 5 + 3\cos(t + 45°) + \cos(2t + 60°)$ [V]일 때, 전원이 부하 전체에 공급하는 평균전력[W]은?

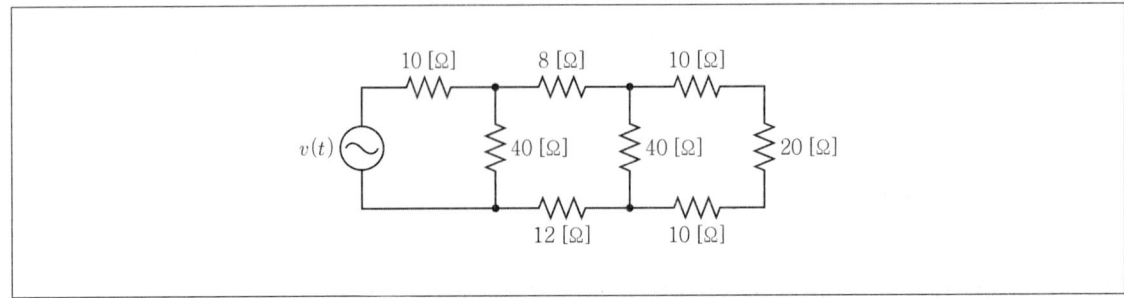

① 1
② 5
③ 10
④ 20

ANSWER 14.①

14 합성저항을 구하면 $40[\Omega]$ 병렬이 $20[\Omega]$이므로
$R_0 = 10 + 20 = 30[\Omega]$

전압의 실효값 $V = \sqrt{5^2 + (\dfrac{3}{\sqrt{2}})^2 + (\dfrac{1}{\sqrt{2}})^2} = \sqrt{25 + \dfrac{9}{2} + \dfrac{1}{2}} = \sqrt{30}$

평균전력 $P = \dfrac{V^2}{R} = \dfrac{(\sqrt{30})^2}{30} = 1\ W$

15 그림의 회로에서 스위치 S는 $t=0$ 일 때 개방된다. 스위치 S가 닫혀 있을 때 회로의 시정수 τ_1 [sec]과 $t>0$ 에서 스위치 S가 개방된 회로의 시정수 τ_2 [sec]는?

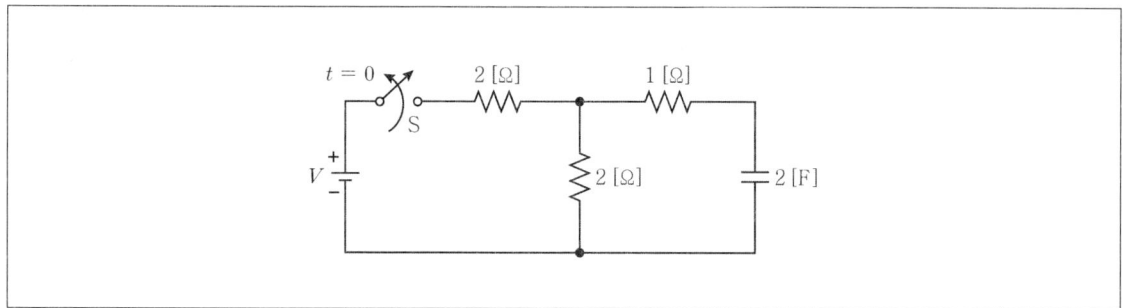

	τ_1 [sec]	τ_2 [sec]
①	4	4
②	4	6
③	6	4
④	6	6

ANSWER 15.②

15 R-C회로의 시정수는 RC[sec]
  • 스위치가 닫혀있을 때 시정수 $T_1 = 2 \times 2 = 4$[sec]
  • 스위치가 열린 경우 시정수 $T_2 = 3 \times 2 = 6$[sec]

16 그림의 회로에서 전류 I[A]는?

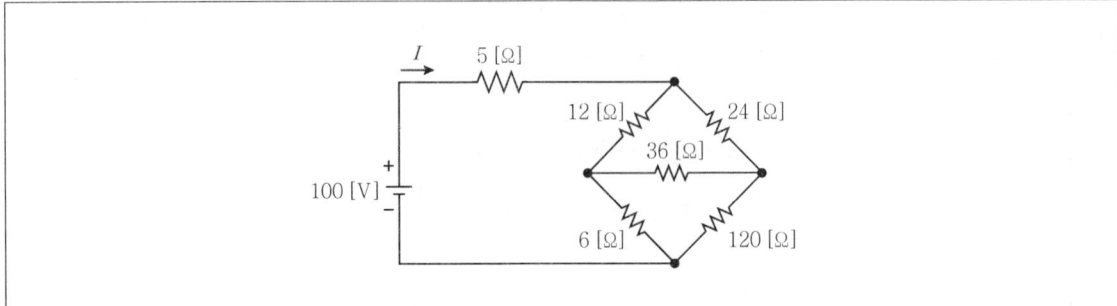

① 5
② 10
③ 15
④ 20

ANSWER 16.①

16 브릿지 부분의 저항을 변환한다.

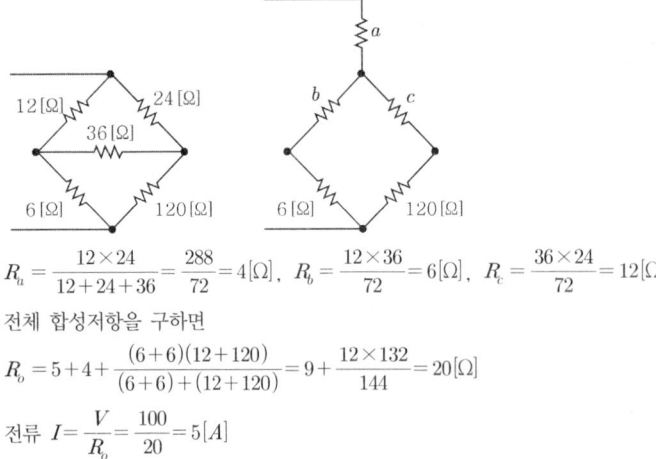

$R_a = \dfrac{12 \times 24}{12+24+36} = \dfrac{288}{72} = 4[\Omega]$, $R_b = \dfrac{12 \times 36}{72} = 6[\Omega]$, $R_c = \dfrac{36 \times 24}{72} = 12[\Omega]$

전체 합성저항을 구하면

$R_o = 5 + 4 + \dfrac{(6+6)(12+120)}{(6+6)+(12+120)} = 9 + \dfrac{12 \times 132}{144} = 20[\Omega]$

전류 $I = \dfrac{V}{R_o} = \dfrac{100}{20} = 5[A]$

17 양전하 Q[C]가 균등하게 분포된 반경이 a[m]인 구형 도체가 자유공간에 있다. 이 도체에서 무한대 떨어진 위치의 전위를 0[V]이라 할 때, 구형 도체 중심으로부터 반경 b[m]인 곳의 전위[V]는? (단, ε_o는 자유공간의 유전율이고, $b < a$이다)

① $-\int_{\infty}^{b} \frac{Qr}{4\pi\varepsilon_o a^3} dr$

② $-\int_{\infty}^{b} \frac{Q}{4\pi\varepsilon_o r^2} dr$

③ $-\int_{\infty}^{a} \frac{Q}{4\pi\varepsilon_o r^2} dr$

④ $-\int_{\infty}^{a} \frac{Q}{4\pi\varepsilon_o r^2} dr - \int_{a}^{b} \frac{Qr}{4\pi\varepsilon_o a^3} dr$

18 그림의 평형 3상 Y-Y 회로에서 3상 부하가 흡수하는 전체 평균전력[W]은? (단, 전압은 실횻값이다)

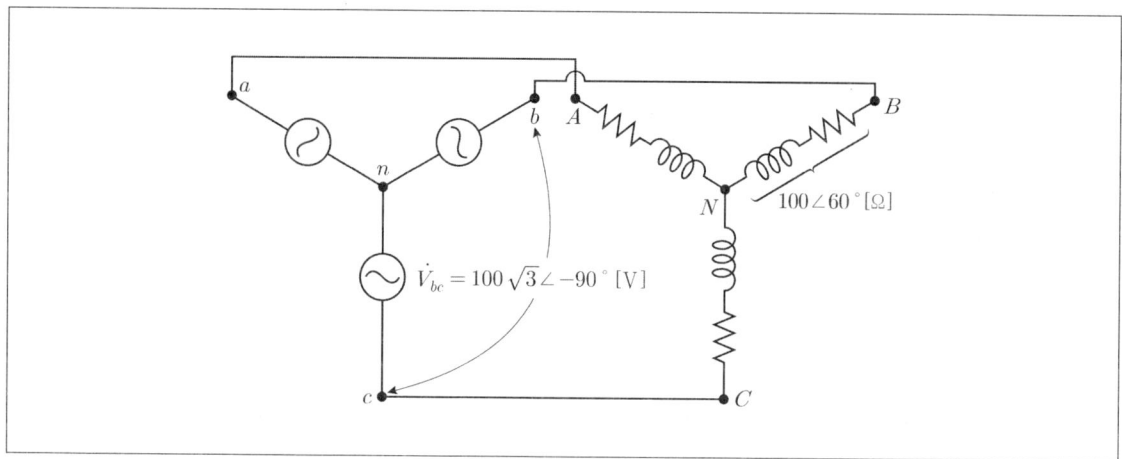

① 100
② 150
③ 200
④ 250

ANSWER 17.③ 18.②

17 도체는 표면전위를 가진다. 따라서 전위는 무한원점에서 표면까지 적분하는 것으로 구한다.

18
$V_b = 100\angle -120° = 100\left(-\frac{1}{2} - j\frac{\sqrt{3}}{2}\right) = -50 - j50\sqrt{3}\ [V]$

$Z = 100\angle 60° = 100(\cos 60° + j\sin 60°) = 50 + j50\sqrt{3}\ [\Omega]$

$I_b = \frac{V_b}{Z} = \frac{100\angle -120°}{100\angle 60°} = 1\angle -180° = -1\ [A]$

$P = 3(I_p)^2 R = 3\times (-1)^2 \times 50 = 150\ [W]$

19 그림의 회로가 정상상태에서 동작할 때, 인덕터에 흐르는 전류 $i_L(t)$의 최댓값[A]과 전압 $v(t)$와 전류 $i_L(t)$의 위상차[°]는?

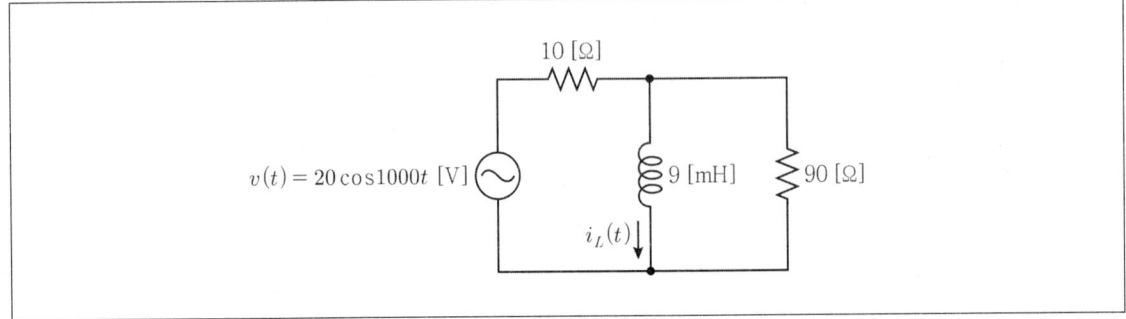

	최댓값[A]	위상차[°]
①	$\sqrt{2}$	45
②	$\sqrt{2}$	60
③	$2\sqrt{2}$	45
④	$2\sqrt{2}$	60

ANSWER 19.①

19 $\omega L = 1000 \times 9[mH] = 9[\Omega]$

합성임피던스 $= 10 + \dfrac{90 \times j9}{90 + j9}$

전류 $i_{LMAX}(t) = \dfrac{V_{\max}}{10 + \dfrac{90 \times j9}{90 + j9}} \times \dfrac{90}{90 + j9} = \dfrac{90 V_{\max}}{10(90 + j9) + 90 \times j9}$

$i_{L\max} = \dfrac{90 V_{\max}}{900 + j90 + j810} = \dfrac{90 V_{\max}}{900 + j900} = \dfrac{V_{\max}}{10 + j10} = \dfrac{20}{10\sqrt{2} \angle 45°} = \sqrt{2} \angle -45°$

20 그림의 회로에서 $t > 0$ 일 때, 커패시터 전압 $v_C(t)$ [V]는? (단, $u(t)$ 는 단위계단함수이다)

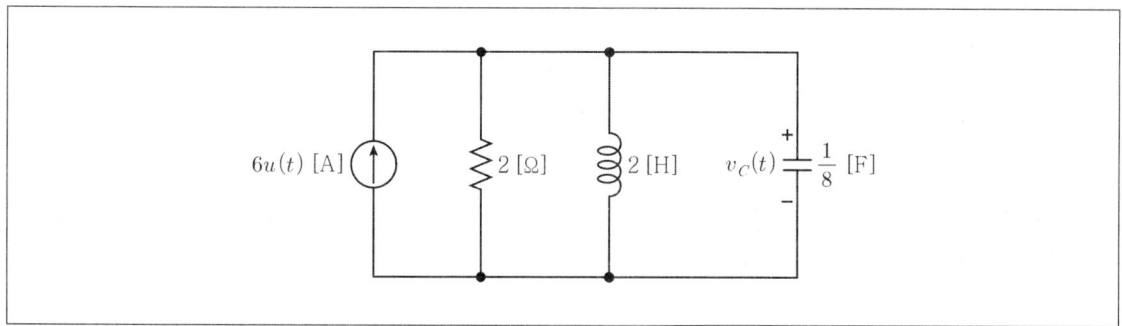

① $24te^{-4t}$
② $24te^{-2t}$
③ $48te^{-4t}$
④ $48te^{-2t}$

Answer 20.④

20
$$V_c(s) = \frac{\frac{R \cdot Ls}{R+Ls}}{\frac{R \cdot Ls}{R+Ls} + \frac{1}{Cs}} \times \frac{6}{s} \times \frac{1}{Cs} = \frac{\frac{4s}{2+2s}}{\frac{4s}{2+2s} + \frac{8}{s}} \times \frac{6}{s} \times \frac{8}{s} = \frac{\frac{24}{2+2s}}{\frac{4s^2 + 8(2+2s)}{s(2+2s)}} \times \frac{8}{s} = \frac{48}{s^2+4s+4}$$

$$\frac{48}{s^2+4s+4} = \frac{48}{(s+2)^2} \Rightarrow V_c(t) = 48te^{-2t}$$

전기이론 — 2024. 6. 22. 제1회 지방직 시행

1 어떤 회로의 양단에 걸리는 전압 $v(t)$[V]와 그 전압의 양의(+) 단자로 들어가는 전류 $i(t)$[A]가 다음과 같이 주어질 때, 평균전력[W]은?

$$v(t) = 10 + 5\cos(25t + 30°), \quad i(t) = 30 + 20\cos(25t - 30°)$$

① 300
② 325
③ 365
④ 400

ANSWER 1.②

1 비정현파교류에서 전력을 구하는 문제로 각파의 실효값의 전압과 전류를 곱하고 역률은 전압과 전류의 위상차로 구한다.
$P = VI = 10 \times 30 + \dfrac{5}{\sqrt{2}} \times \dfrac{20}{\sqrt{2}} \cos(30° - (-30°)) = 325[W]$

2 그림의 회로에서 종단전압 V_0[V]는?

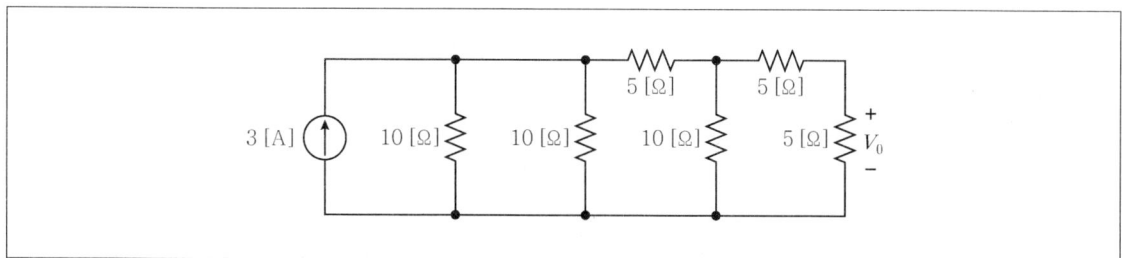

① 2.5
② 3.0
③ 3.5
④ 4.0

ANSWER 2.①

2 종단의 5[Ω]에 흐르는 전류를 구한다.
그림과 같이 전류가 흐르므로

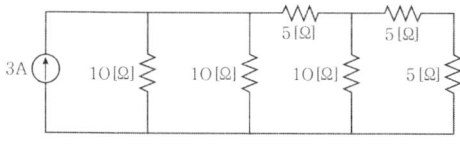

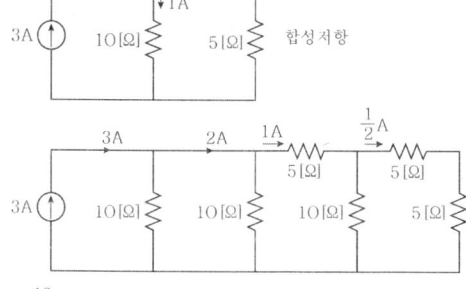

$\frac{10}{10+5} \times 3 = 2[A]$, V_o에 흐르는 전류 0.5[A]
종단저항의 전압 $V_o = 5[\Omega] \times 0.5 = 2.5[A]$

3 전선 내부의 전하량 q[C]가 다음과 같을 때, $t=0$인 순간의 전류[A]는?

$$q(t) = \begin{cases} 0 & (t<0) \\ 30te^{0.1t} & (t \geq 0) \end{cases}$$

① 0
② 10
③ 20
④ 30

4 $\vec{E} = 3\hat{a_x} + 2\hat{a_y} + 1\hat{a_z}$[V/m]로 표시되는 전계가 분포한 공간에서 0.1[μC]의 전하를 원점으로부터 $\vec{r} = -3\hat{a_x}$[m]로 움직이는 데 필요한 일[J]의 크기는?

① 0.3×10^{-6}
② 0.6×10^{-6}
③ 0.9×10^{-6}
④ 1.2×10^{-6}

ANSWER 3.④ 4.③

3 $i = \dfrac{dq}{dt} = \dfrac{d30te^{0.1t}}{dt} = 30(e^{0.1t} - 0.1te^{0.1t}) = 30[A]$

$(e^o = 1)$

4 일 $W = QV$[J]

전위 $V = E \cdot r = (3a_x + 2a_y + 1a_z) \cdot (-3a_x) = -9[V]$

$W = QV = 0.1 \times 10^{-6} \times (-9) = 0.9 \times 10^{-6}$[J]

5 그림과 같이 거리 $d = 1[m]$만큼 떨어진 무한히 긴 두 개의 평행도선 중 도선 A에 $I_A = 1[A]$의 전류가 $+z$ 방향으로 흐르고 있다. 이때, 도선 B에 1[A]의 전류 I_B를 인가한 경우에 발생하는 현상으로 옳지 않은 것은? (단, 진공투자율 $\mu_o = 4\pi \times 10^{-7}[H/m]$이다)

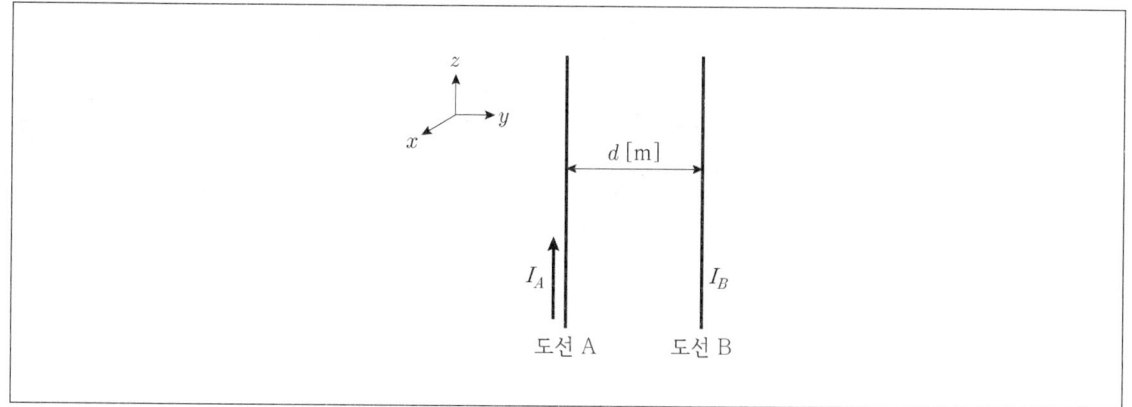

① I_B가 $+z$방향으로 흐르는 경우, 두 도선 간에 작용하는 힘은 흡인력이다.
② I_B가 $+z$방향으로 흐르는 경우, 두 도선 간에 작용하는 힘은 단위길이당 $10^{-7}[N/m]$이다.
③ I_B가 $-z$방향으로 흐르는 경우, 두 도선 사이의 영역에서 자속의 크기는 증가한다.
④ I_B가 $-z$방향으로 흐르는 경우, 두 도선 사이의 영역에서 자속의 방향은 $-x$방향이다.

Answer 5.②

5 두 도선간 작용력 $F = \dfrac{2I_A I_B}{r} \times 10^{-7} [N/m]$
전류가 같은 방향이면 흡인력
$I_A = I_B = 1[A]$, $d = 1m$이면
$F = \dfrac{2I_A I_B}{r} \times 10^{-7} = \dfrac{2 \times 1 \times 1}{1} \times 10^{-7} = 2 \times 10^{-7}[N/m]$

6 그림과 같이 토로이드 자성체에 코일을 500회 감고 0.3[A]의 전류를 흘릴 때, 자성체 내부의 자속[Wb]은? (단, 자성체의 자기저항은 $0.25 \times 10^5 [H^{-1}]$이고, 누설자속은 없다)

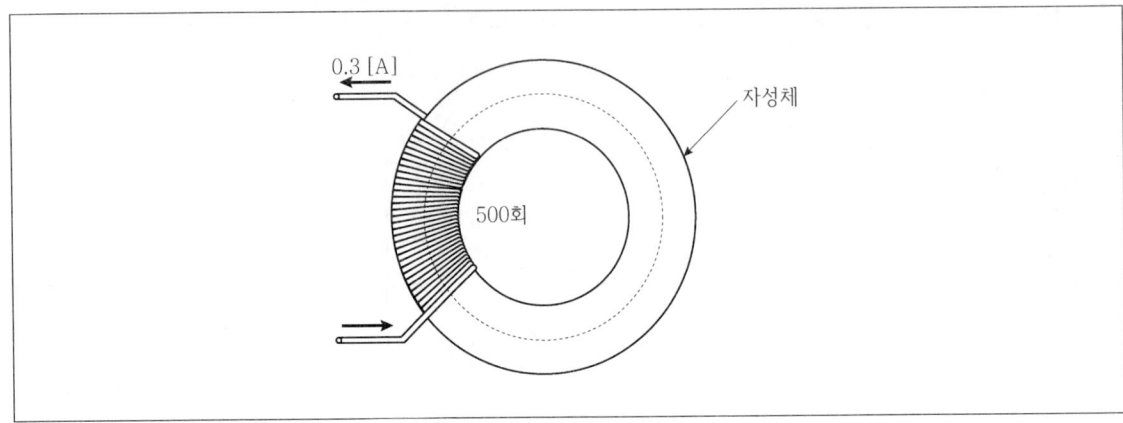

① 3×10^{-3}
② 6×10^{-3}
③ 3×10^{-4}
④ 6×10^{-4}

7 3상 Y결선 역률 0.8인 부하회로에 상전압 500[V]를 인가할 때 전체 소비전력이 1,200[W]이면, 상당 부하 임피던스의 크기[Ω]는? (단, 전압은 실횻값이다)

① 100
② 300
③ 500
④ 700

ANSWER 6.② 7.③

6 $\phi = \dfrac{NI}{R} = \dfrac{500 \times 0.3}{0.25 \times 10^5} = 6 \times 10^{-3} [Wb]$

7 3상의 소비전력이 1,200W이면 1상당 400W
역률 0.8이면 피상전력 $P_a = \dfrac{P}{\cos\theta} = \dfrac{400}{0.8} = 500 [VA]$
$P_a = VI = 500I = 500[VA]$, $I = 1[A]$
$P_a = I^2 Z = 1^2 \times Z = 500 VA$, $Z = 500[\Omega]$

8 그림과 같은 임피던스를 갖는 부하 Z에 100[V], 60[Hz]의 전원을 연결할 때, 부하의 전류[A]는? (단, 전압의 크기는 실횻값이고, 위상은 0°이며 $\tan^{-1}\left(\frac{3}{4}\right)$은 36.9°이다)

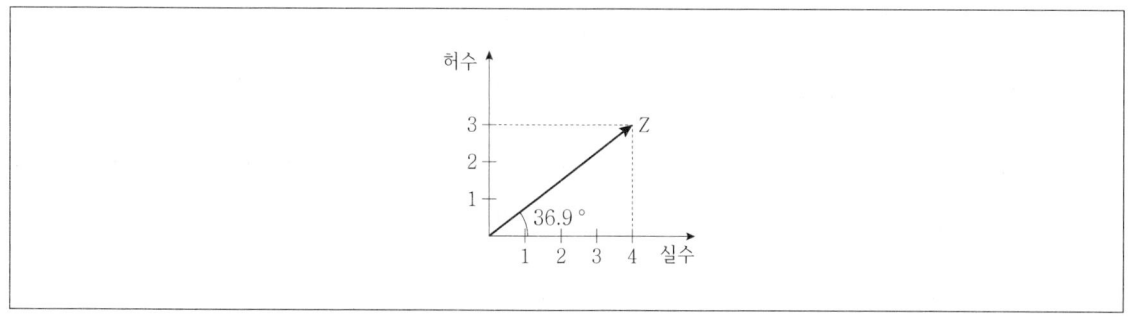

① $20\sin(60\pi t - 36.9°)$
② $20\sqrt{2}\sin(60\pi t + 53.1°)$
③ $20\sqrt{2}\cos(120\pi t - 36.9°)$
④ $20\cos(120\pi t + 53.1°)$

9 정현파 전원이 인가된 회로의 단자 전압과 전류가 각각 $V_{eff}\angle\theta$, $I_{eff}\angle\phi$로 표시된다. 이에 대한 설명으로 옳은 것은? (단, V_{eff}와 I_{eff}는 전압과 전류의 실횻값이다)

① 복소전력은 $\frac{V_{eff}I_{eff}}{2}\angle(\theta-\phi)$이다.

② 피상전력은 $\frac{V_{eff}I_{eff}}{2}$이다.

③ 유효전력은 $V_{eff}I_{eff}\cos(\theta-\phi)$이다.

④ 무효전력은 VA 단위를 사용한다.

ANSWER 8.③ 9.③

8 $Z = 5\angle 36.9°$, $\omega t = 2\pi \times 60 t = 120\pi t$
최대값과 ω만 알면 답을 바로 찾을 수 있다.
$I = \frac{V}{Z} = \frac{100\angle 0°}{5\angle 36.9°} = 20\angle -36.9°$
$I = 20\sqrt{2}\cos(120\pi t - 36.9°)$

9 • 피상전력과 유효전력은 각각 다음과 같다.
$P_a = V_{eff}I_{eff}$, $P = V_{eff}I_{eff}\cos(\theta-\phi)$
• 무효전력의 단위는 Var이다.

10 임피던스에 대한 설명으로 옳지 않은 것은? (단, ω는 각주파수[rad/s]이다)

① 수동소자 커패시터 C의 임피던스는 $-\dfrac{j}{\omega C}$이다.

② 임피던스는 옴(Ohm)의 단위를 사용하는 복소량이다.

③ 임피던스는 주파수 영역에서 페이저 전류 $\dot{I}$와 페이저 전압 $\dot{V}$의 비인 $Z = \dfrac{\dot{V}}{\dot{I}}$로 정의된다.

④ 임피던스는 페이저이므로 $e^{j\omega t}$를 곱하고 실수부분을 취하면 시간영역으로 변환할 수 있다.

11 그림의 회로에서 전류 I[A]는?

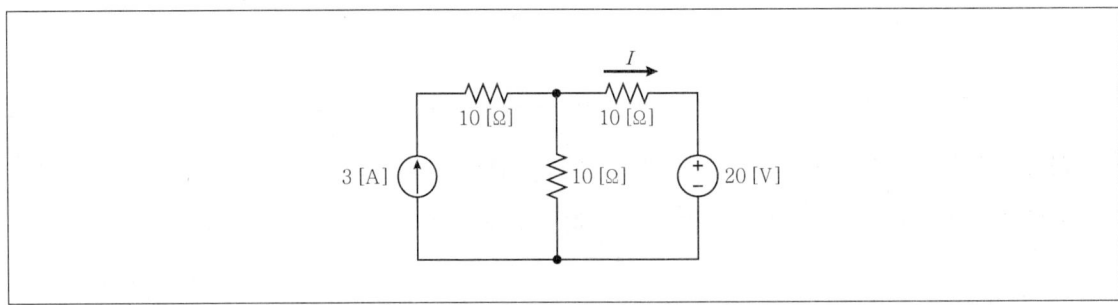

① -1
② -0.5
③ 0.5
④ 1

ANSWER 10.④ 11.③

10 $Z = a + jb = |Z|\angle\theta = |Z|e^{j\theta}$
실수부와 허수부를 모두 변환한다.

11 • 전압원만 있고 전류원이 개방인 경우

$I_1 = \dfrac{20}{10+10} = 1[A]$ 제시된 전류방향과 반대

• 전류원만 있고 전압원이 단락인 경우

$I_2 = 1.5[A]$ 제시된 전류와 방향이 같다.

$I = I_2 - I_1 = 1.5 - 1 = 0.5[A]$

12 어떤 회로에서 부하의 전압 $v(t)$[V]와 전류 $i(t)$[A]의 그래프가 그림과 같을 때, 이에 대한 설명으로 옳지 않은 것은? (단, 전압과 전류는 정현파이고 주파수는 동일하다)

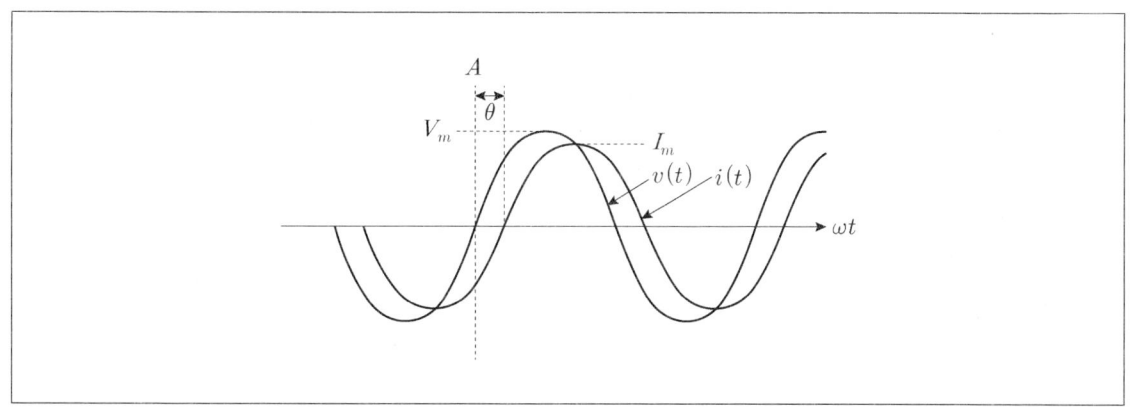

① 유도성 부하를 나타낸다.
② 전압과 전류의 위상차는 θ로 시간에 상관없이 일정하다.
③ 부하에 저항 소자를 직렬로 연결하면 위상차는 감소한다.
④ A를 기준으로 할 때, $v(t) = V_m \sin\omega t$, $i(t) = I_m \sin(\omega t + \theta)$이다.

13 자계가 $\vec{H} = xyz\,\hat{a_x}$[A/m]로 분포된 직각좌표계의 한 점 P(1, 3, 4)에서의 전류밀도 $\vec{J}$[A/m²]의 크기는?

① 3
② 4
③ 5
④ 6

ANSWER 12.④ 13.③

12 전압보다 전류의 위상이 뒤지므로 유도성 회로이다.
$i(t) = I_m \sin(\omega t - \theta)$ 가 된다.

13 $rot\,H = J$

$rot\,H = \begin{vmatrix} i & j & k \\ \frac{\partial}{\partial x} & \frac{\partial}{\partial y} & \frac{\partial}{\partial z} \\ xyz & 0 & 0 \end{vmatrix} = -j\begin{vmatrix} \frac{\partial}{\partial x} & \frac{\partial}{\partial z} \\ xyz & 0 \end{vmatrix} + k\begin{vmatrix} \frac{\partial}{\partial x} & \frac{\partial}{\partial y} \\ xyz & 0 \end{vmatrix}$

$rot\,H = j\frac{\partial xyz}{\partial z} - k\frac{\partial xyz}{\partial y} = xyj - xzk = -3j - 4k$

크기는 $\sqrt{(-3)^2 + (-4)^2} = 5$

14 그림의 병렬회로를 등가 직렬회로로 변환하면 저항 $R[\Omega]$과 리액턴스 $X[\Omega]$는?

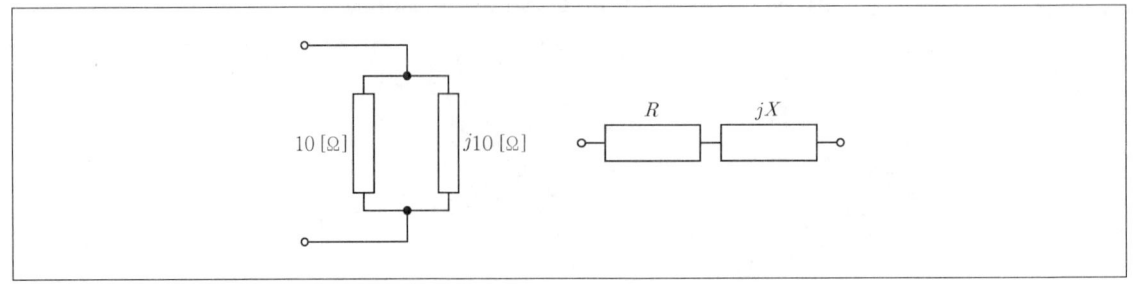

	$R[\Omega]$	$[X\Omega]$		$R[\Omega]$	$[X\Omega]$
①	5	5	②	5	−5
③	10	10	④	10	−10

15 그림과 같이 진공상태에 놓여있는 평행판 커패시터에 극판길이 L의 절반에 해당하는 유전체를 삽입하여 정전용량이 10[μF]에서 25[μF]으로 증가하였다. 삽입된 유전체의 비유전율 ϵ_r은? (단, 극판의 간격은 일정하다)

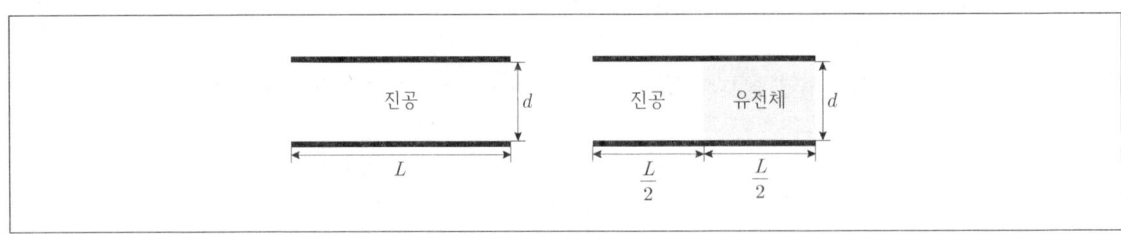

① 1　　　　　　　　　　　　② 2
③ 3　　　　　　　　　　　　④ 4

ANSWER　14.①　15.④

14　$Z = \dfrac{10 \times j10}{10 + j10} = \dfrac{j100(10 - j10)}{(10 + j10)(10 - j10)} = \dfrac{j100(10 - j10)}{200} = 5 + j5[\Omega]$

15　진공의 경우 $C_1 = \dfrac{\epsilon_o S}{d} = 10[\mu F]$

병렬로 나눈 후 $C_2 = C_o + C = \dfrac{\epsilon_o \dfrac{S}{2}}{d} + \dfrac{\epsilon \dfrac{S}{2}}{d} = \dfrac{\epsilon_o S}{2d}(1 + \epsilon_r) = 25[\mu F]$

$\dfrac{1 + \epsilon_r}{2} = 2.5$, $\epsilon_r = 4$

16 스위치 S가 그림의 a에 충분히 긴 시간 동안 연결되어 있는 회로에서 시간 $t=0$ [s]일 때 스위치 S를 b로 이동시켰다. $t \geq 0$에서 회로의 전류응답이 부족제동 특성을 가지려면 저항 $R[\Omega]$은?

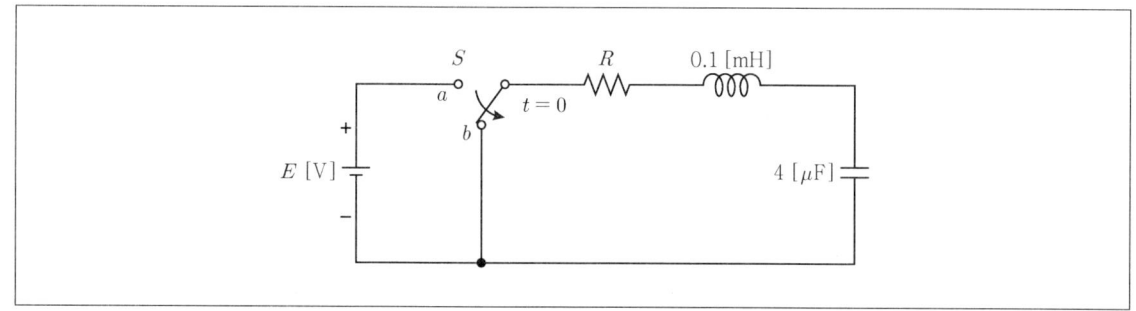

① 5
② 10
③ 15
④ 20

ANSWER 16.①

16 부족제동이 되면 $\delta < 1$ 진동이 된다.

임피던스 방정식 $R + Ls + \dfrac{1}{Cs} = 0$, $s^2 + \dfrac{R}{L}s + \dfrac{1}{LC} = 0$

진동조건 $\left(\dfrac{R}{L}\right)^2 - \dfrac{4}{LC} < 0$, $\left(\dfrac{R}{0.1 \times 10^{-3}}\right)^2 - \dfrac{4}{0.1 \times 10^{-3} \times 4 \times 10^{-6}} < 0$

$(R \times 10^4)^2 - 10^{10} < 0$, $R^2 < 10^2$, $R < 10$

17 그림의 비대칭 △ 결선 회로에 저항 R을 추가로 연결하여 단자 a, b, c 기준의 평형 3상 부하전류를 얻고자 한다. 이때 필요한 $R[\Omega]$은?

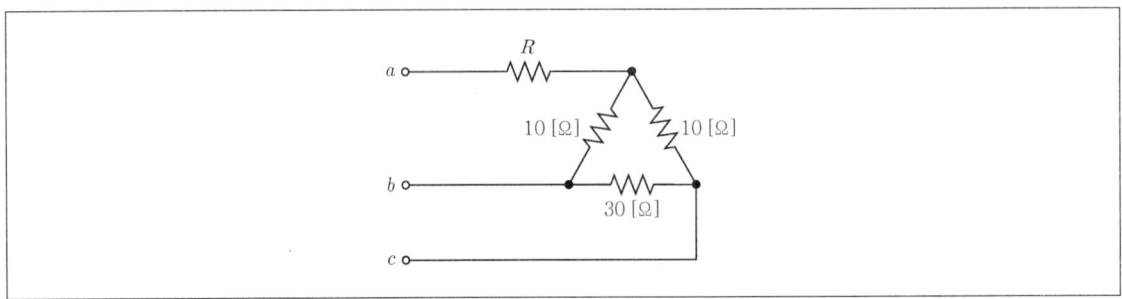

① 2
② 4
③ 6
④ 8

18 그림의 회로에서 종속전류원의 양단에 걸리는 전압 $V_0[V]$는?

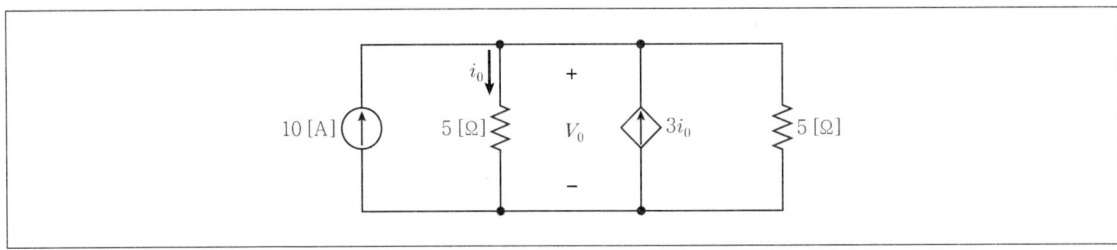

① −50
② −30
③ 30
④ 50

ANSWER 17.② 18.①

17 △결선을 Y로 변환한다.

$R_a = \dfrac{10 \times 10}{10+10+30} = 2[\Omega]$

$R_b = \dfrac{10 \times 30}{10+10+30} = 6[\Omega] = R_c$

평형 3상이 되려면 R_a에 직렬로 $R=4[\Omega]$

18 • 종속 전류원을 개방한 경우 $i_{o1} = 5[A]$
• 전류원 10A를 개방한 경우 $i_{o2} = 1.5 i_o$

$i_o = 5 + 1.5 i_o$, $i_o = \dfrac{-5}{0.5} = -10[A]$

$V_o = i_o \times 5[\Omega] = (-10) \times 5 = -50[V]$

19 그림의 회로에서 스위치가 닫힌 상태로 오랜 시간이 경과한 후 $t=0[s]$에서 열렸다. $t \geq 0$에서 커패시터의 초기전압 $V_c[V]$와 시정수 $\tau[ms]$는?

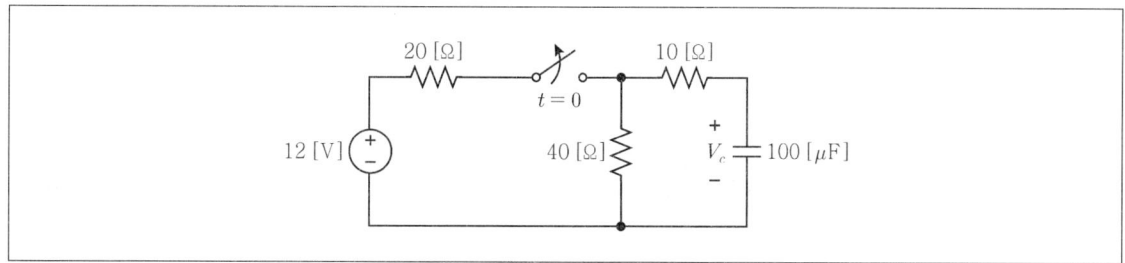

	$V_c[V]$	$\tau[ms]$
①	6	5
②	6	8
③	8	5
④	8	6

20 한 상의 임피던스가 $Z=10+j10[\Omega]$인 평형 △결선 부하에 3상 선간전압 $70\sqrt{2}[V]$를 인가할 때, 전체 무효전력[VAR]은? (단, 전압은 실횻값이다)

① 490
② 1,470
③ 1,600
④ 2,546

ANSWER 19.③ 20.②

19 V_c는 전원 12V가 20[Ω], 1140[Ω]의 저항에 분압되는 전압 중 40[Ω]에 인가되는 전압과 같으므로
$V_c = 8[V]$

시정수 $RC = 50[\Omega] \times 100 \times 10^{-6}[F] = 5 \times 10^{-3}[\sec] \Rightarrow 5[m\sec]$

20 3상 무효전력
$$P_r = 3\frac{V^2 X}{R^2+X^2} = \frac{3 \times (70\sqrt{2})^2 \times 10}{10^2+10^2} = 1,470[Var]$$

전기이론

2024. 6. 22. 제2회 서울특별시 시행

1 어떤 콘덴서에 1[A]의 전류가 흘러들어 가고 있으며, 콘덴서의 전압 변화율은 10[V/s]이다. 해당콘덴서의 정전용량으로 알맞은 것은?

① 10[mF]
② 0.1[F]
③ 1[F]
④ 10[F]

ANSWER 1.②

1 $i = C\dfrac{dV}{dt}$ 에서 $1[A] = C \times 10[V/\text{sec}]$

   $C = \dfrac{1}{10} = 0.1[F]$

2 〈보기〉의 회로에서 테브난 등가회로의 저항[kΩ]과 전압[V]은?

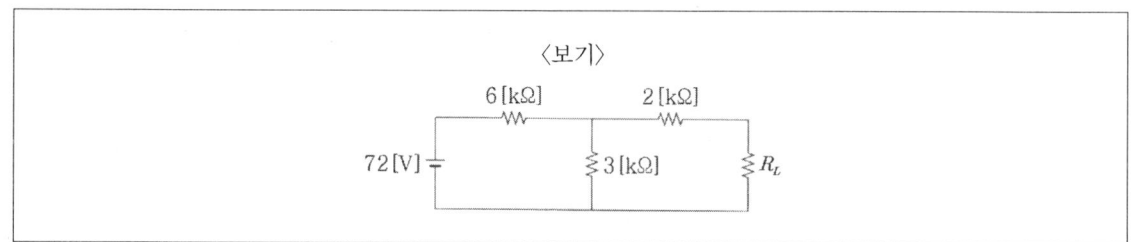

	테브난 저항[kΩ]	테브난 전압[V]
①	3	12
②	4	24
③	5	36
④	6	48

3 선로의 직렬 임피던스가 $Z = R + jwL[\Omega]$이며, 병렬 어드미턴스가 $Y = G + jwC[S]$이다. 선로가 무손실 선로일 때, 선로의 특성 임피던스는?

① $\sqrt{\dfrac{C}{L}}$ ② $\sqrt{\dfrac{L}{C}}$

③ $\sqrt{LC}$ ④ $\sqrt{L^2 C}$

ANSWER 2.② 3.②

2 • 테브난 저항 : 전압원을 단락하고 단자에서 본 합성저항

$2 + \dfrac{6 \times 3}{6 + 2} = 4[\Omega]$

• 테브난 전압 : 부하를 개방하고 전원에서 본 단자전압

$\dfrac{3}{6+3} \times 72[V] = 24[V]$

3 특성 임피던스

$Z_o = \sqrt{\dfrac{Z}{Y}} = \sqrt{\dfrac{R + jwL}{G + j\omega C}}$ ⇒ 무손실 선로 $R = G = 0$

$Z_o = \sqrt{\dfrac{L}{C}}$

4 〈보기〉의 4단자망 회로에서 ABCD 파라미터 값은?

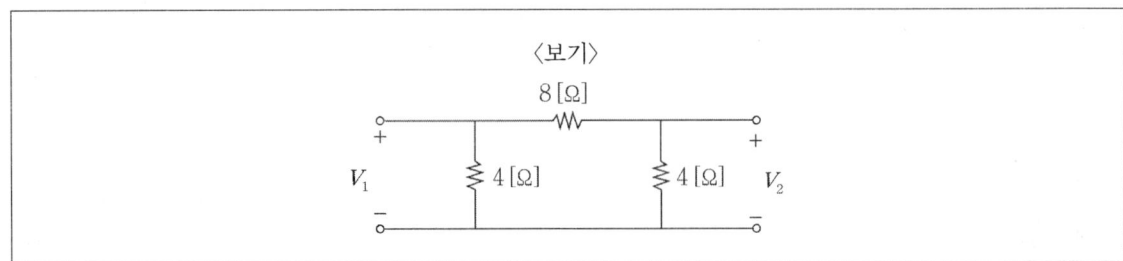

	A	B	C	D
①	2	1	3	2
②	3	1	8	3
③	2	3	1	2
④	3	8	1	3

5 반지름이 1[m]인 환상 솔레노이드 코일에 6.28[A]의 전류가 흘렀을 때 내부자계의 세기가 150[AT/m] 인 것으로 나타났다. 해당 환상 솔레노이드의 권선수는?(단, 원주율 π=3.14로 계산한다.)

① 50
② 100
③ 150
④ 200

Answer 4.④ 5.③

4 ABCD 파라미터
$$\begin{vmatrix} A & B \\ C & D \end{vmatrix} = \begin{vmatrix} 1 & 0 \\ \frac{1}{4} & 1 \end{vmatrix} \begin{vmatrix} 1 & 8 \\ 0 & 1 \end{vmatrix} \begin{vmatrix} 1 & 0 \\ \frac{1}{4} & 1 \end{vmatrix} = \begin{vmatrix} 1 & 8 \\ \frac{1}{4} & 3 \end{vmatrix} \begin{vmatrix} 1 & 0 \\ \frac{1}{4} & 1 \end{vmatrix} = \begin{vmatrix} 3 & 8 \\ 1 & 3 \end{vmatrix}$$
A=D=3, B=8, C=1

5 $H = \frac{NI}{l} [AT/m]$

환상 솔레노이드에서 $H = \frac{NI}{2\pi r} = 150 [AT/m]$

전류가 6.28[A], 반지름이 1[m]
권선수 N= 150[T]

6 〈보기〉의 회로의 전압원을 전류원으로 변환 시 등가 변환 회로도로 적절한 것은?

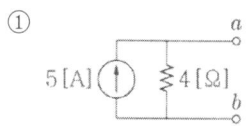

① 5[A] ↑ ≷4[Ω] a,b
② 4[Ω] — 5[A] ↓ a,b
③ 4[Ω] — 5[A] ↑ a,b
④ 5[A] ↓ ≷4[Ω] a,b

7 어떠한 교류 전압원이 순수 용량성 부하에 연결되었을 때, 해당 부하에 흐르는 전류의 위상은 교류 전압원에 비해 ㈎이며, 해당 회로망의 역률은 ㈏이다. ㈎와 ㈏에 해당하는 것을 옳게 짝지은 것은?

	㈎	㈏
①	진상	0
②	지상	0
③	진상	1
④	지상	1

ANSWER 6.① 7.①

6 테브난을 노튼으로 등가 변환
내부저항이 직렬에서 병렬로, 전류원은 $\frac{20[V]}{4[\Omega]}=5[A]$
전류원의 방향은 전압원의 +방향

7 순수 용량성 부하에서 전류는 전압에 90° 위상이 앞선다(진상).
무효율(sin)이 1이므로 역률(cos)은 0

8 인덕터에 대한 설명으로 옳지 않은 것은?

① 동일한 자성체에 권선을 2회 감아준 인덕터와 4회 감아준 인덕터의 인덕턴스는 4배 차이이다.
② 동일한 자성체의 형상과 권수를 가지지만, 자성체의 투자율이 다른 두 인덕터가 존재한다. 이 때, 투자율이 더 큰 자성체를 지닌 인덕터의 인덕턴스가 더 크다.
③ 자성체의 투자율, 권수, 자로의 길이가 같지만, 자성체의 단면적이 다른 두 인덕터가 존재한다. 이 때, 자성체의 단면적이 좁은 인덕터의 인덕턴스가 더 크다.
④ 공극이 없던 인덕터에 공극을 추가하면 인덕터의 인덕턴스는 줄어든다.

9 전계에 대한 설명으로 옳지 않은 것은?

① 전계 내의 한 점 a에서 다른 한 점 b로 10[C]의 전하를 30[J]의 에너지를 들여 이동시켰을 때, a점과 b점의 전위차의 크기는 3[V]이다.
② 두 콘덴서가 동일한 유전체와 전극의 면적을 지닐 때, 전극 간 거리가 더 먼 콘덴서가 더 큰 정전용량을 갖는다.
③ 두 콘덴서가 동일한 유전체와 전극 간 거리를 지닐 때, 전극의 면적이 더 넓은 콘덴서가 더 큰 정전용량을 갖는다.
④ 두 콘덴서를 병렬로 연결하면 등가 정전 용량은 더 커진다.

ANSWER 8.③ 9.②

8 $L = \dfrac{N^2}{R} = \dfrac{\mu S N^2}{l} [H]$, $L \propto S$, $L \propto N^2$, $L \propto \mu$

공극은 자기저항의 증가이므로 인덕턴스는 감소, 인덕턴스는 단면적에 비례한다.

9 $C = \epsilon \dfrac{S}{d} [F]$, $C \propto \dfrac{1}{d}$

전극간의 거리가 멀어질수록 정전 용량은 작아진다.

10 〈보기〉와 같은 회로에서 전압 $V_1[\text{V}]$과 $V_2[\text{V}]$는?

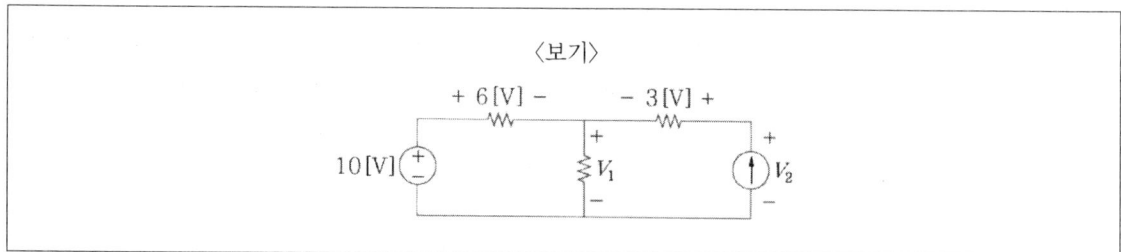

	$V_1[\text{V}]$	$V_2[\text{V}]$
①	6	2
②	2	6
③	4	7
④	7	4

ANSWER 10.③

10 • 전류원을 개방하면
  $10[V] = 6[V] + V_1$, $V_1 = 4[V]$
• 전압원을 단락하면
  $3[V] + 4[V] = 7[V]$ (6[V]는 수동소자의 극성이 반대)

11 〈보기〉의 회로에서 $t=0$ 이전에 수동 소자에 저장된 에너지는 없으며, 스위치 S는 개방되어 있다. 스위치는 시간 $t=0$인 순간에 a점에 연결된다. 이후 $t=1[\mu s]$인 순간 스위치는 a점에서 떨어져 b점에 연결된다. 이후 충분한 시간이 흘러 회로가 새로운 평형 상태에 도달하였다. 이 때, $t>0$인 구간에서 (가) 인덕터 전류 $i_L(t)$의 최댓값[A]과 (나) 전류 $i_R(t)$의 최댓값[A]을 옳게 짝지은 것은?

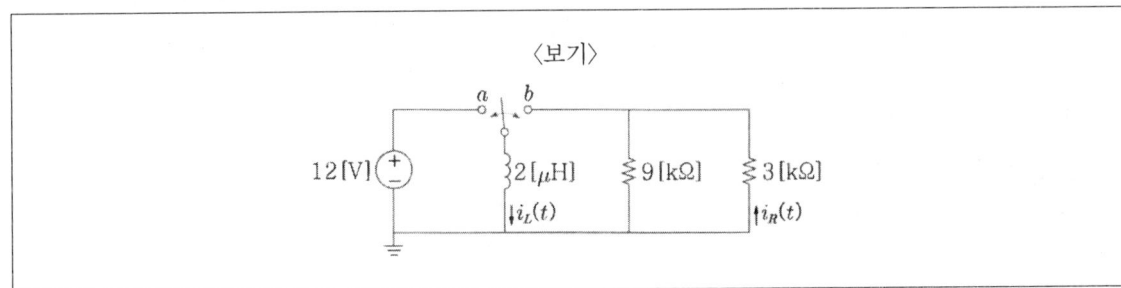

	(가)	(나)
①	$\dfrac{1}{6}$	$\dfrac{1}{24}$
②	$\dfrac{1}{6}$	$\dfrac{1}{8}$
③	6	1.5
④	6	4.5

ANSWER 11.④

11 (가) $V=L\dfrac{di}{dt}$, $12=2\times 10^{-6}\times \dfrac{i}{1\times 10^{-6}} \Rightarrow i=6[A]$

(나) $i_g(t)=\dfrac{9}{9+3}\times 6=4.5[A]$

12 〈보기〉와 같이 회로와 물체 A가 연결되어 있고, 전압 $V_{ab}=-4[V]$이고, 전류 $I=-2[A]$이다. 이때, 물체 A는 ㈎의 전력[W]을 ㈏한다. ㈎와 ㈏에 해당하는 것을 옳게 짝지은 것은?

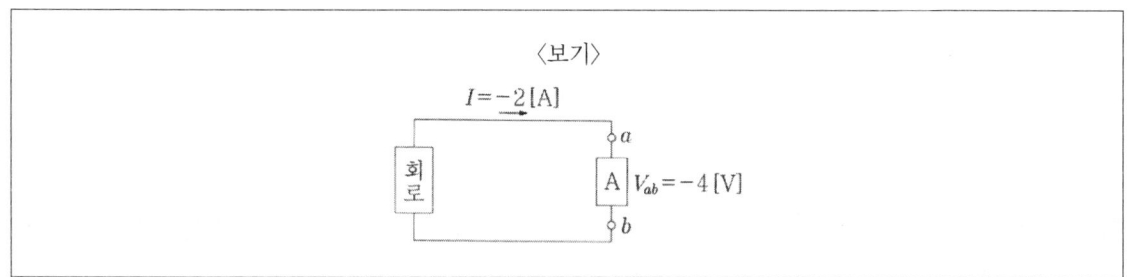

	㈎	㈏
①	8	공급
②	8	흡수
③	2	공급
④	2	흡수

13 극판 사이가 공기로 채워져 있던 콘덴서에 비유전율(ϵ_r)이 3인 유전체로 대체하여 채우는 경우 극판의 전하량의 변화를 가장 적절히 설명한 것은? (단, 전압은 일정하고 공기 중과 진공의 유전율은 동일한 것으로 가정한다.)

① 3배로 증가함
② $\frac{1}{3}$로 감소함
③ $\sqrt{3}$ 공배로 증가함
④ $\frac{1}{9}$로 감소함

ANSWER 12.② 13.①

12 ㈎ 전력 $P=VI=(-4)\times(-2)=8[W]$
㈏ 전압의 부호가 (-)이므로 전력을 흡수하는 상태이다.

13 $C \propto \epsilon$이므로 유전율이 1⇒3이 된 경우 C는 3배로 증가

14 영역 1($z<0$)에는 비유전율(ϵ_r)이 2, 영역 2($z>0$)에는 비유전율(ϵ_r)이 4인 유전체가 있다. 영역 1에서 전계가 $\vec{E_1} = -3a_x + 4a_y - 2a_z$[V/m]일 때, 영역 2에서의 전계 $\vec{E_2}$[V/m]는?

① $-3a_x + 4a_y - 2a_z$
② $-3a_x + 2a_y - 2a_z$
③ $-3a_x + 4a_y - a_z$
④ $-3a_x + 2a_y - a_z$

15 반지름 50[cm]의 원주형 도선에 4π[A]의 전류가 흐를 때, 무한장 긴 도선의 중심축에서 100[cm]되는 점의 자계의 세기[AT/m]는?

① 1
② 2
③ 3
④ 4

16 전계벡터 $\vec{E} = 4xa_x + 2ya_y$[V/m]가 있을 때, 점 (1, 2)를 지나는 전기력선 방정식은?

① $2x = y^2$
② $x = 2y^2$
③ $4x = y^2$
④ $x = 4y^2$

Answer 14.③ 15.② 16.③

14 전계는 유전율에 반비례하고 z영역만 변하는 것이다.
유전율이 2배가 되면 전계는 1/2배가 된다.

15 $H = \dfrac{I}{2\pi r} = \dfrac{4\pi}{2\pi \times 1} = 2[\text{AT/m}]$

16 점(1, 2)를 지나므로 보기 중 $x=1$, $y=2$를 대입해서 성립하는 것을 찾으면 된다.

$\dfrac{dx}{E_x} = \dfrac{dy}{E_y}$, $\dfrac{dx}{4x} = \dfrac{dy}{2y}$ 양변을 적분 $\dfrac{1}{4}\ln x = \dfrac{1}{2}\ln y + \ln C$

$\ln x = 2\ln y + 4\ln C$, $\dfrac{x}{y^2} = C_1$ ($C_1 = C^4$)

$x=1$, $y=2$를 대입

$C_1 = \dfrac{1}{4}$ 이므로 $y^2 = 4x$

17 〈보기〉의 회로에서 주파수에 관계없이 일정한 임피던스를 갖도록 하기 위한 $R[\Omega]$은?

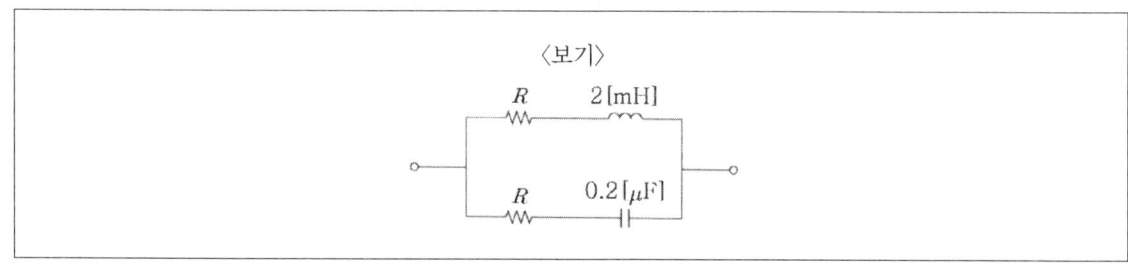

① 20
② 40
③ 80
④ 100

18 〈보기〉와 같이 주기적으로 변하는 전류 $i(t)$의 실횻값[A]은?

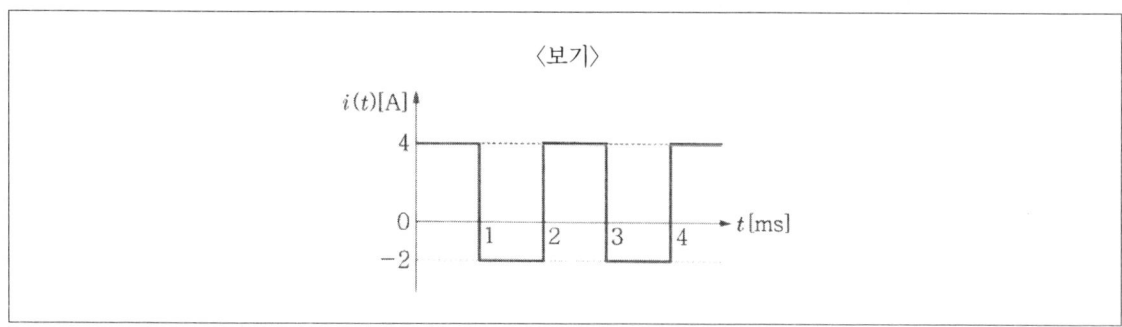

① 2
② $\sqrt{5}$
③ $\sqrt{10}$
④ $2\sqrt{5}$

Answer 17.④ 18.③

17 정저항회로
$R^2 = \dfrac{L}{C} = \dfrac{2 \times 10^{-3}}{0.2 \times 10^{-6}} = 10^4, \ R = 100[\Omega]$

18 실횻값 $i = \sqrt{\dfrac{1}{2}[\int_0^1 4^2 dt + \int_1^2 (-2)^2 dt]}$

$i = \sqrt{\dfrac{1}{2}([16t]_0^1 + [4t]_1^2)} = \sqrt{10} \ [A]$

19 〈보기〉의 자기 결합 회로에서 전압 $V_{IN}(t<0) = 0[V]$, 전류 $i_{IN}(t<0) = 0[A]$이다. 전압 $V_{IN}(t \geq 0) = 10[V]$일 때, 전류 $i_{IN}(t = 5[\mu s])[A]$은? (단, 누설 자속은 없다고 가정한다.)

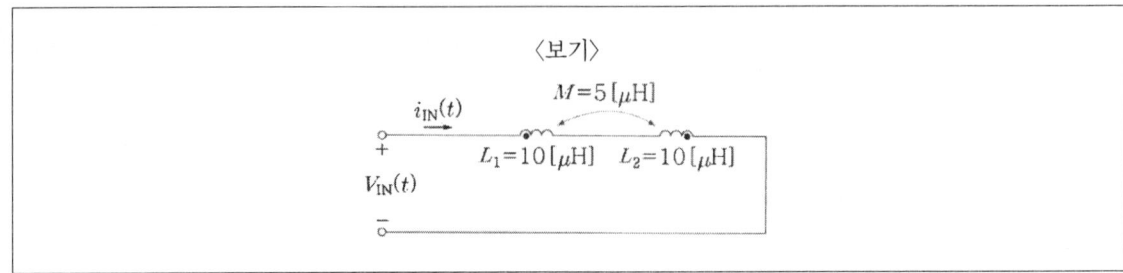

① 5
② 2.5
③ 1.25
④ 0.625

Answer 19.①

19 $V = L\dfrac{di}{dt}[V]$

감극성이므로 $L = L_1 + L_2 - 2M = 10 + 10 - 2 \times 5 = 10[\mu H]$

$V = L\dfrac{di}{dt}[V]$에서 $10 = 10 \times 10^{-6} \times \dfrac{i}{5 \times 10^{-6}}$

∴ $i = 5[A]$

20 〈보기〉에서 부하저항 R_L에 걸리는 전압 V_L[V]은?

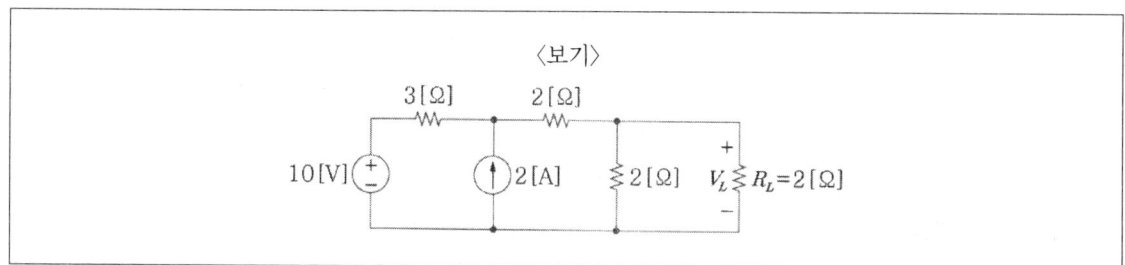

① $\dfrac{7}{16}$

② $\dfrac{3}{8}$

③ $\dfrac{16}{7}$

④ $\dfrac{8}{3}$

ANSWER 20.④

20 중첩의 정리를 이용한다.
- 전압원만 있는 경우 전류원을 개방
  합성저항은 $R_{o1} = 3+2+\dfrac{2\times 2}{2+2}=6[\Omega]$, $I_{RL}=\dfrac{10}{6}\times\dfrac{1}{2}[A]$
- 전류원만 있는 경우 전압원을 단락
  전류원 양단의 저항이 $3[\Omega]$으로 같으므로 $I_{RL}=0.5[A]$

$I_{RL}=\dfrac{10}{12}+\dfrac{1}{2}=\dfrac{4}{3}[A]$

$V_L=I_{RL}\times 2=\dfrac{8}{3}[V]$

전기이론

2024. 6. 22. 제2회 서울특별시 (보훈청 추천) 시행

1 어떤 콘덴서에 1[A]의 전류가 흘러들어 가고 있으며, 콘덴서의 전압 변화율은 10[V/s]이다. 해당콘덴서의 정전용량으로 알맞은 것은?

① 10[mF]
② 0.1[F]
③ 1[F]
④ 10[F]

Answer 1.②

1 $i = C\dfrac{dV}{dt}$ 에서 $1[A] = C \times 10[V/\sec]$

   $C = \dfrac{1}{10} = 0.1[F]$

2 〈보기〉의 회로에서 테브난 등가회로의 저항[kΩ]과 전압[V]은?

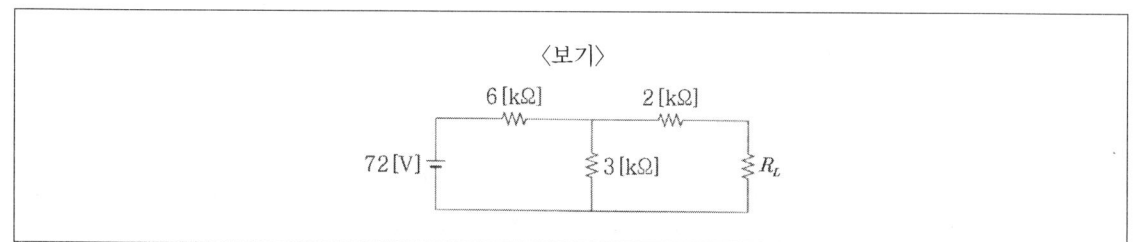

	테브난 저항[kΩ]	테브난 전압[V]
①	3	12
②	4	24
③	5	36
④	6	48

3 선로의 직렬 임피던스가 $Z = R + jwL[\Omega]$이며, 병렬 어드미턴스가 $Y = G + jwC[S]$이다. 선로가 무손실 선로일 때, 선로의 특성 임피던스는?

① $\sqrt{\dfrac{C}{L}}$

② $\sqrt{\dfrac{L}{C}}$

③ $\sqrt{LC}$

④ $\sqrt{L^2 C}$

Answer 2.② 3.②

2 • 테브난 저항 : 전압원을 단락하고 단자에서 본 합성저항

$$2 + \frac{6 \times 3}{6+2} = 4[\Omega]$$

• 테브난 전압 : 부하를 개방하고 전원에서 본 단자전압

$$\frac{3}{6+3} \times 72[V] = 24[V]$$

3 특성 임피던스

$$Z_o = \sqrt{\frac{Z}{Y}} = \sqrt{\frac{R + j\omega L}{G + j\omega C}} \Rightarrow \text{무손실 선로} R = G = 0$$

$$Z_o = \sqrt{\frac{L}{C}}$$

4 <보기>의 4단자망 회로에서 ABCD 파라미터 값은?

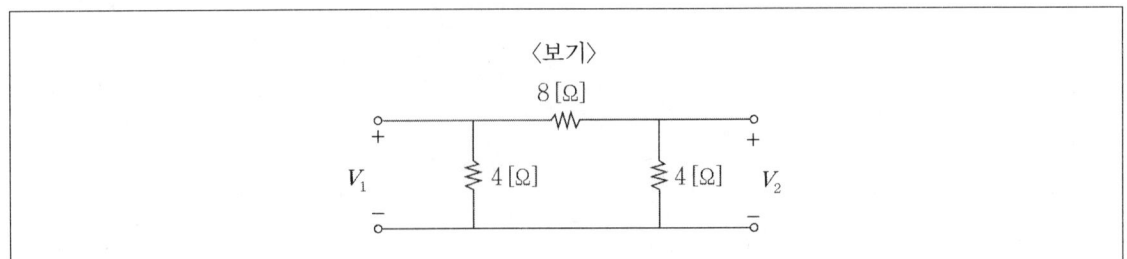

	A	B	C	D
①	2	1	3	2
②	3	1	8	3
③	2	3	1	2
④	3	8	1	3

5 반지름이 1[m]인 환상 솔레노이드 코일에 6.28[A]의 전류가 흘렀을 때 내부자계의 세기가 150[AT/m]인 것으로 나타났다. 해당 환상 솔레노이드의 권선수는?(단, 원주율 $\pi=3.14$로 계산한다.)

① 50　　　　　　　　　　　② 100
③ 150　　　　　　　　　　　④ 200

ANSWER　4.④　5.③

4 ABCD 파라미터

$$\begin{vmatrix} A & B \\ C & D \end{vmatrix} = \begin{vmatrix} 1 & 0 \\ \frac{1}{4} & 1 \end{vmatrix}\begin{vmatrix} 1 & 8 \\ 0 & 1 \end{vmatrix}\begin{vmatrix} 1 & 0 \\ \frac{1}{4} & 1 \end{vmatrix} = \begin{vmatrix} 1 & 8 \\ \frac{1}{4} & 3 \end{vmatrix}\begin{vmatrix} 1 & 0 \\ \frac{1}{4} & 1 \end{vmatrix} = \begin{vmatrix} 3 & 8 \\ 1 & 3 \end{vmatrix}$$

A=D=3, B=8, C=1

5 $H = \dfrac{NI}{l} [AT/m]$

환상 솔레노이드에서 $H = \dfrac{NI}{2\pi r} = 150[AT/m]$

전류가 6.28[A], 반지름이 1[m]

권선수 N = 150[T]

6 〈보기〉의 회로의 전압원을 전류원으로 변환 시 등가 변환 회로도로 적절한 것은?

〈보기〉

①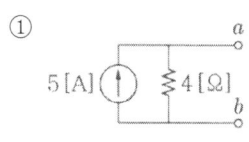

②

③

④

7 어떠한 교류 전압원이 순수 용량성 부하에 연결되었을 때, 해당 부하에 흐르는 전류의 위상은 교류 전압원에 비해 (가)이며, 해당 회로망의 역률은 (나)이다. (가)와 (나)에 해당하는 것을 옳게 짝지은 것은?

	(가)	(나)
①	진상	0
②	지상	0
③	진상	1
④	지상	1

ANSWER 6.① 7.①

6 테브난을 노튼으로 등가 변환

내부저항이 직렬에서 병렬로, 전류원은 $\dfrac{20[V]}{4[\Omega]} = 5[A]$

전류원의 방향은 전압원의 +방향

7 순수 용량성 부하에서 전류는 전압에 $90°$ 위상이 앞선다(진상).
무효율(sin)이 1이므로 역률(cos)은 0

8 인덕터에 대한 설명으로 옳지 않은 것은?

① 동일한 자성체에 권선을 2회 감아준 인덕터와 4회 감아준 인덕터의 인덕턴스는 4배 차이이다.
② 동일한 자성체의 형상과 권수를 가지지만, 자성체의 투자율이 다른 두 인덕터가 존재한다. 이 때, 투자율이 더 큰 자성체를 지닌 인덕터의 인덕턴스가 더 크다.
③ 자성체의 투자율, 권수, 자로의 길이가 같지만, 자성체의 단면적이 다른 두 인덕터가 존재한다. 이 때, 자성체의 단면적이 좁은 인덕터의 인덕턴스가 더 크다.
④ 공극이 없던 인덕터에 공극을 추가하면 인덕터의 인덕턴스는 줄어든다.

9 전계에 대한 설명으로 옳지 않은 것은?

① 전계 내의 한 점 a에서 다른 한 점 b로 10[C]의 전하를 30[J]의 에너지를 들여 이동시켰을 때, a점과 b점의 전위차의 크기는 3[V]이다.
② 두 콘덴서가 동일한 유전체와 전극의 면적을 지닐 때, 전극 간 거리가 더 먼 콘덴서가 더 큰 정전용량을 갖는다.
③ 두 콘덴서가 동일한 유전체와 전극 간 거리를 지닐 때, 전극의 면적이 더 넓은 콘덴서가 더 큰 정전용량을 갖는다.
④ 두 콘덴서를 병렬로 연결하면 등가 정전 용량은 더 커진다.

ANSWER 8.③ 9.②

8 $L = \dfrac{N^2}{R} = \dfrac{\mu S N^2}{l}[H]$, $L \propto S$, $L \propto N^2$, $L \propto \mu$

공극은 자기저항의 증가이므로 인덕턴스는 감소, 인덕턴스는 단면적에 비례한다.

9 $C = \epsilon \dfrac{S}{d}[F]$, $C \propto \dfrac{1}{d}$

전극간의 거리가 멀어질수록 정전 용량은 작아진다.

10 〈보기〉와 같은 회로에서 전압 $V_1[V]$과 $V_2[V]$는?

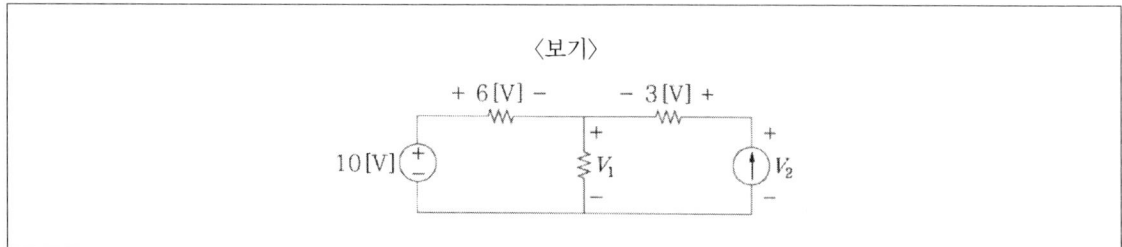

	$V_1[V]$	$V_2[V]$
①	6	2
②	2	6
③	4	7
④	7	4

11 이상적인 전원의 전류원과 전압원에 대한 설명으로 옳은 것은?

① 전류원의 내부저항은 0이고, 전압원의 내부저항은 ∞이다.
② 전류원의 내부저항은 일정하지 않고, 전압원의 내부저항은 일정하다.
③ 전류원 및 전압원의 내부저항은 흐르는 전류에 따라 변한다.
④ 전류원의 내부저항은 ∞이고, 전압원의 내부저항은 0이다.

Answer 10.③ 11.④

10 • 전류원을 개방하면
  $10[V] = 6[V] + V_1$, $V_1 = 4[V]$
• 전압원을 단락하면
  $3[V] + 4[V] = 7[V]$ (6[V]는 수동소자의 극성이 반대)

11 이상적인 전압원은 전류의 크기와 관계없이 전압이 일정한 전압원이다.
따라서 내부저항이 0에 가까울수록 이상적이 된다.
이상적인 전류원은 내부저항의 크기가 ∞에 가까울수록 이상적이다.

12 어느 직렬 RL회로의 자연응답 전류 수식이 $i(t) = 5e^{-10t}$[A]이다. 이 회로의 인덕턴스가 $L = 50$[mH]일 때, 저항[Ω]은?

① 0.01
② 0.05
③ 0.1
④ 0.5

13 어느 인덕터에 전류가 5[A]가 흐르고 있고 해당 인덕터에 저장된 에너지는 7.5[J]일 때, 인덕턴스[H]는?

① 0.6
② 0.8
③ 1
④ 1.5

14 정격 전압에서 각각 100[W]의 전력을 소비하는 저항이 3개 있다. 이 저항 3개를 병렬 연결하고 정격의 90[%]인 전압을 인가할 때, 전체 저항의 소비전력[W]은?

① 192
② 210
③ 243
④ 270

ANSWER 12.④ 13.① 14.③

12 시정수 $\dfrac{L}{R} = \dfrac{1}{10}$, $R = 50 \times 10^{-3} \times 10 = 0.5[\Omega]$

13 $W = \dfrac{1}{2}LI^2 = 7.5[J]$, $L = \dfrac{7.5 \times 2}{I^2} = \dfrac{15}{5^2} = 0.6[H]$

14 $P = \dfrac{V^2}{R} \Rightarrow \dfrac{(0.9V)^2}{\dfrac{1}{3}R} = 2.43\dfrac{V^2}{R} = 2.43 \times 100[W] = 243[W]$

15 〈보기〉의 회로에서 전압 V가 12[V]이며, 부하저항 R_L에 최대 전력이 공급될 때의 전력 값은 6[W]라고 한다. 이때, 합성저항 $R[\Omega]$은? (단, R_i는 전원의 내부저항이다.)

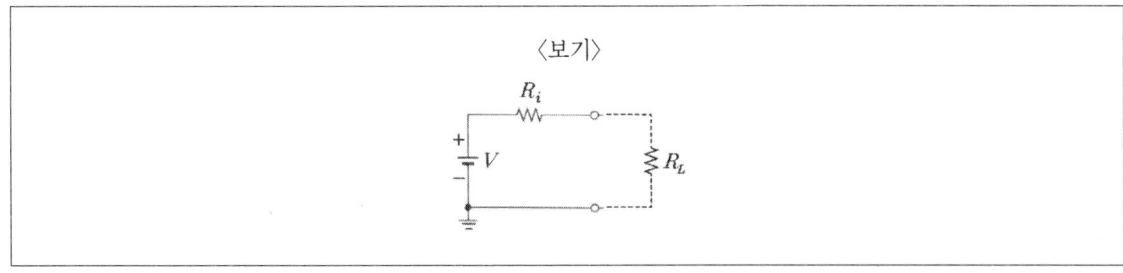

① 6
② 8
③ 12
④ 16

16 권수가 1,000회이고, 저항이 10[Ω]인 솔레노이드에 전류가 10[A] 흐를 때, 자속 1×10⁻³[Wb]가 발생하였다. 이 회로의 시정수[sec]는? (단, 솔레노이드의 내부 자기장은 균일하고, 외부 자기장은 무시할 만큼 작다.)

① 1
② 0.1
③ 0.01
④ 0.001

ANSWER 15.③ 16.③

15 최대전력 $R_i = R_L$

$P_{max} = \dfrac{V^2}{4R_L} = 6[W]$, $R_L = 6[\Omega]$

합성저항 $R_o = R_i + R_L = 12[\Omega]$

16 $N\phi = LI$, $L = \dfrac{N\phi}{I} = \dfrac{1,000 \times 1 \times 10^{-3}}{10} = 0.1[H]$

시정수 $\dfrac{L}{R} = \dfrac{0.1}{10} = 0.01[\text{sec}]$

17 $R-L$ 직렬회로에 $e = 90\sin 120\pi t$[V]의 전압을 인가하였을 때, $i = 2\sin(120\pi t - 45°)$[A]의 전류가 흐른다. 이때, 저항의 근삿값[Ω]은? (단, $\sqrt{2}$ =1.4로 계산한다.)

① 22.5
② 32.14
③ 45
④ 64.29

18 유전율(ϵ)이 2×10^{-12}[F/m]인 유전체로 채워진 정사각형의 평행판 콘덴서의 판 간 거리가 10[mm]이고, 판의 한 변의 길이가 100[mm]일 때, 이 콘덴서의 정전용량[pF]은?

① 2
② 4
③ 6
④ 8

ANSWER 17.② 18.①

17
$$Z = \frac{e}{i} = \frac{90\sin 120\pi t}{2\sin(120\pi t - 45°)} = \frac{\frac{90}{\sqrt{2}} \angle 0°}{\frac{2}{\sqrt{2}} \angle (-45°)} = 45 \angle 45°$$

$$Z = 45 \angle 45° = 45(\cos 45° + j\sin 45°) = \frac{45}{\sqrt{2}} + j\frac{45}{\sqrt{2}}$$

$$R = X = \frac{45}{\sqrt{2}} = 32.14[\Omega]$$

18
$$C = \epsilon \frac{S}{d} = 2 \times 10^{-12} \times \frac{(100 \times 10^{-3})^2}{10 \times 10^{-3}} = 2[pF]$$

19 $\vec{V_a} = 7[V]$, $\vec{V_b} = 4 - j4[V]$, $\vec{V_c} = 4 + j4[V]$ 3상 불평형 전압일 때, 영상 전압 $V_0[V]$은?

① 0
② 5
③ 15
④ 26

20 유전율이 ϵ_0, 극판면적이 S이고, 정전용량이 C_0인 평행판 콘덴서가 있다. 〈보기〉와 같이 면적 S의 절반에 비유전율 ϵ_r인 물질을 삽입하였더니 평행판 콘덴서의 합성 정전용량이 $2.5C_0$가 되었다고 할 때, 비유전율 ϵ_r은?

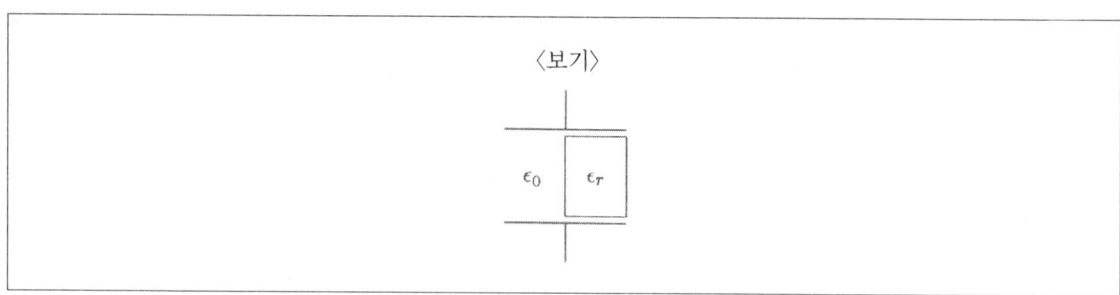

① 1
② 2
③ 3
④ 4

ANSWER 19.② 20.④

19 영상전압 $V_o = \frac{1}{3}(\vec{V_a} + \vec{V_b} + \vec{V_c})$

$V_o = \frac{1}{3}(7 + 4 - j4 + 4 + j4) = 5[V]$

20 $C = \frac{1}{2}C_o + \frac{1}{2}C_1 = \frac{1}{2}C_o + \frac{1}{2}\epsilon_r C_o = 2.5C_o$

$\frac{1}{2} + \frac{1}{2}\epsilon_r = 2.5$, $\epsilon_r = 4$

전기이론 — 2025. 4. 5. 국가직 시행

1 유효전력 800[W], 무효전력 600[VAR]인 단상 교류 회로의 역률은?

① 0.3
② 0.4
③ 0.6
④ 0.8

2 무한히 긴 두 개의 평행도선에 1[A]의 전류가 같은 방향으로 흐르고 있을 때, 평행도선의 간격만 2배로 증가한 경우 두 평행도선 사이에 작용하는 힘에 대한 설명으로 옳은 것은?

① 반발력이 작용하고, 크기는 $\frac{1}{4}$배가 된다.

② 반발력이 작용하고, 크기는 $\frac{1}{2}$배가 된다.

③ 흡인력이 작용하고, 크기는 $\frac{1}{4}$배가 된다.

④ 흡인력이 작용하고, 크기는 $\frac{1}{2}$배가 된다.

ANSWER 1.④ 2.④

1 역률 = $\frac{유효전력}{피상전력}$ = $\frac{800}{\sqrt{800^2+600^2}}$ = 0.8

2 평행도선에 전류가 흐를 때 전선상호간에 작용하는 작용력 $F = \frac{2I_1 I_2}{r} \times 10^{-7}$ 이므로 간격이 2배 증가하면 힘은 $\frac{1}{2}$이 된다.
전류가 같은 방향일 때 흡인력이 작용한다.

3 그림의 회로에서 R_1과 R_2 저항값의 차[Ω]는? (단, $R_1 + R_2$ =10 [Ω]이다)

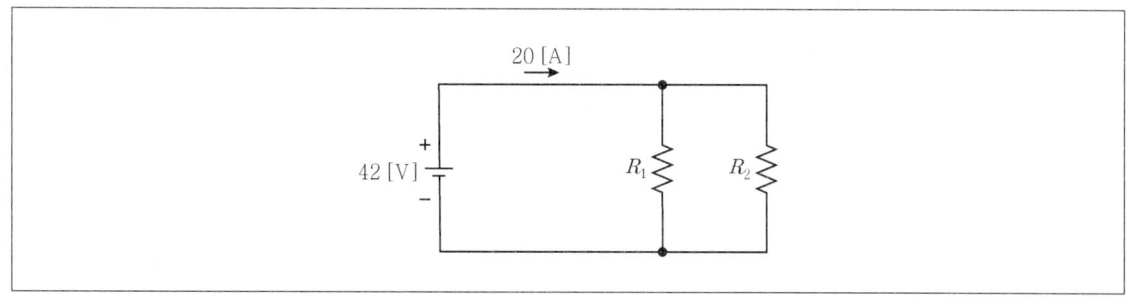

① 2
② 4
③ 6
④ 8

4 정전용량이 8[μF]인 평행판 축전기의 전압이 200[V]일 때, 축전기의 전하량 Q[C]는?

① 1.6×10^{-3}
② 3.2×10^{-3}
③ 1.6×10^{-2}
④ 3.2×10^{-2}

ANSWER 3.② 4.①

3 회로에서 합성저항을 R_0라고 했을 때

$R_0 = \dfrac{42}{20} = \dfrac{R_1 R_2}{R_1 + R_2} = 2.1 [\Omega]$ 이므로 $R_1 R_2 = 21 [\Omega]$

그러므로 각각 저항값의 차는 4[Ω]

4 $Q = CV = 8 \times 10^{-6} \times 200 = 16 \times 10^{-4} = 1.6 \times 10^{-3} [C]$

5 그림의 평형 3상 회로에서 선간전압이 220[V]이고 한 상의 임피던스가 $Z = 4 + j3[\Omega]$일 때, 선전류 I [A]는? (단, 전압과 전류는 실횻값이다)

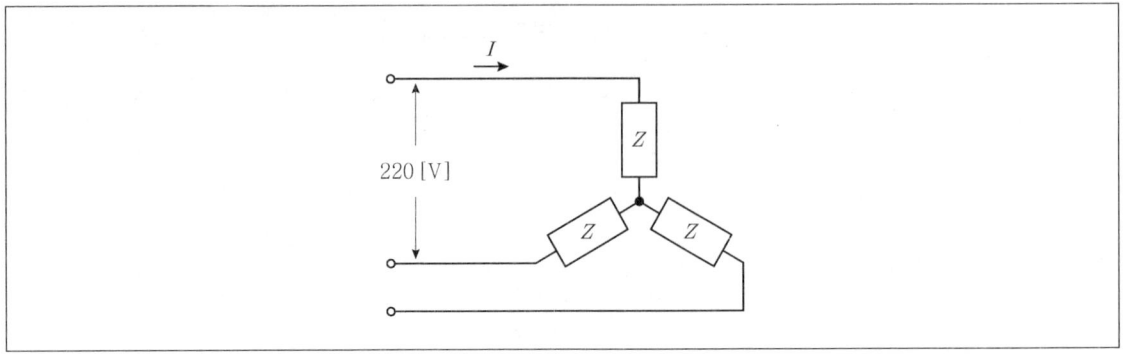

① $\dfrac{11}{\sqrt{3}}$

② $\dfrac{14}{\sqrt{3}}$

③ $\dfrac{22}{\sqrt{3}}$

④ $\dfrac{44}{\sqrt{3}}$

6 단상 교류전력에 대한 설명으로 옳지 않은 것은?

① 순시전력은 복소전력의 크기이다.
② 유효전력은 저항에서 실제로 소비되는 전력이다.
③ 피상전력은 전압 실횻값과 전류 실횻값의 곱이다.
④ 무효전력은 리액턴스에서 전원과 교환되는 전력이다.

ANSWER 5.④ 6.①

5 Y회로에서 상전류는 선전류와 같다.

$$I_p = \frac{V_p}{Z} = \frac{\frac{220}{\sqrt{3}}}{4+j3} = \frac{\frac{220}{\sqrt{3}}}{\sqrt{4^2+3^2}} = \frac{\frac{220}{\sqrt{3}}}{5} = \frac{44}{\sqrt{3}} [A]$$

6 복소전력은 피상전력을 유효전력과 무효전력으로 구분하여 위상을 포함한 고정된 값이다.
따라서 순시전력과 같이 시간에 따라 최대값이 변하는 값과 다르다.

7 그림의 직렬회로에서 저항 $R[\Omega]$과 리액턴스 $X[\Omega]$는?

(단, $v(t) = 40\sin(120\pi t)$[V]이고, $i(t) = 2\sin(120\pi t - 30°)$[A]이다)

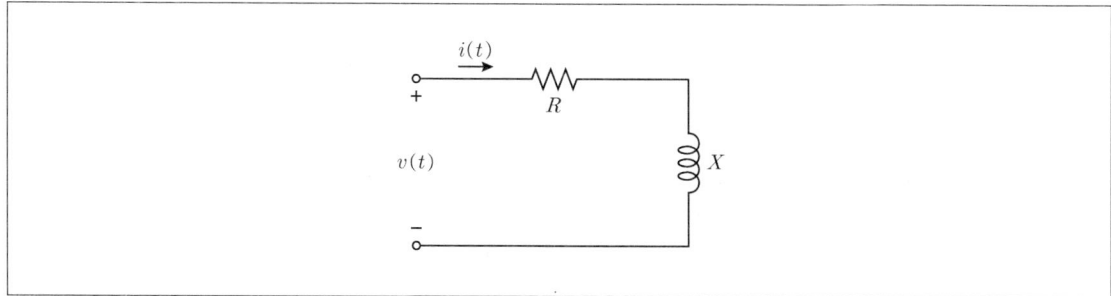

$R[\Omega]$	$X[\Omega]$
① $5\sqrt{3}$	5
② $5\sqrt{3}$	$5\sqrt{3}$
③ $10\sqrt{3}$	10
④ $10\sqrt{3}$	$10\sqrt{3}$

ANSWER 7.③

7
$$Z = \frac{v(t)}{i(t)} = \frac{\frac{40}{\sqrt{2}} \angle 0^0}{\frac{2}{\sqrt{2}} \angle -30^0} = 20 \angle 30^0 = 20(\cos 30° + j\sin 30°)$$

$$Z = 20\left(\frac{\sqrt{3}}{2} + j\frac{1}{2}\right) = 10\sqrt{3} + j10[\Omega], \ R = 10\sqrt{3}, \ X = 10$$

8 그림의 회로에서 전류 I[A]와 전압 V[V]는?

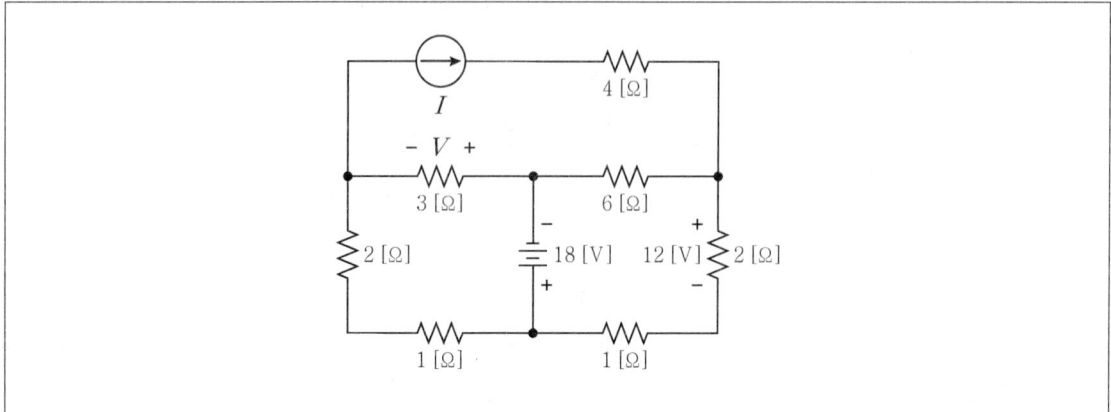

I[A]	V[V]
① 6	6
② 6	9
③ 12	6
④ 12	9

ANSWER 8.④

8 중첩의 정리를 적용하면
- 전류원을 개방했을 때
  전압원에 의하여 회로의 왼쪽은 합성저항이 6[Ω], 3[Ω]에는 9[V], 오른쪽은 합성저항이 9[Ω], 전류는 2[A]가 흐른다.
- 전압원을 단락했을 때
  오른쪽 그림에 2[Ω]에 12[V]가 걸려있으므로 전류는 6[A]가 흐르고 전압원과는 극성이 반대가 되므로 전류원에서 흐르는 전류는 8[A]
  6[Ω]에 흐르는 전류는 전압원에서 흐르는 전류 2[A]와 전류원에서 흐르는 4[A]가 같은 방향이므로 6[A], 전류원의 전류는 $I = 8 + 4 = 12[A]$
  왼쪽은 저항이 3[Ω]병렬회로이므로
  전압원에서 흐르는 전류 $\frac{18}{3+2+1} = 3[A]$, 전류원에서 흐르는 전류 6[A], 전류의 방향이 반대가 되므로 3[Ω]에는 그림과 같은 극성의 전압 9[V]가 걸린다.

9 $L_1 = L_2 = 2[mH]$인 두 코일을 (a), (b)와 같이 접속했을 때의 합성 인덕턴스 $L_a[mH]$, $L_b[mH]$에 대한 설명으로 옳은 것은? (단, 두 접속 회로에서 결합 계수는 0.5이다)

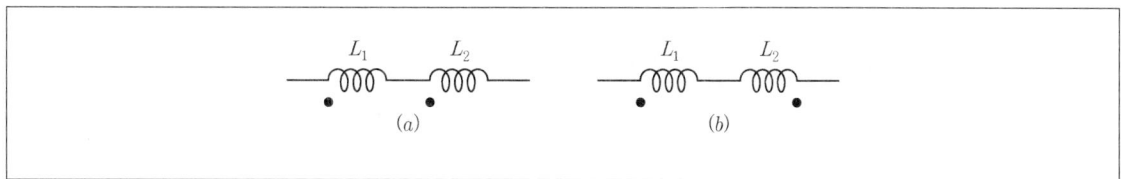

① L_a는 L_b의 $\frac{1}{4}$배다.
② L_a는 L_b의 $\frac{1}{3}$배다.
③ L_a는 L_b의 3배다.
④ L_a는 L_b의 4배다.

10 평형 3상 회로의 △결선 부하에 대한 설명으로 옳지 않은 것은?

① 각 선전류의 위상차는 120°이다.
② 상전압과 선간전압의 크기가 같다.
③ 상전류 크기는 선전류 크기의 $\sqrt{3}$ 배이다.
④ 상전류와 선전류 사이의 위상차가 존재한다.

ANSWER 9.③ 10.③

9 자속의 방향이 같은 (a)는 가극성, 방향이 반대인 (b)는 감극성이다.
결합계수 $k = \frac{M}{\sqrt{L_1 L_2}} = \frac{M}{\sqrt{2 \times 2}} = 0.5$, $M = 1$
$L_a = L_1 + L_2 + 2M = 2 + 2 + 2 \times 1 = 6[mH]$
$L_b = L_1 + L_2 - 2M = 2 + 2 - 2 \times 1 = 2[mH]$
그러므로 L_a는 L_b의 3배

10 △결선에서 전압은 상전압과 선간전압이 같다. 전류는 선전류가 상전류보다 $\sqrt{3}$ 배 크다.
Y결선에서는 전압에서 선간전압이 상전압보다 $\sqrt{3}$ 배 크고, 전류는 상전류와 선전류가 같다.

11 그림의 회로에서 유효전력은 720[W]이고 역률은 0.6일 때, 무효전력 Q[VAR]와 인덕턴스 L[mH]은? (단, $v(t)$의 주파수는 $\dfrac{1,000}{\pi}$[Hz]이다)

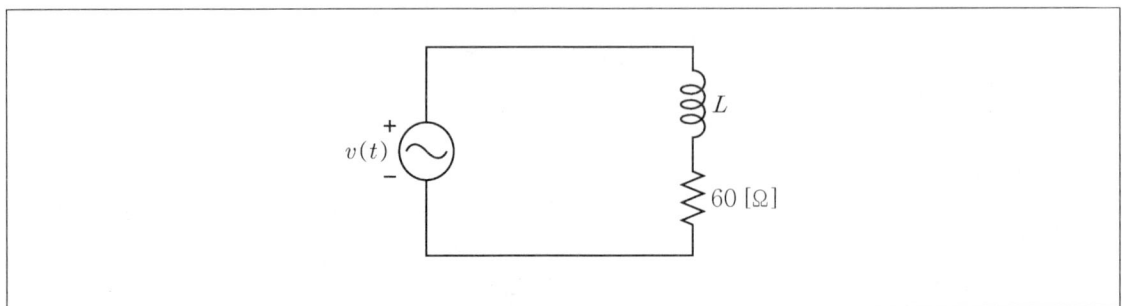

   Q[VAR] L[mH]

① 540   40

② 540   80

③ 960   40

④ 960   80

ANSWER 11.③

11 유효전력 720[W], 역률 0.6이면 무효전력은 $\dfrac{720}{0.6} \times 0.8 = 960[Var]$

$Z = R + j\omega L$, $R = 60[\Omega]$이면

$\omega L = 80[\Omega]$

$L = \dfrac{80}{\omega} = \dfrac{80}{2\pi \times \dfrac{100}{\pi}} = 0.4\,[H] = 40[\text{mH}]$

12 그림의 회로에서 스위치 SW가 t = 0에서 동작하여 닫힌 상태를 유지할 때, 초기 전류 $i(0^+)$[A]와 정상상태 전류 $i(\infty)$[A]는? (단, 인덕터의 초기 전류는 0이다)

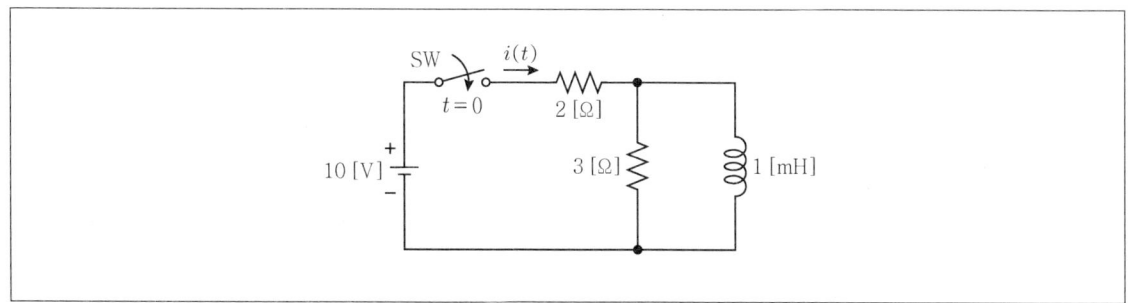

	$i(0^+)$ [A]	$i(\infty)$ [A]
①	0	2
②	0	5
③	2	2
④	2	5

ANSWER 12.④

12 스위칭 직후의 초기전류와 정상전류

인덕터는 초기에 전류의 변화에 자속이 발생해서 전류가 흐르기 어렵게 되고 시간이 흘러 정상상태가 되면 단락상태가 되어 병렬저항 3[Ω]에는 전류가 흐르지 않는다.

초기전류 $i(0^+) = \dfrac{V}{R} = \dfrac{10}{2+3} = 2[A]$

정상전류 $i(\infty) = \dfrac{V}{R} = \dfrac{10}{2} = 5[A]$

13 그림의 회로에서 전류 I[A]는?

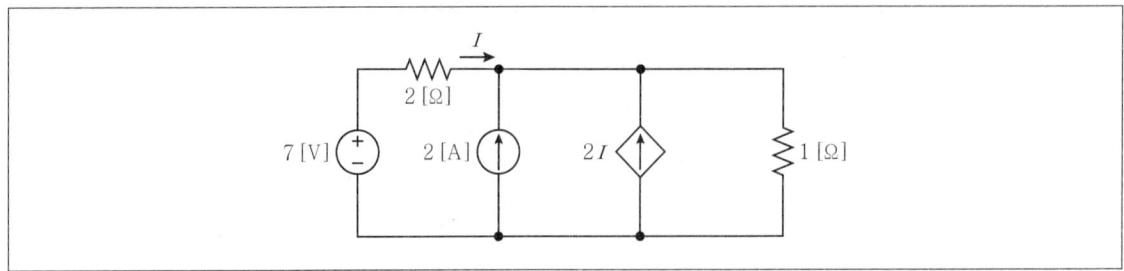

① 0.4　　　　　　　　　② 1
③ 1.4　　　　　　　　　④ 2

14 저항 10[Ω]에 비정현파 전류 $i_s(t) = 3\sin(\omega t) + \sin(3\omega t)$[A]가 흐를 때, 전류의 실횻값 I_s[A]와 저항의 평균전력 P[W]는? (단, ω는 각주파수이다)

	I_s [A]	P [W]
①	$\sqrt{5}$	50
②	$\sqrt{5}$	100
③	$\sqrt{10}$	50
④	$\sqrt{10}$	100

ANSWER 13.② 14.①

13
- 전류원을 모두 개방했을 때 전류 $I_1 = \dfrac{V}{R} = \dfrac{7}{2+1} = \dfrac{7}{3}[A]$
- 전압원을 단락하고 전류제어전류원을 개방했을 때 전류 $I_2 = \dfrac{1}{2+1} \times 2 = \dfrac{2}{3}[A]$, 방향이 반대이므로 $-\dfrac{2}{3}[A]$
- 전압원을 단락하고 전류원을 개방한 상태의 전류 $I_3 = \dfrac{1}{2+1} \times 2I = \dfrac{2I}{3}[A]$, 방향이 반대이므로 $-\dfrac{2I}{3}[A]$

$I = I_1 + I_2 + I_3 = \dfrac{7}{3} - \dfrac{2}{3} - \dfrac{2I}{3} = \dfrac{5}{3} - \dfrac{2I}{3}$, $3I + 2I = 5$, $I = 1[A]$

14
전류의 실횻값 $i_s(t) = \sqrt{\left(\dfrac{3}{\sqrt{2}}\right)^2 + \left(\dfrac{1}{\sqrt{2}}\right)^2} = \sqrt{5}[A]$

평균전력 $P = i_1^2 R + i_3^2 R = \left(\dfrac{3}{\sqrt{2}}\right)^2 \times 10 + \left(\dfrac{1}{\sqrt{2}}\right)^2 \times 10 = \dfrac{100}{2} = 50[W]$

15 그림의 회로에서 커패시턴스 $C[\mu F]$는? (단, 회로는 정상상태이다)

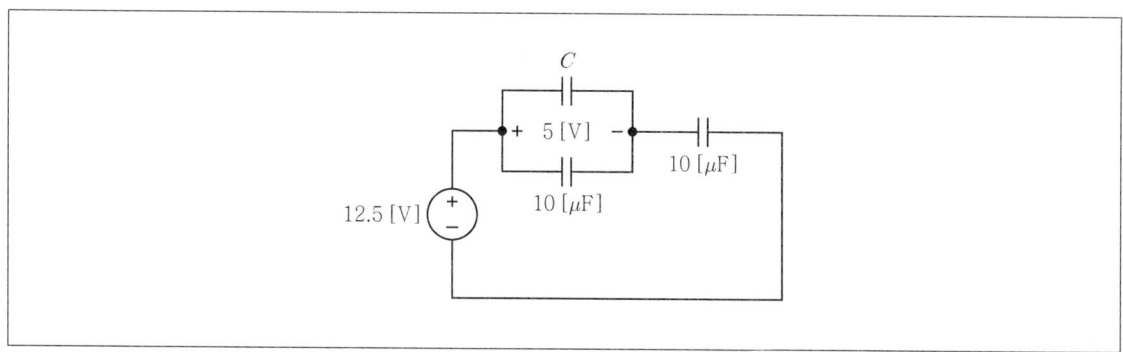

① 2.5
② 5
③ 7.5
④ 10

ANSWER 15.②

15 병렬로 있는 C에 걸리는 전압의 식

$V = 5[V] = \dfrac{10}{C_{병} + 10} \times 12.5[V]$, $C_{병} = C + 10[\mu F]$

$\dfrac{10}{C+20} = \dfrac{5}{12.5}$, $C + 20 = \dfrac{125}{5} = 25$, $C = 5[\mu F]$

16 그림의 회로에서 단자 a-b의 테브난 등가 전압 V_{Th}[V]와 테브난 등가 저항 R_{Th} [Ω]는?

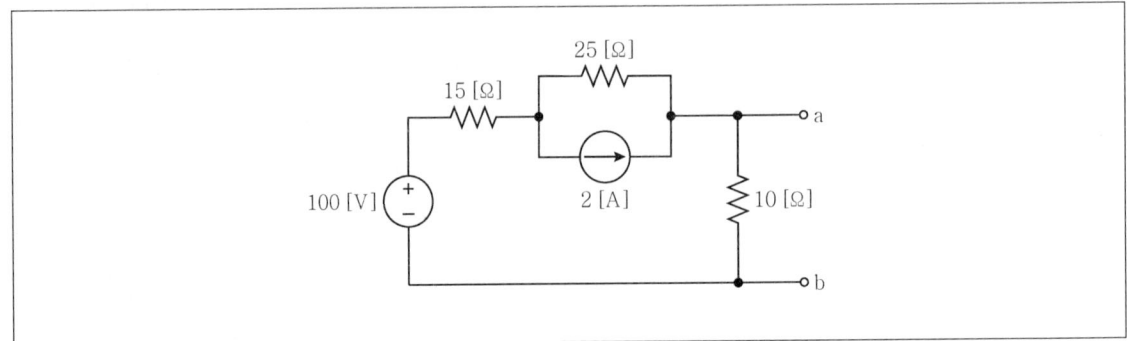

V_{Th} [V]	R_{Th} [Ω]
① 30	8
② 30	10
③ 50	8
④ 50	10

ANSWER 16.①

16 • 전류원을 개방하면 오른쪽 10[Ω]에 걸리는 전압은 $V_1 = \dfrac{10}{(15+25)+10} \times 100 = 20[V]$

• 전압원을 단락하면 2A의 전류원은 병렬의 회로에 각각 1[A]의 전류를 흘린다.
$V_2 = 1[A] \times 10[\Omega] = 10[V]$
전류의 방향이 같으므로 $V_{th} = 20+10 = 30[V]$

• 전류원을 개방하고 전압원을 단락한 후 단자에서 합성한 회로의 합성저항은 40[Ω]과 10[Ω] 병렬이므로
$\dfrac{40 \times 10}{40+10} = 8[\Omega]$

17 그림의 회로에서 스위치 SW를 $t = 0$에서 닫았을 때, 전류 $i(t)$[A]의 자연 응답 특성은?

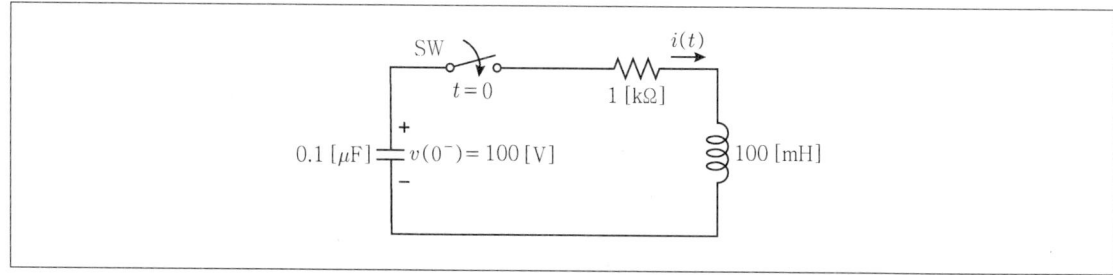

① 무감쇠
② 과감쇠
③ 부족감쇠
④ 임계감쇠

18 그림의 회로에서 부하 저항 R_L의 평균전력 P[kW]는? (단, 변압기는 이상적이고 전압은 실횻값이다)

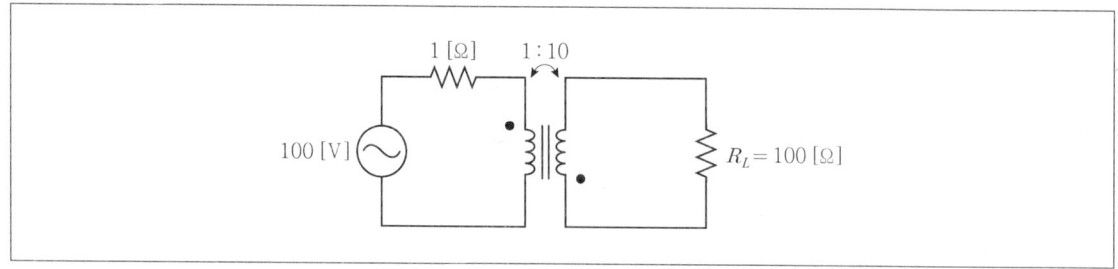

① 2.5
② 5
③ 7.5
④ 10

ANSWER 17.③ 18.①

17 전류의 자연응답특성

R-L-C회로에서 $R = 2\sqrt{\dfrac{L}{C}}$ 이면 임계감쇠

저항이 크면 과감쇠, 저항이 작으면 부족감쇠, 저항이 없으면 무감쇠

$R = 2\sqrt{\dfrac{L}{C}}$, $R = 1,000$, $2 \times \sqrt{\dfrac{L}{C}} = 2 \times \sqrt{\dfrac{0.1}{0.1 \times 10^{-6}}} = 2,000$

저항이 작으므로 감쇠진동한다. (부족감쇠)

18 $a = \sqrt{\dfrac{R_1}{R_2}} = \dfrac{1}{10}$, $R_1 = \dfrac{R_2}{100} = 1[\Omega]$

그러므로 2차측에 전달되는 전압은 500[V]

평균전력 $P = V_2 I_2 = \dfrac{V_2^2}{R_2} = \dfrac{500^2}{100} = 2,500 = 2.5$[kW]

19 그림의 회로에서 한 상의 부하가 $Z_\triangle = 3 + j6[\Omega]$일 때, 3상 부하 전체의 유효전력 P[W]와 무효전력 Q[VAR]는? (단, 전압은 실횻값이다)

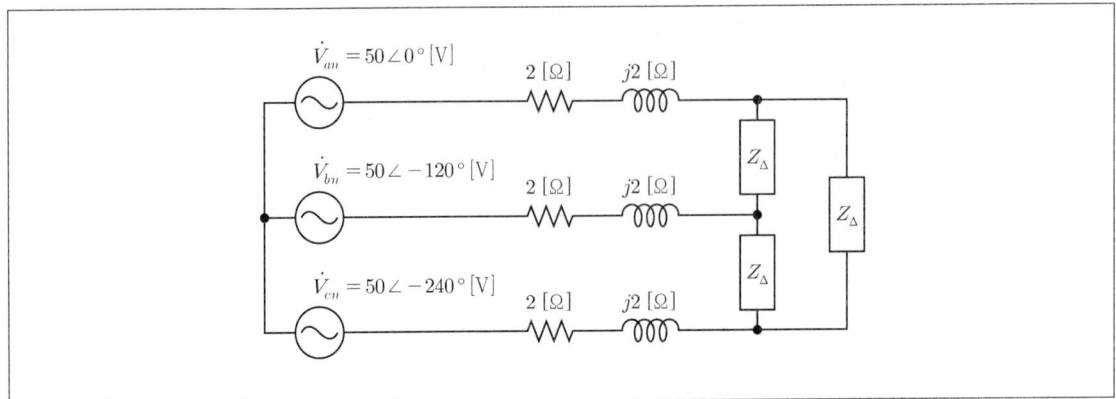

	P [W]	Q [VAR]
①	100	200
②	300	400
③	300	600
④	900	1,200

ANSWER 19.③

19 부하의 유효전력과 무효전력에 집중하면
회로의 부하 $\triangle$를 Y로 변환하면 $Z_Y = 1 + j2$
따라서 $Z_l = 2 + j2 + 1 + j2 = 3 + j4$
전류는 $I_l = \dfrac{50}{3+j4} = 10[A]$
부하에서 상전류 $I_P = \dfrac{10}{\sqrt{3}}[A]$
3상 유효전력은 $P = 3I^2 R = 3 \times \left(\dfrac{10}{\sqrt{3}}\right)^2 \times 3 = 300[W]$
3상 무효전력은 $P_r = 3I^2 X = 3 \times \left(\dfrac{10}{\sqrt{3}}\right)^2 \times 6 = 600[VAR]$

20 그림의 회로에서 교류 전류의 진폭 I_m[A]이 최소가 되는 주파수 f[Hz]와 이 주파수에서 전류의 진폭 I_m[A]은?(단, $v(t) = 100\sin(2\pi ft)$[V]이고, $i(t) = I_m\sin(2\pi ft + \theta)$[A]이다)

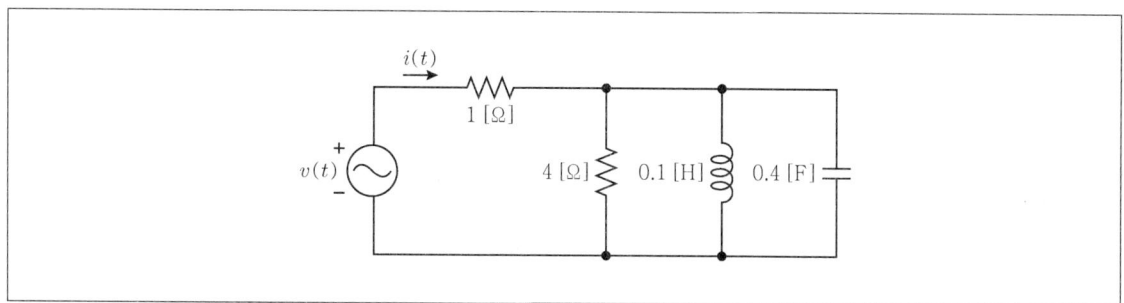

	f [Hz]	I_m [A]
①	$\dfrac{1}{0.4\pi}$	20
②	$\dfrac{1}{0.4\pi}$	100
③	$\dfrac{1}{0.2\pi}$	20
④	$\dfrac{1}{0.2\pi}$	100

ANSWER 20.①

20 전류의 진폭이 최소가 되는 것은 병렬공진인 경우이다.

$$f = \frac{1}{2\pi\sqrt{LC}} = \frac{1}{2\pi\sqrt{0.1 \times 0.4}} = \frac{1}{0.4\pi}[Hz]$$

공진시 전류의 진폭의 최댓값은 $I_m = \dfrac{V_m}{Z_o} = \dfrac{100}{1+4} = 20[A]$

전기이론

2025. 6. 21. 제1회 지방직 시행

1 전류 $i(t) = 10 + 10\sqrt{2}\,sin\left(\omega t - \dfrac{\pi}{6}\right) - 5\sqrt{2}\,sin\left(3\omega t - \dfrac{\pi}{3}\right)$[A]의 실횻값[A]은?

① $10 - 5\sqrt{2}$
② 10
③ 15
④ $15 + 10\sqrt{2}$

2 진공 중에 무한히 긴 두 평행 직선도선의 간격이 2[cm]이고, 각각 4[A]와 2[A]의 전류가 서로 반대 방향으로 흐르고 있다. 두 도선 간에 작용하는 단위 길이당 힘 F[N/m]의 크기와 종류를 바르게 연결한 것은? (단, 진공 중 투자율 $\mu_o = 4\pi \times 10^{-7}$[H/m]이다)

크기[N/m]	종류
① 8×10^{-5}	반발력
② 4×10^{-4}	흡인력
③ 8×10^{-4}	반발력
④ 4×10^{-3}	흡인력

ANSWER 1.③ 2.①

1 전류의 실횻값 $i = \sqrt{i_o^2 + i_1^2 + i_3^2} = \sqrt{10^2 + 10^2 + (-5)^2} = \sqrt{225} = 15$[A]

2 $F = 2\dfrac{I_1 I_2}{r} \times 10^{-7} = \dfrac{2 \times 4 \times 2}{0.02} \times 10^{-7} = 8 \times 10^{-5}$[N]

전류가 반대방향일 때 반발력이 작용한다.

3 다음 회로에서 저항 2[Ω]의 소비전력[W]은?

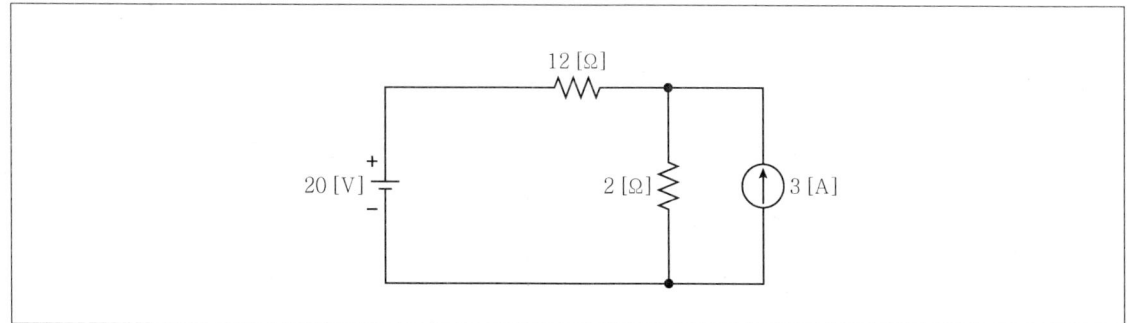

① 32
② 50
③ 72
④ 98

ANSWER 3.①

3 중첩의 정리
- 전압원에 의한 회로(전류원은 개방)

$i_1 = \dfrac{20}{12+2} = \dfrac{20}{14}[A]$

- 전류원에 의한 회로(전압원은 단락)

$i_2 = \dfrac{12}{12+2} \times 3 = \dfrac{36}{14}[A]$

두전류의 방향이 같으므로 2Ω에 흐르는 전류는 $i_1 + i_2 = \dfrac{20}{14} + \dfrac{36}{14} = \dfrac{56}{14}[A]$

소비전력 $P = i^2 R = (\dfrac{56}{14})^2 \times 2 = 4^2 \times 2 = 32[W]$

4 전압 E[V]인 2개의 직류전원과 정전용량 C[F]인 2개의 커패시터를 연결한 ㈎회로, ㈏회로가 있다. 각 회로의 모든 커패시터에 저장된 에너지의 합을 총 정전에너지[J]라 할 때, ㈎회로의 총 정전에너지 W_1[J]과 ㈏회로의 총 정전에너지 W_2[J]의 비 $\left(\dfrac{W_1}{W_2}\right)$는?

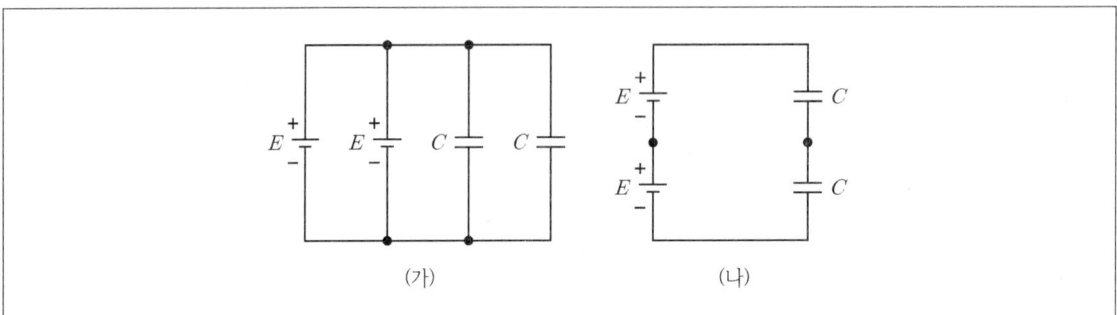

㈎ ㈏

① 1/3
② 1/2
③ 1
④ 3/2

5 내부저항 15[Ω], 인덕턴스 20[mH]인 코일의 양단 전압은 $v(t) = 250\cos(\omega t)$[V]이고, 코일에 흐르는 전류는 $i(t) = 10\cos(\omega t - 53.13°)$[A]이다. 이때 각주파수 ω[rad/s]는?

① 1
② 10
③ 100
④ 1,000

ANSWER 4.③ 5.④

4 ㈎회로 $E_o = E,\ C_o = 2C$ $W_1 = \dfrac{1}{2}C_o E_o^2 \Rightarrow \dfrac{1}{2} \times 2C \times E^2 = CE^2$ [J]

㈏회로 $E_o = 2E,\ C_o = \dfrac{C}{2}$ $W_2 = \dfrac{1}{2}C_o E_o^2 \Rightarrow \dfrac{1}{2} \times \dfrac{1}{2}C \times (2E)^2 = CE^2$ [J]

$\dfrac{W_1[J]}{W_2[J]} = 1$

5 $Z = \dfrac{v(t)}{i(t)} = \dfrac{250\angle 0°}{10\angle -53.13°} = 25\angle 53.13° = 25\angle \theta$

$25\sin\theta = \omega L = 20\omega \times 10^{-3},\ 25\cos\theta = 15$

$\omega L = 25\sin\theta = 25(\sqrt{1-\cos^2\theta}) = 25 \times \sqrt{1 - \left(\dfrac{15}{25}\right)^2} = 25 \times \dfrac{4}{5} = 20$

$\omega = \dfrac{20}{L} = \dfrac{20}{20 \times 10^{-3}} = 10^3$ [rad/s]

6 다음 회로에서 부하 $\dot{Z_L} = R_L + jX_L[\Omega]$에 최대 평균전력이 전달될 때, 전원에서 공급하는 평균전력[W]은? (단, 전압은 실횻값이다)

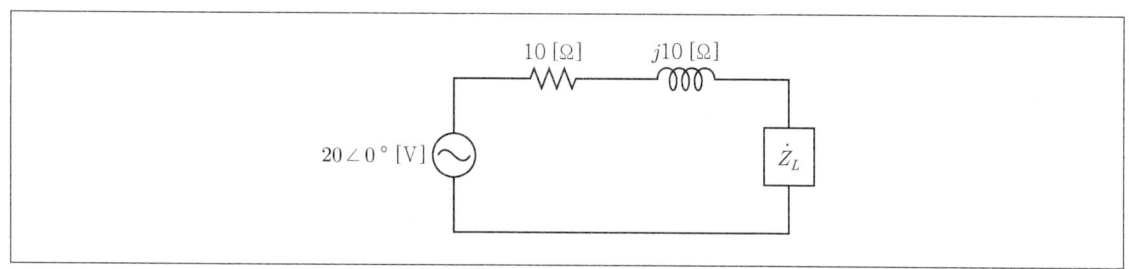

① 10
② 20
③ 30
④ 40

7 다음 회로에서 단자 a, b에서 바라본 합성 임피던스 $\dot{Z}_{ab}[\Omega]$는?

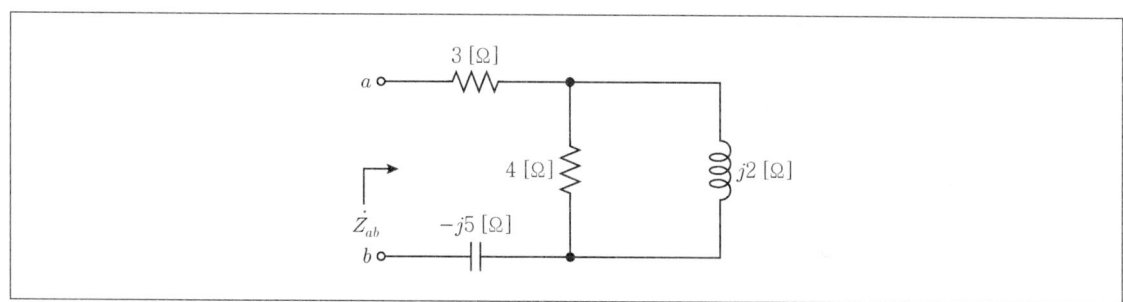

① $3.8 - j3.4$
② $3.8 + j3.4$
③ $4.6 - j4.2$
④ $4.6 + j4.2$

ANSWER 6.② 7.①

6 최대전력 전달조건은 $Z_L = 10 - j10[\Omega]$이므로
$$P = \frac{V^2}{R} = \frac{20^2}{10+10} = 20[W]$$

7 합성임피던스 Z_{ab}
$$Z_{ab} = 3 + \frac{4 \times j2}{4 + j2} - j5 = 3 + \frac{j8(4-j2)}{(4+j2)(4-j2)} - j5$$
$$Z_{ab} = 3 - j5 + \frac{j32 + 16}{4^2 - (j2)^2} = 3 - j5 + \frac{16 + j32}{16 + 4} = 3 + \frac{16}{20} + j\left(\frac{32}{20} - 5\right)$$
$$Z_{ab} = 3.8 - j3.4[\Omega]$$

8 저항 R과 유도성 리액턴스 X로 이루어진 Y 결선된 평형 3상부하(역률 0.8)를 선간전압이 $V_L = 220$ [V]인 평형 3상 교류전원에 연결할 때, 선전류는 $I_L = 22/\sqrt{3}$ [A]이다. 이때 저항 R[Ω]과 리액턴스 X[Ω]는? (단, 전압과 전류는 실횻값이다)

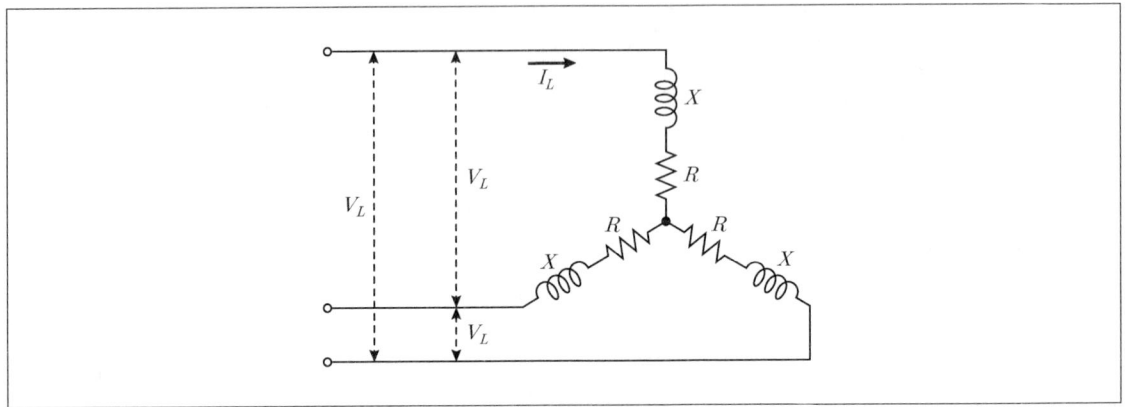

R[Ω]	X[Ω]
① 6	8
② 6	10
③ 8	6
④ 8	10

ANSWER 8.③

8 $Z = \dfrac{V_p}{I_p} = \dfrac{\frac{220}{\sqrt{3}}}{\frac{22}{\sqrt{3}}} = 10[\Omega]$, $10(0.8 + j0.6) = 8 + j6$, $R = 8[\Omega]$. $X = 6[\Omega]$

$10(0.8 + j0.6) = 8 + j6$
$R = 8[\Omega]$, $X = 6[\Omega]$

9 다음 회로가 정상상태에서 동작할 때, 커패시터에 저장된 에너지 W_C[J]와 인덕터에 저장된 에너지 W_L[J]은?

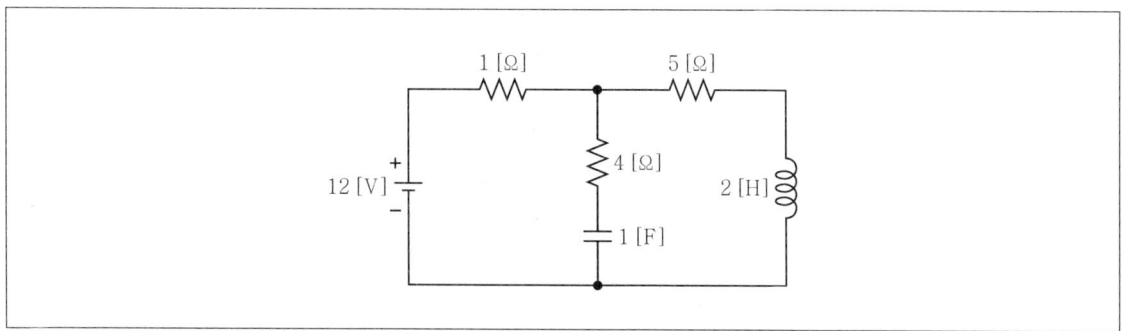

W_C[J]	W_L[J]
① 4	50
② 4	100
③ 50	4
④ 100	4

ANSWER 9.③

9 정상상태에서 L은 단락, C는 개방이므로

L에 저장된 에너지 C 개방시 전류 $I_1 = \frac{12[V]}{1+5} = 2[A]$, $W = \frac{1}{2}LI_1^2 = \frac{1}{2} \times 2 \times 2^2 = 4[J]$

C에 저장된 에너지 L 단락시 전압 $V_1 = \frac{5}{1+5} \times 12 = 10[V]$, $W = \frac{1}{2}CV^2 = \frac{1}{2} \times 1 \times 10^2 = 50[V]$

10 다음 회로에서 직류전압 V[V]가 연결될 때, 축적된 전하량이 가장 적은 커패시터는? (단, C_1, C_2, C_3, C_4의 커패시턴스는 각각 1[F], 2[F], 3[F], 4[F]이다)

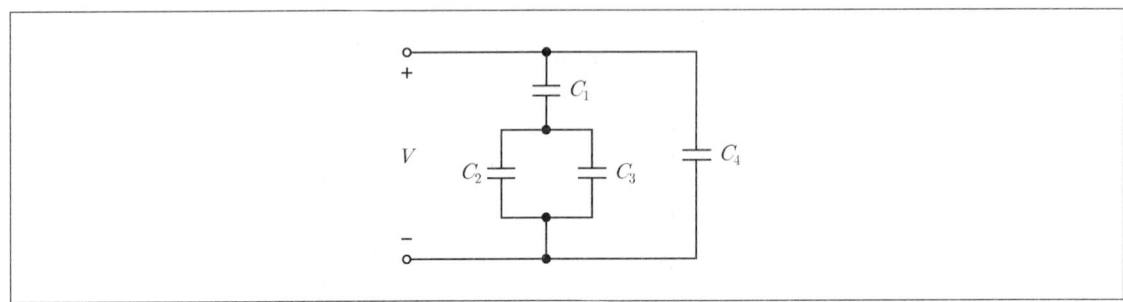

① C_1
② C_2
③ C_3
④ C_4

11 한 상의 부하 임피던스가 $\dot{Z} = 16 + j12$ [Ω]인 평형 △−△ 결선에서 3상 부하에 소비되는 총 유효전력은 14,400[W]이다. 이때 상전압[V]은? (단, 전압은 실횻값이다)

① 200
② $200\sqrt{3}$
③ 300
④ $300\sqrt{3}$

ANSWER 10.② 11.②

10 $C_{23} = C_2 + C_3 = 2 + 3 = 5[F]$

$C_{123} = \dfrac{1 \times 5}{1 + 5} = \dfrac{5}{6}[F]$

C_4와 C_{123}은 병렬이므로 전하량이 C와 비례한다.(V일정, Q=CV)
그러므로 C_{123}의 전하량이 작다.
C_1과 C_{23}은 직렬이므로 전하량이 같다.
$Q_1 = Q_{23} = Q_2 + Q_3$, 그러므로 Q_2나 Q_3이 Q_1보다 작다.
C_2와 C_3는 병렬이므로 Q와 C가 비례한다. 따라서 C_2의 전하량이 가장 작다.

11 $P = 3\dfrac{V^2 R}{R^2 + X^2}$, $14,400 = 3 \times \dfrac{V^2 \times 16}{16^2 + 12^2}$ 에서 V는 상전압이다.

$V_p^2 = \dfrac{14400 \times 400}{3 \times 16} = 120,000[V]$

$V_p = 200\sqrt{3}[V]$

12 $\dot{Z}_1 = 8 + j6[\Omega]$과 $\dot{Z}_2 = 24 + j18[\Omega]$을 그림과 같이 각각 Y, △로 구성한 후 평형 3상 전원과 연결하였다. 선간전압이 $V_L = 100\sqrt{3}$ [V]일 때, 선전류 I_L[A]은? (단, 전압과 전류는 실횻값이다)

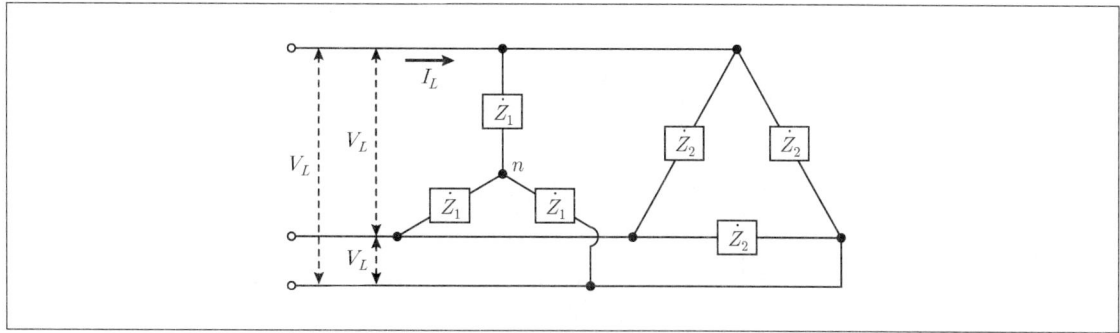

① 20
② 24
③ 28
④ 30

ANSWER 12.①

12 $Z_{2\triangle} \Rightarrow Z_{2Y} = \dfrac{24+j18}{3} = 8+j6[\Omega]$

Z_1과 Z_{2Y}가 병렬이므로 합성하면 $Z_o = 4+j3[\Omega]$

선전류와 상전류는 같고 $I_p = \dfrac{V_p}{Z_o} = \dfrac{100}{4+j3} = 20[A]$

13 그림 ㈎의 단자 a, b에 대한 테브난 등가회로가 그림 ㈏이다. 전압 V_{th}[V]와 저항 R_{th}[Ω]의 합 ($V_{th} + R_{th}$)은?

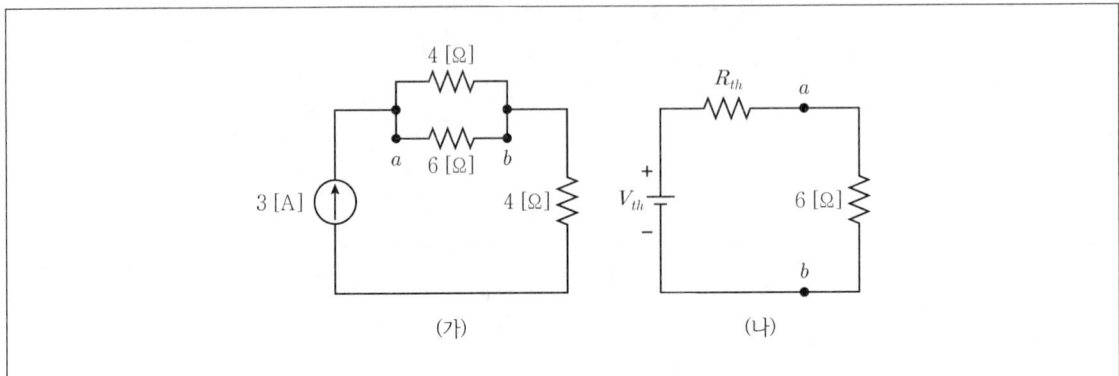

① 14
② 16
③ 18
④ 20

ANSWER 13.②

13 그림을 통해 전류를 흘려서 전압을 구하고, 전류원을 개방하고 저항을 구한다.
$R_{th} = 4[\Omega]$, $V_{th} = 3 \times 4 = 12[V]$

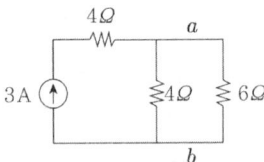

• 전류원을 개방하면 $R_{th} = 4[\Omega]$

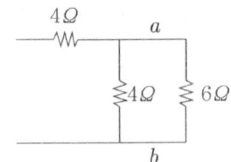

• $V_{th} = 12[V]$

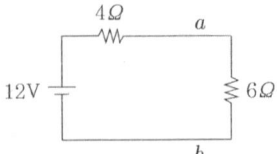

14 두 코일 L_1, L_2의 자기인덕턴스가 각각 2[H], 5[H]이고, 상호인덕턴스 $M=1$[H]이다. 두 코일을 그림과 같이 직렬로 연결하고 합성코일 양단 a, b에서 측정한 전압이 90[V]일 때, 코일 L_2 양단에 걸리는 전압[V]은? (단, 전압과 전류는 실횻값이다)

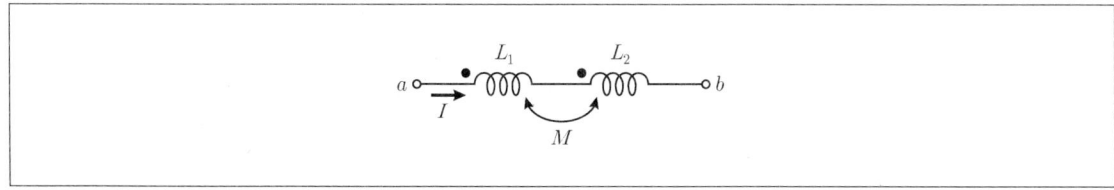

① 30
③ 60
② 50
④ 90

ANSWER 14.③

14 자속의 방향이 같은 가극성이므로

L_1-M	$+M$	L_2-M
2−1	1	5−1
L_1	M	L_2
1H	1H	4H
15V	15V	60V

15 다음 회로에서 역률이 지상 0.8인 부하 $\dot{Z}_L$에 소비되는 유효전력은 4[kW]이다. 역률을 1로 개선하기 위하여 커패시터를 부하 $\dot{Z}_L$과 병렬로 연결할 때, 커패시터의 정전용량[mF]은?

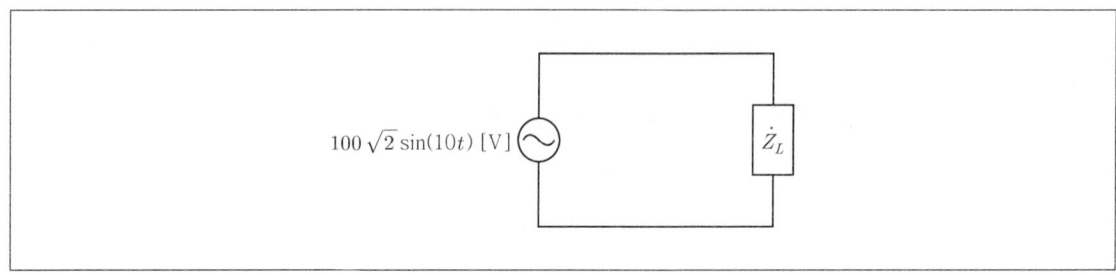

① 0.03
② 0.3
③ 3
④ 30

ANSWER 15.④

15 역률이 지상 0.8, 유효전력 4[KW]이면 무효전력 3[Kvar] 역률을 1로 개선하려면 무효전력 3[Kvar]을 병렬로 연결한다.
$Q = \omega C V^2$,
$C = \dfrac{Q}{\omega V^2} = \dfrac{3 \times 10^3}{10 \times 100^2} = 3 \times 10^{-2} [F]$
∴ 30[mF]

16 다음 그림에서 철심의 1차측에 $N_1 = 100$회, 2차측에 $N_2 = 200$회의 코일을 감고, 1차 코일에 $V_1 = 100[\text{V}]$의 전압을 인가한다. 이때 저항 100[Ω]에 흐르는 전류 $I[\text{A}]$는? (단, 변압기는 이상적이며 전압과 전류는 실횻값이다)

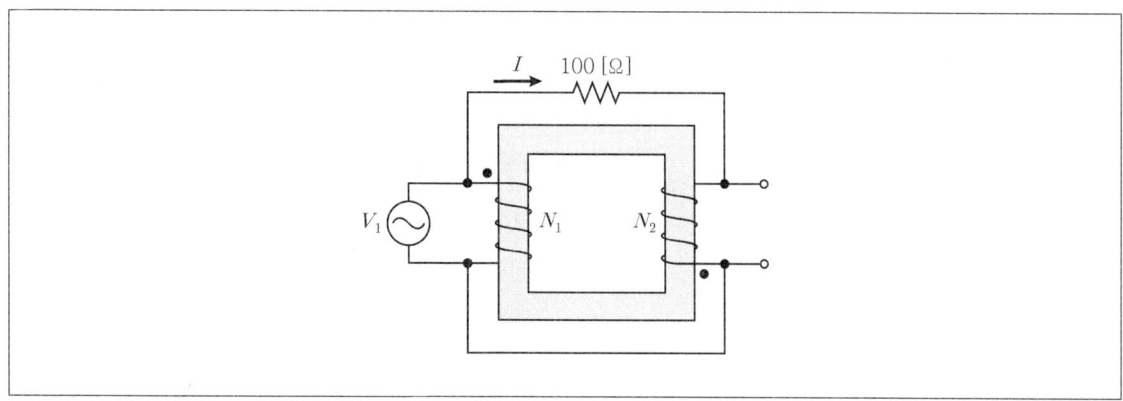

① 0
② 1
③ 2
④ 3

ANSWER 16.④

16 그림은 자속의 방향이 같은 가극성
$\dfrac{V_1}{V_2} = \dfrac{N_1}{N_2}$, $V_2 = 200[V]$
1차측과 2차측의 가극성전위 300V이므로
$I = \dfrac{V_o}{R} = \dfrac{300}{100} = 3[A]$

17 다음 RLC 병렬회로가 정상상태에서 동작할 때, 각주파수를 변화시켜서 얻을 수 있는 전압 $v_c(t)$의 최댓값 V_m[V]과 이때의 각주파수 ω[rad/s]는?

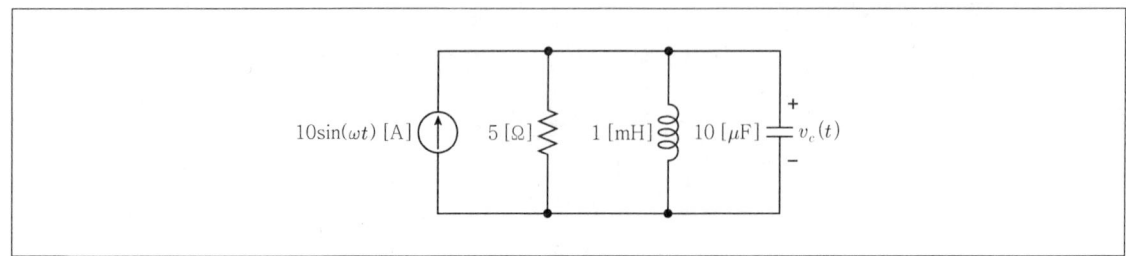

V_m[V]	ω[rad/s]
① 25	1,000
② 25	10,000
③ 50	1,000
④ 50	10,000

ANSWER 17.④

17 $V_{\max} = v(t)_{\max} \times R = 10 \times 5 = 50[V]$

공진이므로 $\omega = \dfrac{1}{\sqrt{LC}} = \dfrac{1}{\sqrt{1 \times 10^{-3} \times 10 \times 10^{-6}}} = 10^4 \, [rad/sec]$

18 다음 회로에서 노드 A의 전압 V_A[V]와 노드 B의 전압 V_B[V]의 차($V_A - V_B$)[V]는?

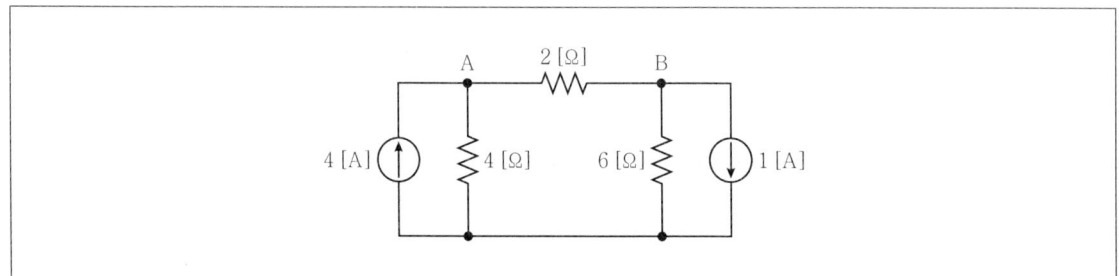

① $\dfrac{7}{3}$
② $\dfrac{11}{3}$
③ $\dfrac{14}{3}$
④ $\dfrac{17}{3}$

ANSWER 18.②

18 중첩의 정리

- 4[A]전류원만 있을 때 $I_{2\Omega} = \dfrac{4}{8+4} \times 4 = \dfrac{4}{3}[A]$

- 1[A]전류원만 있을 때 $I'_{2\Omega} = \dfrac{6}{6+6} \times 1 = \dfrac{1}{2}[A]$

전류의 방향이 같으므로 $I = \dfrac{4}{3} + \dfrac{1}{2} = \dfrac{11}{6}[A]$

$V_A - V_B = I \times 2[\Omega] = \dfrac{11}{6} \times 2 = \dfrac{11}{3}[V]$

19 다음 회로에서 스위치 S는 $t=0$일 때 개방된다. $t \geq 0$에서 커패시터 전압 $v_c(t)$[V]는?

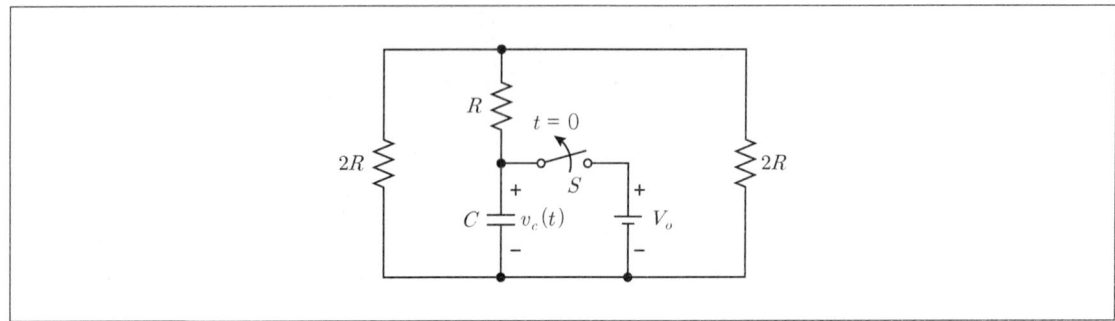

① $V_o e^{-\frac{1}{RC}t}$

② $V_o e^{-\frac{1}{2RC}t}$

③ $V_o(1-e^{-\frac{1}{RC}t})$

④ $V_o(1-e^{-\frac{1}{2RC}t})$

ANSWER 19.②

19 스위치 개방전에 C는 충전이 되어 $v_c(0) = V_o$

스위치를 개방하면 합성저항은 $R + \frac{2R \times 2R}{2R + 2R} = R + R = 2R$

그러므로 $v_c(t) = V_o e^{-\frac{1}{2RC}t}$

20 다음 회로에서 $t=0$일 때, 스위치 S_1은 개방되고 스위치 S_2는 닫힌다. $t \geq 0$에서 전압 $v_c(t)$[V]의 자연 응답 특성은?

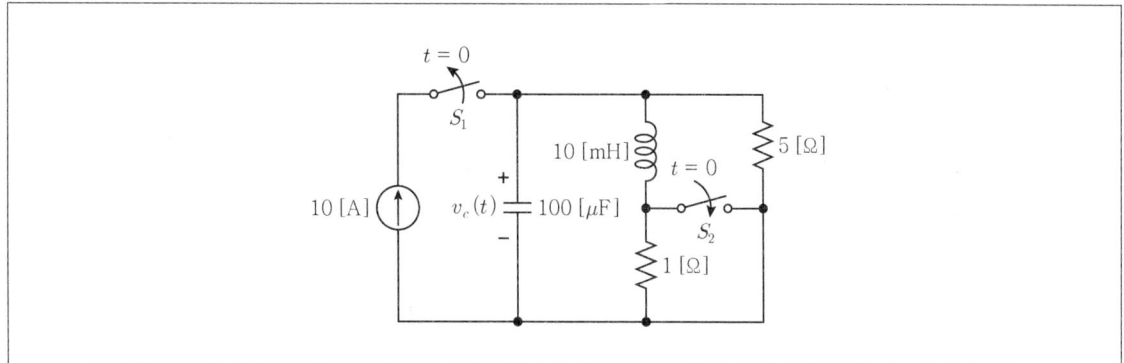

① 무감쇠
② 과감쇠
③ 부족감쇠
④ 임계감쇠

Answer 20.④

20

$v_c(t)$ = 10mH ≷ 5Ω

• 키르히호프 전류방정식

$$C\frac{dV_c(t)}{dt} = \frac{1}{L}\int V_c(t)dt + \frac{V_c(t)}{5}$$

• 라플라스 변환

$$CSV_c(t) = \frac{1}{LS}V_c(t) + \frac{V_c(t)}{5}$$

$$CS = \frac{1}{LS} + \frac{1}{5}$$

$$CS^2 - \frac{1}{5}S - \frac{1}{L} = 0$$

$R^2 = \frac{4L}{C}$ 이므로 임계감쇠

전기이론

2025. 6. 21. 제1회 서울특별시 시행

1 〈보기〉 회로의 $a-b$ 단자에서 본 등가 커패시턴스의 값[F]은?

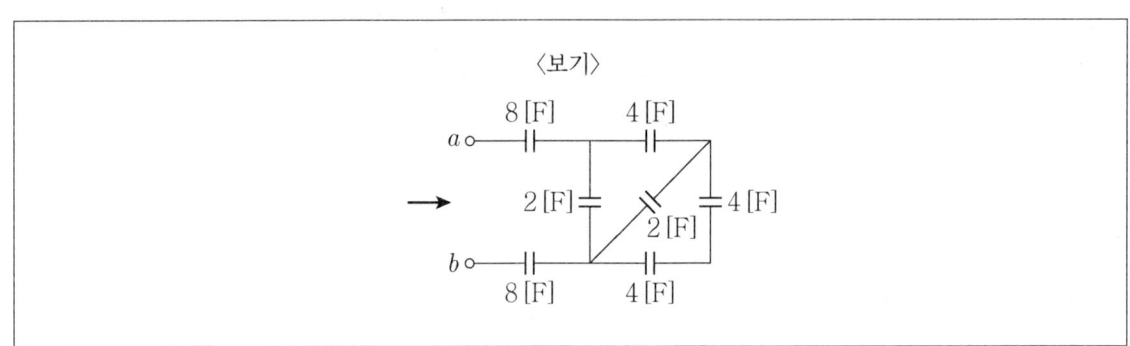

① 1
② 2
③ 4
④ 8

ANSWER 1.②

1 그림과 같이 묶어 가면 등가 커패시턴스는 2[F]가 된다.

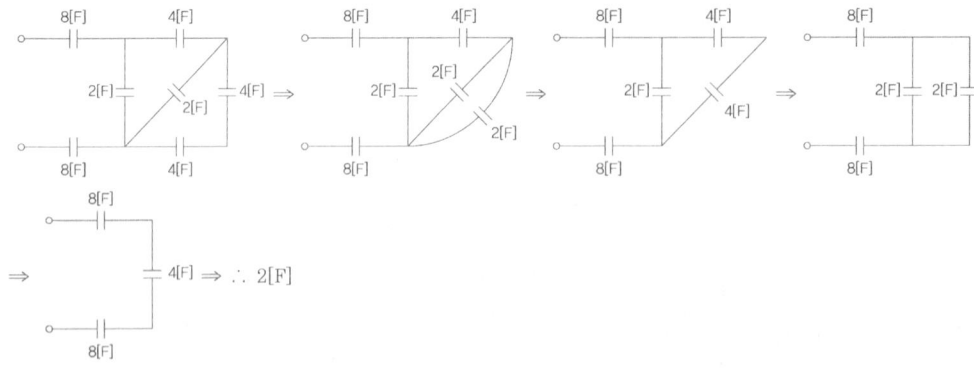

2 〈보기〉의 회로에서 저항 R에 흐르는 전류 I의 값[A]은?

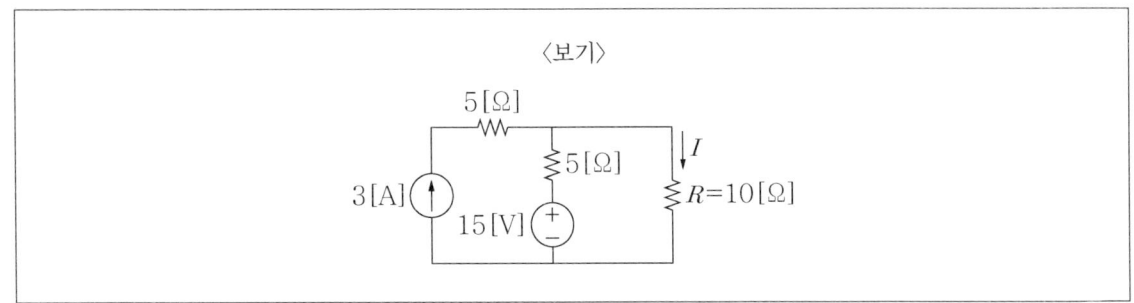

① 1
② 2
③ 3
④ 4

3 권선수가 10이고, 단면적이 10[cm²]인 환상 솔레노이드의 인덕턴스가 2[mH]라고 한다. 해당 환상 솔레노이드의 권선수와 단면적을 각각 20, 30[cm²]로 변경하였을 때, 변경된 환상 솔레노이드의 인덕턴스의 값[mH]은? (단, 환상 솔레노이드의 평균 길이는 일정하다.)

① 6
② 12
③ 24
④ 72

ANSWER 2.② 3.③

2 중첩의 정리에 의해
- 전압원에 의한 회로(전류원 개방) $i_1 = \dfrac{15}{5+10} = 1[A]$
- 전류원에 의한 회로(전압원 단락) $i_2 = \dfrac{5}{5+10} \times 3 = 1[A]$

전류의 방향이 같으므로 전류를 합하면 2[A]

3 $L = \dfrac{N^2}{R} = \dfrac{\mu S N^2}{l} = 2[mH] \Rightarrow \dfrac{\mu(3S)(2N)^2}{l} = 12\dfrac{\mu S N^2}{l} = 24[mH]$

4 〈보기〉의 식으로 표현되는 비정현파 전압의 실횻값[V]은?

〈보기〉
$$v = 50\sqrt{2}\sin\omega t + 30\sqrt{2}\sin 2\omega t + 10\sqrt{2}\sin 3\omega t$$

① $3\sqrt{10}$
② $15\sqrt{2}$
③ $10\sqrt{35}$
④ $10\sqrt{105}$

5 〈보기〉와 같이 2개의 부하 Z_1과 Z_2가 병렬로 연결된 회로가 있다. Z_1은 진상 역률 0.8로 16[kW]의 평균 전력을 소비하고 있고, Z_2는 지상 역률 0.6으로 15[kVA]의 피상전력을 소비하고 있을 때, 250[V$_{rms}$] 전원에서 본 전체 부하의 합성 역률은?

〈보기〉

250[V$_{rms}$] Z_1 Z_2

① 0.25(지상)
② 0.5(진상)
③ 0.75(지상)
④ 1

ANSWER 4.③ 5.④

4 $v = \sqrt{v_1^2 + v_2^2 + v_3^2} = \sqrt{50^2 + 30^2 + 10^2} = \sqrt{3500} = 10\sqrt{35}\,[V]$

5 $P_1 = 16Kw,\ P_{1r} = 12Kvar$
$P_2 = 9Kw,\ P_{2r} = 12Kvar$
$P_{1A} = 20KVA = 16Kw - j12Kvar$
$P_{2A} = 15KVA = 9Kw + 12Kvar$
전체부하 $P_{oA} = 16Kw - j12Kvar + 9Kw + 12Kvar = 25Kw$
∴ 역률 = 1

6 A라는 평행판 커패시터의 극판 사이 간격을 2배로 하고 판의 면적을 2배로 하여 B라는 평행판 커패시터를 만들었다. A, B 커패시터에 동일한 전압을 인가하여, 각각 축적된 에너지를 E_A, E_B라고 할 때, 에너지의 비 $\left(\dfrac{E_B}{E_A}\right)$는? (단, 각 커패시터의 유전율은 동일하다.)

① 0.5 ② 1
③ 2   ④ 4

7 〈보기〉의 회로에서 부하 Z_L에 최대 전력을 전달하게 되는 Z_L의 값[Ω]은?

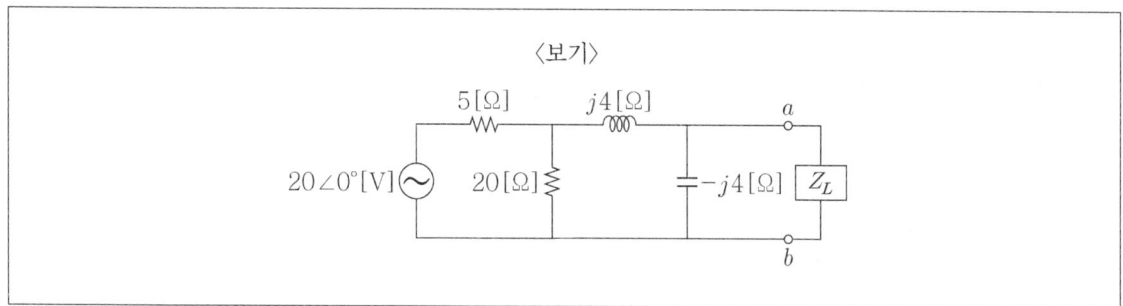

① $2+j2$ ② $2-j2$
③ $4+j4$ ④ $4-j4$

ANSWER 6.② 7.③

6 $C = \epsilon \dfrac{S}{d}$ 이므로 간격이 2배로 되고 면적이 2배로 되면 C는 크기의 변화가 없다.
그러므로 축적되는 에너지의 차이도 없다.

7 최대전력이 전달되는 조건은 a와 b 양측의 임피던스가 같아져야 한다.
임피던스가 복소수인 경우 공액복소수로 한다.
$Z_L = \dfrac{(4+j4)(-j4)}{(4+j4)-j4} = \dfrac{-j16+16}{4} = 4-j4$ 그러므로 답은 $4+j4$[Ω]

8 〈보기〉의 회로를 구성하고 충분한 시간이 지났다고 할 때, 회로의 커패시터에 저장된 총 에너지[mJ]는?

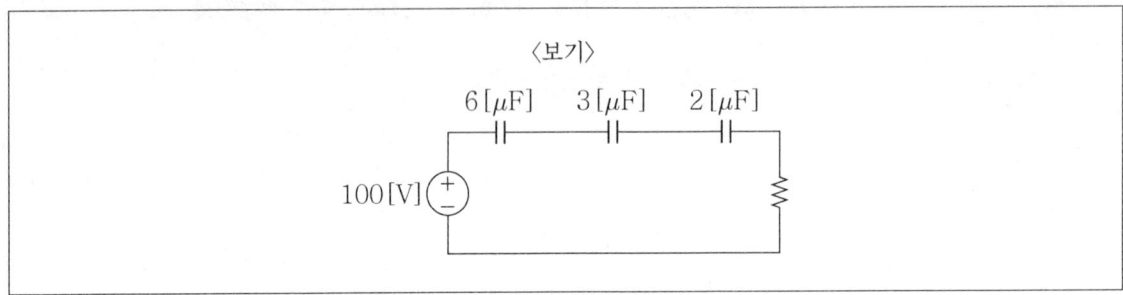

① 1 ② 2.5
③ 5 ④ 10

ANSWER 8.③

8 $6[\mu F]$와 $3[\mu F]$를 합성하면 $\frac{6 \times 3}{6+3} = 2[\mu F]$, $2[\mu F]$ 직렬 2개를 합성

$C_o = 1[\mu F]$, $W = \frac{1}{2}CV^2 = \frac{1}{2} \times 1 \times 10^{-6} \times 100^2 = 0.5 \times 10^{-2}[J]$

$W = 5[mJ]$

9 〈보기〉의 평형 3상 회로에서 선전류 I_L의 크기[A]는?

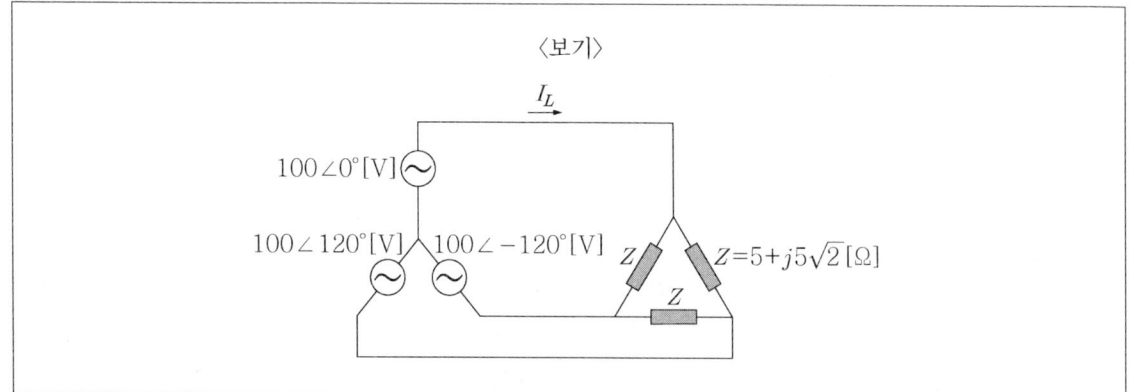

① $\dfrac{20}{\sqrt{2}}$
② $20\sqrt{2}$
③ $\dfrac{20}{\sqrt{3}}$
④ $20\sqrt{3}$

ANSWER 9.④

9 임피던스를 Y로 변환하면 $Z_Y = \dfrac{5+j5\sqrt{2}}{3}$

Y회로에서 선전류는 상전류와 같으므로

$I_L = I_p = \dfrac{V_p}{Z} = \dfrac{100}{\dfrac{5+j5\sqrt{2}}{3}} = \dfrac{300}{5+j5\sqrt{2}} = \dfrac{60}{1+j\sqrt{2}} = \dfrac{60}{\sqrt{3}} = 20\sqrt{3}\,[A]$

10 〈보기 1〉의 회로를 〈보기 2〉의 테브난 등가회로로 변환했을 때, 등가전압 V_{TH}의 값[V]은?

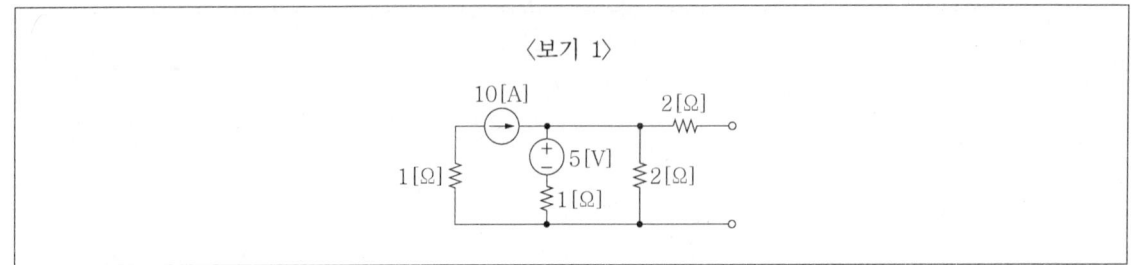

① 10
② 12
③ 15
④ 20a

ANSWER 10.①

10
- 전압원만 있을 때 전류원을 개방하면 $V_{ab} = \dfrac{2}{1+2} \times 5 = \dfrac{10}{3}[V]$

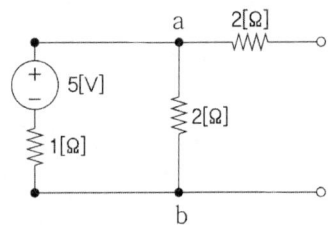

- 전류원만 있는 경우 전압원을 단락하면 $I_{ab} = \dfrac{1}{1+2} \times 10 = \dfrac{10}{3}[A]$, $V_{ab2} = \dfrac{10}{3} \times 2 = \dfrac{20}{3}[V]$

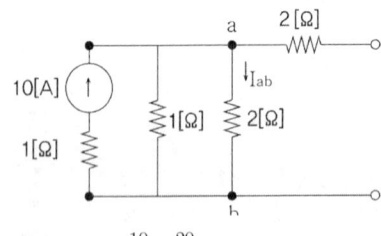

따라서 $V_{TH} = \dfrac{10}{3} + \dfrac{20}{3} = 10[V]$

11 어떤 상자 안에 A, B, C 3개의 금속 구가 위치해 있다. 상자 표면에서 $\oint \vec{D} \cdot \vec{ds}$의 계산 결과가 +8[C]이고, 금속 구 A에 대전된 전하량은 +2[C]이다. 금속 구 B에 대전된 전하량은 금속 구 C에 대전된 전하량의 2배라고 할 때, 금속 구 C에 대전된 전하량[C]은?

① +1   ② +2
③ +3   ④ +4

12 〈보기〉 회로의 각주파수 ω가 200[rad/sec]일 때, 전류 I의 크기[A]는?

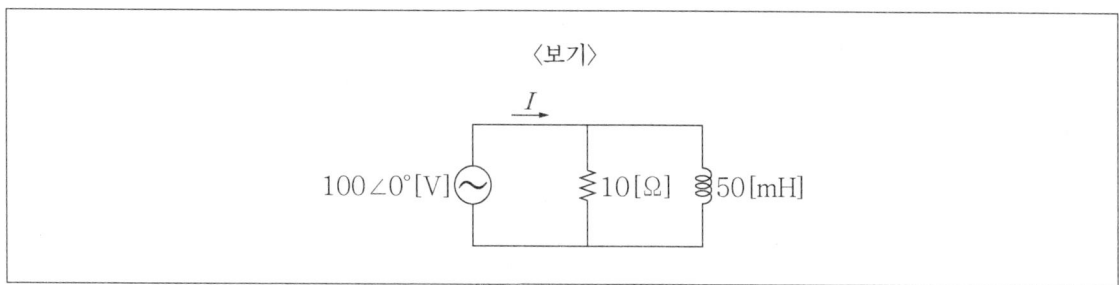

① $10\sqrt{2}$ ② $15\sqrt{2}$
③ $20\sqrt{2}$ ④ $25\sqrt{2}$

ANSWER 11.② 12.①

11 $A[C] + B[C] + C[C] = \oint \vec{D} \cdot dS = 8[C]$
$A(2[C]) + B(2x[C]) + C(x[C]) = 8C$ 이므로
$x[C] = 2[C]$

12 $X = j\omega L = j \times 200 \times 50 \times 10^{-3} = j10$
$Z = \dfrac{R \times jX}{R + jX} = \dfrac{10 \times j10}{10 + j10} = \dfrac{j10}{1+j} = \dfrac{10 \angle 90°}{\sqrt{2} \angle 45°} = 5\sqrt{2} \angle 45°$
$I = \dfrac{100 \angle 0°}{5\sqrt{2} \angle 45°} = 10\sqrt{2} \angle -45°$

13 〈보기〉는 이상적인 연산증폭기를 이용한 회로이다. 출력전압 v_o와 두 개의 입력전압 v_a, v_b의 관계를 바르게 나타낸 것은?

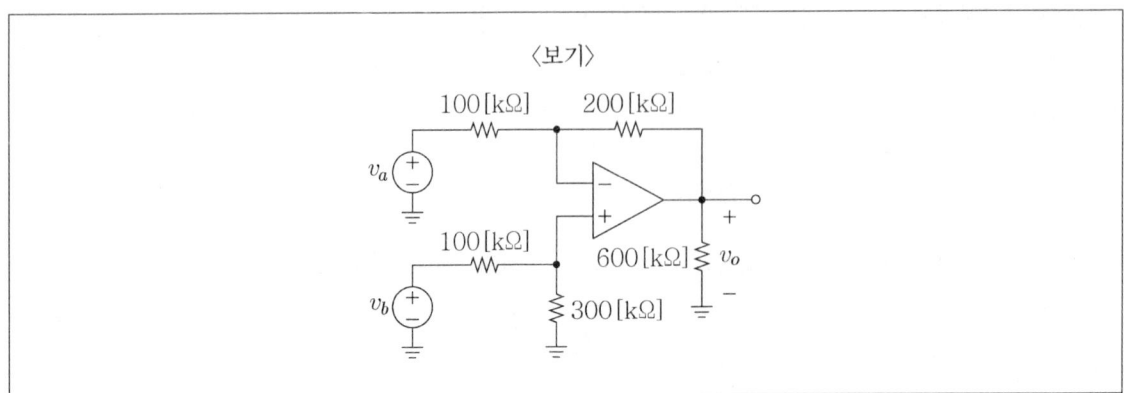

① $v_o = \dfrac{1}{4}(9v_b - 8v_a)$ ② $v_o = \dfrac{1}{4}(7v_b - 6v_a)$

③ $v_o = \dfrac{1}{4}(5v_b - 4v_a)$ ④ $v_o = \dfrac{1}{4}(3v_b - 2v_a)$

14 진공 공간의 A지점에 위치한 −2[C]의 점전하에 $\vec{F} = -3a_x + 2a_y + 6a_z$[N]의 전기력이 작용했을 때, A지점의 전계 $\vec{E}$의 크기[V/m]는?

① 2.5 ② 3.0
③ 3.5 ④ 4.0

ANSWER 13.① 14.③

13 차동증폭회로
$$V_o = \frac{300}{100+300}V_b - \frac{200}{100}V_a + \frac{200 \times 300}{100 \times (100+300)}V_b$$
$$V_o = \frac{3}{4}V_b - 2V_a + \frac{6}{4}V_b = \frac{1}{4}(9V_v - 2V_a)$$

14 $F = EQ$, $E = \dfrac{F}{Q} = \dfrac{-3a_x + 2a_y + 6a_z}{-2}$

$|E| = \sqrt{(\dfrac{-3}{-2})^2 + (\dfrac{2}{-2})^2 + (\dfrac{6}{-2})^2} = \sqrt{\dfrac{9}{4} + 1 + 9} = \sqrt{\dfrac{49}{4}} = 3.5$

15 어떤 $R-L$ 직렬회로에 공급되는 유효전력이 100[W], 무효전력은 100[VAR]이다. 이 회로에 인가되는 전압의 크기가 일정한 상태에서 주파수를 $\sqrt{3}$ 배로 할 때, 유효전력의 값[W]은?

① 50
② $\dfrac{50}{\sqrt{3}}$
③ 100
④ $\dfrac{100}{\sqrt{3}}$

16 〈보기〉와 같이 -3[A], +2[A] 2개의 전류와 크기를 모르는 전류 x[A]가 존재하는 공간이 있다. 점선으로 표시된 폐경로를 따라서 $\oint \vec{H} \cdot d\vec{l}$ 을 계산한 결과가 0일 때, 전류 x의 값[A]은?

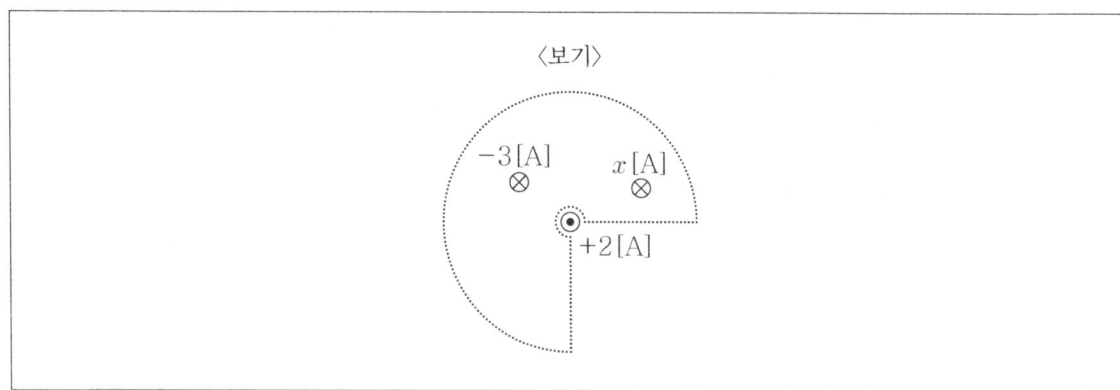

① -1
② +1
③ +2
④ +3

ANSWER 15.① 16.④

15 피상전력과 역률

$P_a = 100 + j100 = 100\sqrt{2}\ [KVA]$, $\cos 45° = \dfrac{1}{\sqrt{2}} = 0.707$

$R = X$

$P = \dfrac{RV^2}{R^2 + X^2} = \dfrac{V^2}{2R} = 100\,W$, $P' = \dfrac{RV^2}{R^2 + 3X^2} = \dfrac{V^2}{4R} = 50\,W$

16 점선으로 표시된 폐경로에서의 자계의 합이 0이므로 2A의 전류를 제외하고 폐경로 내의 전류의 합이 0이 되면 된다. 그러므로 방향이 반대인 3A가 미지의 전류로 흐르면 된다.

17 〈보기〉의 $R-L-C$ 직렬회로가 공진상태에 있을 때, 인덕터 전압 V_L의 크기[V]는?

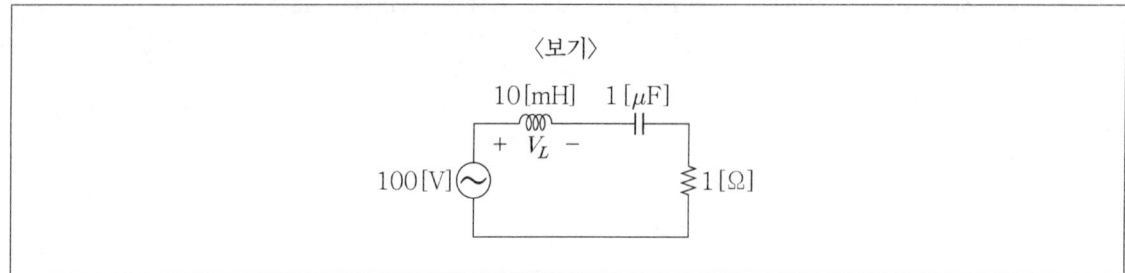

① 100
② 500
③ 1,000
④ 10,000

ANSWER 17.④

17 직렬공진시 전류 $i_o = \dfrac{V}{R} = \dfrac{100}{1} = 100[A]$

$\omega L = \dfrac{1}{\omega C}$, $\omega^2 = \dfrac{1}{LC} = \dfrac{1}{10 \times 10^{-3} \times 1 \times 10^{-6}} = 10^8$, $\omega = 10^4$

$V_L = jXi_o = jX \times 100 = j\omega L \times 100 = j \times 10^4 \times 10 \times 10^{-3} \times 100 = j10,000[V]$

18 <보기>의 회로에서 스위치가 충분히 긴 시간 동안 접점 a에 위치하다가 $t=0$[s]에서 접점 b로 이동하였을 때, $i_L(0^+)$[A]와 $v_L(0^+)$[V]는?

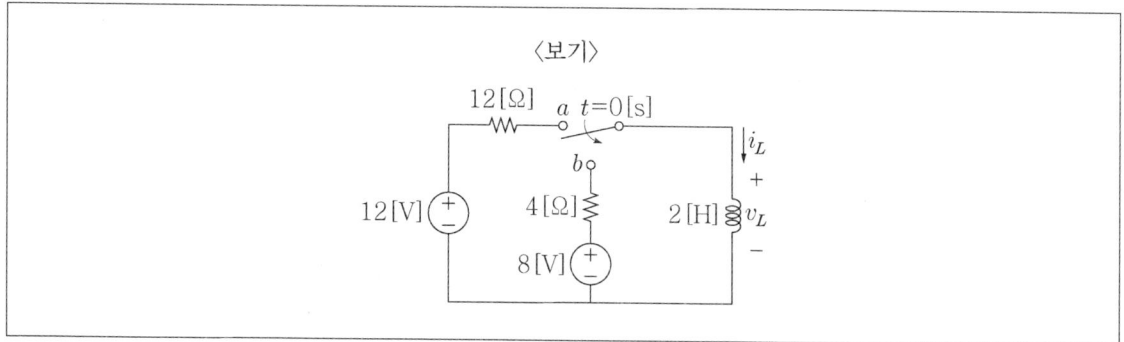

	$i_L(0^+)$[A]	$v_L(0^+)$[V]
①	0	2
②	0	4
③	1	2
④	1	4

ANSWER 18.④

18 초기전류는 a에 있었을 때 L에 흐르는 전류 $i_L(0^+) = \dfrac{12V}{12\Omega} = 1[A]$

b로 접점을 옮기면 초기전류 1[A]에 의하여 4[Ω]의 저항에 4[V]가 걸리고 $v_L(0^+)$는 4[V]가 된다.(회로 전원이 8[V]이므로)

19 〈보기 1〉 회로의 입력전압 $v_i(t)$와 출력전압 $v_o(t)$의 전달함수 $H(s)$를 〈보기 2〉와 같이 구했을 때, 분모의 상수항 k의 값은?

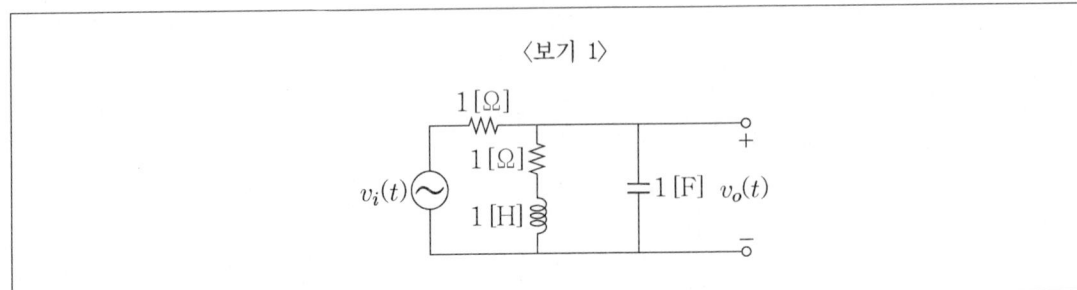

① 1
② 2
③ 3
④ 4

ANSWER 19.②

19 전달함수 $H(s) = \dfrac{V_o(s)}{V_i(s)} = \dfrac{\dfrac{1}{s}i_c}{(1+\dfrac{(1+s)\cdot\dfrac{1}{s}}{(1+s)+\dfrac{1}{s}})i_o} = \dfrac{\dfrac{1}{s}(\dfrac{1+s}{(1+s)+\dfrac{1}{s}})i_o((1+s)+\dfrac{1}{s})}{((1+s)+\dfrac{1}{s}+(1+s)\cdot\dfrac{1}{s})i_o}$

$\dfrac{V_o(s)}{V_i(s)} = \dfrac{1+s}{s(1+s)+1+(1+s)} = \dfrac{1+s}{s^2+2s+2}$

20 $F(s) = \dfrac{1}{(2s+1)(s+2)}$ 의 역 라플라스 변환은?

① $f(t) = \dfrac{1}{3}e^{-\frac{1}{2}t} - \dfrac{1}{3}e^{-2t}$

② $f(t) = \dfrac{2}{3}e^{-\frac{1}{2}t} - \dfrac{2}{3}e^{-2t}$

③ $f(t) = \dfrac{1}{3}e^{-\frac{1}{2}t} + \dfrac{1}{3}e^{-2t}$

④ $f(t) = \dfrac{2}{3}e^{-\frac{1}{2}t} + \dfrac{2}{3}e^{-2t}$

Answer 20.①

20 $F(s) = \dfrac{1}{(2s+1)(s+2)} = \dfrac{A}{2s+1} + \dfrac{B}{s+2}$

A는 양변에 $2s+1$를 곱하고 $s = -\dfrac{1}{2}$를 대입한다.

$\dfrac{1}{s+2} = A$, $A = \dfrac{2}{3}$

B는 양변에 $s+2$를 곱하고 $s = -2$를 대입한다

$\dfrac{1}{2s+1} = B$, $B = -\dfrac{1}{3}$

$F(s) = \dfrac{1}{(2s+1)(s+2)} = \dfrac{A}{2s+1} + \dfrac{B}{s+2} = \dfrac{\frac{2}{3}}{2s+1} - \dfrac{\frac{1}{3}}{s+2} = \dfrac{\frac{1}{3}}{s+\frac{1}{2}} - \dfrac{\frac{1}{3}}{s+2}$

역변환을 하면 $f(t) = \dfrac{1}{3}e^{-\frac{1}{2}} - \dfrac{1}{3}e^{-2}$

전기이론

2025. 6. 21. 제1회 서울특별시 (보훈청 추천) 시행

※ 1번~10번은 서울특별시 시행 문제와 동일합니다.

11 〈보기〉와 같이 두 개의 코일이 결합된 경우, 회로의 합성 인덕턴스의 값[H]은?

〈보기〉

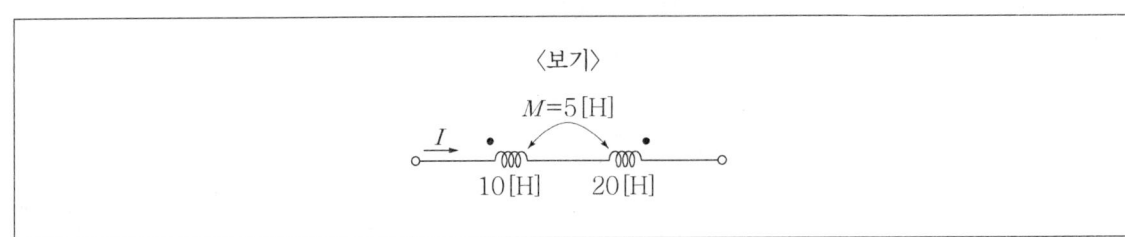

① 10
② 20
③ 30
④ 40

12 전계의 세기가 거리 r^3에 반비례하는 특성을 나타내는 대전체는?

① 전기쌍극자
② 구전하
③ 선전하
④ 점전하

ANSWER 11.② 12.①

11 그림은 감극성으로
$L = L_1 + L_2 - 2M = 10 + 20 - 2 \times 5 = 20[H]$

12 쌍극자의 전계의 세기 $E = \dfrac{M}{4\pi\epsilon r^3}\sqrt{4\cos^2\theta + \sin^2\theta}$

선전하는 거리 r에 반비례하고, 면전하는 거리와 무관하다.

13 강자성체에 대한 설명으로 옳지 않은 것은?

① 투자율이 매우 크다.
② 히스테리시스 현상이 존재한다.
③ 자기포화 특성을 가진다.
④ 자화 곡선이 선형을 나타낸다.

14 〈보기〉의 회로에서 전류 I의 값[A]은?

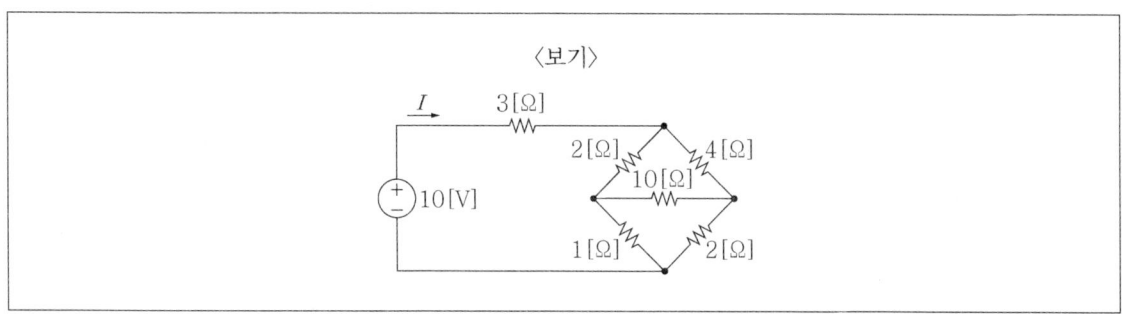

① 0.5
② 1
③ 2
④ 4

ANSWER 13.④ 14.③

13 강자성체의 특징: 자구존재, 히스테리시스현상, 투자율이 높다. 자기포화특성이 있으며 자화곡선은 비선형이다.

14 브릿지가 평형상태 일 때

합성저항은 $R_0 = 3 + \dfrac{3 \times 6}{3+6} = 5[\Omega]$

전류 $I = \dfrac{V}{R_0} = \dfrac{10}{5} = 2[A]$

15 〈보기〉와 같이 진공 중에 3개의 점전하 $Q[C]$, +1[C], +2[C]가 각각 $x=0[m]$, +1[m], +2[m]에 고정되어 있다. $Q[C]$가 +2[C]에 작용하는 전기력과 +1[C]이 +2[C]에 작용하는 전기력의 크기는 $F[N]$로 같고 방향은 반대일 때, $Q[C]$가 +1[C]에 작용하는 전기력의 크기[N]와 방향은?

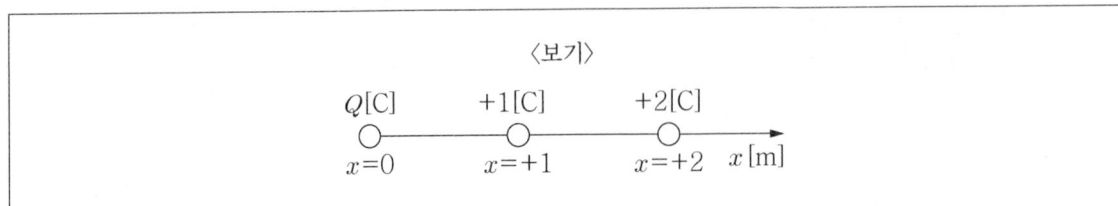

크기[N]	방향
① $2F$	$+x$
② $4F$	$+x$
③ $2F$	$-x$
④ $4F$	$-x$

ANSWER 15.③

15 조건에서 크기는 같고 방향이 반대이므로
$\dfrac{Q(2C)}{4\pi\epsilon_o 2^2} = \dfrac{(1C)(2C)}{4\pi\epsilon_o 1^2} = F$, $Q = -4[C]$, $F = \dfrac{1}{2\pi\epsilon_o}[N]$

전기력의 크기 $F' = \dfrac{Q \cdot 1}{4\pi\epsilon_o 1^2} = \dfrac{-4[C]}{4\pi\epsilon_o} = -\dfrac{1}{\pi\epsilon_o} = -2F$

16 〈보기〉의 회로에서 전압 V_R의 값[V]은?

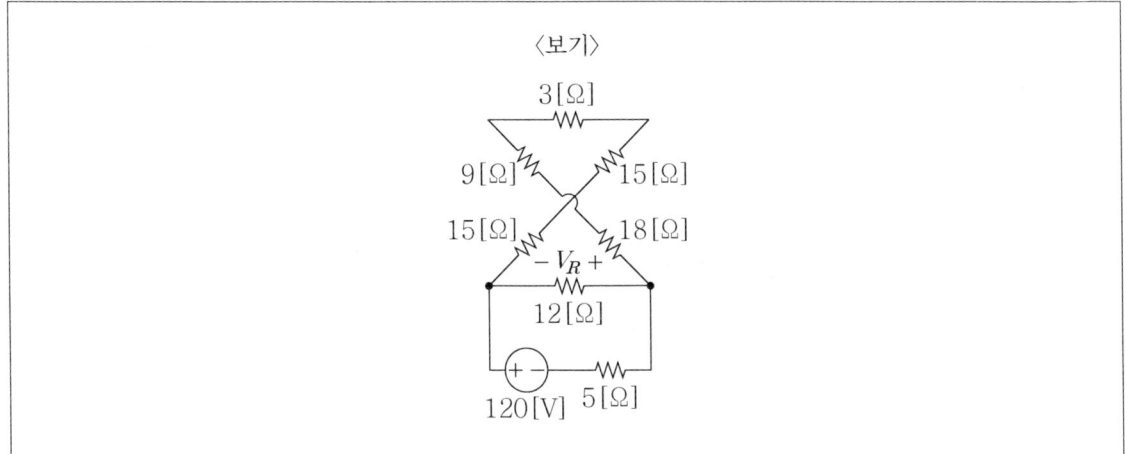

① -80
② -40
③ 40
④ 80

ANSWER 16.①

16 V_R에 흐르는 전류 $i = \dfrac{120}{5+\dfrac{60\times12}{60+12}} \times \dfrac{60}{60+12} = \dfrac{120\times60}{5(60+12)+60\times12} = \dfrac{120}{18}A$

$V_R = i \times 12 = \dfrac{120}{18} \times 12 = 80[V]$

전류의 방향으로 인한 극성과 제시된 극성이 반대이므로 -80[V]

17 〈보기〉의 회로에서 전원 전압이 $v_i(t) = 20\cos 5t$ [V]일 때, 정상상태에서 $v_o(t) = 0$ [V]이 되는 인덕턴스 L의 값[H]은?

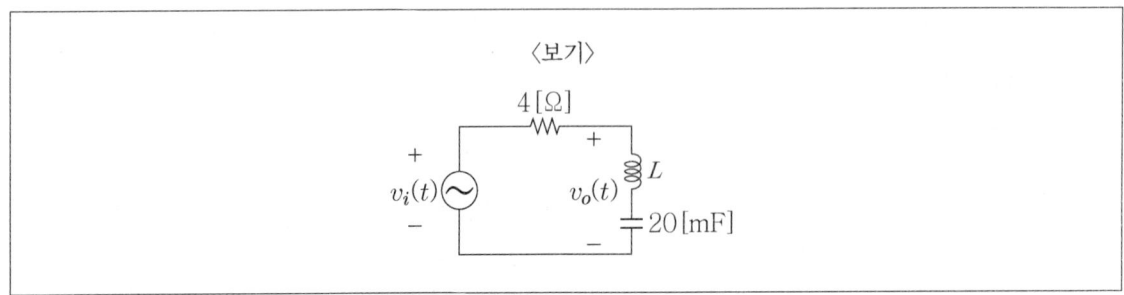

① 2
② 5
③ 10
④ 20

18 전류와 자기장에 의해 전도체 물질에 나타나는 효과로, 전류가 흐르는 전기 전도체에 수직한 방향으로 자기장이 걸릴 때, 전류와 자기장의 방향에 수직한 방향으로 전위차가 발생하는 현상은?

① 펠티에 효과
② 톰슨 효과
③ 제베크 효과
④ 홀 효과

ANSWER 17.① 18.④

17 $\omega L = \dfrac{1}{\omega C}$, $\omega^2 = \dfrac{1}{LC}$, $L = \dfrac{1}{\omega^2 C} = \dfrac{1}{5^2 \times 20 \times 10^{-3}} = 2[H]$

18 도체 또는 반도체 내부에 흐르는 전하의 이동방향에 수직한 방향으로 자기장을 가하게 되면, 금속 내부에 전하 흐름에 수직한 방향으로 전위차가 형성되게 된다. 이러한 현상을 홀 현상이라고 하고, 그렇게 형성되는 전위차를 홀 전압이라고 한다. 홀 효과는 1879년 미국의 물리학자 홀(E. Hall : 1855~1938)이 발견하였다.

19 $R-L$ 직렬회로에서 코일의 권선수는 100, 저항은 5[Ω]이다. 전류 100[A]를 흘릴 때 자속 $\phi = 5 \times 10^{-2}$[wb]이라면, 이 회로의 시정수[s]는?

① 0.01
② 0.1
③ 0.15
④ 0.5

20 교류 전원이 병렬 부하 $Z_1 = 1 + j2$[Ω]와 $Z_2 = 10$[Ω]에 전력을 공급할 때, Z_1에서 소비되는 유효전력(P_1)과 Z_2에서 소비되는 유효전력(P_2)의 비($P_1 : P_2$)는?

① 1:2
② 2:1
③ 1:4
④ 4:1

ANSWER 19.① 20.②

19 R-L직렬회로의 시정수는 $\dfrac{L}{R}$

$N\emptyset = Li$, $L = \dfrac{N\emptyset}{i} = \dfrac{100 \times 5 \times 10^{-2}}{100} = 5 \times 10^{-2}$

$\dfrac{L}{R} = \dfrac{5 \times 10^{-2}}{5} = 0.01$[sec]

20 $Z_1 = 1 + j2$, $Z_2 = 10$

$P_1 = \dfrac{V^2 R}{R^2 + X^2} = \dfrac{V^2 \times 1}{1^2 + 2^2} = \dfrac{V^2}{5}$, $P_2 = \dfrac{V^2}{R} = \dfrac{V^2}{10}$

$P_1 : P_2 = 2 : 1$

M·E·M·O

M · E · M · O